高等职业教育"十三五"规划建设教材
工科类汽车、机电、农机系列规划教材

汽车发动机电控系统结构与检修

吴东阳　王德成　主编

中国农业大学出版社
·北京·

内容简介

本书是为适应高等职业院校“发动机电控系统检修”课程的教学需要而编写的，主要内容有：汽油机电控燃油喷射系统检修、电控点火系统检修、辅助控制系统、汽油机电控系统常见故障检测诊断及设备使用、柴油机电控系统检修等项目。内容编排以项目为载体，采取任务驱动方式，为实施理一实一体化教学、完成工作任务给予较为清晰的过程和操作指导。本书内容简明扼要、通俗易懂、图文并茂，注重对学生分析问题、解决问题、动手能力、团队精神与环保意识等职业素养的综合训练培养。

本书为高等职业技术学院和高等专科学校汽车类专业相关课程的教材，可供汽车行业相关培训机构作为职业培训用书，以及专业技术人员和汽车维修技师参考。

图书在版编目(CIP)数据

汽车发动机电控系统结构与检修/吴东阳，王德成主编. —北京：中国农业大学出版社，2016.7

ISBN 978-7-5655-1635-1

Ⅰ.①汽…　Ⅱ.①吴…②王…　Ⅲ.①汽车-发动机-电子系统-控制系统-构造-高等职业教育-教材②汽车-发动机-电子系统-控制系统-车辆检修-高等职业教育-教材　Ⅳ.①U464②U472.43

中国版本图书馆 CIP 数据核字(2016)第 179361 号

书　名　汽车发动机电控系统结构与检修

作　者　吴东阳　王德成　主编

策划编辑　张　蕊　张　玉　　**责任编辑**　张　蕊

封面设计　郑　川　　**责任校对**　王晓凤

出版发行　中国农业大学出版社

社　址　北京市海淀区圆明园西路 2 号　　**邮政编码**　100193

电　话　发行部 010-62818525,8625　　读者服务部 010-62732336

编辑部 010-62732617,2618　　出　版　部 010-62733440

网　址　http://www.cau.edu.cn/caup　　**E-mail** cbsszs @ cau.edu.cn

经　销　新华书店

印　刷　涿州市星河印刷有限公司

版　次　2016 年 9 月第 1 版　2016 年 9 月第 1 次印刷

规　格　787×1092　16 开本　14.75 印张　360 千字

定　价　32.00 元

编 写 人 员

主　编　吴东阳(湖南生物机电职业技术学院)
　　　　　王德成(黑龙江农业职业技术学院)

副主编　陶　阳(黄冈职业技术学院)
　　　　　刘双源(南阳农业职业学院)

参　编　付昌星(怀化职业技术学院)
　　　　　王瑞娟(潍坊职业学院)
　　　　　冯大强(四川职业技术学院)

前　言

教材根据《教育部关于全面提高高等职业教育教学质量的若干意见》《国家中长期教育改革和发展规划纲要(2010—2020年)》等文件精神,立足于培养21世纪高等职业院校人才,以服务为宗旨,以就业为导向,推进教育教学改革,提升人才培养质量为指导思想,结合高等职业院校汽车技术应用类专业人才职业能力与培养规格的要求编写。

近20年来,我国汽车电控技术的应用走过了从技术引进、消化吸收到自主研发的快速发展历程。从2000年起,我国生产、销售的小型汽车淘汰了化油器式发动机,汽车发动机电控技术得以快速应用推广,有效地提升了发动机的动力性、经济性、环保性及可靠性能。随着我国经济的健康稳定发展和人民生活水平的提高,汽车产业发展迅猛,汽车应用技术也紧随发达国家的发展脚步日新月异,不断向深度拓展。以电子控制技术为核心的现代汽车控制技术已从集中控制向网络化、智能化方向迈进。培养服务我国汽车产业的高素质技能型人才,是职业院校办学的神圣使命。

本教材以汽车发动机电控系统故障检修应具备的职业能力为培养目标,按发动机电控系统各子系统进行项目和任务设计。为完成每个任务的训练,编排了相关的基础知识和专业知识内容,以"必需、够用"为原则,编排上尽可能简明扼要、通俗易懂、图文并茂,以培养分析问题、解决问题的能力;任务实施通过针对性操作指导编排,结合课堂教学设计与实施,训练学生规范操作的动手能力、团队合作意识与职业修养。

本教材由湖南生物机电职业技术学院吴东阳、黑龙江农业职业技术学院王德成任主编,黄冈职业技术学院陶阳、南阳农业职业学院刘双源任副主编。编写分工:吴东阳编写项目一、项目二任务2、项目六及附录;王德成编写项目二任务3及项目三;陶阳编写项目五;刘双源编写项目四任务1及任务2;怀化职业技术学院付昌星编写项目四任务3;潍坊职业学院王瑞娟编写项目二基础知识部分及项目二任务1;四川职业技术学院冯大强编写项目四任务4。

本教材编写过程中,参考了部分专家学者的论著资料,在此向资料原作者表示衷心感谢!书中难免存在疏漏和不妥之处,恳请广大读者和各位专家提出宝贵意见和建议,以期下一步对教材进行补充和完善。

编　者

2016年3月

目　录

项目一　认识汽车发动机电控系统

【知识目标】

1. 了解汽车电控技术发展历程。

2. 了解现代汽车发动机电子控制系统及其控制功能。

3. 熟悉电控技术对发动机性能的影响。

4. 了解发动机电控系统的基本组成。

【能力目标】

1. 认识电控发动机的传感器、ECU及执行器等元件及其在车上安装位置。

2. 能查询维修技术资料等信息，查找发动机电控系统元件的安装布局。

3. 能表述发动机电控系统的主要控制功能。

一、汽车电控技术的发展历程

汽车是人们生产和生活的重要交通运输工具，汽车工业发展水平是一个国家生产力发展水平重要标志，汽车普及率反映了一个国家的经济生活水平。随着经济的发展和人们生活水平的提高，对汽车的动力性、经济性、安全性、舒适性、环保性提出越来越高的要求，20世纪科学技术日新月异的进步，特别是以微电子技术为核心的计算机技术和通信技术的快速发展，为汽车综合性能的提高提供了技术条件。现代汽车将计算机技术、通信技术与机械、液压系统完美地结合，成为高度机、电、液一体化的高科技产品。

汽车电子技术应用越来越广泛，汽车电子化程度越来越高。汽车电子技术的研发与应用，总是跟电子技术发展的最新成果紧密相关，其发展历程大致可划分为以下三个阶段。

1. 第一阶段——20世纪60～70年代

从20世纪60年代中期到70年代中期，半导体元件、集成电路(IC)逐渐用于汽车交流发电机整流器、收音机、点火、数字钟和车速控制电路，显著提升了相应电器装置的工作性能。

1960年美国克莱斯勒公司和日本日产公司在汽车上装用了硅二极管整流的交流发电机，同年美国通用公司将IC电压调节器应用于汽车上。

1973年，美国通用(GM)汽车公司开发出IC点火装置，这种装置具有结构紧凑、可靠性高、成本低、耗电少、响应性好等优点。

1974年，美国通用公司开始装备加大火花塞电极间隙、增强点火能量的高能点火(HEI)系统，同时在分电器内装上点火线圈和点火控制电路，将点火系统做成一体。

2. 第二阶段——20世纪70～90年代中期

进入20世纪70年代后，随着汽车数量的日益增多，汽车安全问题和排放污染日益严重，能源危机的影响更加突出。汽车发达国家相继制定、实施严格的排放法规和汽车燃油经济性法规。为解决汽车安全、环保和节能三大社会关切问题，随着微电子技术的发展，微处理器及单片机被用于汽车发动机控制系统、自动变速箱控制系统、汽车防抱死制动系统、电子悬架控制系统、音响控制系统、空调控制系统等,实现精确控制和智能控制。

1970 年,美国福特汽车公司首先在汽车上应用了发动机以外的电控装置——电子控制防抱死制动装置。

1976 年,美国克莱斯勒公司率先开发出了由模拟计算机对发动机点火时刻进行控制的点火系统。

1981 年起,美国、日本等一些汽车公司相继开发出各种微机控制的自动变速系统,如电子控制液力变矩式自动变速器、电子控制多级齿轮变速器等。

1982 年,丰田公司将微机技术应用于电子控制变速器系统,实现了自动变速器的智能控制。首先应用于豪华型皇冠牌轿车上,有最佳的换挡规律,换挡精确性好,具有良好的燃料经济性、动力性,降低污染。

德国 Bosch 公司于 1983 年研制成功发动机和自动变速器共用的电子控制单元。电控自动变速器可实现与发动机最佳匹配,并可获得最佳的经济性、动力性、安全性,达到降低发动机排气污染的目的。

汽车控制系统的最初发展是从改进汽油机点火系统性能开始的,随着基础科学技术的发展,特别是集成电路与大规模集成电路技术、计算机数字化技术的运用,以及基础控制学理论和方法的发展,汽车电子控制技术取得一系列突破性的进展。电控燃油喷射(EFI)技术的发展已日臻成熟,该技术使汽油机由传统的量调节工作状态变为部分质调节,从根本上改变了燃烧的品质,使发动机动力性、经济性和排放性大大提高。

然而,这阶段的汽车控制技术只是对每个局部系统进行独立控制,使其本身工作性能达到理想状况,显然,局部或个体最佳并不能获得整体最佳的效果。

3. 第三阶段——20 世纪 90 年代中期以后

20 世纪 90 年代中期以后,电子技术在汽车上的应用已逐步扩展到车用汽油发动机以外的底盘、车身和车用柴油发动机多个领域,发展到集成化的控制。智能功率器件、智能传感器、大容量存储器、专用集成电路等技术运用到汽车电子产品中,建立了规范化、专业化的开发和生产体系,形成以网络为基础的多 CPU(中央处理器)的分布式控制系统,将全车的各部分通过电子技术、通信技术进行集成控制、综合控制,并实现通信的标准化和一体化,整车和各关键总成的控制越来越精准,常见的有:集成发动机和变速器为一体的动力总成综合控制系统、驾驶和悬架综合控制系统、主被动安全控制系统、数字音响系统、智能交通系统、通信导航和远程诊断及整车综合控制系统等。

系统控制工程、人机工程学等基础理论的发展,以及计算机中央处理技术、网络技术与新材料、新能源的发展与运用,为汽车控制技术集成化提供了雄厚的技术基础。

所谓现代汽车集中控制系统,就是采用信息—系统—控制模式,将整体系统的多个控制功能集中由一个功能强大的 ECU 实行控制,将局部最佳转化为系统最佳,使车辆系统响应随动于外界环境的变化,寻求系统整体的最佳对外反映以及系统资源的最佳利用效率。

从系统工程的观点出发,可以将现代汽车看成一个典型意义上的智能化、信息化和具备良好的人—机—环境效应的大系统。该系统由信息传感、信息处理、执行和数据传输等分系统组成,形成以中央信息处理为核心的,由网络和总线技术提供信息传输的,资源共享、互为冗余的有机整体。该系统首先监控并搜集车辆所处的环境变化、车辆本身状况和驾驶员的操纵意志等信息，并通过网络数据总线传递至计算机处理系统，按照预编程序进行处理，再由计算机发出控制指令并传递至执行系统实现预期的功能。对于功能与要求相同或相近的控制功能，例如，发动机与传动系统、点火与怠速系统、驱动与制动系统以及各种辅助系统与总系统等，实现集成控制，使系统更为简化与集中，可靠性也大大提高。

二、现代发动机上的电子控制系统

现代发动机普遍采用集成控制，即将各种控制功能集成在一个 ECU 中，构成发动机综合管理电子控制系统。发动机综合管理电子控制系统由若干电子控制子系统组成，一般包括如下系统。

1. 电控燃油喷射(EFI)系统

电控燃油喷射(EFI)系统控制功能包括喷油量控制、喷油正时控制、断油控制和燃油泵控制等。喷油量控制和喷油正时控制最基本的控制内容。电子控制单元(ECU)主要根据进气量和转速信号确定基本的喷油量，再根据其他传感器(如冷却液温度传感器、节气门位置传感器等)信号对喷油量进行修正，使发动机在各种运行工况下均能获得最佳浓度的混合气，从而提高发动机的动力性、经济性和排放性。

2. 电控点火(ESA)系统

电控点火系统最基本的功能是点火提前角控制。该系统根据各相关传感器信号，判断发动机的运行工况和运行条件，选择最理想的点火提前角点燃混合气，从而改善发动机的燃烧过程，以实现提高发动机动力性、经济性和降低排放污染的目的。此外，电控点火系统还具有通电时间控制和爆燃控制功能。

3. 怠速控制(ISC)系统

怠速控制系统是发动机辅助控制系统，其功能是在发动机怠速工况下，根据发动机冷却液温度、空调压缩机是否工作、变速器是否挂入挡位等，通过怠速控制执行器对发动机的进气量进行控制，使发动机随时以最佳怠速转速稳定运转。

4. 进气控制系统

进气控制系统的功能是根据发动机转速和负荷的变化，对发动机的进气进行控制，以提高发动机的充气效率，从而改善发动机动力性。

5. 排放控制系统

其功能主要是对发动机排放控制装置的工作实行电子控制，降低污染物排放。排放控制的项目主要包括：废气再循环(EGR)控制，活性炭罐电磁阀控制，氧传感器和空燃比闭环控制，二次空气喷射控制等。

6. 增压控制系统

增压控制系统的功能是对发动机进气增压装置的工作进行控制。在装有废气涡轮增压装置的汽车上，ECU 根据检测到的进气管压力，对增加装置进行控制，从而控制增压装置对进气增压的强度。

7. 巡航控制系统

设定巡航控制模式后，ECU 根据汽车运行工况和运行环境信息，自动控制发动机工作，使汽车自动维持一定车速行驶，使驾驶员可以将踩加速踏板的右脚松开活动得以休息，消除疲劳。

8.自诊断与报警系统

发动机运行过程中，电子控制单元(ECU)控制对系统各部分及本身的工作情况进行监测，当检测到来自传感器或输送给执行元件的故障信息时，或自身发生故障时，立即点亮仪表盘上的“CHECK ENGINE”灯报警，以提示驾驶员；同时，系统将故障信息以设定的代码(故障码)形式储存在存储器中，以便帮助维修人员确定故障类型和范围。

9.失效保护与应急备用系统

失效保护系统的功能是当传感器或其线路发生故障时，控制系统自动按电脑中预先设定的参考信号值工作，以便发动机能继续运转。此外，当对发动机工作影响较大的传感器或电路发生故障时，失效保护系统则会自动停止发动机工作。如ECU收不到点火控制器返回的点火确认信号时，失效保护系统则立即停止燃油喷射，以防大量燃油进入气缸而不能点火工作。

应急备用系统功能是当控制系统电脑发生故障时，自动启用备用系统(备用集成电路)，按设定的信号控制发动机转入强制运转状态，以防车辆停驶在路途中。应急备用系统只能维持发动机运转的基本功能，便于将汽车能开回家或驶往修理厂维修，但不能保证发动机性能。

除上述控制系统外，应用在发动机上的电控系统还有冷却风扇控制、发电机控制等。不同的汽车上，发动机综合管理电子控制系统完善程度存在差异。

三、电控技术对发动机性能的影响

汽车发动机的运行工况多变，发动机的运行受人—机—环境整个系统多变因素的影响，现代汽车发动机电控技术，实现了发动机在各种运行工况下全面优化控制，提高发动机运行的综合性能。

1.提高发动机的动力性

电控燃油喷射使汽油雾化良好，易于蒸发并与空气混合均匀，系统充气效率有明显提高，进入发动机气缸的空气得到充分利用，从而提高发动机的动力性。发动机功率可提高5％～15％。

2.提高发动机的燃油经济性

在各种运行工况和运行环境下，电控系统均能精确控制发动机工作所需的混合气浓度，使燃烧更完全、燃油利用更充分，从而提高发动机的燃油经济性。相对化油器式汽油发动机，燃油消耗降低10％～15％。

3.降低排放污染，改善排放性能

电控系统对发动机在各种运行工况和运行环境下优化控制，提高了燃烧质量，同时各种排放控制系统在汽车上的应用，发动机的排放碳氢化合物(HC)、氮氧化合物(NO_x)和一氧化碳(CO)等污染物的体积百分数显著降低。

4.改善发动机的启动性能

在发动机启动和暖机过程中，控制系统能根据发动机温度变化，对进气量和供油量进行精确控制，从而保证发动机顺利启动和平稳经过暖机过程，可明显改善发动机的低温启动性能和暖机运转性能。

5. 改善发动机的加速和减速性能

在加速或减速运行的过渡工况下，电子控制单元的高速处理功能，使控制系统能够迅速响应，使汽车加速或减速反应更灵敏。

电控系统对发动机各种运行工况的优化控制和电控系统的不断完善，元件可靠性不断提高，使发动机的故障发生率大大降低。自我诊断与报警系统的应用，提高了故障诊断的速度和准确性，缩短了汽车因发动机故障而停驶的时间，带来良好的社会效益和经济效益。

四、发动机电子控制系统的组成

从控制功能的实现角度，电子控制系统由信号输入装置、电子控制单元(ECU)、执行器三个部分组成，如图 1-1 所示。发动机电子控制系统各组成部分构成及其功能如下。

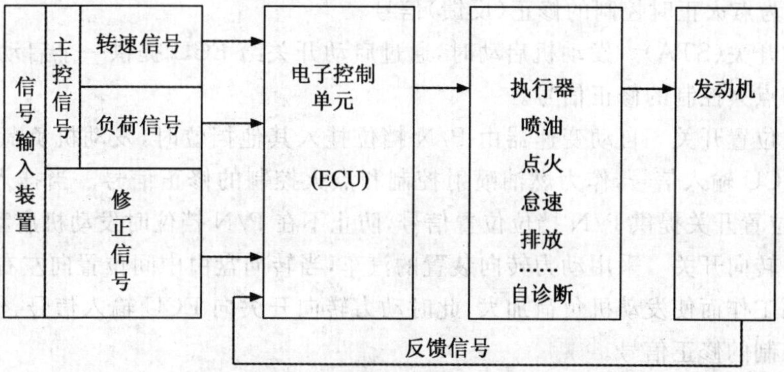

图 1-1　发动机控制系统组成

1. 信号输入装置

信号输入装置是采集并向 ECU 输送信息的装置，包括各种传感器和开关装置。传感器将发动机运行相关的各种物现、化学信息转变为电压或电流信号；开关装置将驾驶员对汽车的操纵结果变成电信号。发动机电控系统采用的主要信号输入装置如下。

(1)空气流量计(MAFS)　在 L 型电控燃油喷射系统中，由空气流量计测量发动机的进气量，并将信号输入 ECU，作为燃油喷射和点火控制的主控制信号。

(2)进气管绝对压力传感器(MAPS)　在 D 型电控燃油喷射系统中，由进气管绝对压力传感器测量进气管内气体的绝对压力，并将该信号输入 ECU，作为燃油喷射和点火控制的主控信号。

(3)节气门位置传感器(TPS)　节气门位置传感器检测节气门的开度及开度变化，如全关(怠速)、全开及节气开闭的速率(单位时间内开闭的角度)信号，此信号输入 ECU，用于燃油喷射控制及其他辅助控制(如 EGR、开闭环控制等)。

(4)曲轴位置传感器(CKPS)　曲轴位置传感器亦称发动机转速传感器，用来检测曲轴转角位移，给 ECU 提供发动机转速信号和曲轴转角信号，作为喷油正时控制和点火正时控制的主控制信号。

(5)凸轮轴位置传感器(CMPS)　凸轮轴位置传感器给 ECU 提供曲轴转角基准位置信号(G 信号)，作为喷油正时控制和点火正时控制的基准信号。

(6)发动机冷却液温度传感器(ECTS) 冷却液温度传感器给 ECU 提供发动机冷却液温度信号,作为燃油喷射控制和点火控制的修正信号。冷却液温度传感器信号也是其他控制系统(如怠速控制和废气再循环控制等)的控制信号。

(7)车速传感器(VSS) 车速传感器检测汽车的行驶速度,给 ECU 提供车速(SPI)信号,用于巡航控制和限速断油控制,也是自动变速器换挡控制的主控制信号。

(8)进气温度传感器(IATS) 进气温度传感器的功用是给 ECU 提供进气温度信号,作为燃油喷射控制和点火控制的修正信号。

(9)氧传感器(O_2S) 氧传感器用来检测排气中的氧含量,向 ECU 输送空燃比的反馈信号,进行喷油量的闭环控制。

(10)爆燃传感器(KS) 爆燃传感器用来检测汽油机是否发生爆燃及爆燃强度,将此信号输入 ECU,作为点火正时控制的修正(反馈)信号。

(11)启动开关(STA) 发动机启动时,通过启动开关给 ECU 提供一个启动信号,作为燃油喷射控制和点火控制的修正信号。

(12)挡位位置开关 自动变速器由 P/N 挡位挂入其他挡位时,发动机负荷将有所增加,挡位开关向 ECU 输入信号,作为燃油喷射控制和点火控制的修正信号。当挂入 P 挡位或 N 挡位时,空挡位置开关提供 P/N 挡位位置信号,防止不在 P/N 挡位时发动机启动。

(13)动力转向开关 采用动力转向装置的汽车,当转向盘由中间位置向左右转动时,由于动力转向油泵工作而使发动机负荷加大,此时动力转向开关向 ECU 输入信号,作为燃油喷射控制和点火控制的修正信号。

(14)空调开关(A/C) 当空调开关打开,空调压缩机工作,发动机负荷加大时,由空调开关向 ECU 输入信号,作为燃油喷射控制和点火控制的修正信号。

(15)制动灯开关 汽车制动时,由制动灯开关向 ECU 提供制动信号,作为燃油喷射控制和点火控制的修正信号;有巡航控制功能的汽车,在执行巡航控制功能时,受到该信号将解除巡航控制。

(16)巡航(定速)控制开关 当进入巡航控制状态时,由巡航控制开关向 ECU 输入巡航控制状态信号,由 ECU 对车速进行自动控制。

随着控制系统应用的日益广泛和功能的扩展,传感器的数量也将不断增加。

2. 电子控制单元(ECU)

(1)ECU 的基本功能 电子控制单元(ECU)俗称“电脑”,是发动机控制系统的核心,其功用是按照一定的程序对各种输入信号进行运算、储存、分析处理,然后输出指令,控制执行元件工作,以达到快速、准确、自动控制发动机工作的目的。发动机控制 ECU 的功能随车型而异,但都必须有如下基本功能。

①给传感器提供标准 2 V、5 V、9 V 或 12 V 电压,接收传感器和其他装置输入的信息,并将输入的信息转换成微机所能接受的数字信号。

②储存该车型的特征参数和运算中所需的有关数据信息。

③确定计算输出指令所需的程序,并根据输入信号和相关程序计算输出指令数值。

④将输入信号和输出指令信号与标准值进行比较,确定并储存故障信息。

⑤向执行元件输出指令,或根据指令输出自身已储存的信息(如故障信息等)。

⑥自我修正功能(学习功能)。

(2)ECU 的硬件组成与功能　发动机 ECU 的外观形态如图 1-2 所示，硬件组成框图如图 1-3 所示。ECU 主要由输入回路、模/数转换器(A/D 转换器)、微型计算机和输出回路四大部分组成。

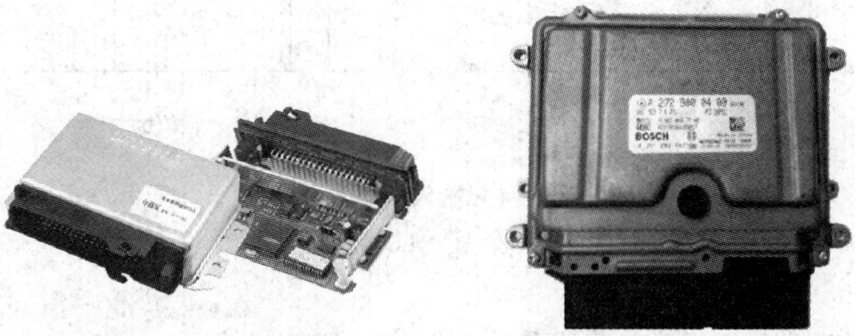

(a)　(b)

图 1-2　发动机 ECU 外观

(a)奇瑞汽车发动机 ECU　(b)奔驰轿车发动机 ECU

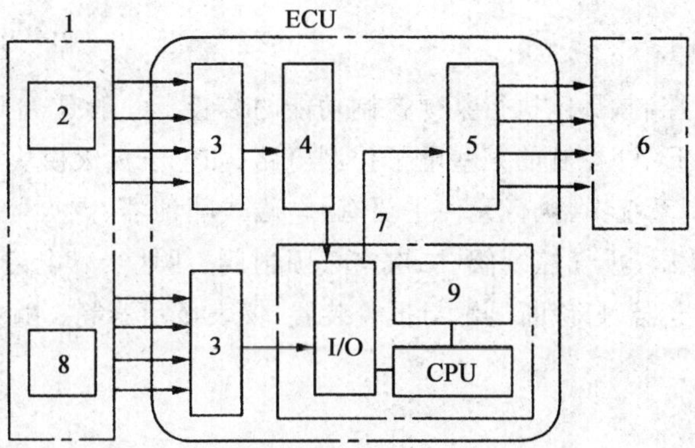

图 1-3　ECU 组成框图

1. 传感器　2. 模拟信号　3. 输入回路　4. A/D 转换器　5. 输出回路　6. 执行器　7. 计算机　8. 数字信号　9. 存储器

①输入回路　输入回路的作用是将传感器输入的信号，在除去杂波并把正弦波转变为矩形波后，再转换成输入电平。输入 ECU 的传感器信号有两种：一种是模拟信号，如图 1-4(a)所示，其信号强弱表示被测量的大小，如水温传感器的输出信号；另一种是数字信号，如图 1-4(b)所示，用其频率高低表示被测量的大小，如霍尔式转速传感器的输出信号。一些不规则的数字信号(频率信号)有的在传感器内转换；有的在传感器外转换。信号的类型不同，输入 ECU 后的处理方法也不一样。

从传感器的信号输入 ECU，首先通过输入回路，其中数字信号直接输入计算机，模拟信号则由 A/D 转换器转换成数字信号后再输入计算机。

②A/D 转换器　由传感器输入的模拟信号，计算机不能直接处理，故须用 A/D 转换器将模拟信号转换成数字信号，再输入计算机。

③微型计算机　微机的功用是根据发动机工作的需要，将各传感器送来的信号用内存的程序和数据进行运算处理，并把处理结果(如汽油喷射信号、点火控制信号)送往输出回路。

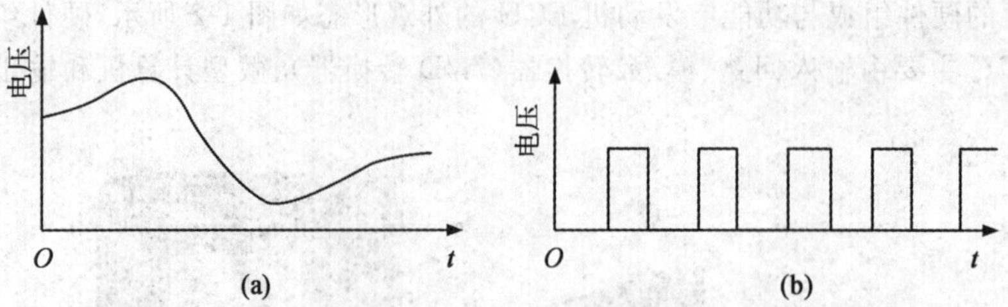

图 1-4　输入信号种类

(a)模拟信号　(b)数字信号

微机由中央处理器(CPU)、存储器和输入输出装置等组成。

④输出回路　由微机输出的是电压很低的数字信号,这种弱信号一般不能直接驱动执行元件。输出回路的功用就是将微机输出的数字信号转换成可以驱动执行元件的功率信号。输出回路多采用大功率三极管、场效应管,由微机的输出信号控制其导通和截止,从而控制执行元件工作。

3. 执行器

执行器是受 ECU 控制,具体执行某项控制功能的装置。一般是由 ECU 控制执行器电磁线圈回路,也有的是由 ECU 控制的某些电子控制电路,如电子点火模块等。

在发动机集中控制系统中,执行元件主要有:电磁式喷油器、点火控制器、怠速控制阀、节气门控制电动机、EGR 阀、进气控制阀、二次空气喷射阀、活性炭罐电磁阀、油泵继电器、风扇继电器、空调压缩机继电器、自诊断显示与报警装置、仪表显示器等。随着控制功能的增加,执行元件也将相应增加。

『项目实施』　发动机电控系统组成与实车布局总体认识

1. 任务描述

对现场提供的车辆或发动机台架,通过查询相关维修手册、对照车辆或台架进行观察分析,准确找出发动机电控系统各元件具体安装位置,熟悉其外观形态,基本能说出各元件的功能。

团队成员集体资讯、决策和实施,树立团队合作理念;在教师指导下,实施安全作业、文明生产,落实 5S 生产管理;完成操作作业单的填写。

2. 安全事项

①工作服穿戴整齐。

②打开车门和发动机盖后,先做好车内和发动机室防护工作,确保拉上驻车制动、变速器挂空挡。

③拔电器元件插头时,须关闭点火开关。

④如启动发动机,须先用三角木塞好前后轮,安装好尾气排放装置,进行启动操作须经指导老师检查并得到允许。

⑤严禁烟火,保持通风良好。

⑥发动机运行时,与冷却风扇、发电机皮带等旋转件保持安全距离,以免造成人身伤害。

3. 实施条件

(1)场地条件　场地整洁有序,场地面积、工位数量、照明与通风等符合作业要求和相关安全技术要求。

(2)工具与仪器设备　工具车(配备通用工具),万用表。

(3)其他　车辆维修手册、车内外防护用具。

4. 作业单

发动机电控系统组成与实车布局总体认识作业单

<table>
<tr><td>日期</td><td></td><td>团队成员姓名</td><td></td></tr>
<tr><td>车型</td><td></td><td>发动机型号</td><td></td></tr>
<tr><td colspan="4">一、准备工作</td></tr>
<tr><td colspan="2">项　　目</td><td colspan="2">情况记录</td></tr>
<tr><td colspan="2">(1)工量具检查、清洁校准</td><td colspan="2"></td></tr>
<tr><td colspan="2">(2)维修手册准备</td><td colspan="2"></td></tr>
<tr><td colspan="4">二、操作过程</td></tr>
<tr><td>车辆防护</td><td colspan="3">防护内容:</td></tr>
<tr><td>维修手册查询与车上元件查找观察</td><td colspan="3">维修手册相关信息(维修手册名称,查询内容、页码范围等):</td></tr>
<tr><td>发动机电控系统元件布局简图</td><td colspan="3">用简图标明各元件布置位置,用图注说明元件名称:</td></tr>
<tr><td colspan="4">三、心得与体会</td></tr>
</table>

复习与思考

1.现代汽油发动机集成控制系统包括哪些电控子系统?

2.电控燃油喷射系统具备哪些控制功能?

3.电控点火系统具备哪些控制功能?

4.发动机电控系统的传感器主要有哪些?

5.试分析电控技术为何能明显提高发动机的动力性和经济性。

项目二　汽油机电控燃油喷射系统的检修

【知识目标】

1. 熟悉电控燃油喷射系统分类、组成与工作原理。
2. 熟悉电控燃油喷射系统控制功能与控制过程。
3. 熟悉电控燃油系统各子系统组成、部件结构与工作原理。

【能力目标】

1. 能检测空气供给系统部件故障。
2. 能检测燃油供给系统部件故障。
3. 能检测诊断电子控制系统各传感器、执行器及电路故障。

『基础知识』

一、汽油机各工况对可燃混合气的要求

1. 空燃比对发动机性能的影响

可燃混合气成分——空燃比(A/F),对发动机动力性、经济性及排放性均有较大的影响,如图 2-1 所示。

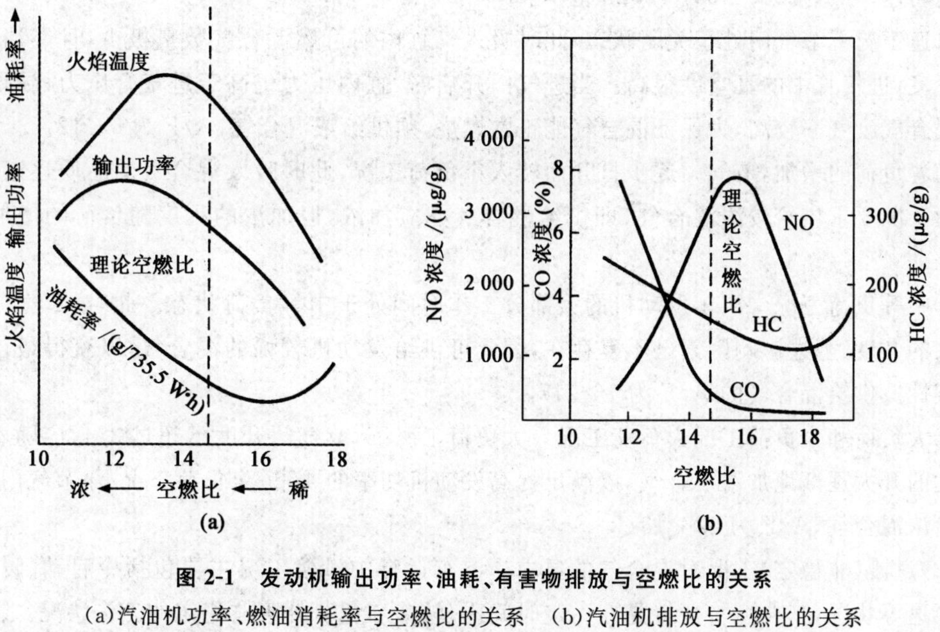

图 2-1　发动机输出功率、油耗、有害物排放与空燃比的关系

(a)汽油机功率、燃油消耗率与空燃比的关系　(b)汽油机排放与空燃比的关系

(1)空燃比对发动机动力性、经济性的影响　如图 2-1(a)所示。当 A/F 为 12～13 时,燃

烧速度最快，发动机所产生的功率与转矩最大，故发动机的动力性最好，所以又称其为功率空燃比。当 A/F 为 16～17 时，由于混合气较稀，有利于燃料完全燃烧，可降低发动机的油耗，称其为经济空燃比。

(2)空燃比对发动机排放性能的影响　燃烧后排出的废气成分主要是 CO_2、H_2O、N_2 和剩余的 O_2，以及完全没被燃烧的 HC、燃烧不完全的 CO 及高温条件下燃烧生成的 NO_x。其中 CO、HC 和 NO_x 是主要的有害成分。图 2-1(b)中所示为 CO、HC 及 NO_x 三种有害成分的浓度随空燃比的变化规律曲线。以理论空燃比为界，CO 和 HC 的排放随着空燃比变小（混合气变浓）而逐渐上升，而在空燃比略大于理论空燃比的区域内，CO 及 HC 排放的浓度均较低，如混合气过稀，HC 排放又急剧增大；NO_x 是高温富氧的产物，故在稍大于理论空燃比的稍稀混合气条件下，NO_x 排放浓度出现最大值。

可见，发动机的性能与空燃比有着密切的关系，如何精确控制混合气的空燃比成为提高发动机性能的关键问题。

2. 发动机工况对混合气空燃比的要求

汽车发动机的工作为变工况模式，即在车辆运行过程中，发动机工况（负荷和转速）在工作范围内是不断变化的，且在工况变化时，发动机对可燃混合气的空燃比要求较大差异。

(1)稳定工况对混合气的要求　发动机的稳定工况是指发动机已完全预热，进入正常运转，且在一定时间内转速和负荷没有突然变化的情况，可分为怠速、小负荷、中等负荷、大负荷和全负荷等几种。

①怠速和小负荷工况　怠速工况发动机对外无功率输出且以最低稳定转速运转。怠速工况下，混合气燃烧所做的功只用于克服发动机内部的阻力，维持最低转速稳定运转。电控汽油机怠速转速一般为(800±50) r/min 范围。

怠速工况下节气门处于关闭状态，此时吸入气缸内的可燃混合气数量极少，且燃油雾化、蒸发不良，进气管中的真空度很高。当进气门开启时，缸内压力仍高于进气管压力，导致气缸内的混合气废气率较高，为保证混合气能正常燃烧，须供给浓混合气，A/F 为 6～12。

随着负荷的增加，节气门逐步打开而转入小负荷工况，此时吸入混合气的品质逐渐改善，小负荷工况要求供给较浓混合气，即供给混合气亦应加浓，但加浓的程度随负荷的增加逐渐减小。

②中等负荷工况　汽车发动机的大部分工作时间处于中等负荷状态。此时，节气门已有足够大的开度，上述影响因素已不复存在，因此可供给发动机较稀的混合气，以获得最佳的燃油经济性。供给混合气的 A/F 为 16～17。

③大负荷和全负荷工况大负荷工况　大负荷工况下，节气门开度已超过 3/4，应随着节气门开度的开大逐渐地加浓混合气，以满足提高发动机功率的要求；全负荷工况下，节气门全开，应供给浓混合气，A/F 为 12～13。

(2)过渡（非稳定）工况对混合气的要求　汽车运行中过渡工况主要包括冷启动、暖机、加速和减速等状况，其典型特征就是在一定时间内，转速和负荷处于非稳定的工作状况。在冷启动、暖机过渡工况下，应根据冷却水温很浓的混合气；加速工况下，根据节气门开度变化速率，加浓混合气，减速工况下，根据节气门关小的速率，结合实际车速和发动机转速，采取减小供油即稀混合气或停止供油措施。

二、电控燃油喷射系统分类

燃油喷射系统在发动机上的应用可以按以下形式进行分类。

1. 按喷射控制装置的形式不同分类

(1)机械式　燃油的计量是通过机械传动与液体传动实现,简称为K型系统。

(2)机电一体混合控制式　和机械喷射系统一样,也是通过机械、液体喷射装置控制的,同时还设有一个电控单元、多个传感器和电液混合气调节器来控制混合气成分。相对于K型燃油喷射系统,提高了控制的灵活性,扩展了控制功能。

(3)电子控制式　燃油的计量是由电控单元及电磁喷油器实现的,即EFI(electronic fuel injection)系统。

2. 按喷射方式不同分类

(1)间歇喷射或脉冲喷射式　对每一个气缸的喷射都有一限制的喷射持续期,喷射是在进气过程中的某段时间内进行的,喷射持续时间相应就是所控制的喷油量。所有的缸内直接喷射系统和多数进气道喷射系统都采用间歇喷射的方式。

(2)连续喷射式或稳定喷射方式　燃油喷射的时间占有全工作循环的时间,连续喷射都是喷在进气道内,且大部分的燃油是在进气门关闭后喷射的,因此大部分燃油是在进气道内蒸发的。所有的K型、KE型和大部分SPI系统采用这种喷射方式。

3. 按汽油喷射部位的不同分类

(1)进气道喷射式　喷油器安置在进气歧管上或进气管上,以0.20～0.35 MPa的喷射压力将汽油喷入进气管或进气道内进气门的前方,如图2-2所示。进气道喷射都采用低压喷射装置,是汽油喷射发动机常用的喷射方式。根据喷油器的数量和安装位置不同,又可分为单点喷射方式(SPI)和多点喷射方式(MPI)。

SPI也称节气门体喷射(TBI),它是在进气总管的节气门上方装有1～2个喷油器的节气门体喷射方式,燃油喷出后随空气流进入进气歧管内,从而分配至各气缸。MPI是在各缸的进气歧管上分别装有一个喷油器,直接将燃油喷入各气缸进气道的进气门前方。MPI使各缸喷油控制精度高,动态响应好,是进气道喷射方式的主流。

(2)缸内直接喷射式　喷油器装在气缸盖上,把燃油直接喷入气缸内,配合缸内组织气体流动形成可燃混合气,如图2-3所示。缸内喷射容易实现分层燃烧和稀混合气燃烧,进一步改

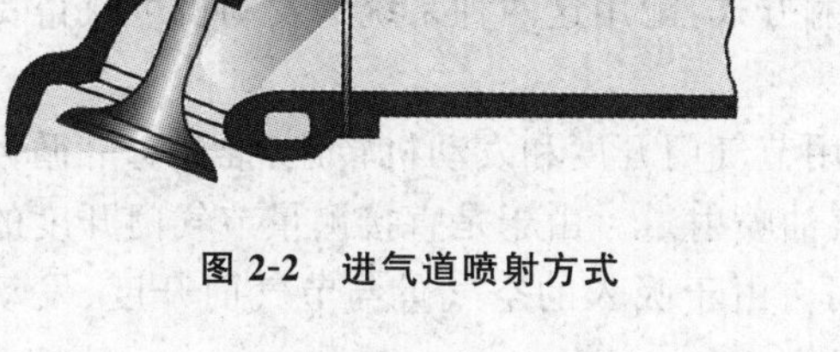

图2-2　进气道喷射方式

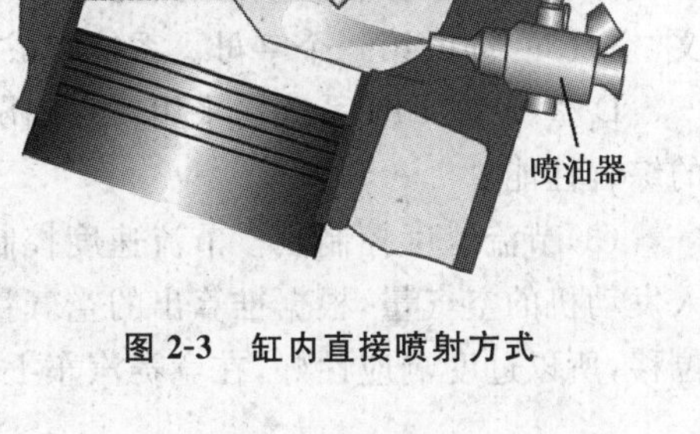

图2-3　缸内直接喷射方式

善了汽车发动机的排放性与燃油经济性。但是，缸内直接喷射需要采用较高的压力（3.0～5.0 MPa）的喷油装置，喷油器安装在气缸盖上，直接受缸内高温、高压燃气作用，使制造成本有所增加，同时还要求喷出的燃油能随气流分布到整个燃烧室内，这也使在缸内布置喷油器、火花塞及组织气流方向与之匹配比较复杂。由于缸内直喷可明显提高汽油机动力性、经济性和排放性，近年来，采用缸内直喷方式的汽油机发展很快。

4. 按空气流量的测量方式分类

按空气流量的测量方式，可分为速度密度控制、质量流量控制和节流速度控制等。

（1）速度密度控制型（D 型 EFI 系统） 它是通过检测进气歧管的压力（真空度）和发动机的转速，推算发动机吸入的空气量，并计算燃油流量的速度密度控制方式。“D”是德文“压力”一词的第一个字母。D 型 EFI 系统是最早的、典型的多点压力感应式喷射系统。

美国的通用、福特和克莱斯勒，日本的丰田、本田、铃木和大发等各主要汽车公司，都有类似的产品。由于空气在进气管内的压力波动，该方法的测量精度稍差。其系统组成如图 2-4 所示。

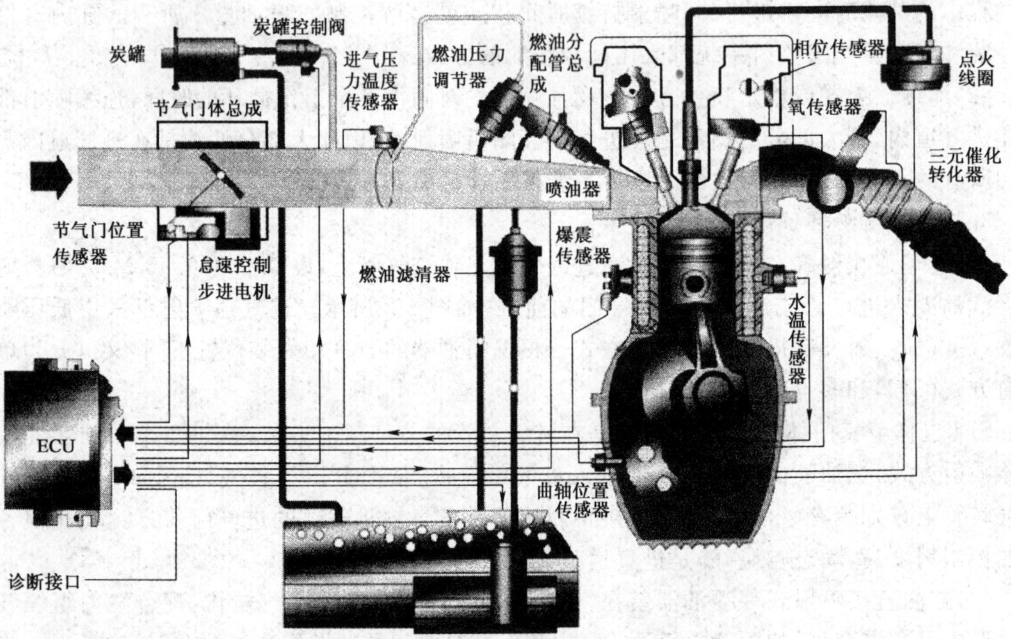

图 2-4 D 型电控燃油喷射系统组成图

（2）质量流量控制型（L 型 EFI 系统） 这种方式是用空气流量计直接测量发动机吸入的空气体积流量或质量流量，其测量的准确程度高于 D 型，故可更精确地控制空燃比。“L”是德文“空气”一词的第一个字母。系统组成如图 2-5 所示。

D 型、L 型 EFI 系统均采用多点间歇脉冲喷射方式，配用这两种系统的发动机可获得良好的综合性能。

（3）节流速度控制法 节流速度控制法是利用节气门开度和发动机转速，推算每一循环吸入发动机的空气量，根据推算出的空气量，计算汽油喷射量。由于是直接测量节气门开度的角位移，所以过度响应性好，在竞赛汽车上得以应用。由于吸入的空气量与节气门开度、发动机

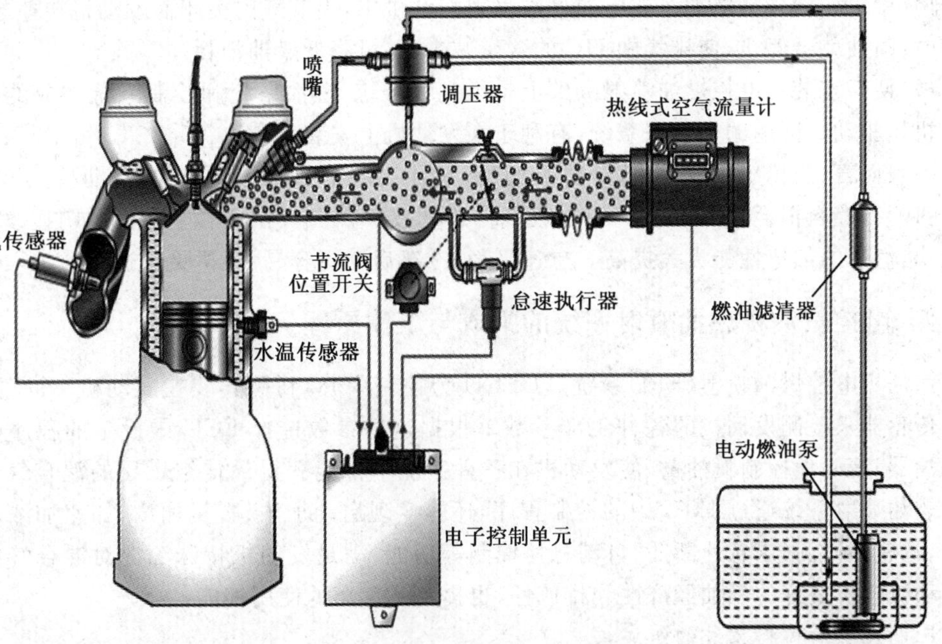

图 2-5　L 型电控燃油喷射系统组成图

转速的关系是一个复杂的函数关系，所以不容易准确测定进入的空气量。

三、电控汽油机燃油喷射系统的优点

(1)能实现空燃比的高精度控制　其一，采用多点喷射(MPI)方式独立向各缸喷油，使各缸空燃比偏差减小；其二，通过闭环控制系统中的氧传感器反馈控制机能，可进一步精确制空燃比；其三，在汽车运行地区的气压、气温、空气密度变化时或加减速行驶过渡运转阶段，空燃比均可及时得到适当的修正；其四，点火控制、怠速控制等辅助系统的采用，使各种工况都有最佳空燃比。

(2)充气效率高　在进气系统中，由于没有像化油器供油那样的喉管部位，进气压力损失小。只要合理设计进气管道，就可充分利用吸入空气的惯性增压作用，增大充气量，提高输出功率，增加发动机的动力。

(3)瞬时响应快　在汽车加减速行驶的过渡运转阶段，空燃比控制系统能够迅速响应，使汽车加减速反应灵敏；当汽车在不同地区行驶时，对大气压力或外界环境温度变化引起的空气密度变化，可以进行快速的空燃比修正。

(4)启动容易，暖机性能好　在发动机启动时，可以用 ECU 计算出启动供油量，并且能使发动机顺利经过暖机运转。

(5)节油和排放净化效果明显　能提供各种运行工况下最适当的混合气空燃比，且燃油雾化好，各缸分配均匀，使燃烧效率提高，有害排放降低。

(6)减速、限速断油功能　能降低排放，节省燃油。减速时，节气门关闭，发动机仍以高速运转，进入气缸的空气量减少，进气歧管内的真空度增大。在化油器系统中，此时会使黏附于进气歧管壁面的汽油由于歧管内真空度急骤升高而蒸发后进入气缸，使混合气变浓，燃烧不完全，排气中 HC 的含量增加。在电控燃油喷射发动机中，当节气门关闭而发动机转速超过预定转速时，喷油就会停止，使排气中 HC 的含量减少，并可降低燃油消耗。

(7)便于安装　电控燃油喷射大致上是由空气系统、燃油系统和控制系统构成的，它是不存在机械驱动等问题的分散型系统，有利于在发动机上安装。

一般而言，与传统的化油器发动机相比，装用电控燃油喷射系统的发动机功率可提高5%～10%，燃料消耗降低5%～15%，废气排放量减少20%。由于转矩特性的明显改善，瞬时响应快，汽车的加速性能大大提高。怠速平稳，冷车启动更容易，暖机更迅速。

四、电控汽油机燃油喷射系统的组成与工作原理

汽油机电控燃油喷射(EFI)系统，以 ECU 为控制中心，利用安装在发动机不同部位上的各种传感器来检测发动机的各种工作参数。根据这些参数选择 ECU 中设定的程序，通过控制喷油器，精确地控制喷油量，使发动机在各种工况下都能获得最佳空燃比的混合气。此外，电控燃油喷射系统通过 ECU 中的控制程序，还能实现启动加浓、暖机加浓、加速加浓、全负荷加浓、减速调稀、强制怠速断油、自动怠速控制等功能，满足发动机特殊工况对混合气的要求，使发动机获得良好的燃油经济性和排放性，也提高了汽车的使用性能。

1. 电控燃油喷射系统的组成

电控燃油喷射系统一般由三个子系统组成，即空气供给系统、燃油供给系统和电子控制系统。

(1)空气供给系统　空气供给系统的作用是提供、测量和控制燃油燃烧时所需要的空气量。

以 L 型系统为例，空气经空气滤器过滤后，由空气流量计计量，通过节气门体进入进气总管，再分配到各进气歧管。在进气歧管内，从喷油器喷出的燃油与空气混合后被吸入气缸内燃烧。在冷却水温度较低时，为加快发动机暖机过程，设置了快怠速装置，由 ECU 操纵怠速控制阀(ISCV)或电机控制怠速与快怠速，如图 2-5 所示。

(2)燃油供给系统　燃油供给系统的功能是向发动机精确提供各种工况下所需要的燃油量。燃油系统一般由油箱、电动燃油泵、燃油过滤器、燃油脉动阻尼器、燃油压力调节器、喷油器及供油总管等组成，见图 2-4、图 2-5。燃油由燃油泵从油箱中泵出，经过过滤器，除去杂质及水分后，再送至燃油脉动阻尼器，以减少其脉动。这样具有一定压力的燃油流至供油总管，再经各供油歧管送至各缸喷油器。喷油器根据 ECU 的喷油指令，开启喷油阀，将适量的燃油喷于进气门前，待进气行程时，再将燃油混合气吸入气缸中。装在供油总管上的燃油压力调节器是用以调节系统油压的，目的在于保持油路内的油压与进气管压力差保持稳定。

(3)电子控制系统　电子控制系统的功能是根据发动机运转状况和车辆运行状况确定燃油的最佳喷射量与喷射时间。该系统由传感器、ECU 和执行器三部分组成。

传感器是信号转换装置，安装在发动机的各个部位，其功用是检测发动机运行状态的电量参数、物理参数和化学参数等，并将这些参数转换成计算机能够识别的电信号输入 ECU。检测发动机工况的传感器有：水温传感器、进气温度传感器、曲轴位置传感器、节气门位置传感器、车速传感器、氧传感器、爆震传感器、空调离合器开关等。

ECU 是发动机控制系统的核心部件。ECU 的存储器中存放了发动机各种工况的最佳喷油持续时间，在接收了各种传感器传来的信号后，经过计算确定满足发动机运转状态的燃油喷

射量和喷油时间。ECU 还可对多种信息进行处理，实现 EFI 系统以外其他诸多方面的控制，如点火控制、怠速控制、废气再循环控制等。

执行器是控制系统的执行机构，其功用是接受 ECU 输出的各种控制指令，完成具体的控制动作，从而使发动机处于最佳工作状态，如喷油脉宽控制、点火提前角控制、怠速控制、炭罐清污、自诊断、故障备用程序启动、仪表显示等。

2.电控燃油喷射系统的基本工作原理

(1)D 型 EFI 系统　图 2-4 所示是 D 型 EFI 系统，该系统的工作情况如下所述。

①燃油压力的建立与燃油喷射方式　燃油压力由燃油泵提供，燃油泵可以装在油箱外靠近油箱的地方，也可以直接安装在油箱内，一般装在油箱内。油箱内的燃油被燃油泵吸出并加压至 350 kPa 左右，经燃油滤清器过滤，送至发动机上方的分配油管。分配油管与安装在各缸进气歧管上的喷油器相通。喷油器是一种电磁阀，由 ECU 控制，通电时电磁阀开启，压力燃油以雾状喷入进气歧管内，与空气混合，在进气行程中被吸进气缸。分配油管的末端装有燃油压力调节器，用来调整分配油管中汽油的压力，使油压与进气歧管压力差保持某一定值(250～300 kPa)。多余的燃油从燃油压力调节器上的回油口经回油管返回油箱。

②进气量的控制与测量　进气量由驾驶员通过加速踏板操纵节气门来控制。节气门开度不同，进气量也不同，同时进气歧管内的真空度也不同。在同一转速下，进气歧管真空度与进气量有一定关系。进气压力传感器将进气歧管内真空度的变化转变成电信号的变化传送给 ECU，ECU 根据进气歧管真空度的大小计算出发动机进气量。

③喷油量与喷油时刻的确定　喷油量由 ECU 控制。ECU 根据进气压力传感器信号计算出进气量，根据曲轴位置传感器信号计算出发动机转速，根据进气量和转速计算出相应的基本喷油量；ECU 控制各缸喷油器在每次进气行程开始之前喷油一次，并通过控制每次喷油的持续时间来控制喷油量。喷油持续时间愈长，喷油量就愈大(一般每次喷油的持续时间为 2～10 ms)。各缸喷油正时由 ECU 根据曲轴/凸轮轴位置传感器测得的曲轴位置信号和判缸信号进行控制。

④不同工况下的控制模式　电控燃油喷射系统能根据各个传感器测得的发动机各种运转参数，判断发动机所处的工况，选择不同模式的程序控制发动机的运转，实现启动加浓、暖机加浓、加速加浓、全负荷加浓、减速调稀、强制怠速断油、自动怠速控制等功能。

D 型 EFI 系统具有结构简单、工作可靠等优点，但由于采用进气歧管压力作为控制喷油量的主要依据，控制精度受到影响。

(2)L 型 EFI 系统　L 型 EFI 系统是在 D 型 EFI 系统的基础上，经改进而形成的。它是目前汽车上应用最广泛的燃油喷射系统。L 型 EFI 系统的构造和工作原理与 D 型 EFI 系统基本相同，但它以空气流量计代替 D 型 EFI 系统中的进气压力传感器，可直接测量发动机进气量，提高了控制精度。典型的 L 型 EFI 系统的结构如图 2-5 所示。

(3)Mono 系统　Mono 系统是 Bosch 公司研发的一种低压中央喷射系统，属单点喷射(SPI)系统，其组成如图 2-6 所示。在原来安装化油器的部位仅用一只电磁喷油器进行集中喷射。与化油器相比，能迅速地输送燃油通过节气门，在节气门上方没有或极少发生燃油附着管壁现象，因而消除了由此而引起的混合与燃烧的延迟，缩短了供油和空燃比信息反馈之间的时间间隔，提高了控制精度和汽油机的响应速度，同时降低污染物排放。

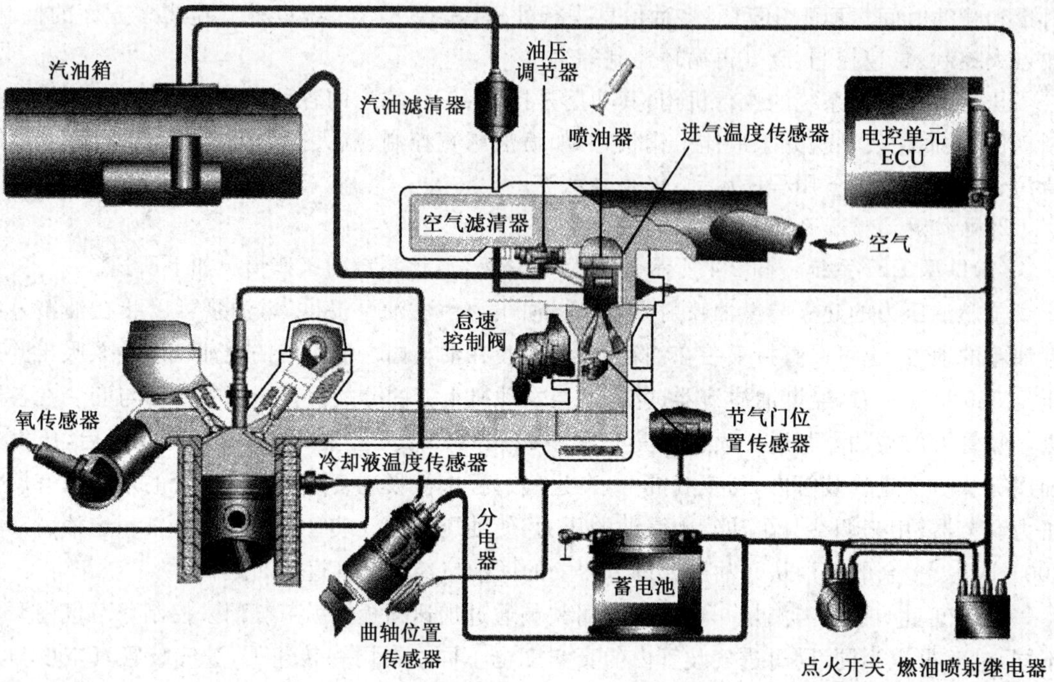

图 2-6　单点喷射系统

Mono 系统空气量可以采用空气流量计计量，也可以采用节气门转角和发动机转速(节流速度方式)来控制空燃比，而省去空气流量计。这样做，可使结构和控制方式均简化，既兼顾了发动机性能与成本，发动机结构的变动又较少。兼顾减少排放、提高性能、简化结构、降低成本诸多优势的 Mono 系统，在国外已迅速推广应用于低排量的普通轿车甚至货车上。

五、电控燃油喷射控制系统控制功能

1. 喷油正时控制

在采用间歇喷射方式的电控燃油喷射系统中，ECU 必须控制喷油器喷油的开始时刻，这就是喷油正时控制。其控制目标一般是在进气行程开始前，喷油结束。

喷油器的喷油可分为同步喷油和异步喷油两种类型。“同步”是指根据发动机各缸工作循环，在既定的曲轴位置进行喷油，同步喷油有规律性。异步喷油与发动机的工作不同步，无规律性，它是在同步喷油的基础上，为改善发动机的性能额外增加的喷油，主要有启动异步喷油和加速异步喷油。

(1)同步喷油正时控制

①顺序喷射正时控制　采用顺序喷射方式的电控燃油喷射系统中，各缸喷油器分别由 ECU 进行控制。

图 2-7 所示为 4 缸发动机顺序喷射控制电路，其特点是喷油器驱动回路数与气缸数目相等。ECU 根据凸轮轴位置传感器信号(G 信号)、曲轴位置传感器信号(Ne 信号)和发动机的做功顺序，确定各缸工作位置。当确定某缸活塞运行至排气行程上止点前某一位置时，ECU 输出喷油控制信号，接通喷油器电磁线圈电路，该缸即开始喷油，喷油顺序与做功顺序一致。

图 2-8 所示为日本丰田 4 缸发动机的顺序喷射正时图。

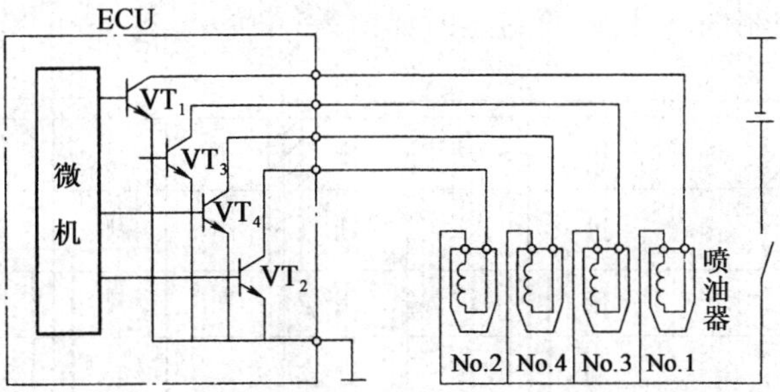

图 2-7 顺序喷油射控制电路

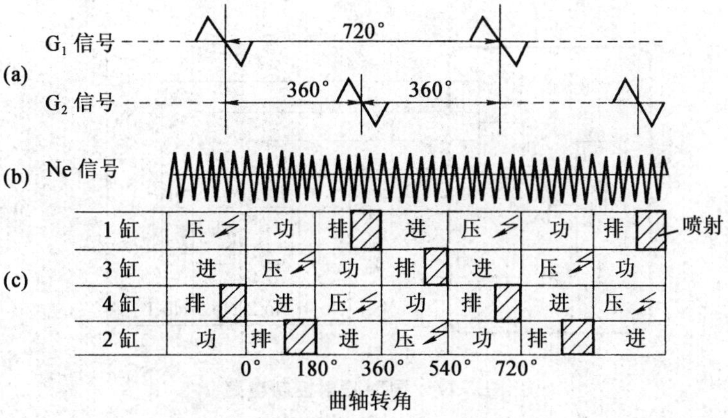

图 2-8 顺序喷射正时图

(a)凸轮轴位置 G_1、G_2 信号 (b)曲轴位置 Ne 信号 (c)喷油正时

②分组喷射正时控制 分组喷射一般是把所有气缸的喷油器分成 2～4 组，由 ECU 分组控制喷油器。图 2-9 所示为 4 缸发动机分组喷射控制电路，喷油器分两组，ECU 通过两个端子分别对各组喷油器进行控制。

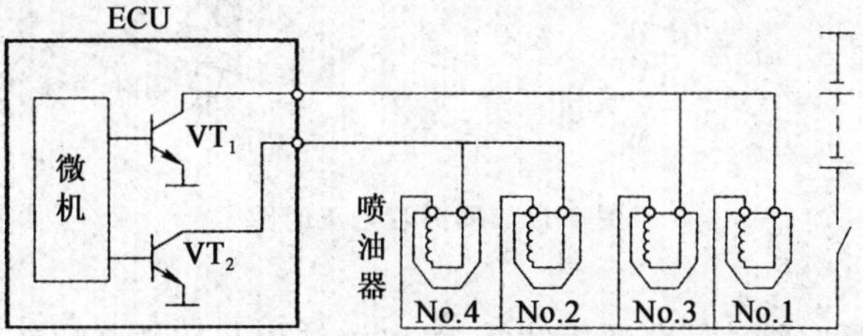

图 2-9 分组喷射控制电路

分组喷射喷油正时的控制是以各组最先进入做功行程的缸为基准，在该缸排气行程上止点前某一位置，ECU 输出指令信号，接通该组喷油器电磁线圈电路，该组喷油器即开始喷油。分组喷油正时如图 2-10 所示。

③同时喷射正时控制 这种喷射方式是所有各缸喷油器由 ECU 控制同时喷油和停油。

ECU 输出指令信号,接通所有喷油器电磁线圈电路,各缸喷油器即开始喷油。图 2-11 所示为 4 缸发动机同时喷射控制电路,同时喷射正时如图 2-12 所示。

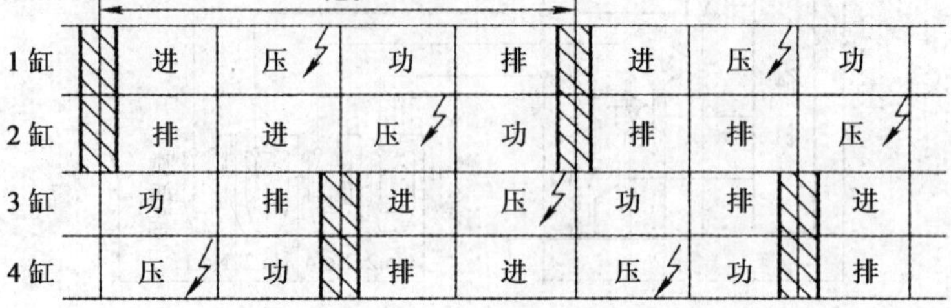

图 2-10 分组喷射正时图

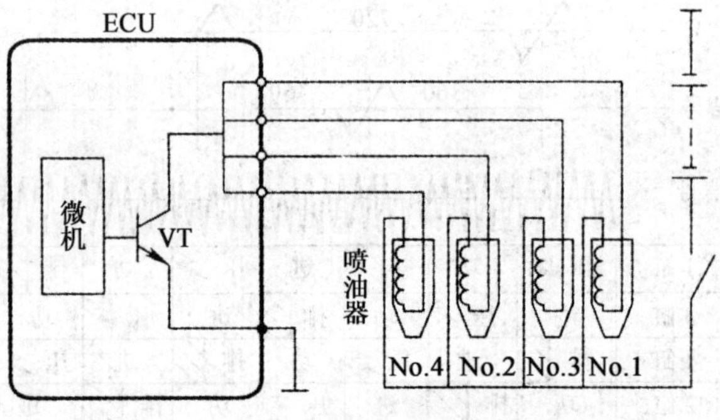

图 2-11 同时喷射控制电路

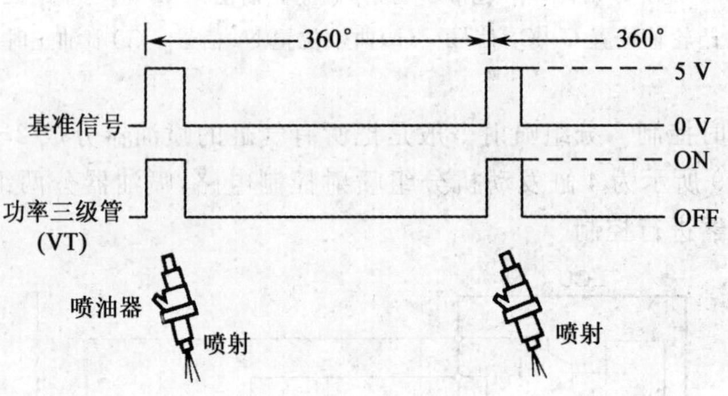

图 2-12 同时喷射正时图

同时喷射方式的喷射驱动回路通用性好,其电路结构与软件都比较简单。其缺点是由于各缸喷油时间不可能最佳,可能会导致各缸的混合气形成不一样。

(2)异步喷油正时控制

①启动时异步喷油正时控制 在部分电控燃油喷射系统中,为改善发动机的启动性能,在发动机启动时,除同步喷油外,再增加一次异步喷油。

具有启动异步喷油功能的电控燃油喷射系统,在启动开关(STA)处于接通状态时,ECU 接收到第一个凸轮轴位置传感器(CMPS)信号(G 信号)后,接收到第一个曲轴位置传感器

(CKPS)信号(Ne 信号)时,开始进行启动时的异步喷油。

②加速时异步喷油正时控制　发动机由怠速工况向汽车起步工况过渡时,由于燃油惯性等原因,会出现混合气稀的现象。为了改善起步加速性能,ECU 根据怠速触点(IDL)信号从接通到断开时,增加一次固定量的喷油。在有些电控燃油喷射系统中,ECU 接收到的 IDL 信号从接通到断开后,检测到第一个 Ne 信号时,增加一次固定量的喷油。有些发动机电控燃油喷射系统,为使发动机加速更灵敏,当节气门迅速开启或进气量突然增加(急加速)时,在同步喷射的基础上再增加异步喷射。

2. 喷油量控制

喷油量控制是电控燃油喷射系统最主要的控制功能之一,其目的是使发动机在各种运行工况下,都能获得最佳的混合气浓度,以提高发动机的经济性和降低排放污染。

当喷油器的结构和喷油压差一定时,喷油量的多少就取决于喷油时间。喷油量的控制是通过对喷油器喷油时间的控制来实现的。喷油量控制可分为同步喷油量控制和异步喷油量控制。同步喷油量控制又分为发动机启动时的喷油量控制和发动机启动后的喷油量控制,二者的控制模式有所不同。

(1)启动喷油量控制　在发动机启动时,由于转速波动大,无论是 D 型还是 L 型电控燃油喷射系统,都不能精确地确定进气量,也就无法确定合适的基本喷油时间。发动机启动时的同步喷油量控制,ECU 主要根据冷却液的温度实施控制。

在点火开关位于 STA(启动)挡且发动机转速低于规定值时, ECU 根据冷却液温度传感器信号(THW 信号)和内存的冷却液温度-喷油时间曲线确定基本喷油时间 T_P,如图 2-13 所示。然后加上进气温度修正时间 T_A 和蓄电池电压修正时间 T_B,计算出启动时的持续喷油时间,如图 2-14 所示。

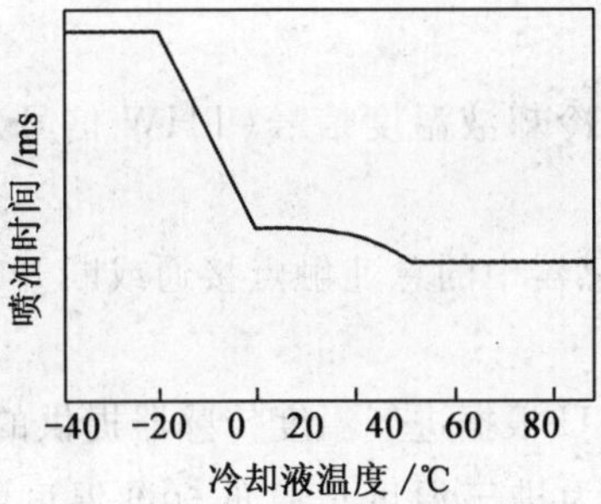

图 2-13　启动时水温-喷油时间图

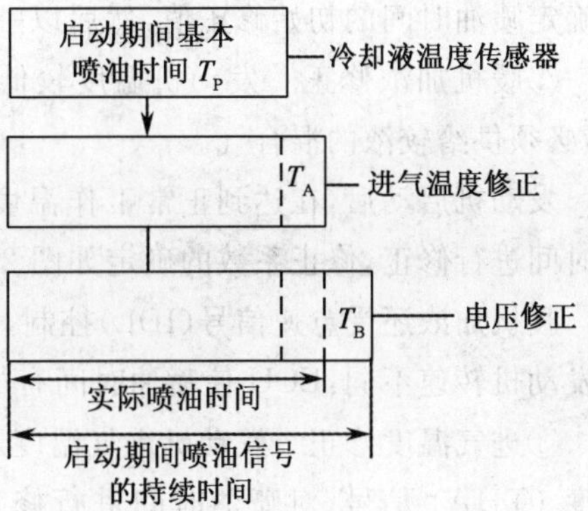

图 2-14　启动时喷油时间的确定

电压修正是因为喷油器的实际喷油时刻比 ECU 发出喷油指令的时刻晚,即存在一段滞后时间(图 2-15),使喷油器喷油的实际时间比 ECU 确定出的喷油时间短,导致喷油量不足。蓄电池电压越低,滞后时间越长。因此,ECU 需根据蓄电池电压适当延长喷油时间,以提高喷油量控制的精度。

(2)启动后喷油控制　发动机启动后转速超过预定值时,ECU 确定的喷油持续时间为:

$$喷油持续时间=基本喷油持续时间\times喷油修正系数+电压修正值$$

式中，喷油修正系数是各种修正系数的总和。在D型电控燃油喷射系统中，ECU根据发动机转速信号(Ne)和进气管绝对压力信号(PIM)，由内存的基本喷油时间三维图(三元MAP图)确定基本喷油时间，如图2-16所示。

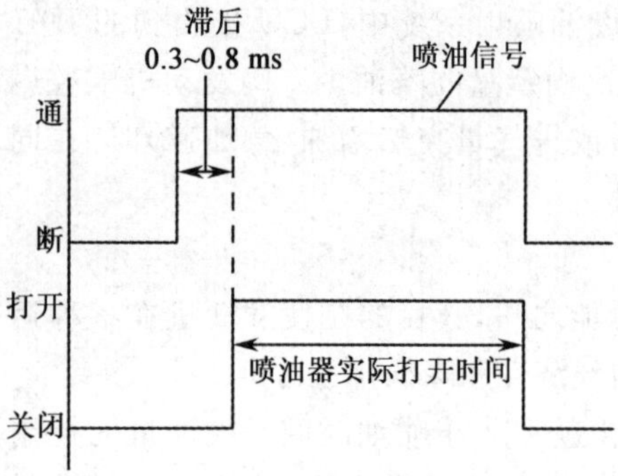

图2-15 实际喷油相对喷油控制信号的滞后

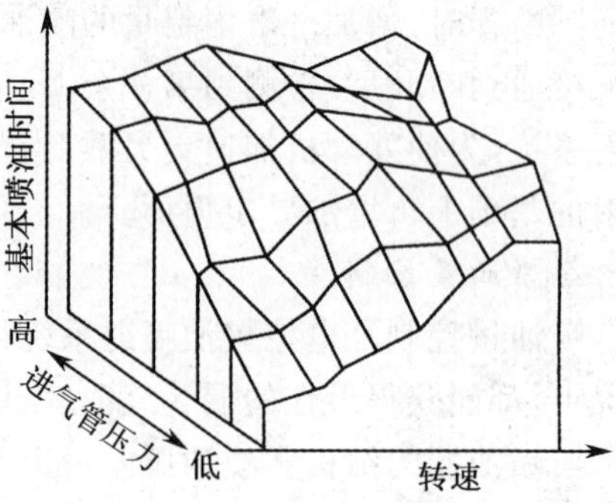

图2-16 基本喷油时间三维图

L型电控燃油喷射系统中，ECU则根据发动机转速信号(Ne)和空气流量计信号(Vs信号)确定基本喷油时间。这个基本喷油时间是实现既定空燃比(理论空燃比14.7∶1)的喷射时间。

发动机启动后的各工况下，ECU在确定基本喷油时间的同时，还必须根据各种传感器输送来的发动机运行工况信息，对基本喷油时间进行修正。

①启动后加浓修正　发动机完成启动后，点火开关由“STA”(启动)位置转到“ON”(点火)位置，或发动机转速已达到或超过预定值，为使发动机保持稳定运转，ECU根据冷却液温度确定喷油时间的初始修正值，然后以一固定速度下降，逐步达到正常。

②暖机加浓修正　发动机温度较低时，燃油蒸发性差，为使发动机迅速进入最佳工作状态，必须供给较浓的混合气。

发动机启动后，在达到正常工作温度之前，ECU根据冷却液温度信号(THW信号)对喷油时间进行修正，修正系数的确定如图2-17所示。

暖机加浓还受怠速信号(IDL)控制，当节气门位置传感器中的怠速触点接通或断开时，根据发动机转速不同，ECU使喷油时间有少量变化。

③进气温度修正　发动机进气温度影响进气密度，ECU根据进气温度传感器提供的进气温度(THA)信号，对喷油时间进行修正。通常以20℃为进气温度信息的标准温度，低于20℃时空气密度大，ECU适当增加喷油时间，使混合气不致过稀；进气温度高于20℃时，空气密度减小，适当减少喷油时间，以防混合气偏浓。进气温度修正系数的确定如图2-18所示，增加或减少的最大修正量约为10%。

④大负荷工况喷油量修正　发动机在大负荷工况下运转时，要求使用较浓的功率混合气以获得大功率，ECU根据发动机负荷修正喷油时间。

发动机工作时，ECU可根据进气管绝对压力传感器信号(PIM信号)或空气流量计信号(Vs信号)以及节气门位置传感器输送的全负荷信号(PSW信号)或节气门开度信号(VTA信号)判断发动机负荷状况，大负荷时适当增加喷油时间。大负荷的加浓量为正常喷油量的

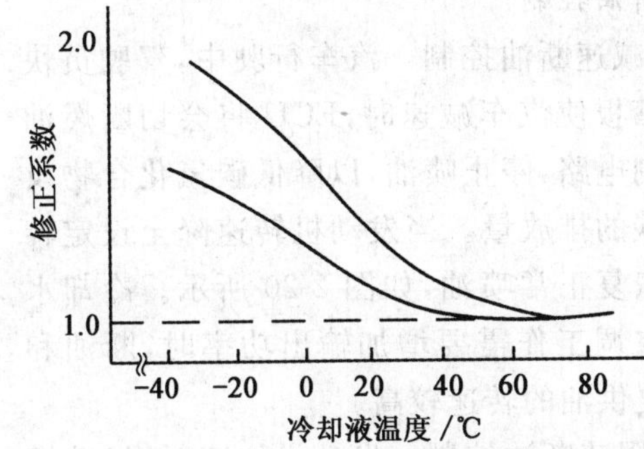

图 2-17　暖机加浓修正系数

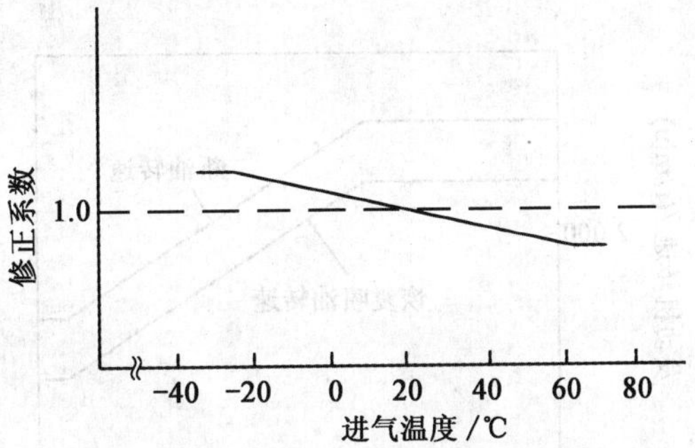

图 2-18　进气温度修正系数

10%～30%。有些发动机大负荷加浓量还与冷却水温度信号相关。

⑤过渡工况喷油量修正　发动机在过渡工况(加速或减速)下运行时,为获得良好的动力性、经济性和响应性,需要适当修正喷油时间。

ECU 主要根据 PIM 信号或 Vs 信号、Ne 信号、SPD 信号(车速信号)、VTA 信号、NSW 信号(空挡启动开关信号)判断过渡工况,对喷油时间进行修正。

⑥怠速稳定性修正(只用于 D 系统)　在 D 型电控燃油喷射系统中,决定基本喷油时间的进气管绝对压力的变化,在过渡工况时,相对于发动机转速的变化将产生滞后。节气门之后进气管容积越大,怠速时发动机转速越低,这种滞后时间越长。

由于 ECU 检测到进气管绝对压力变化较转速变化的时间滞后,发动机输出转矩的变化也较转速变化滞后,必将导致发动机怠速转速上升时转矩也上升,怠速转速下降时转矩也下降,造成发动机怠速运转不稳定。

为了提高发动机怠速运转的稳定性,ECU 根据 PIM 信号和 Ne 信号对喷油量进行修正。随进气管绝对压力增大或怠速转速降低,适当增加喷油时间;随进气管绝对压力减小或怠速转速增高,适当减少喷油时间。怠速稳定性修正系数如图 2-19 所示。

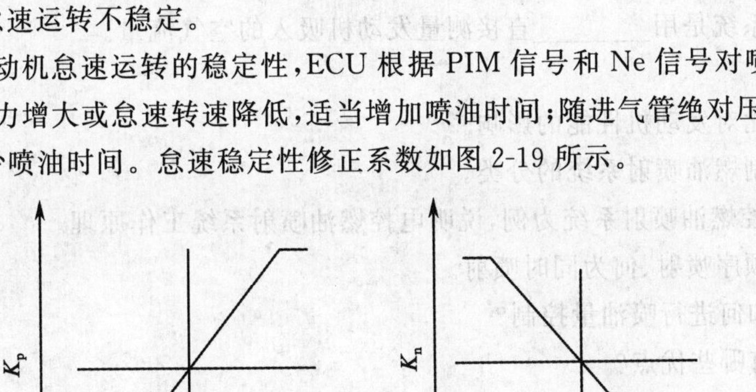

图 2-19　怠速稳定性修正系数

K_p、K_n. 怠速稳定修正系数　ΔP. 压力变化　Δn. 怠速转速变化

(3)异步喷油量控制　发动机启动或加速时的异步喷油量一般是固定的,即各缸喷油器以一个固定的喷油持续时间,同时向各缸增加一次喷油。

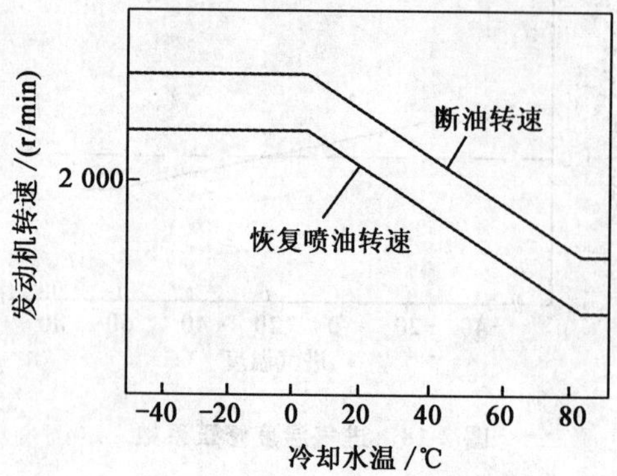

图 2-20 减速断油控制

3. 断油控制

(1)减速断油控制 汽车行驶中，驾驶员快收加速踏板使汽车减速时，ECU 将会切断燃油喷射控制电路，停止喷油，以降低碳氢化合物及一氧化碳的排放量。当发动机转速降至设定转速时又恢复正常喷油，如图 2-20 所示。冷却水温低或空调工作需要增加输出功率时，断油和重新恢复供油的转速较高。

(2)限速断油控制 发动机加速时，发动机转速超过安全转速或汽车车速超过设定的最高车速时，ECU 将切断燃油喷射控制电路，停止喷油，防止超速。

复习与思考

一、填空题

1. SPI 是________喷射方式的英文缩写，MPI 是________喷射方式的英文缩写。

2. L 型电控燃油喷射系统中，ECU 则根据发动机________信号和________信号确定基本喷油时间。

3. 发动机启动时的同步喷油量控制主要根据________实施控制。

4. 进行喷油正时控制时，ECU 根据________传感器信号、________传感器信号及发动机的做功顺序，确定各缸工作位置。

5. L 型 EFI 系统是用________直接测量发动机吸入的空气流量。

二、简答题

1. 简述空燃比对发动机性能的影响。

2. 简述电控制燃油喷射系统的分类。

3. 以 L 型电控燃油喷射系统为例，说明电控燃油喷射系统工作原理。

4. 解释何为顺序喷射、何为同时喷射。

5. EFI 系统如何进行喷油量控制？

6. EFI 系统有哪些优点？

任务一 空气供给系统检修

【知识目标】

1. 熟悉电控燃油喷射系统空气供给子系统功能与组成部件。

2. 熟悉空气流量计、进气压力传感器的类型、结构与工作原理。

3. 掌握节气门位置传感器形式、结构与工作原理。

4. 了解电子节气门系统功能、组成与工作原理。

【能力目标】

1. 能检测空气流量计、进气压力传感器，诊断排除其电路故障。

2. 能检测节气门位置传感器，诊断排除其电路故障。

3. 能初步检测诊断电子节气门系统故障。

『相关知识』

空气供给系统的功用是清洁、计量和控制进入发动机汽缸的空气。空气供给系统主要组成部件有空气滤清器、空气滤清器通气软管、空气流量计(或进气压力传感器)、节气门体、怠速控制阀、进气总管(稳压箱)、进气歧管。活塞由上止点向下止点运动时，气缸容积增大，产生真空度，在大气压力与缸内压力差作用下，空气经滤清器过滤，再经节气门体并由节气门控制进入进气总管，然后分配至进气歧管，至缸盖进气道，通过进气门进入气缸。

一、空气流量计结构与工作原理

空气流量计(MAFS)用于检测进入发动机气缸的空气体积流量或质量流量，将空气流量信号转变为电信号输出 ECU。应用的空气流量计有叶片式、量芯式、卡门旋涡式、热线式和热膜式等多种形式。其中，叶片式、量芯式空气流量计由于机械惯性等原因，测量精度较差，已趋于淘汰，目前广泛使用的是热线式或热膜式控气流量计。

1. 卡门旋涡式空气流量计

卡门旋涡式空气流量计通常与空气过滤器外壳安装成一体，在其空气通道中央设置一锥状的涡流发生器，当空气流过时，在涡流发生器后部将不断产生称之为卡门旋涡的涡流串。卡门旋涡的频率 f 与空气流速 v 之间存在如下关系：$f=0.2v/d$。其中，d 是涡流发生器外径尺寸。可见，测得卡门旋涡的频率就可以求得空气流速，空气流速乘以空气通路面积，就可以得到进气的体积流量。

由于卡门旋涡式空气流量计测得的是进气的体积流量，因此在流量计内装有进气温度传感器，以便对随气温而变化的空气密度进行修正，正确的计算出进气的质量流量。与叶片式空气流量计相比，卡门旋涡式空气流量计具有体积小、重量轻、进气道结构简单、进气阻力小，充气效率高等优点。

旋涡的频率的检测方有反光镜检测和超声波检测两种。

反光镜检测方式如图 2-21 所示。反光镜检测式空气流量计的检测部分由反光镜、发光二极管和光电管等组成。空气流经涡流发生器时，压力发生变化。这种压力变化经压力导向孔作用于薄金属制成的反光镜表面，使反光镜产生振动。反光镜振动时，将发光二极管发出的光交替投射给光电管，使光电管交替导通和截止，通过电路转换成脉冲电压信号，电路原理如图 2-22 所示。ECU 对脉冲电压信号计数，即可测得旋涡的频率。

超声波检测方式如图 2-23 所示。使用超声波检测方式的卡门旋涡式空气流量计是利用卡门旋涡引起的空气密度变化进行测量的。在与空气流动方向垂直的方向上安装超声波发生器，在与其相对的位置上安装接收器。卡门旋涡造成空气密度变化，受其影响，超声波发生器发出的超声波到达接收器的时机或变早或变晚，测出其相位差，利用放大器使之形成矩形波，矩形波的脉冲频率即为卡门旋涡的频率。

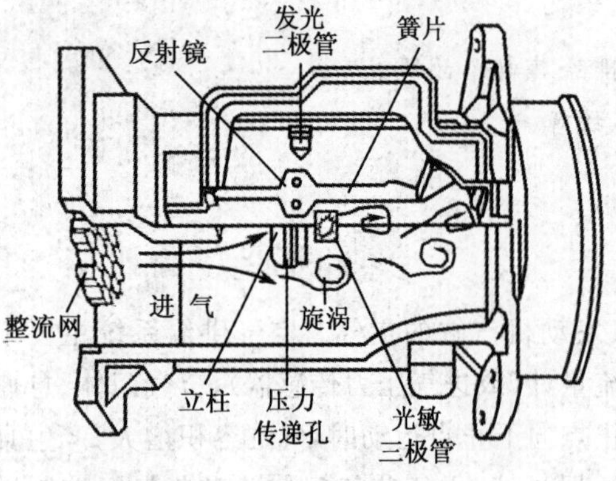

图 2-21 卡门旋涡式空气流量计（反光镜检测方式）

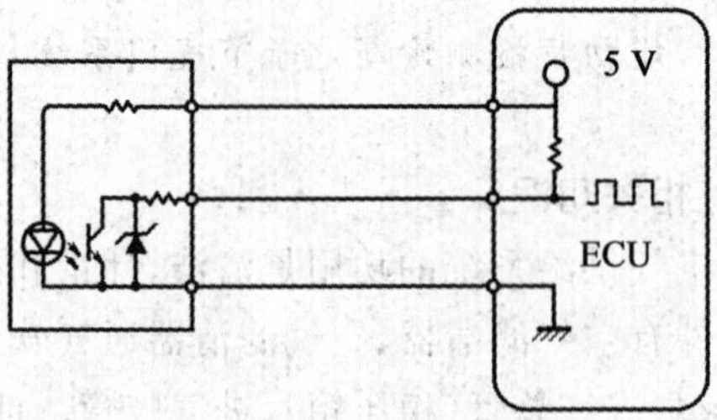

图 2-22 反光镜检测方式卡门旋涡式空气流量计电路原理示意图

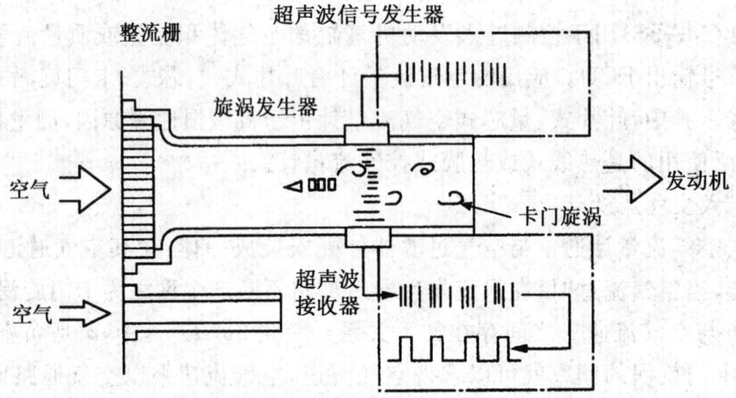

图 2-23 卡门旋涡式空气流量计(超声波检测方式)

2. 热式空气流量计

热式空气流量计分热线式和热膜式两种。

(1)热线式空气流量计　热线式空气流量计安装在空气滤清器与连接节气门体的软管之间,结构如图 2-24 所示。

热线式流量计的前后端均装有金属防护网,前面的用于进气整流,后面的用于防止发动机回火时把铂丝烧坏。防护网用卡箍固定在壳体上。图中,流量计的铂丝和进气温度补偿电阻都安装在主气道中的取样管内,称之为主流式热线空气流量计;另一种流量计是把铂丝绕在陶瓷芯管上,并置于旁通气道内,称之为旁通式热线流量计。

热线式空气流量计的基本原理如图 2-25 所示。在空气通路中放置一根直径很小的铂丝工作时经通电后发热,所以铂丝也称热线或热丝。“热线”的实质是一个热敏电阻,温度降低,阻值减小。热线电阻 R_H、温度补偿电阻 R_K、精密电阻 R_A、电桥电阻 R_B 组成惠斯顿电桥。温度补偿电阻 R_K 为“冷线”电阻,其温度为进气温度。混合集成电路将热线加热到高于温度补偿电阻一定温度。当发动机启动后,空气流经铂丝周围时带走其热量,使其温度下降,于是电桥平衡被打破,为了获得新的平衡,即热线的温度加热到高于温度补偿电阻温度一个定值,集

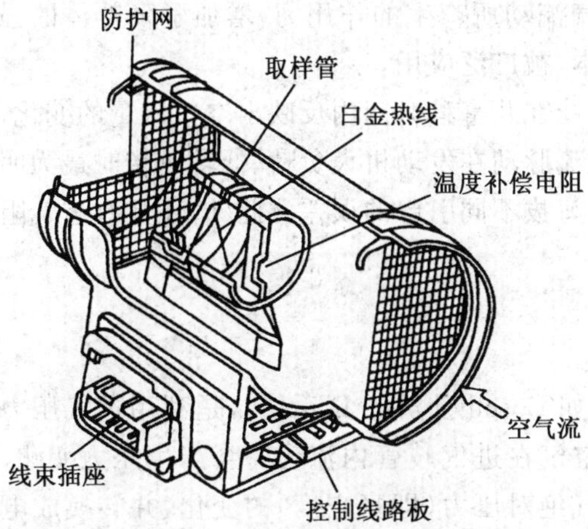

图 2-24　热线式空气流量计
(主测量方式)

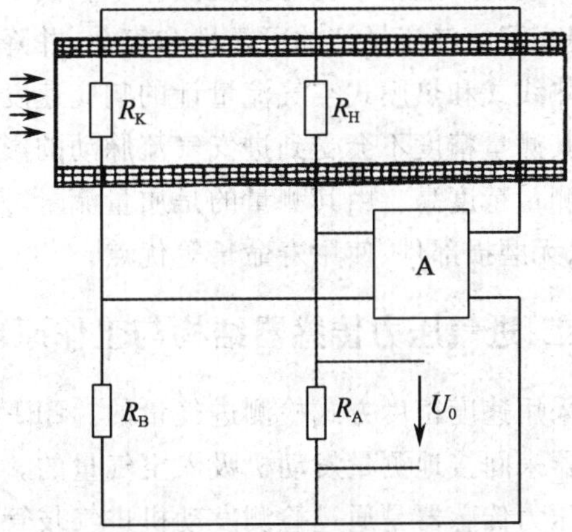

图 2-25　热线式空气流量计基本原理

A. 混合集成电路　R_H. 热线电阻　R_K. 温度补偿电阻　R_A. 精密电阻　R_B. 电桥电阻

成电路加大加在电桥上的电压，从而增大热线电流，进气量越大，热线需要的电流越大，从而在精密电阻 R_A 上的电压发生变化，控制电路将电流的变化转变为电压的变化经处理后输出给ECU，即可测得空气流量。热线式空气流量计输出信号因车型不同而异，有的是模拟信号，有的是数字信号。

热线式空气流量计在使用一段时间后，由于铂丝表面受空气尘埃沾污，造成热辐射能力降低而影响传感器的测量精度，采取的措施有两种：一种是控制电路中设计有“自洁电路”，每当ECU 接收到发动机熄火的信号时，ECU 将控制自洁电路接通，将铂丝加热到 1 000℃左右，持续 1 s 时间，使粘附在铂丝上的尘埃烧掉；另一种防止铂丝沾污的方法是提高其保持温度，一般将保持温度设定在 200℃以上，以便烧掉粘附的污物。

(2)热膜式空气流量计　热膜式空气流量计结构如图 2-26 所示。其结构和工作原理与热线式空气流量计基本相同，只是把发热体由热线改为热膜，热膜是把发热金属铂固定在树脂薄

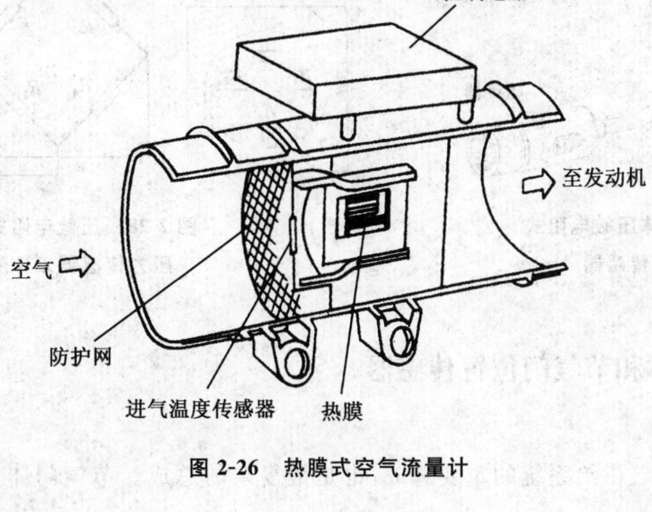

图 2-26　热膜式空气流量计

膜上构成的。这种结构可使发热体不直接承受空气流动所产生的作用力，增加了发热体的强度，提高了空气流量计的可靠性和寿命，并降低成本，被广泛应用。

热线式和热膜式空气流量计的响应速度很快，能在几毫秒时间内反映出空气流量的变化，因此其测量精度不会受到进气气流脉动的影响（气流脉动在发动机大负荷、低转速转时最为明显），测量精度高。因其测量的是质量流量，避免了海拔不同引起的误差。此外，还具有进气阻力小、无磨损部件、使用寿命长等优点。

二、进气压力传感器结构与工作原理

采用速度密度方式检测进气量的。EFI 系统（如 Bosch 公司的 D 系统），是利用进气压力传感器来间接地测量发动机吸入空气量的。由于空气在进气歧管内流动时会产生压力变化，进气压力传感器是通过检测发动机进气歧管内空气绝对压力（即真空度）的变化，并转换成电压信号，间接地测量进气量，与转速信号一起输送到微机控制装置，作为决定喷油器基本喷油量的依据。

进气压力传感器种类较多，就其信号转换原理可分为半导体压敏电阻式、电容式、膜盒式、表面弹性波式等。其中，半导体压敏电阻式、电容式应用较为广泛。特别是半导体压敏电阻式，因具有尺寸小、精度高、成本低和响应性、再现性和抗震性好等优点，使用最为广泛。其结构如图 2-27 所示。进气压力传感器安装在振动较小的车身处，用一根橡胶管与进气总管相连，作为取压管。

压敏电阻工进气压力传感器由压力转换元件、放大压力转换元件输出信号的集成电路（IC）和真空室构成。压力转换元件是硅（膜）片。硅（膜）片的一面是真空，另一面作用的是进气管压力。在进气管压力作用下，硅片将产生变形，使硅片的电阻阻值发生变化，从而使电桥电压变化。电桥电压变化很小，需通过 IC 放大后输出到 ECU 的 PIM 端子，ECU 的 V_C 为 IC 提供一个 5 V 的电源。压敏电阻工进气压力传感器电路如图 2-28 所示。

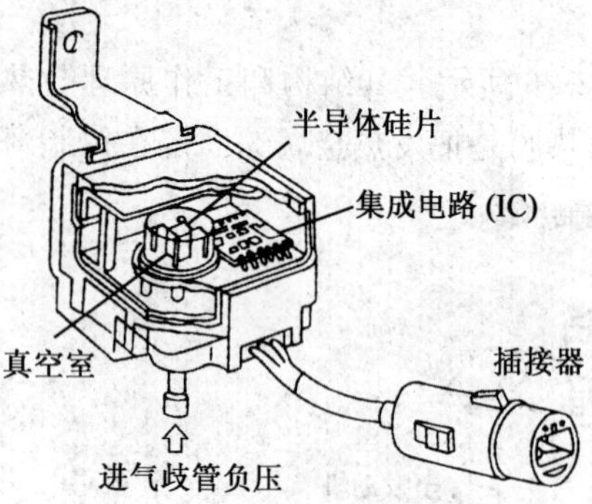

图 2-27 半导体压敏电阻式进气压力传感器

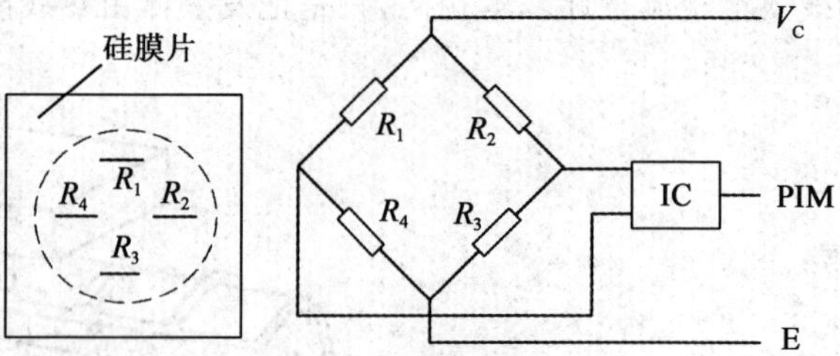

图 2-28 压敏电阻式进气压力传感器工作原理

三、节气门体和节气门位置传感器

1. 节气门体

节气门体是空气供给系统的重要总成，也是最复杂的总成。节气门体上安装有控制进气量的节气门和检测节气门开度的节气门位置传感器。但节气门体的结构在单点喷射发动机和多点喷射发动机上是不同的，具体的结构特点如下。

(1)多点喷射节气门体　MPI 多点喷射节气门体如图 2-29 所示。除节气门和节气门位置传感器外，通常还装有控制旁通气道的怠速控制阀，老式的还有怠速空气阀，有的设了怠速电机、减速器等传动机构。节气门体上通常还装有炭罐清污管接头，以及 EGR、废气涡轮增压、谐波增压控制等取真空接头。为避免冬天节气门结冰和卡滞，设有冷却水加热循环管路。

(a) 帕萨特 B5 轿车 2.0 L 发动机节气门体

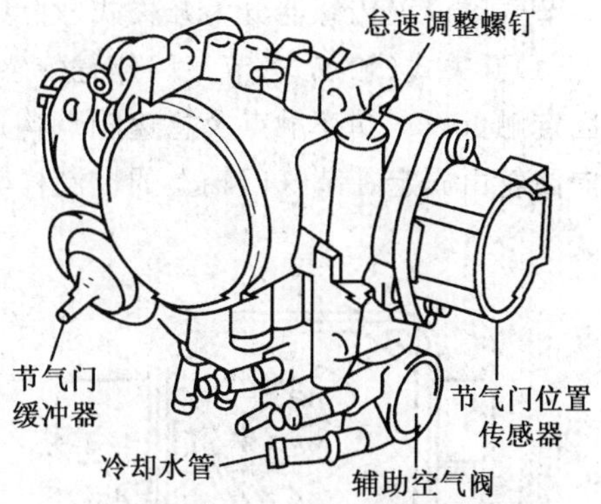

(b)MPI 节气门体组成与结构

图 2-29　MPI 多点喷射节气门体结构图

(2)单点喷射式节气门体　SPI 单点喷射节气门体较 MPI 多点喷射节气门体结构复杂，除节气门和节气门位置传感器外，在 SPI 节气门体内还装有集中供油用的主喷油器、压力调节器、取真空接头及冷却水管等。主喷油器装在节气门壳体的上部如图 2-30 所示。

有的节气门体上装有节气门回位缓冲器，加速踏板突然关闭时，节气门不会突然关闭，以免急减速时排放急增。

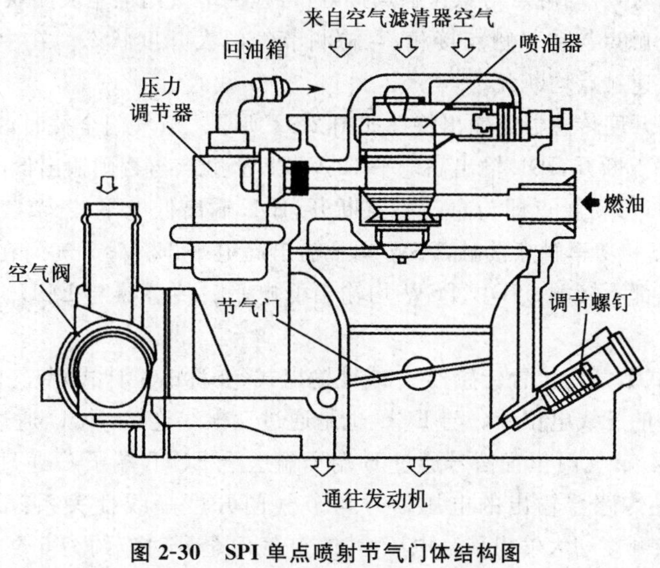

图 2-30　SPI 单点喷射节气门体结构图

2. 节气门位置传感器

节气门位置传感器(TPS)安装于节气门体上,由节气门轴驱动。

其作用检测节气门的开度和开关的速率,并把该信号转变为电压信号送给 ECU。ECU 用来判断发动机的负荷,是否处在加速、减速、怠速等状态,作为控制喷油脉冲宽度、点火正时、怠速转速、尾气排放的主要修正信号,同时也是空气流量传感器或进气歧管压力传感器的辅助信号。

节气门位置传感器分为开关式(触点式)、线性输出式与综合式三种。

(1)开关式(触点式)节气门位置传感器 开关式节气门位置传感器由一个可动触点和两个固定触点——功率触点及怠速触点构成,如图 2-31 所示。可动触点沿导向凸轮沟槽移动,导向凸轮由固定在节气门轴上的控制杆驱动。

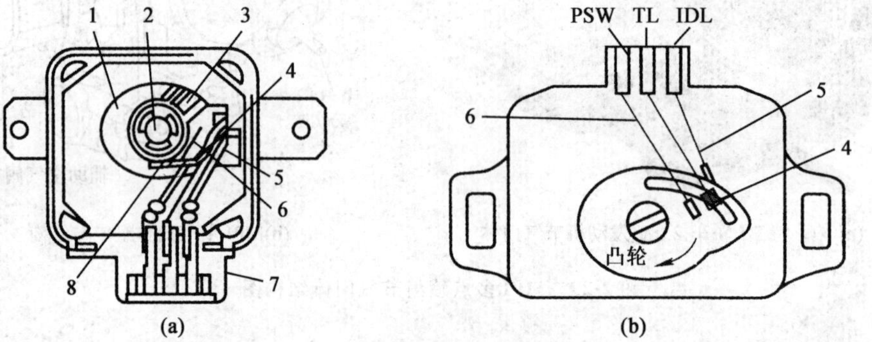

图 2-31 开关式节气门位置传感器结构

(a)结构图 (b)结构简图

1. 导向凸轮 2. 节气门轴 3. 控制杆 4. 可动触点 5. 怠速触点 6. 功率触点 7. 导线插头 8. 导向凸轮槽

节气门全关闭时,可动触点与怠速触点接触,可检测节气门的全关闭状态。当节气门开度达 50°以上时,可动触点与功率触点接触,可检测节气门大开度状态。在中间开度时,可动触点与功率触点及怠速触点均断开。

开关式节气门开度传感器的输出特性如图 2-32 所示。节气门全关时,可动触点和怠速触点接触,与 PSW 触点断开,IDL 输出高电平 12 V,PSW 触点与否则输出低电平为 0 V;非怠速状态(节气门稍开),可动触点即与怠速触点断开,IDL 输出低电平;若节气门的开度较大(如 50°以上),可动触点和功率触点接触,PSW 端子输出高电平 12 V;节气门在中间开度时,可动触点同哪一个触点都不接触。IDL、PSW 均输出低电平。传感器与 ECU 连接电路如图 2-33 所示。

(2)线性输出式节气门位置传感器 线性输出式(亦称电位计式)节气门位置实际上是一个由节气门轴驱动的三线电位计。与 ECU 也是通过三根线连接,ECU 通过 A 端子给传感器提供 5 V 标准电压,节气门位置信号通过 B 端子输送给 ECU,端子 C 通过 ECU 搭铁。线性输出式节气门位置传感器输出的电压信号与节气门开度呈线性关系:节气门全关时约为 0.5 V,随节气门半开度增大输出信号电压增加,节气门全开时应约为 5 V。现代汽车上这种传感器不大采用。

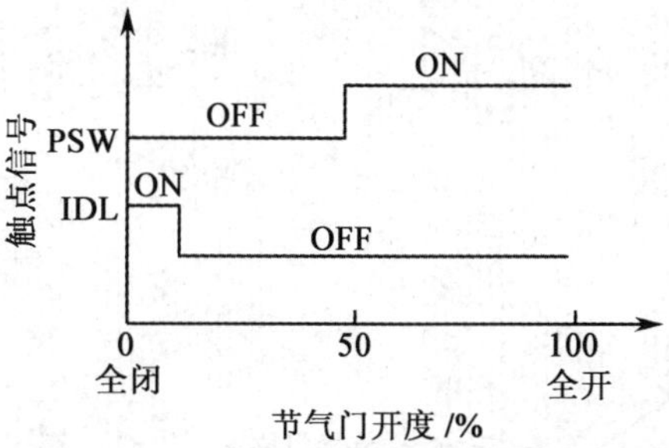

图 2-32　开关式节气门位置传感器输出特性

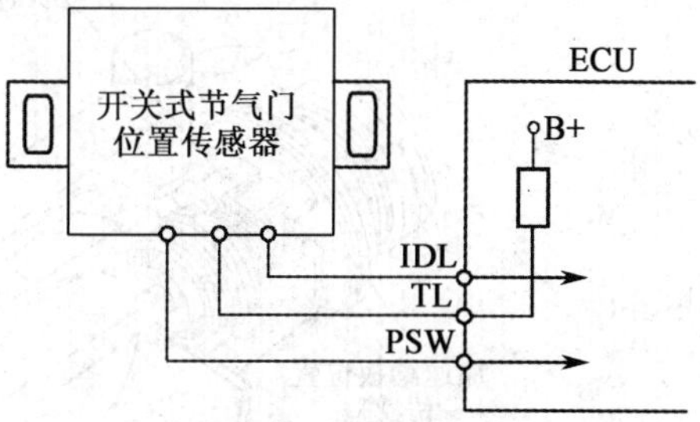

图 2-33　开关式节气门位置传感器电路

(3)综合式节气门位置传感器　综合式节气门位置传感器将开关式和线性输出式节气门位置传感器结合起来设计而成。其结构如图 2-34(a)所示，图 2-34(b)为与 ECU 电路连接。这种传感器有两对与节气门联动的可动电刷触点：一对电刷触点可在镀膜电阻上滑动，利用变化的电阻值，测得与节气门开度对应的线性输出电压，节气门从关闭至全开，其输出电压为 0.5～4.8 V；另一对为怠速触点，仅在怠节气门全并时触点闭合，IDL 端子输出低电平 0 V，非怠还输出高电平 12 V。输出特性见图 2-34(c)。

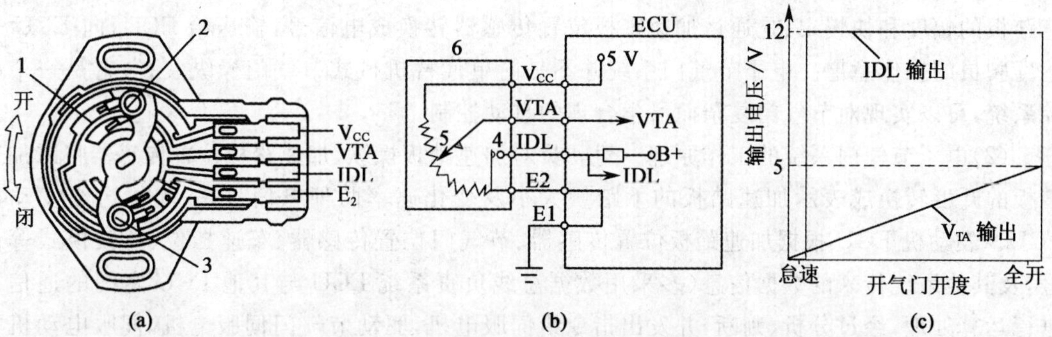

图 2-34　综合式节气门位置传感器

(a)传感器结构　(b)传感器与 ECU 连接电路　(c)传感器输出特性

1.镀膜电阻　2.滑动电刷触点　3.怠速电刷　4.怠速触点　5.滑动触点

3.电子节气门系统简介

(1)电子节气门系统的组成　传统发动机节气门操控装置是通过拉索(软钢丝)或者拉杆，一端连接加速踏板，另一端连接节气门连动板，由驾驶员踩加速踏板直接操纵和调节，ECU 被动接受节气门位置传感器信号感知节气门的开度。但是在很多情况下，从汽车总体运行性能发挥上来说，节气阀打开的角度不一定是科学合理的。因此，这种方式虽然直接但它的控制精度很差。

电子节气门系统由加速踏板、踏板位置传感器、ECU、数据总线、伺服电动机和节气门执行机构、节气门位置传感器、故障指示灯等组成。如图 2-35 所示为新款 LS400 电子节气门系统设在节气门体上的部件组成与布局。

电子节气门系统取消了加速踏板和节气门之间的直接操纵关系，而是由电子控制单元

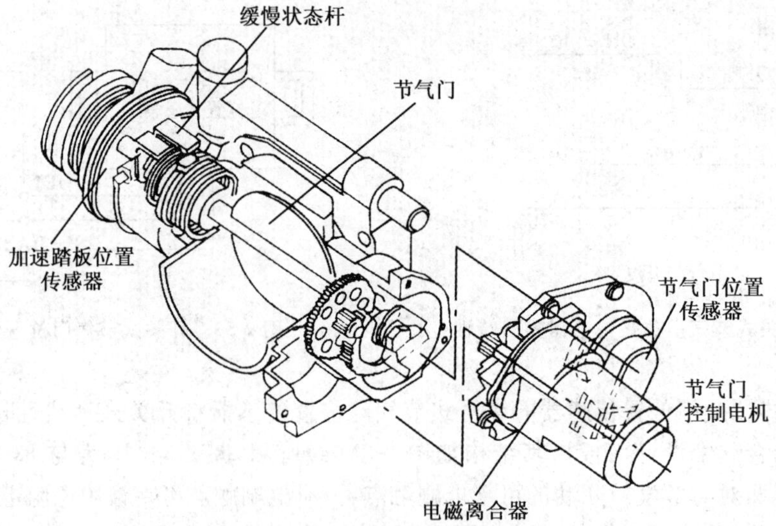

图 2-35 节气门电控系统结构

(ECU)控制节气门体上的伺服电机运转,再通过相应传动机构实施对节气门开度控制。踩加速踏板的幅度和快慢,只是通过加速踏板位置传感器转换成电信号,输送给 ECU,向 ECU 表达驾驶员的操作意愿。电子节气门系统并不是简单代替机械式节气门操纵装置,它是一个电控系统,可以实现对节气门复杂而科学合理的自动控制。

(2)电子节气门系统的工作原理　驾驶员对加速踏板操纵,加速踏板位置传感器将踩加速踏板的开度转换成表示加速踏板的下踏量大小及变化速率两种电信号,一起传送给发动机 ECU。发动机 ECU 根据加速踏板位置传感器、节气门位置传感器、车速挡位、驾驶模式等信号,及其他系统传来的数据信息(多采用数据总线负责系统 ECU 与其他 ECU 之间的通信),进行运算处理,经过分析、判断,并发出指令给伺服电机,驱动节气门伺服电机,伺服电动机驱动节气门执行机构,实现节气门开度的优化控制。

图 2-36 所示为新款 LS400 电子节气门系统组成原理图。加速踏板位置传感器位于节气门阀体上,与节气门杆安装在一起,节气门杆与加速踏板的油门拉线相连。加速踏板位置传感器将加速踏板的开度转换成表示加速踏板的下踏量大小及变化速率两种电信号,一起传送给发动机 ECU。节气门位置传感器将节气门开度转换成电信号输入发动机 ECU,其输出特性与加速踏板位置传感器相同。节气门控制电动机为具有良好响应和低能耗的直流电动机,由发动机 ECU 通过控制流过节气门控制电动机的电流方向和大小可以控制节气门开度。一般情况下,电磁离合器常接合,使节气门控制电动机能够打开和关闭节气门,如果节气门电控系统出现故障,该离合器分离,以免节气门控制电动机错误地打开或关闭节气门。

电子节气门系统可根据驾驶员愿望、排放、油耗、安全和舒适需求确定节流阀体的最佳开度。

(3)电子节气门系统的功能　由于电子节气门系统是通过 ECU 来调整节气门开度,因此电子节气门系统可以设置各种功能来改善驾驶的安全性和舒适性,比如 ASR(牵引力控制系统)和 CCS(巡航控制),同时降低燃油消耗和有害气体排放。电子节气门系统功能如下:

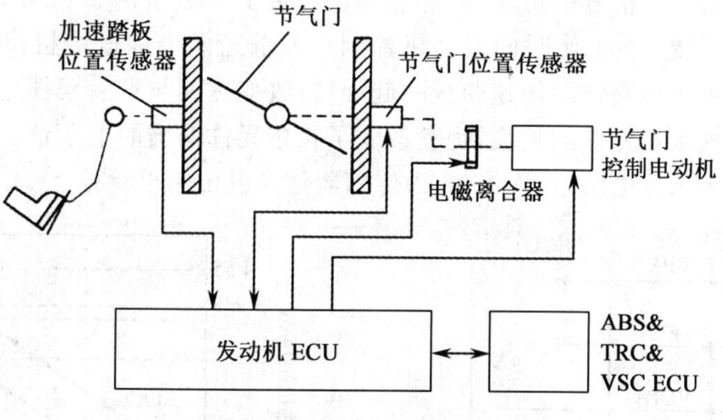

图 2-36　节气门电控系统工作原理

①非线性控制　传统的节气门由加速踏板直接控制开度，从而达到调节发动机转速或功率的目的，这时发动机转速或功率的变化取决于加速踏板下踏的规律。这种调控方法在许多工况下对汽车的驾驶性能和乘车舒适性等是不利的。而电控节气门由发动机 ECU 根据加速踏板、节气门位置和车速等其他行车信息，通过节气门驱动电动机来调节节气门开度，可实现所有工况下节气门开度的优化控制，如加、减速控制，低摩擦路面行驶控制，从面改驾驶性能和乘车舒适性。

②怠速控制　以前的步进电动机型怠速控制阀用来控制发动机冷机怠速和普通怠速，采用电控节气门后，则由节气门控制伺服电机控制发动机怠速转速。

③减小换挡冲击控制　节气门控制与变速器电控系统同步，在变速器换挡时减小冲击。

④牵引力控制系统（TRC）节气门控制　作为 TRC 系统的一部分，节气门接受从 ABS&TRC&VSC ECU 输出的指令。如果驱动轮打滑率超过预定范围，节气门就会按照指令减小开启程度，从而保证车辆行驶的稳定性和驱动力。当电子节气门系统接收到 ASR 系统指令时，它对节气门控制指令只来自于 ASR，这样就可以避免驾车者的误操作。

⑤稳定性控制（VSC）协调控制　为充分发挥 VSC 系统的效用，节气门开启程也受 ABS&TRC&VSC ECU 控制。

⑥巡航控制　以前的车辆由巡航控制执行器控制车速，巡航控制执行器控制节气门开度。采用电控节气门后，车速由节气门控制电动机控制，根据行驶阻力的变化由控制系统自动调节发动机节气门开度，使行驶车速保持设定值。因此电子节气门系统也可以兼容巡航控制功能简，化了结构，降低了成本。

(4)电子节气门系统主要部件

①加速踏板位置传感器　加速踏板位置传感器一般安装在加速踏板下面，或者与加速踏板做成一个整体。为了最大程度保证信号的可靠性，通常设两个加速踏板位置传感器（技术上称为冗余系统），ECU 通过两个加速踏板位置传感器提供的信号来识别出加速踏板位置。根据结构原理不同，加速踏板位置传感器分为接触式和非接触式。接触式通常采用电位计式，与线性输出型节气门位置传感器原理类同。

丰田汽车采用的非接触霍尔式加速踏板位置传感器，主要由磁铁和霍尔 IC 芯片组成，霍尔 IC 芯片安装在加速踏板的芯轴上固定不动，两个磁铁安装在加速踏板的旋转部件上，随加速踏板一起转动。为保证信号的可靠，在加速踏板芯轴上安装了两个霍尔 IC 芯片，相当于两个加速踏板位置传感器，在工作时向发动机控制单元输送两个加速踏板位置信号。工作时，随加速踏板联动的永久地磁铁随加速踏板一起旋转，改变磁铁与霍尔元件之间的相对位置，从而改变了磁力线射入霍尔元件的角度，也就改变了霍尔元件输出的电压值。图 2-37 所示为霍尔式加速踏板位置传感器电路图，图 2-38 为传感器信号电压输出特性。

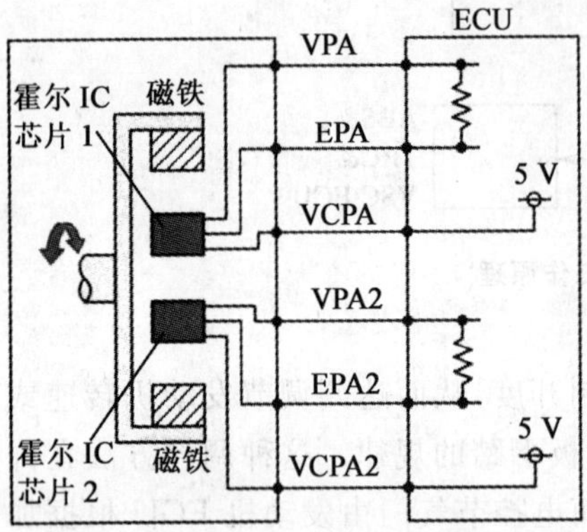

图 2-37　丰田轿车霍尔式加速踏板位置传感器电路

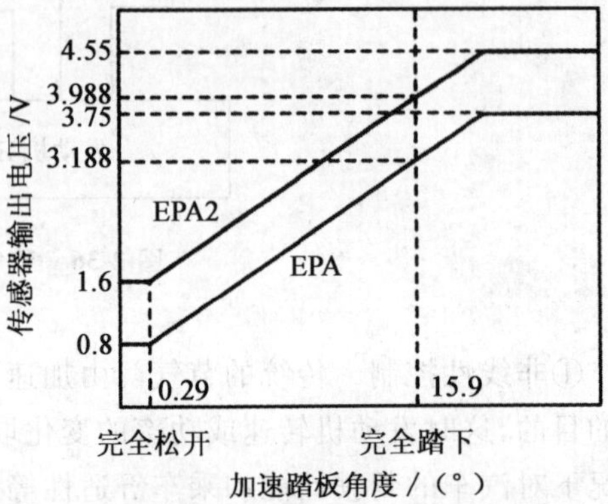

图 2-38　丰田轿车霍尔式加速踏板位置传感器输出特性

出于安全性的考虑，每一个传感器都有其单独的电源、单独的接地线。在任何开度下，图 2-38 中两个传感器的信号电压相差 0.8 V。不同车型两个传感器输出特性设计存在差异。大众迈腾 B7L 轿车加速踏板位置传感器为非接触式，其结构如图 2-39 所示，图 2-40 为其电路图。加速踏板从完全松开到踩到最大，G79 输出电压为 0.49～2.25 V，G185 输出电压为 1.0～4.5 V，可见，一路信号电压值是另一信号电压的 2 倍。

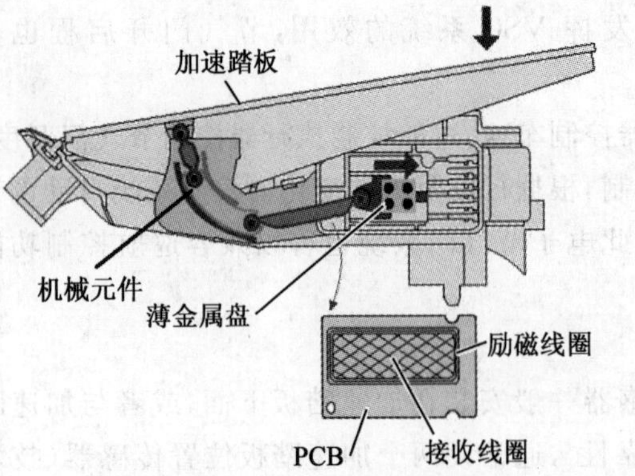

图 2-39　迈腾 B7L 轿车加速踏板位置传感器结构

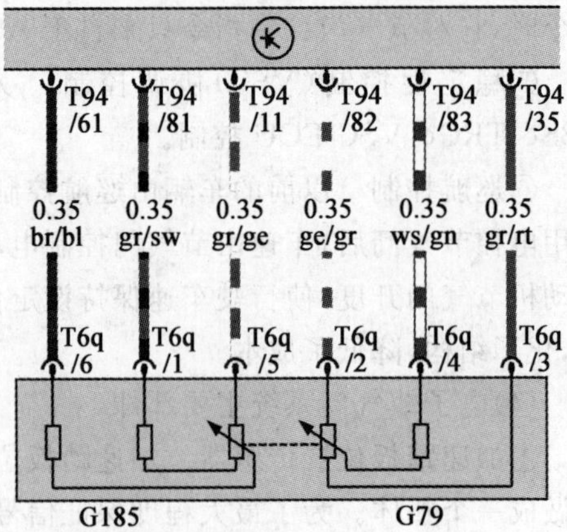

图 2-40　迈腾 B7L 轿车加速踏板位置传感器电路

②节气门体　节气门体上设节气门、节气门位置传感器、节气门控制伺服电机及执行机构，通常也是设两个节气门位置传感器，同样是为了最大程度保证信号的可靠性。一般来说，

两个节气门位置传感器的输出特性相反，即随节气门开度的加大，一个传感器信号电压上升，另一个信号电压下降。

③故障指示灯　电子节气门控制系统故障指示灯位于仪表板中，上有“EPC”的标记。EPC是electronic power control的缩写，即电子节气门控制系统。接通点火开关后，该指示灯亮约3 s，如果在故障存储器中没有存储故障，或者在该期间没有探测到故障，则指示灯熄灭。如果系统中检测到故障，ECU控制故障指示灯点亮，并将故障存储到故障存储器中。

『任务实施』1　检测空气流量计

1.任务描述

检测指定车辆或电控发动机台架空气流量计及其电路，做出技术结论，提出维修措施或技术解决方案，排除故障。

工作组团队成员集体资讯、决策和实施，分工协作，完成从工具仪器准备、检测作业、场地整理整个完整过程，并完成操作作业单的填写。

2.安全事项

①遵守实验室规章制度，未经许可，不得擅自移动和拆卸仪器与设备。

②启动车辆前须做好塞三角木、车内车外保护等防护措施，安装好尾气排放装置。

③在教师允许和监控下，启动发动机时，需保证设备周围的人员安全，防止意外发生。

④未关闭点火开关时，严禁拔下各传感器及执行器接口，以免损坏ECU。

⑤对电路操作应仔细小心，防止短路造成事故。

3.实施条件

(1)场地条件　场地整洁有序，场地面积、工位数量、照明与通风等符合作业要求和相关安全技术要求。

(2)工具与仪器设备　工具车(配备通用工具)，通用解码器，数字万用表，示波器。

(3)教具及其他　发动机台架或轿车，车辆维修手册，车内外保护用品。

4.操作指导

(1)光电式卡门旋涡式空气流量计检测　光电式卡门空气流量计电路如图2-41所示，其中THA为进气温度传感器。

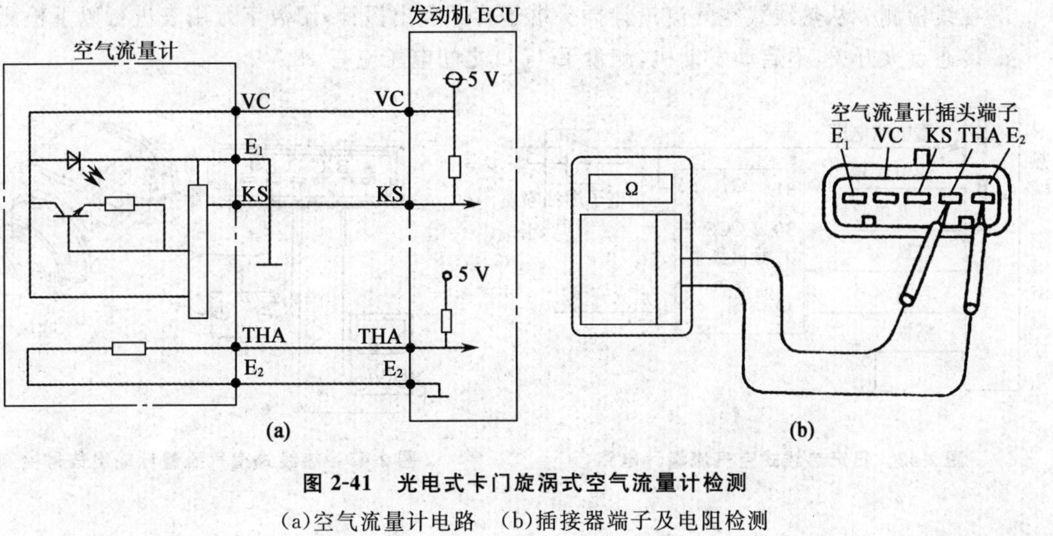

图2-41　光电式卡门旋涡式空气流量计检测

(a)空气流量计电路　(b)插接器端子及电阻检测

①元件检测　拔下空气流量计连接器插头，测量 THA 与 E_2 之间的电阻值：0℃时为 4～7 kΩ；20℃时为 2～3 kΩ；40℃时为 0.9～1.3 kΩ（丰田车系数据）。如不符合要求应更换流量计。

②电压检测　关闭点火开关，拔下空气流量计线束插接器，然后打开点火开关。用万用检测线束插头中 V_C 与 E_1、KS 与 E_1、THA 与 E_2 之间电压，应为 4.5～5.5 V。如果电压不正常，进一步 ECU 端对应端子电压：如果电压正常，说明故障在传感器与 ECU 之间导线，继续检查线束中间插接器有无接触不良，电路导线是否有短路、断路和搭铁故障；如果电压异常（ECU 电源正常的前提下），更换 ECU。

③在线检测　从空气流量计插接器上引出测试针，发动机运转时，检测 KS 与 E_1 端子之间电压，应为 2～4 V，进气量越大，电压越高。如果不正常，更换空气流量计。

(2)超声波式卡门旋涡式空气流量计检测　与光电式传感器检测方法类同，由于输出信号为频率较高的数字信号，所以对信号波形适宜采用示波器进行观测。测试时，启动发动机，测量不同发动机负荷和转速条件下传感器的输出信号的频率，也可以用吹风机模拟进气，测量在不同进气量条件下传感器的输出信号的频率。随着进气量的增大，传感器的输出信号的频率升高，信号的占空比也发生相应的变化。

(3)热式空气流量计的检修　热线式和热膜式空气流量计工作原理相同，检测方法主要依据其电路和信号形式（模拟信号还是数字信号）。

热式空气流量计连接器有 3 端子、4 端子、5 端子和 6 端子等形式，图 2-42 为日产尼桑车型热线式空气流量计与发动机集中控制系统（日产 ECCS）电路图。其中 E 为蓄电池电压输入端，B 为信号输出端，D 为传感器搭铁端，F 为自清信号输入端。每当点火开关关闭后，ECCS 通过 F 端子向流量计输入一个自清信号，使流量计内的热丝在 5 s 内升温至 1 000℃左右，并保持 1 s 时间后停电，将残留在热线上的污垢和油渍等烧掉，以保证流量计的准确性。A 为调整 CO 的可变电阻输出端子。以下以日产 6 端子热线式空气流量计为例说明其检测方法。

①传感器静态测试　如图 2-43 所示，将蓄电池的电压加于 E 与 D 端子之间，测量 B 与 D 之间的电压应为 2～4 V。送风通过空气流量计，B 与 D 之间的电压应在 1～1.5 V 之间变化。如所测电压不正常，则应更换流量计。

②在线检测　从热线式空气流量计插头端子背部引出探针，用数字万用表进行以下检测。

a. 接通点火开关，不启动发动机，测量 E 与 D 之间电压应有 12 V。

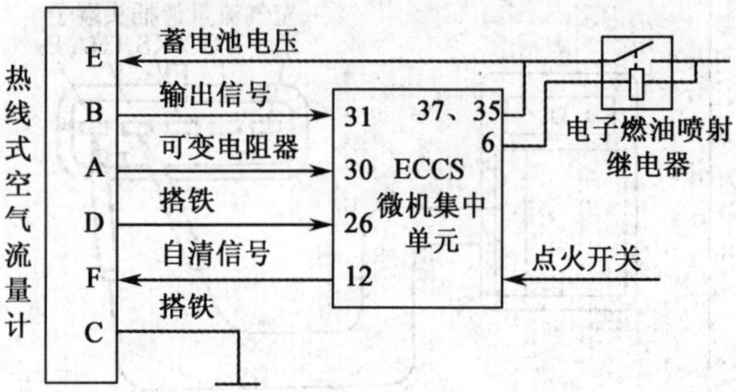

图 2-42　日产热线式空气流量计电路

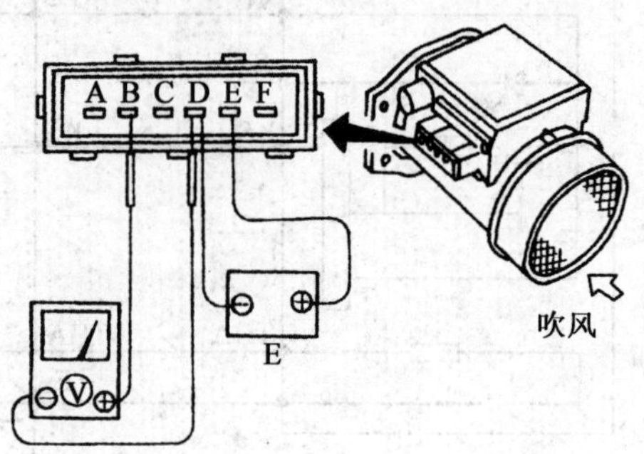

图 2-43　热线式空气流量计输出信号检测

b. 若无电压，再测量 E 与 C 之间电压，其值若为 12 V，则说明 D 端搭铁不良，应检查 D 与 ECCS 之间的导线或 ECCS 的搭铁线是否搭铁良好。

c. 测量 B 与 D 之间电压，应为 2～4 V。

d. 启动发动机，测量 B 与 D 之间电压，应在 1～1.5 V 之间变化。

e. 使发动机水温上升至 60℃以上，发动机转速上升超过 1 500 r/min，然后用电压表测量 F 与 D 之间的电压。关闭点火开关，电压应回零并在 5 s 后又跳跃上升，1 s 后再回零，这说明自清控制信号正常。

以上在线检测如果供电电压异常，对线路进行进一步检测，排除线路短路、断路和接触不良可能，如不是线路故障，则需更换电子控制单元。如果线路及 ECU 正常，而输出信号不正常，则更换空气流量计。

目前应用的热式空气流量计多采用 3 端子或 4 端子，没有自清信号和可变电阻器端子，空气流量计内芯片将信号处理成数字信号输出给 ECU，检测方法类同。但是，用示波器对输出信号进行观测更直观。具体检测方法参考相关维修手册。

5. 作业单

空气流量计检测作业单

<table>
<tr><td>日期</td><td></td><td>检测人(组)</td><td colspan="2"></td></tr>
<tr><td>车型</td><td></td><td>空气流量计类型</td><td colspan="2"></td></tr>
<tr><td colspan="5">一、准备工作</td></tr>
<tr><td colspan="2">项　目</td><td colspan="3">情况记录</td></tr>
<tr><td colspan="2">(1)工量具及仪器设备准备</td><td colspan="3"></td></tr>
<tr><td colspan="2">(2)维修手册准备</td><td colspan="3"></td></tr>
<tr><td colspan="2">(3)被测车辆准备</td><td colspan="3"></td></tr>
<tr><td colspan="5">二、操作过程</td></tr>
<tr><td>项目</td><td colspan="3">操作内容与检测结果记录</td><td>分析判断</td></tr>
<tr><td></td><td colspan="3"></td><td></td></tr>
<tr><td></td><td colspan="3"></td><td></td></tr>
<tr><td></td><td colspan="3"></td><td></td></tr>
<tr><td colspan="5">三、故障诊断排除
根据检测结果，分析故障原因：

维修技术解决方案：</td></tr>
<tr><td colspan="5">四、维修结果确认</td></tr>
</table>

『任务实施』2　检测进气歧管压力传感器

1.任务描述

检测指定车辆或电控发动机台架进气歧管压力传感器及其电路，做出技术结论，提出维修措施或技术解决方案，排除故障。

工作组团队成员集体资讯、决策和实施，分工协作，完成从工具仪器准备、检测作业、场地整理整个完整过程，并完成操作作业单的填写。

2.安全事项

①遵守实验室规章制度，未经许可，不得擅自移动和拆卸仪器与设备。

②启动车辆前须做好塞三角木、车内车外保护等防护措施，安装好尾气排放装置。

③在教师允许和监控下，启动发动机时，需保证设备周围的人员安全，防止意外发生。

④未关闭点火开关时，严禁拔下各传感器及执行器接口，以免损坏 ECU。

⑤对电路操作应仔细小心，防止短路造成事故。

3.实施条件

(1)场地条件　场地整洁有序，场地面积、工位数量、照明与通风等符合作业要求和相关安全技术要求。

(2)工具与仪器设备　工具车(配备通用工具)、通用解码器、数字万用表、示波器。

(3)教具及其他　发动机台架或轿车，车辆维修手册;车内外保护用品。

4.操作指导

进气压力传感器一般采用半导体压敏电阻式，传感器与 ECU 的连接电路如图 2-44 所示。

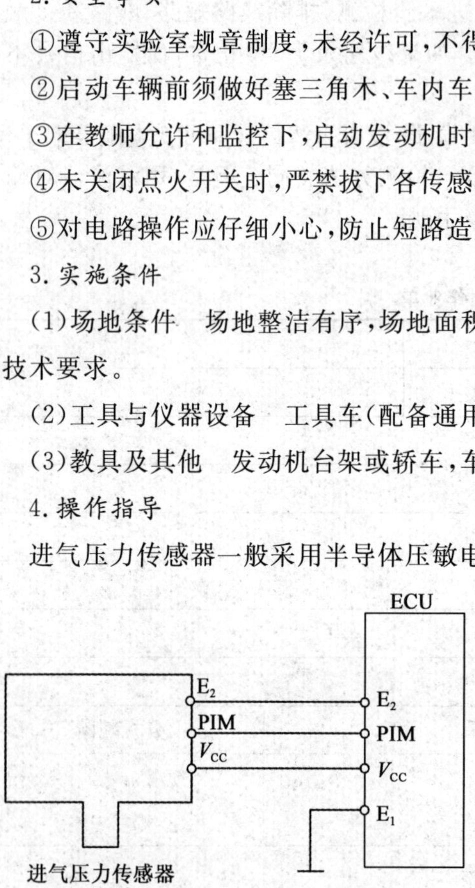

图 2-44　进气压力传感器电路

①拔下传感器插头，打开点火开关，测量插头上 V_{CC} 端子与 E_2 端子之间的电压，应为 4.5～5.5 V。若无电压，则应检查 ECU 上相应端子的电压。若 ECU 相应端子上电压正常，则为 ECU 至传感器之间线路故障;若无电压，则为 ECU 故障。

②插回插头，拆下传感器上的软管，打开点火开关，测量 ECU 连接器上 PIM 与 E_2 端子间在大气压下输出的电压，应符合其输出特性。

③对传感器施以 13.3～66.71 kPa 的负压(真空度)，再测 ECU 连接器上 PIM 与 E_2 间的电压，应符合标准值(查维修手册)。

有的采用电容式进气压力传感器(如福特汽车)，其输出的信号为数字频率信号，信号特点是:随着进气歧管压力的上升，传感器输出信号的频率将不断增大。在正常的大气压条件下，传感器输出信号的频率大约为 160 Hz，而在发动机怠速运转时，其信号频率为 105 Hz。电容式进气压力传感器输出信号用示波器观测更直观。

5. 作业单

进气压力传感器检测作业单

<table>
<tr><td>日期</td><td></td><td>检测人(组)</td><td></td></tr>
<tr><td>车型</td><td></td><td>发动机型号</td><td></td></tr>
<tr><td colspan="4">一、准备工作</td></tr>
<tr><td colspan="2">项　　目</td><td colspan="2">情况记录</td></tr>
<tr><td colspan="2">(1)工量具及仪器设备准备</td><td colspan="2"></td></tr>
<tr><td colspan="2">(2)维修手册准备</td><td colspan="2"></td></tr>
<tr><td colspan="2">(3)被测车辆准备</td><td colspan="2"></td></tr>
<tr><td colspan="4">二、操作过程</td></tr>
<tr><td colspan="3">操作内容与检测结果记录</td><td>分析判断</td></tr>
<tr><td colspan="3"></td><td></td></tr>
<tr><td colspan="4">三、故障诊断排除
根据检测结果，分析故障原因：

维修技术解决方案：</td></tr>
<tr><td colspan="4">四、维修结果确认</td></tr>
</table>

『任务实施』3　检测节气门位置传感器

1. 任务描述

检测指定车辆或电控发动机台架节气门位置传感器及其电路，做出技术结论，提出维修措施或技术解决方案，排除故障。

工作组团队成员集体资讯、决策和实施，分工协作，完成从工具仪器准备、检测作业、场地整理整个完整过程，并完成操作作业单的填写。

2. 安全事项

①遵守实验室规章制度，未经许可，不得擅自移动和拆卸仪器与设备。

②启动车辆前须做好塞三角木、车内车外保护等防护措施，安装好尾气排放装置。

③在教师允许和监控下，启动发动机时，需保证设备周围的人员安全，防止意外发生。

④未关闭点火开关时，严禁拔下各传感器及执行器接口，以免损坏 ECU。

⑤对电路操作应仔细小心,防止短路造成事故。

3. 实施条件

(1)场地条件 场地整洁有序,场地面积、工位数量、照明与通风等符合作业要求和相关安全技术要求。

(2)工具与仪器设备 工具车(配备通用工具),通用解码器,数字万用表,示波器。

(3)教具及其他 发动机台架或轿车,车辆维修手册,车内外保护用品。

4. 操作指导

(1)开关式节气门位置传感器检检测 开关式节气门位置传感器输出特性参见图 2-32,传感器电路见图 2-33。

①元件测试 关闭点火开关,拔下节气门位置传感器插接器,用万用表检查在节气门完全关闭的时, TL 端子和 IDL 端子之间应导通, PSW 端子和 TL 端子之间的电路应断开;节气门稍打开,TL 端子和 IDL 端子即断开,PSW 端子和 TL 端子仍保持断开;节气门打开超过 50%的时,TL 端子和 PSW 端子导通, IDL 端子和 TL 端子仍断开。

②电压检测 拔下传感器插头,打开点火开关,测量插头上 TL 端子与车身搭铁之间的电压,应为蓄电池电压。若无电压,则应检查 ECU 插接器处 TL 端子的电压:若 ECU 的 TL 端子上电压正常,则为 ECU 至传感器之间线路故障;若无电压,则为 ECU 故障。插上插接器,打开点火开关,测量不同节气门开度下,IDL、PSW 端子电压:节气门全关(怠速)时,IDL 端子与 TL 端子接通,应输出高电平,节气门稍开(非怠速),应输出低电平;节气门开度<50%时,PSW 端子应输出低电平,节气门开度>50%时,应输出高电平。如果 IDL、PSW 端子电压正常,ECU 对应端子电压不正常,对相应线路进行检修。

(2)综合式节气门位置传感器检检测 综合式节气门位置传感器结构、电路及输出特性见图 2-34。

①元件电气检测 关闭点火开关,拔下传感器插头,使用万用表检测各端子在节气门各种开度下的电阻值。

a. 怠速触点导通性的检查 测量传感器 IDL 与 E_2 端子,节气门关闭时,两端子应相通,电阻为 0 Ω,稍转动节气门,两端子不导通,电阻应为无穷大。

b. 电阻值检测 测量传感器信号输出端子 VTA 与 E_2 端子之间的电阻值,该电阻值应随节气门开度的增大而线性增大,节气门全关、全开时,阻值符合维修手册技术要求;测量传感器端子 V_{CC} 与 E_2 之间阻值,应符合要求,节气开度变化,其阻值不变。

如果以上检测不符合要求,更换节气门位置传感器。

②在线电气检测 关闭点火开关,拔下传感器插头,打开点火开关,测量插头 V_{CC} 与 E_2 端子之间电压,应为 4.5~5.5 V,否则应检查线路及 ECU 电源电路;从传感器插接器端子背部引探针作电压测试点,打开点火开关,测量 VTA 端子与 E_2 端子电压。节气门关闭到全开,输出电压应符合输出特性的要求;在节气门关闭时 IDL 与 E_2 端子电压,应为 0 V,节气门稍打开,应变为 12 V。如信号电压检测正常,而 ECU 输出节气门位置传感器故障码,应进一步检查 IDL、VTA 端子至 ECU 之间的电路线束,如线束正常,更换 ECU。

③传感器波形检测 节气门位置传感器是一个滑动电阻器,在汽车长期运行过程中,滑动电阻器的某一部分会出现接触不良的情况,使用汽车专用万用表不一定能测试出来,用示波器则可以测试出从节气门从全关到全开的信号波形,找出故障所在的位置。测试时,打开示波器

并调整好显示参数比例，把示波器的负极检测探针连接到节气门位置传感器的 E_2 端子，把示波器的正极检测探针连接到传感器的信号输出端子 VTA 上。打开点火开关，但不要启动发动机，用均匀的速度慢慢打开节气门至全开，再以同样的速度慢慢关闭节气门，示波器将显示传感器的输出波形。正常、异常波形如图 2-45 所示。

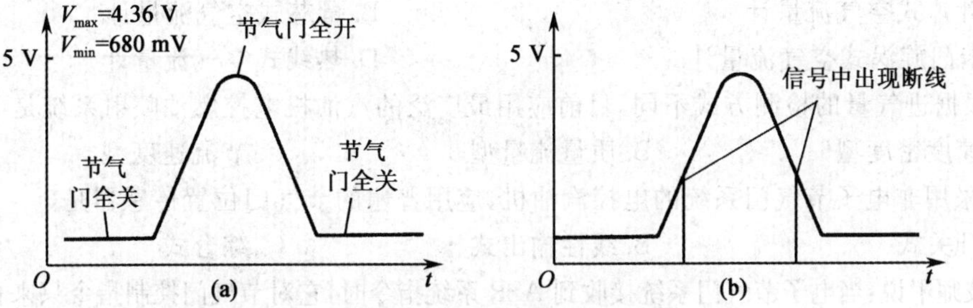

图 2-45　节气门位置传感器 VTA 信号波形

(a)正常波形　(b)异常波形

5. 作业单

节气门位置传感器检测作业单

日期		检测人(组)	
车型		传感器类型	
一、准备工作			
项　　目		情况记录	
(1)工量具及仪器设备准备			
(2)维修手册准备			
(3)被测车辆准备			
二、操作过程			
项目	操作内容与检测结果记录		分析判断
元件测试			合格□ 不合格□
在线检测			合格□ 不合格□
示波器波形测试	信号波形图：		合格□ 不合格□
三、故障诊断排除 根据检测结果，分析故障原因： 维修技术解决方案：			
四、维修结果确认			

复习与思考

一、选择题

1. 以下测量精度最高、响应速度最快的空气流量计是(　　)。

A. 叶片式空气流量计　　B. 量芯式空气流量计

C. 卡门旋涡式空气流量计　　D. 热线式空气流量计

2. 根据进气量的检测方式不同,目前应用最广泛的汽油机电控燃油喷射系统是(　　)。

A. 速度密度型　　B. 质量流量型　　C. 节流速度型

3. 采用非电子节气门系统的电控汽油机,应用普遍的节气门位置传感器是(　　)。

A. 开关式　　B. 线性输出式　　C. 综合式

4. 技师甲说:当电子节气门系统接收到 ASR 系统指令时,它对节气门控制指令只来自于 ASR。技师乙说:ECU 对电子节气门的控制跟加速踏板位置的关系往往是非线性的。你认为(　　)。

A. 甲正确　　B. 乙正确　　C. 甲乙都正确　　D. 甲乙都不正确

二、简答题

1. 简述光电式卡门旋涡式空气流量计的结构与工作原理。

2. 简述半导体压敏电阻式进气歧管压力传感器结构与工作原理。

3. 简述综合式节气门位置传感器结构与工作原理。

4. 电子节气门系统有哪些功能?

5. 如何检测开关式节气门位置传感器?

6. 如何检测进气歧管压力传感器?

任务二　燃油供给系统检修

【知识目标】

1. 熟悉燃油供给系统的组成、部件位置。

2. 熟悉燃油供给系统各组成部件的功用,掌握其结构与工作原理。

3. 熟悉燃油系统相关控制电路原理。

【能力目标】

1. 能检测燃油系统压力,判断燃油系统组成部件技术状况。

2. 能对喷油器进行清洗与检测。

3. 能检测电动燃油泵。

4. 能对电动燃油泵、喷油器控制电路进行检测诊断。

『相关知识』

一、燃油系统组成

1. 燃油系统组成

燃油系统一般由电动燃油泵、燃油滤清器、燃油脉动阻尼器、燃油压力调节器、喷油器和油管组成，如图 2-46 所示。燃油泵从油箱吸油升压后输出，经油管送至燃油滤清器过滤，再送至燃油分配管，装在燃油分配管的喷油器在电控单元(ECU)的控制下将燃油喷入进气歧管或直接喷入缸内燃烧室，燃油分配管端装有燃油脉动阻尼器和燃油压力调节器，燃油压力调节器通过改变回流至油箱的油量来调节管路压力。

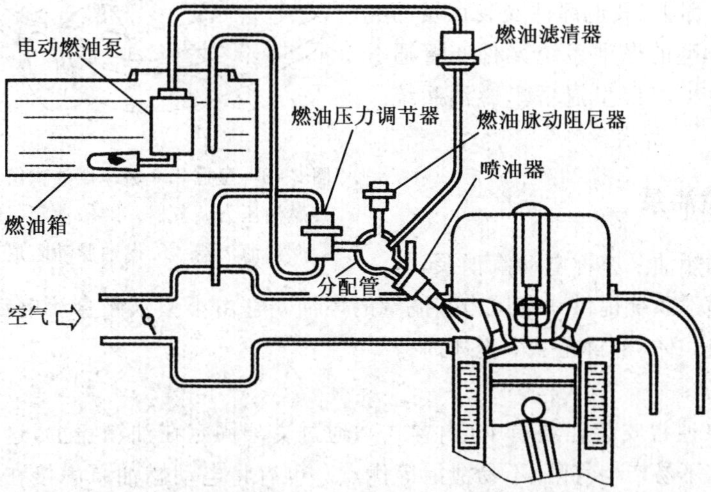

图 2-46　燃油供给系统组成

有一个趋势是将燃油压力调节器与燃油泵或燃油滤清器制成一体，省去了一根较长的回油箱的回油管。

缸内直喷的汽油机应用越来越多，其燃油供给系增设了高压油路部分，燃油系增加了低压燃油压力传感器、高压燃油压力传感器、高压燃油泵、油压调节阀、压力限制阀等元件，大众迈腾轿车发动机燃油系统组成部件如图 2-47 所示。

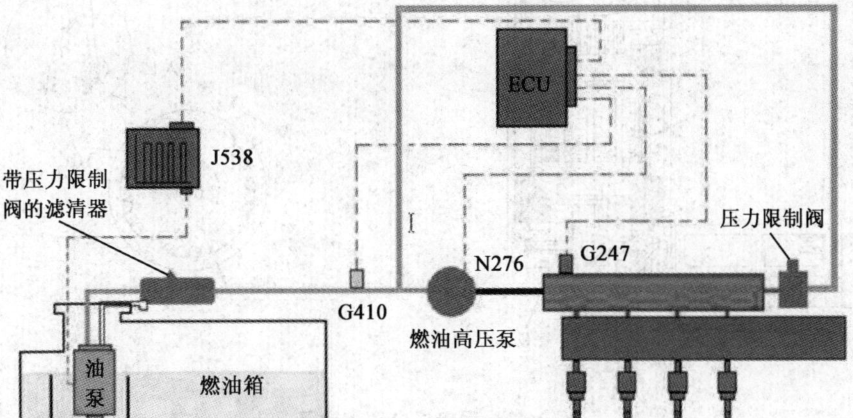

图 2-47　大众迈腾 1.8TSI 轿车燃油系统示意图

J538.燃油泵控制单元；G410.低压燃油压力传感器；N276.燃油压力调节阀；G247.高压燃油压力传感器

2. 燃油供给系统元件安装位置

燃油供给系统元件安装位置因车型不同有差别，但大体布局基本相同。通常将电动燃油泵安装在油箱内，燃油滤清器安装在油箱外的输油管路上，其他部件安装在发动机舱内。具体车型的燃油系统元件布置通过维修手册查询。丰田皇冠轿车燃油系统元件位置如图 2-48 所示。

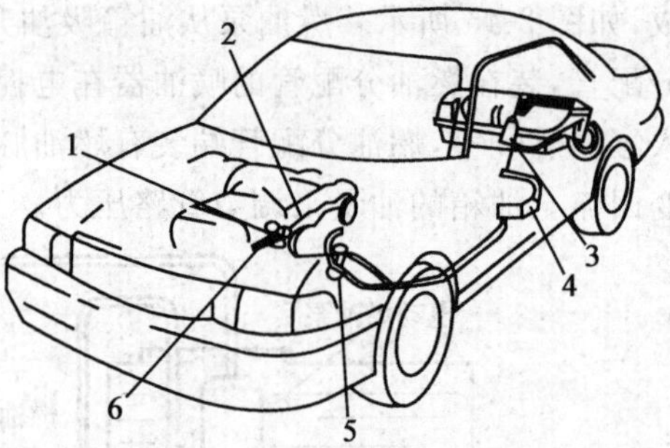

图 2-48　皇冠 3.0 轿车燃油供给系统元件位置

1. 燃油压力调节器　2. 输油管　3. 电动燃油泵　4. 燃油滤清器　5. 燃油脉动阻尼器　6. 喷油器

二、电动燃油泵

汽油机电动燃油泵亦称电动汽油泵，其功用是向燃油喷射系统提供一定压力和流量的燃油。它由小型永磁直流电动机驱动，直流电机与机械泵制成一体，密封在一个壳体内。

1. 安装位置

电动燃油泵通常安装在油箱中(内置式)，通过支架固定在油箱盖上，这种方式具有噪声小、散热条件好，不易产生气阻、不易泄漏等优点。也有将电动燃油泵串接在油箱外部的输油管路中(外置式)，尽管安装位置自由度大、较方便检修，但由于噪声较大且易产生气阻，实际应用较少。

2. 电动燃油泵的构造

电动燃油泵一般由永磁直流电动机、机械泵、滤网、单向阀、安全阀、壳体等组成，涡轮式电动燃油泵结构如图 2-49(a)所示。各个部件的作用如下。

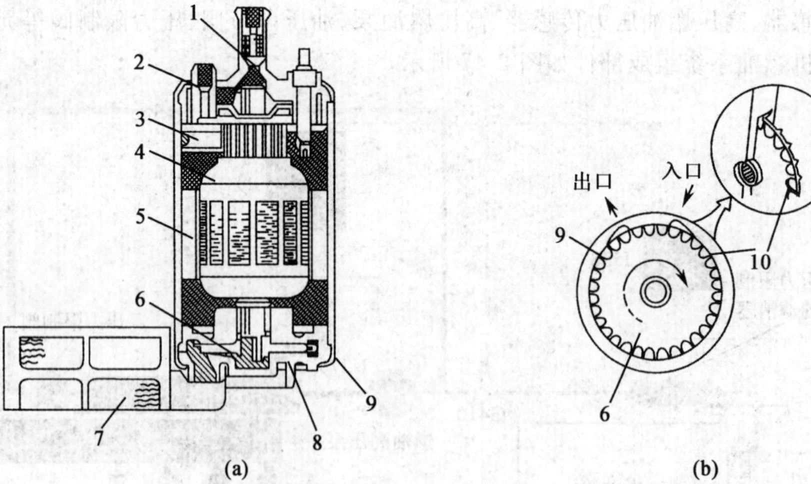

图 2-49　涡轮式电动燃油泵

(a)电动燃油泵结构　(b)涡轮泵工作原理

1. 单向阀　2. 卸压阀　3. 电刷　4. 电枢　5. 磁极　6. 叶轮　7. 滤网　8. 泵盖　9. 壳体　10. 叶片

(1)滤网　用来滤除燃油中的杂质。

(2)单向阀　当发动机熄火，电动燃油泵停止运转，单向阀即关闭，以保持燃油管路具有一定的残余压力，同时避免管路燃油在高温下气化，保证发动机高温下启动容易。

(3)安全阀　安全阀的作用限制燃油泵输出压力，防止因压力过高导致燃油管破裂或接头漏油事故。工作压力上升到设定压力时，安全阀打开，高压燃油同泵的吸入侧连通，部分燃油在泵和电动机内部循环。

(4)直流电动机　用来驱动燃油泵运转。

(5)油泵　运转时从油箱吸入燃油，升高到一定压力输送到燃油管路中。

3.电动燃油泵的类型及其工作原理

按机械泵体结构不同，汽油机电动燃油泵可分为蜗轮式、滚柱式、齿轮式、叶片式等。按安装位置不同，可分为内装式和外装式。

(1)涡轮式电动燃油泵　滚柱泵的结构与工作原理如图 2-49(b)所示。

涡轮泵主要由叶轮、叶片、泵壳体和泵盖组成。叶轮安装在电机的转子轴上，电动机通电时，电动机轴驱动叶轮旋转，叶轮槽中的燃油也同叶轮一起旋转，利用离心力的作用，将燃油从进油室带往出油室。由于进油室燃油不断被带走，所以形成一定的真空度，将油箱内的燃油经进油口吸入；而出油室燃油不断增多，燃油压力升高，当油压达到一定值时，顶开单向阀(出油阀)经出油口输出。

燃油泵工作时，燃油流经燃油泵内腔，对燃油泵电动机起到冷却和润滑的作用。燃油泵停止工作时，出油阀关闭，油管内保持一定的残余压力，便于发动机启动和防止气阻产生。卸压阀安装在进油室和出油室之间，当燃油泵输出油压达到设定压力时，卸压阀开启，使泵内的进、出油室连通，以防止输油压力过高。

涡轮式电动燃油泵具有泵油量大、泵油压力较高(可达 600 kPa 以上)、供油压力稳定、运转噪声小、使用寿命长等优点，所以应用广泛。

(2)滚柱式电动燃油泵　滚柱式电动汽油泵属于外装泵，主要由永磁直流电动机、滚柱泵、安全阀、单向阀(出油阀)组成，如图 2-50 所示。

滚柱式电动燃油泵输油压力波动较大，在出油端装阻尼减振器，使燃油泵的体积较大，一般安装在油箱外面，属外装式。

滚柱泵的工作原理如图 2-51 所示。装有滚柱的转子与泵体偏心安装，置于泵壳内，转子由直流电动机驱动，当转子旋转时，位于转子槽内的滚柱在离心力的作用下，紧压在泵体内体表面上，在相邻两个滚柱与泵体内表面形成一个工作腔。在转子转动过程中，工作腔容积周期性地发生变化，工作腔转至进油腔时容积增大，形成一定的真空度，吸入汽油，工作腔转至出油

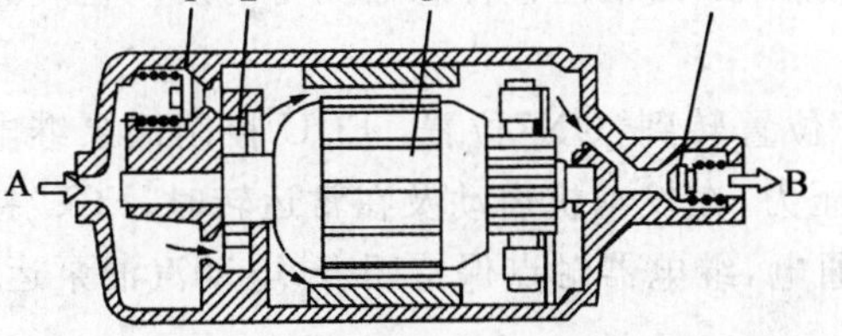

图 2-50　滚柱式电动燃油泵结构

1.安全阀　2.滚柱泵　3.电枢　4.单向阀

A.进油口　B.出油口

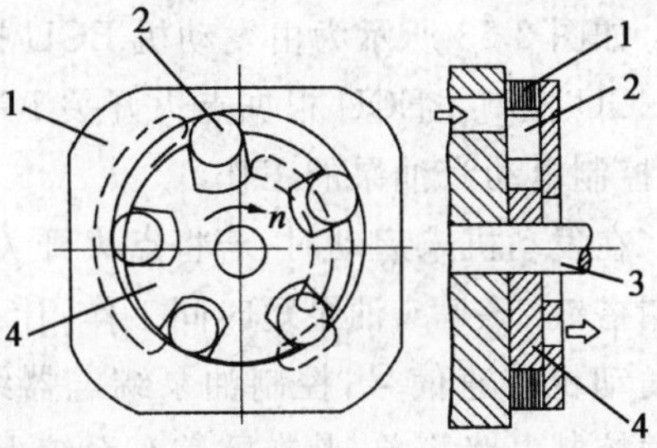

图 2-51　滚柱式电动燃油泵工作原理

1.泵体　2.滚柱　3.轴　4.转子

腔时容积减小，燃油压力升高，泵出汽油。燃油流过电动机，从出油口输出。出油阀和卸压阀的作用同涡轮式电动燃油泵相同。

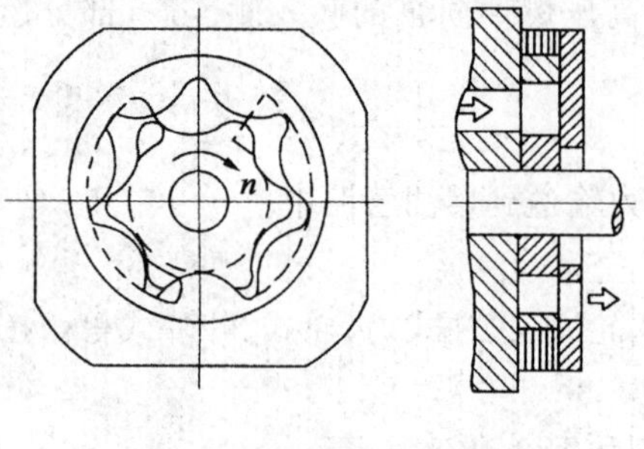

图 2-52 齿轮泵的工作原理

(3)内啮合齿轮式燃油泵　内啮合齿轮泵也称为转子泵，由带外齿的主动齿轮和带内齿的从动齿轮和泵套组成，如图 2-52 所示。主从动齿轮偏心安装。主动齿轮被燃油泵电动机拖动旋转，经齿轮啮合带动从动齿轮一起旋转。在从动齿轮和主动齿轮啮合的过程中，由内、外齿所围合的几个腔室的容积发生周期性化，这样，若合理地设置进出油口的位置，即可利用这种容积的变化将燃油吸入并以一定的压力泵出。与滚柱泵相比较，在相同的外形尺寸下，齿轮泵油腔室的数目较多，因此，齿轮泵流量和压力波动较滚柱式小。

4. 电动燃油泵的控制电路

(1)电动燃油泵控制的功能要求　电动燃油泵的控制主要包括对电动燃油泵的开关控制和转速控制两方面。电动燃油泵的控制电路应具有以下基本功能。

①在发动机启动及运转中过程中，电动燃油泵应始终工作，以保证有持续而足够的燃油压力。

②当点火开关由“OFF”转到“ON”位置，但未启动发动机时，电动燃油泵应能运转 3～5 s，使油路中建立压力燃油，以利于启动。

③发动机熄火后，即使点火开关位于“ON”位置，电动燃油泵应停止运转。

除了以上基本功能，现代电控汽油发动机，越来越倾向于能根据发动机负荷和转速等工况，对电动燃油泵的转速进行控制，以减少能量消耗和油泵磨损。

(2)电动燃油泵的控制电路　为实现电动燃油泵的功能要求，在电控汽油机的不断改进和完善历程中，电动燃油泵控制也在不断地改进。曾经采用由点火开关和空气流量计的油泵开关控制的电动燃油泵控制电路等，现在已经淘汰，这里不做介绍。尽管不同车型电动燃油泵控制电路有差异，现代电控燃油喷射汽油机电动燃油泵都由 ECU 进行控制。按对油泵电机有无转速控制功能，可归纳为无转速控制和有转速控制；按有无油泵 ECU，归纳为由油泵 ECU 控制和发动机 ECU 直接控制。

①发动机 ECU 直接控制的电动燃油泵电路

A. 无转速控制的电动燃油泵电路

如图 2-53 所示为由发动机 ECU 控制的电动燃油泵控制电路。油泵继电器线圈的搭铁端由 ECU 控制。ECU 根据点火开关 IG 信号、启动信号、曲轴位置传感器测得的发动机转速信号，控制电动汽油泵的工作。

在发动机未启动时，若将点火开关由“OFF”位置转到“ON”位置，ECU 控制油泵继电器线圈搭铁 3～5 s，油泵短时间工作，让系统建立压力；在发动机启动及在常运转时，ECU 接受到发动机转速信号，控制油泵继电器线圈持续通电，继电器触点保持闭合，电动汽油泵运转。这种控制电路简单，曾在欧美车系统上广泛应用。

B. 有转速控制的电动燃油泵电路　对于大功率发动机，配套的油泵的功率必然增大，油泵消耗的电功率和油泵的噪声都比较大。为了尽可能减少电能的消耗和噪声污染，采用由 ECU 直接控制油泵工作电压（驱动电压）的方式，如图 2-54 所示。

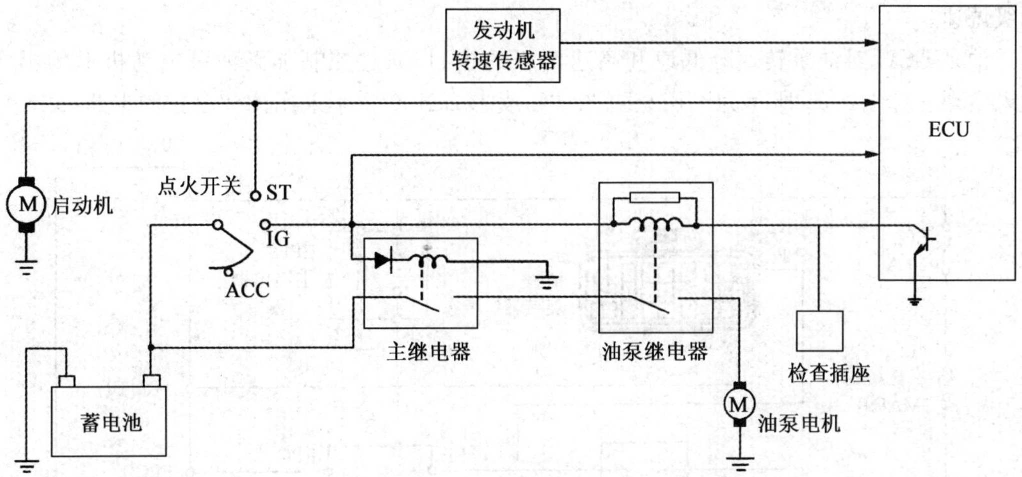

图 2-53　发动机 ECU 控制的电动燃油泵电路

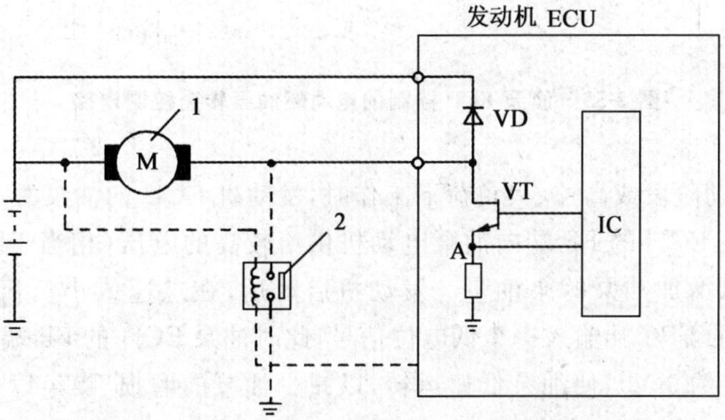

图 2-54　发动机 ECU 控制的电动燃油泵转速控制电路

1. 电动燃油泵　2. 主继电器

发动机工作时，发动机 ECU 原则上根据燃油消耗量、需要的回油量和供油装置的温度等通过内部的控制回路 IC，用占空比信号控制功率三极管 VT，以控制 A 点的平均电压值（分压值），从而控制油泵的工作电压。油泵工作电压与发动机负荷成正比变化。ECU 在进行实际控制时，油泵的工作电压主要随发动机转速和喷油脉宽变化。如日产千里马 VG30E 发动机在下列各工况下的油泵工作电压值约为 13.4 V。

a. 点火开关转到“ON”位置后 5 s 内发动机被驱动时。

b. 发动机启动 25.5 s 内（温度超过 50℃）。

c. 发动机温度超过 90℃。

d. 发动机温度低于 10℃。

除以上各种工况外，油泵工作电压值为 9.4～13.4 V。

②油泵 ECU 控制的电动燃油泵电路　由油泵 ECU 控制的电动燃油泵电路均能实现对油泵转速的控制，一般油泵转速控制分低速和高速两级，有的可以对油泵转速在一定范围实现

无级调速。

油泵 ECU 对油泵转速分低速和高速两级的控制，通过控制加到油泵电动机上的不同电压来实现。如图 2-55 所示为丰田皇冠 3.0 和凌志 LS400 轿车采用的油泵控制电路。

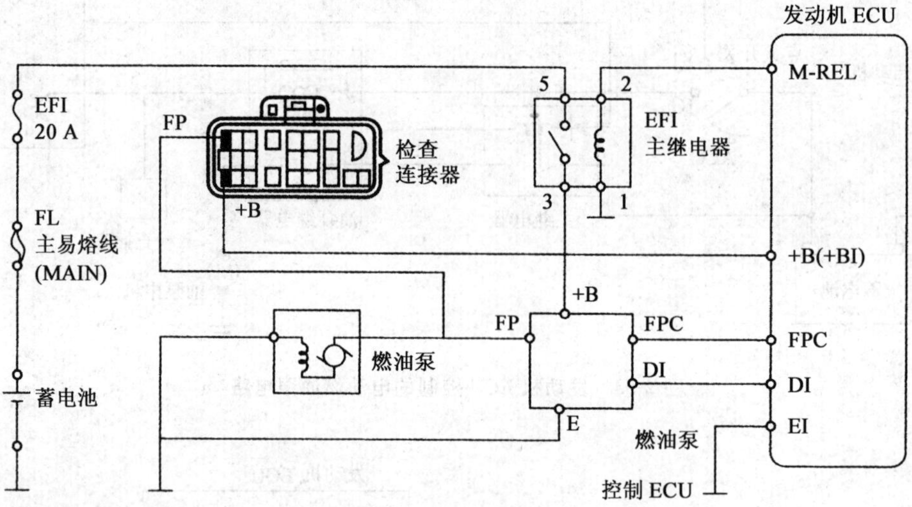

图 2-55 油泵 ECU 控制的电动燃油泵转速控制电路

当发动机在启动阶段或高速、大负荷下工作时，发动机 ECU 向油泵的 FPC 端输入一个高电位信号，此时油泵 ECU 的 FP 端向油泵电动机供给较高的电压(相当于蓄电池电源电压)，使油泵高速运转，以增加油泵的泵油量。发动机启动后，在怠速或小负荷下工作时，发动机 ECU 向油泵 ECU 的 FPC 端输入一个低电位信号，此时油泵 ECU 的 FP 端向油泵电动机供给低于蓄电池的电压(约 9 V)，使油泵低速运转，以减少油泵的磨损、噪声以及不必要的电能消耗。当发动机的转速低于最低转速(如 120 r/min)时，油泵 ECU 断开油泵电路，使油泵停止工作，此时尽管点火开关处于接通状态，油泵也不工作。

油泵转速在可在一定范围无级调速的控制，由油泵 ECU 通过脉宽调制信号(PWM:Pulse Width Modulation)控制油泵运转，大众 Magotan B7L 2013 年型轿车发动机油泵控制电路如图 2-56 所示。

迈腾 1.8TSI 轿车发动机采用汽油缸内直喷技术，燃油系统参见图 2-47。燃油高压泵(由凸轮轴驱动)把低压燃油系统内 50～650 kPa 的低压燃油转化为 1.1～3.0 MPa 的高压燃油，以满足不同工况的需求。燃油压力调节阀 N276(高频电磁阀)装在高压泵上。发动机控制单元 J623 根据发动机负荷等运行工况参数，确定高压油轨的目标压力值，通过高压燃油压力传感器 G247 所监测到的油压信号，调整控制 N276 占空比信号，实施反馈控制。

如图 2-56 所示，低压燃油系统的压力由电动燃油泵提供，装在燃油箱上部的燃油泵控制单元 J538 采用脉宽调制信号，控制电动燃油泵工作，使低压燃油系统压力维持在 50～500 kPa，在发动机启动时，低压燃油系统的压力能达到 600 kPa 以上。

点火开关“ON”时，通过 SC10 由给 J538 供电，油泵运行电流经 J538 控制由 SC36(常电)提供。J538 通过 T10p/7 和 T10p/2 分别与车载电网控制单元 J519 及发动机控制单元 J623 通信。打开驾驶员车门时，J623 发信息给 J538，油泵会短时间工作，同样打开点火开关时，

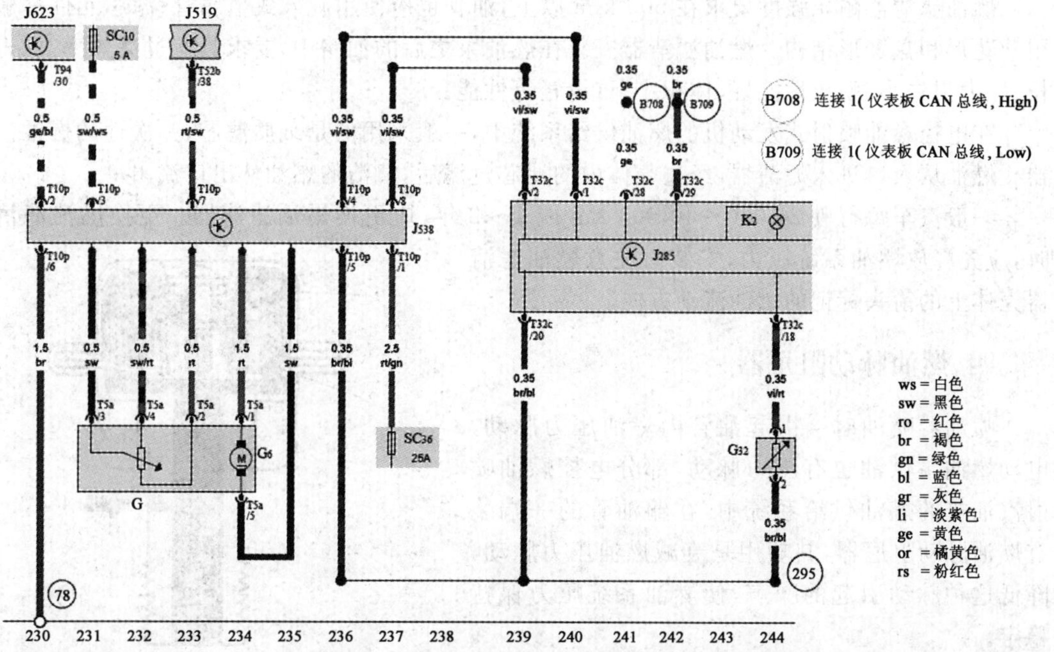

图 2-56　迈腾轿车燃油泵控制电路

J538 也会控制油泵短时间工作,使低压系建立油压以利发动机启动。发动机运行时,J623 根据转速、负荷等工况的变化确定低压输油压力目标值,通过低压燃油压力传感器 G410 检测实际压力值,J623 与 J538 进行通信,J538 采用 PWM 信号控制油泵的转速。此外,当汽车发生碰撞安全气囊引爆时,通过 CAN 线、J519、J623 与 J538 通信,关闭燃油泵。

三、燃油滤清器

燃油滤清器的作用是将汽油中的氧化铁、粉尘等固体杂质除去,防止燃油系统堵塞,减少机械磨损,提高燃油系统工作可靠性。

燃油滤清器结构如图 2-57 所示。滤芯元件的一般结构如图 2-58 所示。

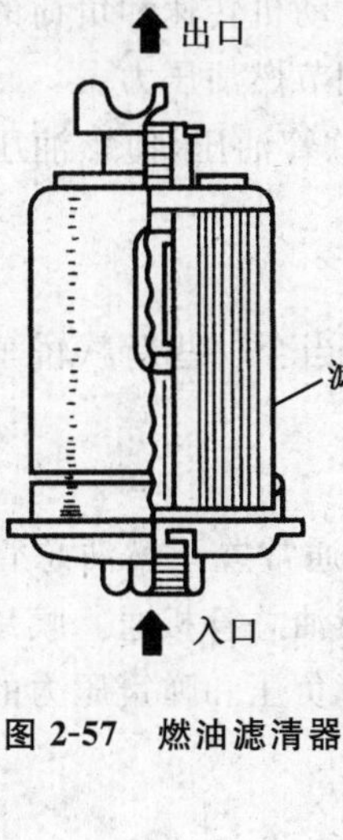

图 2-57　燃油滤清器结构

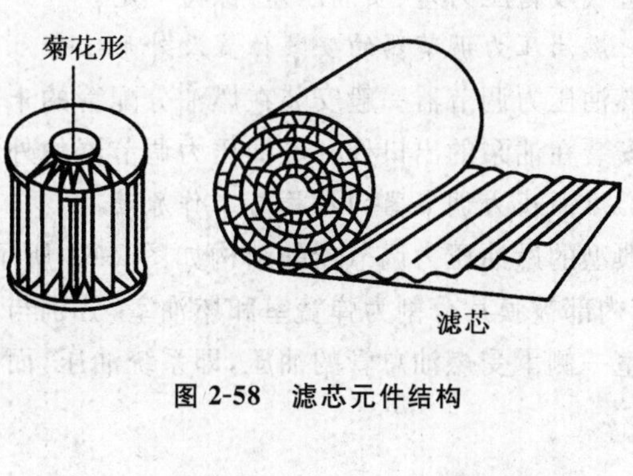

图 2-58　滤芯元件结构

燃油滤清器耐压强度要求在500 kPa以上；油管也应使用旋入式金属管；滤芯元件一般采用菊花形和盘簧形结构。燃油滤清器安装在燃油泵之后的油路中，要求具有过滤效率高、寿命长、压力损失小、耐压性能好、体积小、重量轻等性能。

在电控燃油喷射式发动机的燃油供给系统中，一般采用的是纸质滤芯、一次性的燃油滤清器。燃油从入口进入滤清器，经过壳体内的滤芯过滤后，清洁的燃油从出口流出。

一般汽车每行驶20 000～40 000 km或1～2年，应更换燃油滤清器。更换燃油滤清器时，应先释放燃油系统压力，安装时注意燃油滤清器壳体上的箭头标记的燃油流动方向。

四、燃油脉动阻尼器

喷油器喷油时会引起油管内燃油压力脉动，电动燃油泵供油也有压力脉动，部分电控燃油喷射汽油机的燃油供给系统中，在输油管的一端装有燃油脉动阻尼器，其功用是衰减燃油压力脉动，降低这种脉动引起的噪声，使燃油系统压力保持稳定。

脉动阻尼器的结构如图2-59所示。主要由膜片和膜片弹簧等组成。发动机工作时，燃油经过脉动阻尼器膜片下方进入输油管，当燃油压力产生脉动时，通过膜片弹簧的压缩和伸张，使膜片下方的容积增大和减小，从而稳定燃油系统压力、衰减燃油压力的脉动。

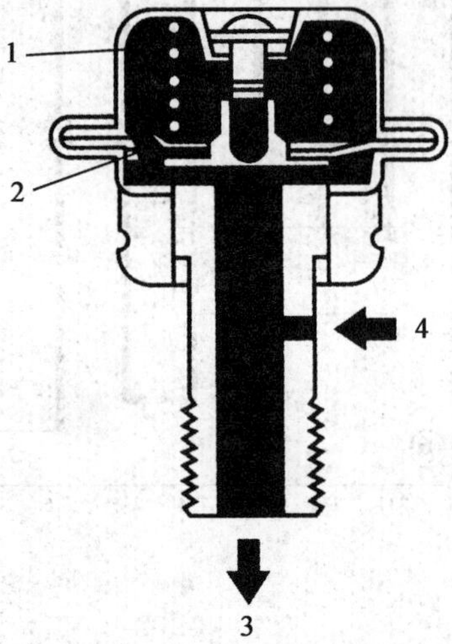

图 2-59 燃油脉动阻尼器结构

1.膜片弹簧 2.膜片 3.出油器 4.进油口

五、燃油压力调节器

ECU通过控制喷油器的喷油时间来实现对喷油量的控制，而喷油器的实际喷油量取决于喷油器的喷孔截面、喷油时间和喷油压差。要保证燃油喷射量的精确控制，在喷油器的结构尺寸一定时，必须保持恒定的喷油压差。喷油器将燃油喷入进气管内，喷油压差就是指输油管内燃油压力与进气管内气体压力的差值。而进气管内的气体压力是随发动机转速和负荷的变化而变化的，要保持恒定的喷油压差，必须根据进气管内压力的变化来调节燃油压力。

燃油压力调节器的作用就是根据进气管绝对压力变化调节燃油总管油压，使燃油压力与相对进气歧管压力差（喷油压差）保持一定。

1.燃油压力调节器的安装位置及外形

燃油压力调节器一般安装在燃油分配管的末端，如图2-60所示，当今一些新款轿车中有些也安装在油泵的出口处。燃油压力调节器的外形如图2-61所示。

2.燃油压力调节器的结构与工作原理

典型的燃油压力调节器的结构如图2-62所示。燃油压力调节器通常置于燃油总管的一端，其内部被膜片分割为弹簧室和燃油室，分别与发动机进气歧管和燃油总管相通。膜片下方燃油室一侧承受燃油总管的油压，即系统油压，而另一侧则受进气歧管负压和弹簧压力的合力作用。

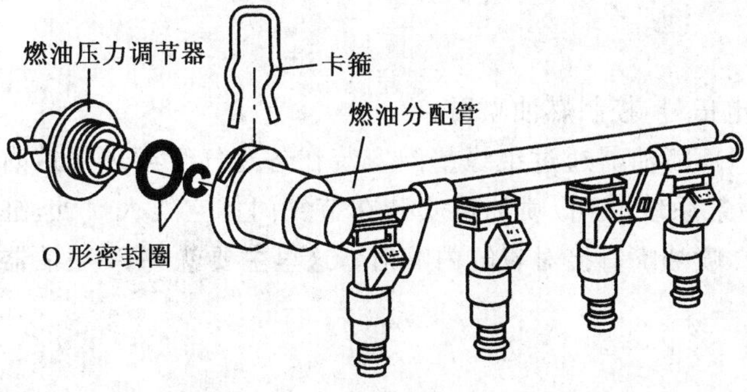

图 2-60　燃油压力调节器安装位置

图 2-61　燃油压力调节器外形

发动机工作时，燃油泵输送的油量远大于喷射需要的油量，故在油压作用下膜片移向弹簧室一侧，回油阀门打开，部分燃油回油管流回油箱，输油管内保持一定的油压。若进气歧管负压增加，则作用在调节器膜片弹簧室侧的压力减小，在系统油压作用下，膜片进一步移向弹簧室方向，使回油阀开度增大，回油量增加，从而使输油管压力相应减小；同理，如果进气岐管负压减小，弹簧伸张膜片下移使回油阀开度减小，回油量减小，输油管压力相应增大，维持与进气管的压差不变。这种动态调整使得喷油器的喷油压差不随进气歧管真空度的变化而发生变化，即保持恒定。其基本关系为：

燃油绝对压力＝进气歧管绝对压力＋弹簧压力

喷油压差＝燃油绝对压力－进气歧管绝对压力＝弹簧压力

这里的弹簧压力是指弹簧作用力作用在膜片承压面积上的平均压力。

可见，喷油压差取决于弹簧力。燃油压力调节器的压力调节特性曲线如图 2-63 所示。

发动机停止工作时，油泵停止运转，燃油压力调节器在弹簧力的作用下将阀门关闭，在油泵单向阀与调节器阀门作用下使管路保持一定的残余压力，避免油管内发生气阻，以利于下次启动。

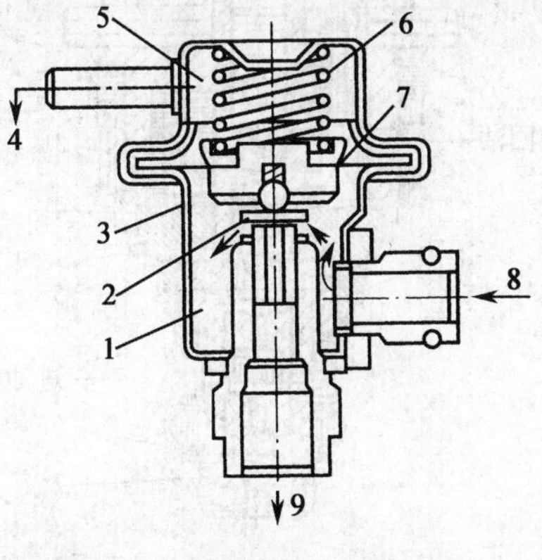

图 2-62　燃油压力调节器结构

1.燃油室　2.回油阀　3.壳体　4.真空接口

5.弹簧室　6.弹簧　7.膜片　8.进油口　9.回油口

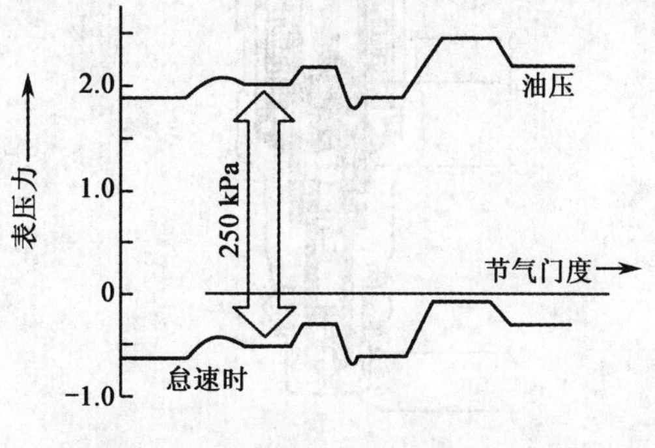

图 2-63　燃油压力调节器工作特性

六、喷油器

喷油器的作用是根据 ECU 提供的电信号,控制燃油喷射。

对于应用最广的多点喷射系统(MPI),喷油器通过绝缘垫圈安装在各进气管或进气道附近的缸盖上,并用供油总管固定;单点喷射系统(SPI)喷油器安装在节气门体空气入口处;缸内直接喷射系统的喷油器安装在缸盖上,喷油嘴直接对着缸内喷射。这里主要就 MPI 喷油器进行介绍。

1. 喷油器的结构与工作原理

喷油器有不种分类方式。按燃料的输送位置不同,可分为上部给油式和下部给油式;按电磁线圈的电阻值不同,分为高阻型和低阻型;按喷口形状不同分为孔式、轴针式等。随着对喷油器性能要求越来越高,其结构也在不断改进和演化。

(1)轴针式电磁喷油器　如图 2-64 所示,该喷油器主要由喷油嘴、针阀、弹簧、衔铁及电磁线圈等组成。电磁线圈无电流时,喷油器的针阀被螺旋弹簧压在喷油器出口处的密封锥形阀座上。当 ECU 发出脉冲信号时,电磁线圈通电产生电磁力,吸动衔铁带动针阀离开阀座,上移 0.1~0.15 mm,燃油在压力作用下从针阀与阀座之间精密环形缝隙中喷出。为使燃油能被充分雾化,轴针的前端被加工成针状。喷油信号结束,电磁线圈电流被切断,电磁力迅速消失,针阀在弹簧作用下迅速回位,阀门关闭,停止喷油。

上部给油式喷油器的燃油经总管从顶部进入各缸喷油器,且在喷油器体内轴向流动,但仅在针阀开启喷油时燃油才流动,发动机室温度较高时易产生气阻,影响汽车热启动性。下部供油式喷油器,如图 2-65 所示。由于燃油可围绕阀座区经喷油器内腔从下部不断地流过,对喷油器计量部位的冷却效果十分明显,可有效防止气阻产生,提高热启动可靠性,应用日趋广泛。

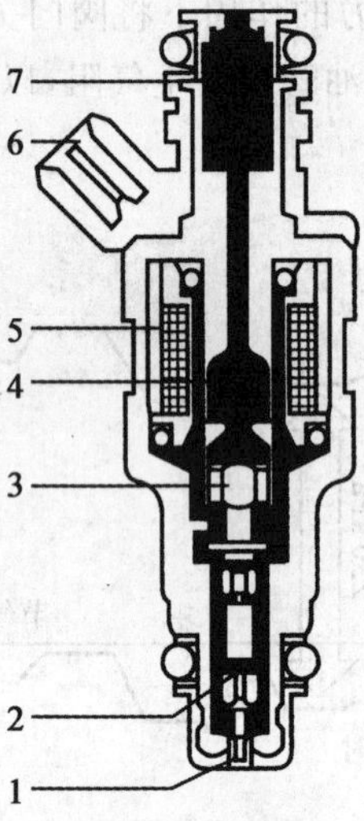

图 2-64　轴针式电磁喷油器结构

1. 轴针　2. 针阀　3. 衔铁　4. 弹簧
5. 电磁线圈　6. 电插接口　7. 滤网

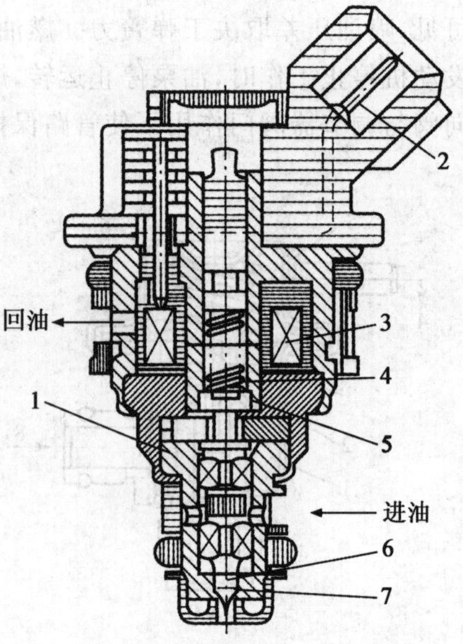

图 2-65　下部供油式电磁喷油器结构

1. 针阀体　2. 电插　3. 电磁线圈
4. 弹簧　5. 衔铁　6. 针阀　7. 阀座

(2)孔式喷油器　孔式喷油器结构与轴针式喷头油器基本相同,与轴针式电磁喷油器的主要区别在于针阀的结构。孔式喷油器针阀尾部没有轴针,所示孔式喷油器的喷口为柱形喷口。当电磁线圈通电,针阀离开阀座时,燃油从喷孔喷出。如果将锥阀式针阀改为球阀式针阀,球阀式阀针是由钢球、导杆和衔铁熔焊成整体制成,利用球阀具有自动定心作用,无须较长和强度较大的导向杆,可采用较短的空心导向杆,明显减轻喷油器质量,且动态流量范围大,具有较高的密封性能,其结构如图 2-66 所示。

在大功率多进气门汽油发动机上,若采用单股油束的普通喷油器,将会造成低速瞬时加速响应不佳。采用双孔式电磁喷油器可避免该现象。双孔式电磁喷油器结构如图 2-67 所示。在喷油器头部加装一个可使流量严格均分化的双孔分流套,两股油束能同时将相同的燃油量分别喷入两个进气口中,消除燃油附着弊病,有效改善多气门发动机的瞬时加速度响应性能,且动态流量范围更大,抗堵塞能力更强,因此,双孔喷油器被广泛应用于大功率多气门发动机上。

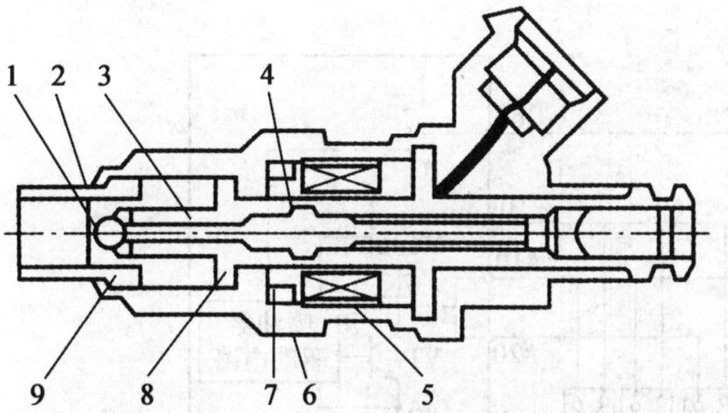

图 2-66　球阀式电磁喷油器结构

1.喷孔　2.阀座　3.阀杆　4.弹簧　5.电磁线圈　6.喷油器体　7.衔铁　8.挡块　9.护套

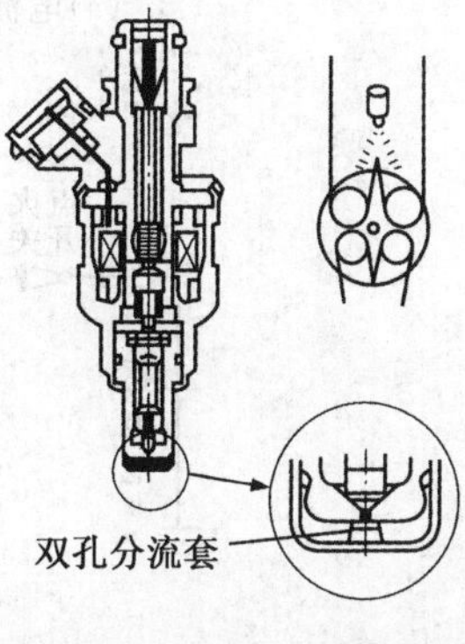

图 2-67　双孔式电磁喷油器

2.喷油器的驱动方式

喷油器的驱动方式可分为电流驱动和电压驱动两种方式,如图 2-68 所示。电流驱动方式只适用于低阻值喷油器,电压驱动方式对高阻值和低阻值喷油器均适用。

低阻喷油器指电磁线圈电阻值为 2～5 Ω 的喷油器,高阻喷油器指电磁线圈电阻值为12～17 Ω 的喷油器。

(1)电流驱动方式　在采用电流驱动方式的喷油器控制电路中,不需附加电阻,低阻喷油器直接与蓄电池连接,通过 ECU 驱动电路的晶体管对流过喷油器线圈的电流进行控制。

如图 2-69 所示,蓄电池通过点火开关和主继电器(或熔丝)直接给喷油器和 ECU 供电,ECU 控制喷油器和主继电器线圈的搭铁回路。点火开关接通时,继电器触点闭合,控制喷油时,ECU 中的喷油器驱动电路使晶体管 VT_1 导通,流过喷油器线圈的电流在 VT_1 发射极的检流电阻上产生电压降。A 点的电压达到设定值时,喷油器驱动电路实施限流控制:当蓄电池电压为 14 V 时,流过喷油器线圈的峰值电流为 8 A,喷油器针阀达到最大升程后,保持在这一稳定状态的电流为 2 A,喷油器驱动电路通过控制 VT_1 以 20 kHz 的频率导通和截止,使喷油器的平均电流为 2 A。晶体管 VT_2 的作用是吸收 VT_1 导通和截止时在喷油器线圈中产生的反电动势,避免击穿晶体管 VT_2。继电器的作用是防止流过喷油器线圈的电流过大,若流过喷油器线圈的电流超过设定值,继电器触点自动断开,以切断喷油器电源。

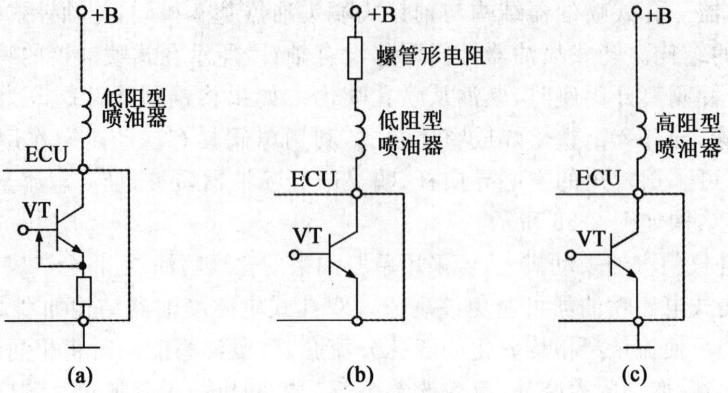

图 2-68 双孔式电磁喷油器

(a)电流驱动 (b)电压驱动低阻式 (c)电压驱动高阻式

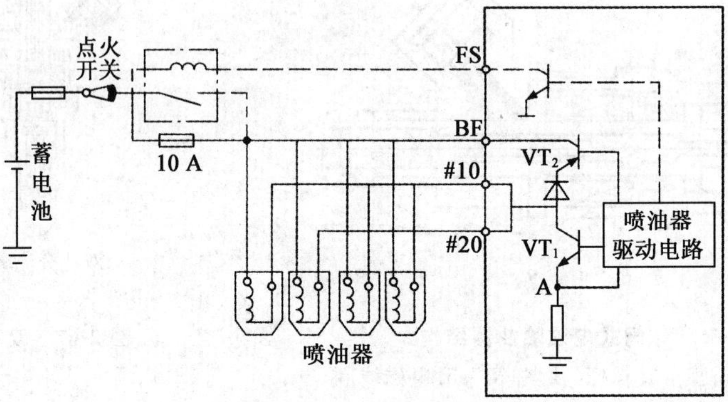

图 2-69 电流驱动电路

图 2-70 喷油信号波形及无效喷射时间

喷油器针阀的开启时刻较喷油信号导通时刻有一段迟滞时间,称为无效喷射时间,或喷油迟滞时间。喷油期间有关波形如图 2-70 所示。

电流驱动回路中无附加电阻,回路阻抗小,ECU向喷油器发出指令时,流过喷油器线圈的电流迅速增加,针阀开启快,喷油迟滞时间短,响应性好。此外,采用电流驱动方式,维持针阀开启阶段的电流较小,喷油器线圈不易发热,可减少功率损耗。

(2)电压驱动方式 低阻喷油器采用电压驱动方式时,必须加入附加电阻。因为低阻喷油器线圈的匝数较少,加入附加电阻,可减小工作时流过线圈的电流,以防止线圈发热而损坏。附加电阻与喷油器的连接方式有三种,如图 2-71 所示。电压驱动方式中的喷油器驱动电路较简单,但因其回路中的阻抗大,喷油器的喷油滞后时间长。

相比较而言,电流驱动低阻型驱动方式无效喷油时间最短,动态响应最好,电压驱动低阻

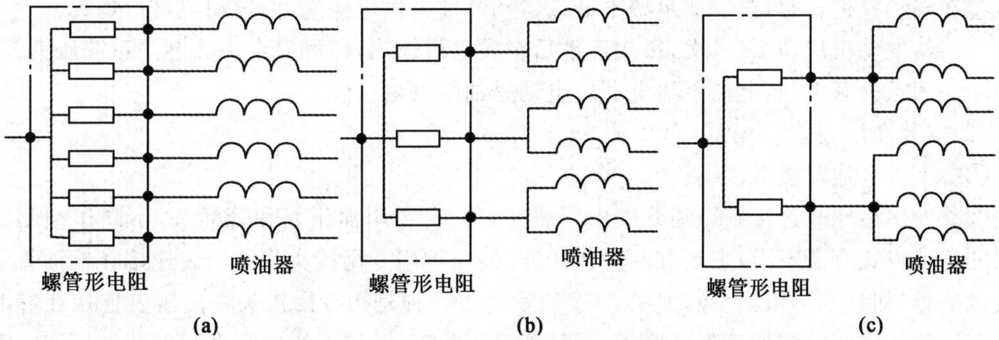

图 2-71　附加电阻与喷油器的连接方式

(a)独立式　(b)、(c)分组式

型驱动方式其次，而电压驱动高阻型驱动方式最差，因此在现代电控喷油系统中，电流驱动低阻型的应用日趋广泛。

『任务实施』1　汽油机燃油供给系统压力检测

1.任务描述

就车完成指定车辆汽油发动机(或台架)燃油系统压力检测作业：燃油系卸压、连接油压表，进行相关压力指标的测试，然后预置燃油系统压力；根据检测数据做出技术结论，提出维修措施或技术解决方案。

工作组团队成员集体资讯、决策和实施，分工协作，完成从工具仪器准备、检测作业、场地整理整个完整过程，并完成操作作业单的填写。

2.安全事项

①遵守实验室规章制度，未经许可，不得擅自移动和拆卸仪器与设备。

②启动车辆前须做好塞三角木、车内车外保护等防护措施，安装好尾气排放装置。

③在教师允许和监控下，启动发动机时，需保证设备周围的人员安全，防止意外发生。

④未关闭点火开关时，严禁拔下各传感器及执行器接口，以免损坏 ECU。

⑤对电路操作应仔细小心，防止短路造成事故。

3.实施条件

(1)场地条件　场地整洁有序，场地面积、工位数量、照明与通风等符合作业要求和相关安全技术要求。

(2)工具与仪器设备　工具车(配备通用工具)、燃油压力表、万用表、跨接线、零件盘。

(3)教具　教学用车辆、发动机台架。

(4)其他　抹布、车内外防护用品。

4.操作指导

(1)燃油系统卸压　发动机熄火后，燃油系统内仍保持有较高的残余压力。检修或检测时，如需拆卸燃油系统任何元件，必须先卸除燃油系统压力，以免系统内的压力油喷出，造成人身伤害或火灾。燃油系统压力的释放方法与步骤如下。

①启动发动机，维持怠速运转。

②在发动机运转时，拔下油泵继电器或电动燃油泵供电保险，使发动机自行熄火。

③再使发动机启动2～3次，每次启动后至发动机熄火，即可完全卸除燃油系统压力。

④关闭点火开关，装上油泵继电器或电动燃油泵供电保险丝。

(2)安装油压表

①拆下蓄电池负极搭铁线。

②将专用油压表连接到燃油系统中　需使用成套专用油压表和管插头，不同车型测试压力表的连接方式有所不同，主要有两种连接方式：一种用专用接头将油压表连接在输油管的进油管接头处（如日本丰田车型），如图2-72所示。另一种是用专用接头将油压表连接在燃油滤清器与输油管之间安装脉动阻尼器的位置（如韩国大宇、美国通用等车型），安装油压表时需拆下脉动阻尼器，如图2-73所示。拆卸油管时，应将棉布包住所拆开油管接头，以防燃油喷出并吸附溢出来的少量燃油。

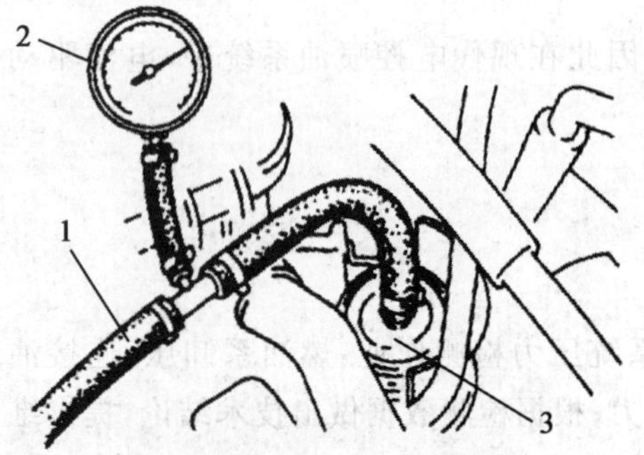

图2-72　油压表的连接(三通接头)

1.油压表　2.油管　3.燃油滤清器

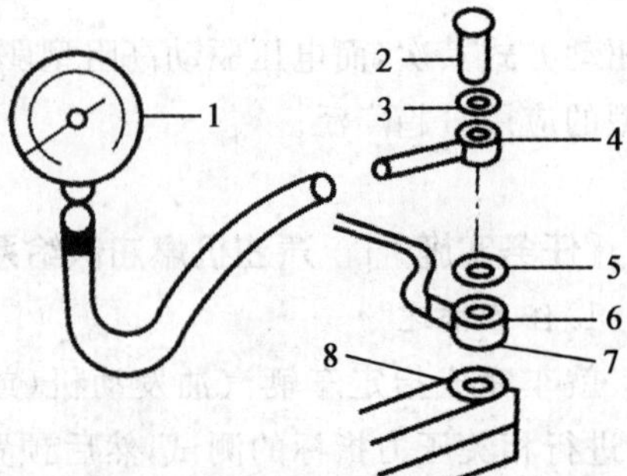

图2-73　油压表的连接(螺栓接头)

1.油压表　2.螺栓子　3、5、7.垫片
4.油压表接头　6.油管　8.燃油总管

③接上蓄电池负极搭铁线。

(3)燃油系统压力预置　在拆开燃油系统进行维修之后，为避免首次启动发动机时，因系统内无压力而导致启动时间过长，应预置燃油系统压力。通过反复打开和关闭点火开关数次来完成；有的汽车可通过遥控解锁汽车后打开驾驶员侧车门，油泵即可预置油压；也可按下述方法进行。

a.检查燃油系统所有元件和油管插头是否安装良好。

b.用专用导线将诊断座上的燃油泵测试端子跨接到12 V电源上（如日本丰田车系直接将诊断座上的电源端子“＋B”与燃油泵测试端子“FP”跨接）；或用跨接线短接油泵继电器30与87端子。

c.将点火开关转至“ON”位置，使电动燃油泵工作约10 s。

d.关闭点火开关，拆下跨接线。

(4)燃油系统压力测试　通过测试燃油系统压力，可诊断燃油系统是否有故障，确定故障性质和部位。油压测试项目包括燃油系统静态油压、燃油系统保持油压、动态油压、燃油泵最大油压和保持压力。

①燃油系统静态油压的测量

a.燃油系统卸压。

b. 将油压表接入燃油管路。

c. 用专用导线将诊断座上的燃油泵测试端子跨接到 12 V 电源上(如日本丰田车系);或用跨接线短接油泵继电器 30 与 87 端子。打开点火开关(不启动发动机),让电动汽油泵运转;如无油泵检测端子、亦无油泵继电器,可反复进行打开和关闭点火开关进行预置油压操作。

d. 读出油压表压力值　标准值因车型不同有差异,一般为 300 kPa 左右(以维修手册标准为准)。若油压过高,一般为油压调节器不良;若油压过低,可能是电动汽油泵、汽油滤清器或油压调节器不良。

e. 关闭点火开关,取下跨接线,装上油泵继电器。

②燃油系统保持油压的测量　测量静态油压结束 5 min 后,再观察油压表指示的油压,此时压力为燃油系统保持压力,其值应大于 147 kPa。若压力过低,进一步检查油压调节器保持油压、电动燃油泵保持压力及喷油器有无泄漏。

如燃油系统保持压力不符合标准值,重新按前述步骤测出静态油压,然后用包上软布的钳子将油压调节器的回油管夹紧,5 min 后观察燃油压力。如果该压力仍然低于燃油系统保持压力的标准值,则说明燃油系统保持油压过低的故障不在油压调节器;若此时压力大于 14.7 kPa,则说明油压调节器回油阀有泄露,应更换。

③燃油系统动态油压的测量　动态油压是指在发动机运行状态下,进行检测的燃油系统油压。测量静态油压和燃油系保持油压后,接着进行动态油压的测量,检测方法如下。

a. 发动机怠速运转,测量此时燃油系统的压力,即怠速运转时燃油压力。

b. 缓慢开大节气门(踩下加速踏板),测量在节气门接近全开时的燃油压力。

c. 拔下油压调节器的真空软管,并用手堵住真空软管,发动机怠速运转,测量此时的动态油压。该压力应和节气门全开时的燃油压力基本相等。

正常情况下,怠速运转时燃油压力应比燃油系静态油压低约 50 kPa,节气门全开及拔下真空软管测出的动态油压与静态油压应基本相等。不同车型、不同发动机燃油系统的动态油压不尽相同,检测时以维修手册提供标准数据为准,几种常见车型的动态油压的标准,如表 2-1 所示。

表 2-1　部分常见车型燃油压力标准

厂　牌	机　型	怠速运转时的燃油压力/kPa	气门全开(或拔掉油压调节器真空软管)时的燃油压力/kPa
GM(通用汽车)	1.6L,L4	207～276	241～310
	1.8L,L4	165～255	207～276
	2.0L,L4	172～207	241～261
	2.3L,L4	210～303	279～324
	2.8L,V6	210～303	279～324
	3 0L,V6	214～276	255～296
	3.0L,V6	200～234	234～296
	3.0L,V6	214～290	276～324
FORD(福特)	3.8L	172	241

续表 2-1

厂 牌	机 型	怠速运转时的燃油压力/kPa	气门全开(或拔掉油压调节器真空软管)时的燃油压力/kPa
CHRYSLER(克莱斯勒)	所有 3.0L,V6	260	330
	所有 3.3～3.8L,V6	260	330
	PRV,道奇,鹰 3.0L,V6	200	270
	3.9L,5.2L	220	270
YOYOTA(丰田)	3S-GE,3S-GET	186～214	228～262
	LANDCRUISER	228～255	255～317
	SUPRA TURBO	158～207	228～276
	MR2,COROLLA,VAN	193～207	262～303
LEXUS	LS 400	193～234	262～303
HONDA(本田)	CIVIC	234～317	276～345
	Prelude	214～276	276～345
	其他	200～255	241～283
MAZDA(马自达)	323	179～241	234～276
	626	186～228	234～276
	其他	214～262	262～317
MITSUBISHI(三菱)	1.8L,2.0L,2.4L,3.0L	234～262	303～331
NISSAN(尼桑)	MAXIMA	248	303
一汽红旗	CA488 发动机	250	300

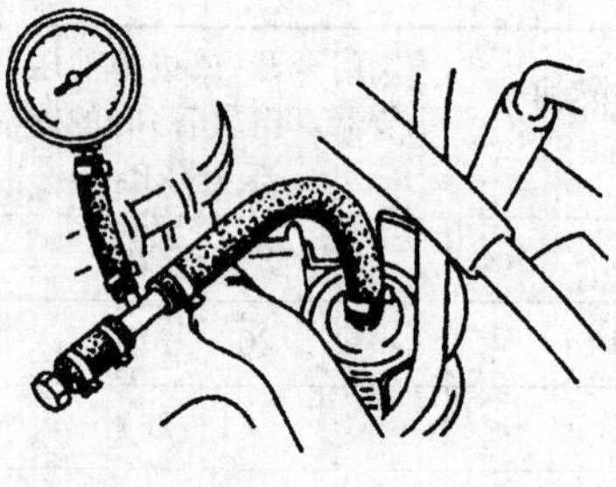

图 2-74 电动汽油泵最大压力和保持压力的测量

若测得的动态油压过高,应检查油压调节器及真空软管;若测得的油压过低,应检查电动汽油泵、汽油滤清器及油压调节器。

④电动汽油泵最大压力和保持压力的测量

a. 将燃油系统卸压。

b. 拆下蓄电池负极搭铁线。

c. 将油压表接入燃油管路上,并将出口塞住,如图 2-74 所示。

d. 接上蓄电池负极搭铁线。

e. 用专用导线将诊断座上的燃油泵测试端子跨接到 12 V 电源上(如日本丰田车系);或用跨接线短接油泵继电器 30 与 87 端子。打开点火开关(不启动发动机),让电动汽油泵运转。

f. 打开点火开关(旋至“ON”位置),并保持 10 s,让电动汽油泵运转,读出电动汽油泵的压力,该压力称号电动汽油泵的最大泵油压力,应该比动态油压高出 200～300 kPa。如不符合标准,更换电动汽油泵。

g. 关闭点火开关，5 min 以后再观察油压表的压力，此压力即为电动汽油泵的保持压力。其值应大于 340 kPa，如不符合标准，应更换电动汽油泵。

燃油系统压力检测时，如果静态油压、燃油系统保持压力及动态油压正常，说明燃油系统工作正常，则电动汽油泵最大压力和保持压力的测量不需进行检测。

⑤油压表的拆卸

燃油压力测试完毕，按下列步骤拆卸油压表。

a. 将燃油系统卸压。

b. 拆下蓄电池负极搭铁线。

c. 拆卸油压表。

d. 重新装好油管接头。

e. 接好蓄电池搭铁线。

f. 预置燃油系统油压。

g. 检查各管路有无漏油。

5. 作业单

燃油供给系统压力检测作业单

<table>
<tr><td>日期</td><td colspan="2"></td><td>检测人</td><td></td></tr>
<tr><td>车型</td><td colspan="2"></td><td>发动机型号</td><td></td></tr>
<tr><td colspan="5">一、准备工作</td></tr>
<tr><td colspan="3">项　目</td><td colspan="2">情况记录</td></tr>
<tr><td colspan="3">(1)工量具及仪器设备准备</td><td colspan="2"></td></tr>
<tr><td colspan="3">(2)维修手册准备</td><td colspan="2"></td></tr>
<tr><td colspan="3">(3)被测车辆准备</td><td colspan="2"></td></tr>
<tr><td colspan="5">二、操作过程</td></tr>
<tr><td colspan="2">卸除燃油系统压力</td><td colspan="3">操作要领：</td></tr>
<tr><td colspan="2">连接燃油压力表</td><td colspan="3">操作要领：</td></tr>
<tr><td colspan="2">预置燃油系统压力</td><td colspan="3">操作要领：</td></tr>
<tr><td colspan="2">检测燃油系统压力</td><td colspan="3">检查结果：
静态油压　保持油压
动态油压①怠速　②怠速(拔真软管)　③节气门全开
其他油压测试(视需要测试)</td></tr>
<tr><td colspan="5">三、检测结论：
查维修手册，该发动机燃油系统压力标准：

根据测量结果，分析故障原因：

维修技术解决方案：</td></tr>
</table>

『任务实施』2 喷油器检查、清洗与检测

1. 任务描述

完成指定车辆汽油发动机(或台架)各喷油器及其驱动电路仅就车检查判断;对同一台汽油发动机各喷油器进行清洗与检测作业;根据检测数据做出技术结论,提出维修措施或技术解决方案。

工作组团队成员集体资讯、决策和实施,分工协作,完成从工具仪器准备、检测作业、场地整理整个完整过程,并完成操作作业单的填写。

2. 安全事项

①遵守实验室规章制度,未经许可,不得擅自移动和拆卸仪器与设备。

②启动车辆前须做好塞三角木、车内车外保护等防护措施,安装好尾气排放装置。

③在教师允许和监控下,启动发动机时,需保证设备周围的人员安全,防止意外发生。

④未关闭点火开关时,严禁拔下各传感器及执行器接口,以免损坏 ECU。

⑤对电路操作应仔细小心,防止短路造成事故。

3. 实施条件

(1)场地条件 场地整洁有序,场地面积、工位数量、照明与通风等符合作业要求和相关安全技术要求。

(2)工具与仪器设备 工具车(配备通用工具)、喷油器清洗检测仪、万用表、LED 试灯、零件盘。

(3)其他 标准测试液、超声波清洗液、喷油器配套橡胶密封圈、抹布、车内外防护用品。

4. 操作指导

①喷油器的就车检查

A. 喷油器工作情况检查。通过检查喷油器的工作声音和发动机转速的变化进行判断。

a. 发动机运转时用手指接触喷油器,应有脉冲振动的感觉。

b. 用旋具或听诊器与喷油器接触,应能听到其有节奏的工作声;否则表明喷油器工作不正常,应对喷油器和控制电路做进一步检查。

c. 采用断油方法检查,当拔下某缸喷油器线束插头时,该缸喷油器停止喷油,发动机转速立即下降,这表明该喷油器工作正常;否则表明不工作或工作不良,应对驱动电路和喷油器做进一步检查,找出原因。

B. 喷油器电磁线圈电阻的检查。关闭点火开关,拔下喷油器线束插头,用万用表测量喷油器电磁线圈两端子之间的电阻值。在 20℃时,对于高阻喷油器来说,其电阻值应为 12～17 Ω;对于低阻喷油器来说,其电阻值应为 2～5 Ω。阻值不在标准范围内,应予以更换。

C. 喷油器控制电路的检查。喷油器控制电路一般由点火开关或主继电器供电,由 ECU 控制喷油器的搭铁回路,查询维修手册电路资料。检查方法如下。

a. 拔下喷油器连接器插头。

b. 接通点火开关,不要启动发动机。

c. 测量喷油器控制线连接插头上电源线的电压,应为 12 V(个别为 5 V)。若无电压,检查点火开关、熔断器或主继电器及线路。

d. 检查。ECU 的喷油器控制搭铁线及 ECU 搭铁线,搭铁是否良好。

e. 将专用检查试灯(可自制 LED 试灯串一个约 200 Ω 电阻)串接到喷油器连接器两插头

上，试灯的 LED 正极端接电源正极供电端，启动发动机，试灯应闪烁。不亮或不闪烁则表明控制回路有故障，可检查喷油器至 ECU 的线路和 ECU 是否有故障，也可用示波器检测喷油器脉冲波形，进行进一步观察和分析。

②喷油器的清洗与检测

A. 清洗与检测设备　喷油器清洗检测仪是对喷油器进行清洗、检测的专用设备。其外形、面板设置及功能因生产厂家、型号不同存在差异，但具备的基本功能相同，如图 2-75 所示为元征 CNC-602A 喷油器清洗检测仪外形。图 2-76 为其控制面板图。

喷油器清洗检测仪一般具备如下基本功能。

a. 超声波清洗；

b. 喷油均匀性、雾化性检测；

c. 喷油器密封性测试；

d. 喷油量检测；

e. 自动清洗检测。

图 2-75　CNC-602A 喷油器清洗检测仪

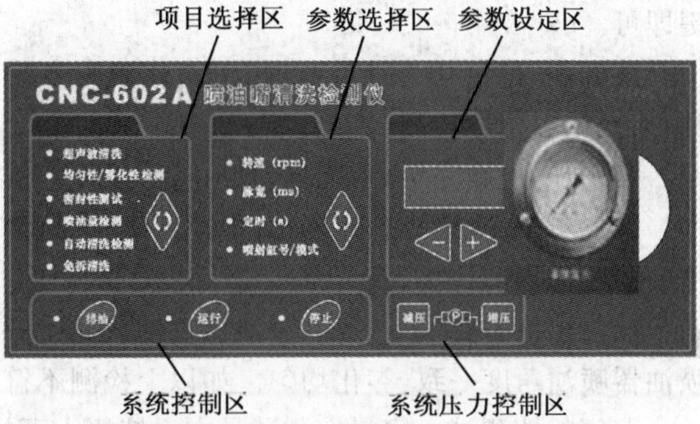

图 2-76　CNC-602A 喷油器清洗检测仪面板

B. 喷油器的清洗检测项目及操作方法

a. 准备工作

第一步，检查喷油器 从车上拆下的喷油器橡胶密封圈是否损坏，如有损坏，清洗测试前先更换完好的密封圈，再将喷油器浸入汽油或清洗剂中，仔细清除外部油垢后用软布擦拭干净。

第二步，检查并添加检测液 从主机侧面加油口向油箱内加注，观察侧面的液位管，一般加注油箱容量 1/2 即可。

第三步，按下主机右侧的电源开关和背景灯开关。

b. 超声波清洗　利用超声波在介质中传播时产生的穿透性和空化冲击波，清洗喷油器内的顽固积炭。操作步骤如下：

第一步，将外部清洗干净的喷油器放入清洗槽中的清洗支架上。

第二步，在超声波清洗槽内加入适量的清洗剂或专用超声波清洗剂，清洗剂以浸过喷油器针阀 20 mm 左右。

第三步，将喷油器脉冲信号线分别与喷油器插好。

第四步，接通超声波清洗机电源，打开超声波电源开关。

第五步，在控制面板上选择超声波清洗功能，然后设定时间（系统默认时间为 600 s），按

【运行】键即可。

第六步，清洗完毕，系统自动停止，并以蜂鸣器鸣叫提示。

第七步，关闭超声波电源开关，从清洗槽中取出喷油器，用软布擦净上面的清洗剂。

注意事项：在超声波清洗池未加超声波清洗剂的情况下，严禁运行超声波清洗系统，否则会导致设备损坏。

c. 喷油器喷射均匀性、雾化性检测　喷油均匀性检测是通过检测同一台发动机上各喷油器喷射量的差值是否在规定的误差范围内，可反映喷油嘴的电磁特性、孔径变化以及堵塞等因素对喷油嘴的综合影响；雾化性检测是通过观测喷油器在一定工况下喷射时，喷射状况和喷射雾化性能的好坏。操作步骤如下：

第一步，按说明书步骤安装紧固好各喷油器。

第二步，插上喷油器脉冲信号线。

第三步，将量筒中测试液排放干净。

第四步，在面板上选择均匀性/雾化性检测，设定好油压、转速、脉宽等工况参数，按【运行】键即可。

第五步，进行均匀性检测时，可对比观察各喷油器喷射雾化性能，按【排油】键，电磁阀排油，切换做雾化性检测。

第六步，检测完毕，系统自动停止，并以蜂鸣器鸣叫提示。

第七步，依次选择怠速测试、中速测试、高速测试，油压按车上系统油压标准设定，测试各喷油器喷油均匀性。

均匀性检测要求是，各缸喷油器喷油量偏差应小于平均喷油量的 2%。雾化性要求是，各喷油器喷油角度一致，雾化均匀。如以上检测不符要求，需清洗或更换喷油器。

d. 密封性测试　密封性测试是在系统压力下检测喷油器针阀的密封情况，是否有滴漏现象。操作步骤如下：

第一步，按说明书步骤安装紧固好各喷油器。

第二步，插上喷油器脉冲信号线。

第三步，将量筒中测试液排放干净。

第四步，选择密封性测试项目，按【运行】键，系统开始工作，通过【增压】和【减压】调节压力，压力调节应符合出厂规定标准压力，或高出标准压力 10%。

第五步，观测喷油嘴是否滴油。

第六步，检测完毕，系统自动停止，并以蜂鸣器鸣叫提示，系统设定时间默认为 1 min。

密封性要求是 1 min 滴漏不大于 1 滴。否则应加以清洗或更换。

e. 喷油量检测　检测喷油器在 15 s 常喷情况下的喷油量，是否符合技术规范要求，该值的变化反映喷油器孔径磨损或阻塞情况。操作步骤如下：

第一步，按说明书步骤安装紧固好各喷油器。

第二步，插上喷油器脉冲信号线。

第三步，将量筒中测试液排放干净。

第四步，在控制面板上选择喷油量测试项目，按【运行】键，系统开始工作，通过【增压】和【减压】调节压力符合规定的系统压力。

第五步，检测完毕，系统自动停止，并以蜂鸣器鸣叫提示。

喷油量标准查阅技术手册，一般为 50～70 mL/15 s，每个喷油器应重复测量 2～3 次，相互的喷油量差值应小于其喷油量的 10%，否则应加以清洗或更换。

5. 作业单

喷油器检查、清洗与检测作业单

日期		成员姓名	
车型		发动机型号	
一、准备工作			
项　目	情况记录		
(1)工量具及仪器设备准备			
(2)维修手册准备			
(3)被测车辆准备			
二、操作过程			
喷油器就车检测	检查结果简要描述： ①喷油工作情况判断： ②喷油器线圈电阻测量：标准电阻为　　　实测各喷油器电阻分别是 ③驱动电路检查： 检查初步结论：		
超声波清洗	操作过程概要：		
喷射均匀性/雾化性检测	检查结果简要描述： ①喷射均匀性 ②雾化性 结论：		
密封性测试	检查结果简要描述： 结论：		
喷油量检测	检查结果简要描述： 结论：		
三、检测结论： 综合检测结论： 维修解决方案：			

复习与思考

一、判断题

1. 燃油系统静态油压低于标准值,以下说法不正确的是(　　)。

A. 可能是油泵性能不良　　B. 可能是燃油压力调器节性能不良

C. 可能是喷油器滴漏

2. 电控汽油机怠速运转时,小幅缓慢踩下加速踏板,燃油分配管内油压将随之(　　)。

A. 升高　　B. 降低　　C. 不变

3. 发动机运转时,拔下燃油压力调节器真空软管并堵住软管端,分配管内油压将(　　)。

A. 升高　　B. 降低　　C. 不变

4. 讨论电动燃油泵出油阀密封不严的影响,甲说会导致燃油系统保持油压低于技术要求,乙说会导致管路气阻和热启动困难,你认为(　　)。

A. 甲正确　　B. 乙正确　　C. 甲乙都正确　　D. 甲乙都不正确

二、填空题

1. 按喷油器电磁线圈阻值不同,喷油器分为________型和________型两种。

2. 电动燃油泵按安装位置分为________式和________式。

3. 喷油器的驱动方式可分为________驱动和________驱动两种方式。

4. ECU 对电动燃油泵实施转速控制,可以减少________消耗和________磨损。

三、简答题

1. 简述燃油压力调节器的结构与工作原理。

2. 如何对喷油器进行就车技术状况检查?

3. 简述电控汽油发动机燃油系统主要组成部件及其功用。

4. 喷油器清洗检测仪一般具备哪些功能?简述喷油器喷射均匀性、雾化性检测操作过程。

任务三　电子控制系统其他传感器的检修

【知识目标】

1. 熟悉曲轴与凸轮轴位置传感器、车速传感器作用、类型,掌握其结构与工作原理。

2. 熟悉温度传感器作用,掌握其结构与工作原理。

3. 了解汽油机电控系统主要开关信号及其作用。

【能力目标】

1. 能检测各种类型的曲轴/凸轮轴位置、车速传感器,诊断排除其电路故障。

2. 能检测、诊断排除水温传感器及其电路故障。

3. 能综合检测汽油机电控系统各传感器及执行器,诊断排除电控燃油喷射系统故障。

『相关知识』

汽油机电控燃油喷射系统中空气供给系统、燃油供给系统相关部件传感器与执行器结构原理及检修,在本项目任务一及任务二中进行了阐述与任务实施训练。这里介绍电子控制系统中曲轴与凸轮轴位置传感器、车速传感器、温度传感器等传感器的结构及工作原理，并通过任务实施训练如何对其进行检修；同时，对影响燃油喷射、点火控制的相关开关信号予以介绍。

一、曲轴与凸轮轴位置传感器构造与工作原理

曲轴位置传感器的功用是检测曲轴转动角度和发动机转速信号，是燃油喷射控制的主要依据，同时也是点火控制、怠速控制、废气再循环控制的主要控制依据。凸轮轴位置传感器的功用是检测配气凸轮轴的位置信号，识别1缸压缩上止点信号，是喷油正时控制、点火提前角控制的基准信号。

曲轴与凸轮轴位置传感器分为电磁式、霍尔式和光电式三种类型。其安装位置因车型不同存在差异，曲轴位置传感器通常安装于曲轴前端，后端或分电器内，凸轮轴位置传感器可安装于凸轮轴前端、后端或分电器内。

1. 电磁式传感器

电磁式(也称磁感应式)传感器应用广泛，它利用电磁感应原理工作。传感器主要由传感器头、信号转子组成。桑塔纳2000GSi型轿车的电磁式曲轴位置传感器安装在曲轴箱内靠近离合器一侧的缸体上，如图2-77所示。传感器头用螺钉固定在发动机缸体上，由永久磁铁磁头、感应线圈和线束插头组成。信号轮上的大齿缺为识别1缸上止点的基准信号。

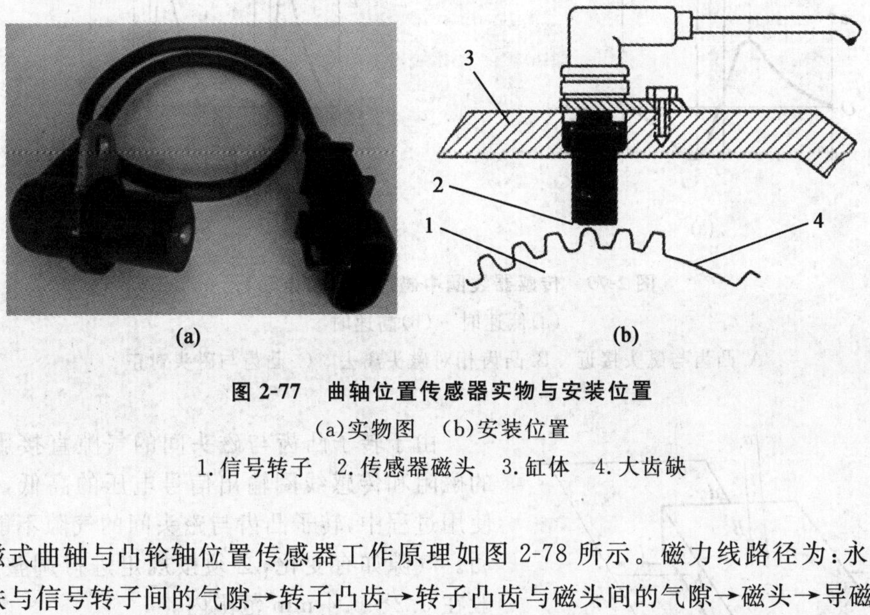

图 2-77　曲轴位置传感器实物与安装位置

(a)实物图　(b)安装位置

1. 信号转子　2. 传感器磁头　3. 缸体　4. 大齿缺

电磁式曲轴与凸轮轴位置传感器工作原理如图2-78所示。磁力线路径为：永久磁铁N极→磁铁与信号转子间的气隙→转子凸齿→转子凸齿与磁头间的气隙→磁头→导磁板→永久磁铁S极。当信号转子旋转时，磁路中的气隙将周期性地发生变化，磁路的磁阻周期性地发生变化，于是穿过信号线圈磁头的磁通量随之发生周期性的变化，在线圈中产生交变电动势。信号转子每转过一个凸齿，传感线圈就会产生一个周期的交变电动势，即电动势出现一次最大值和最小值，传感线圈也相应地输出一个交变电压信号。

电磁式传感器不需要外加电源，当发动机转速变化时，转子凸齿转动的速度将发生变化，铁芯中的磁通变化率也将随之发生变化。转速越高，磁通变化率就越大，传感线圈中的感应电动势也就越高。感应电动势的频率和幅值随发动机转速的升高而增大，如图2-79所示。

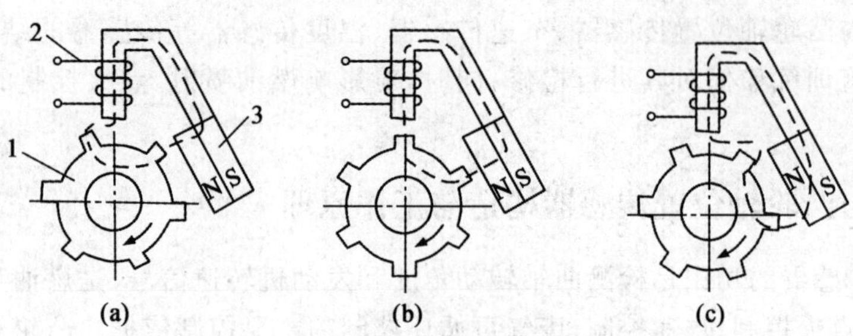

图 2-78 磁感应式传感器

1. 信号转子 2. 电磁线圈 3. 永久磁铁

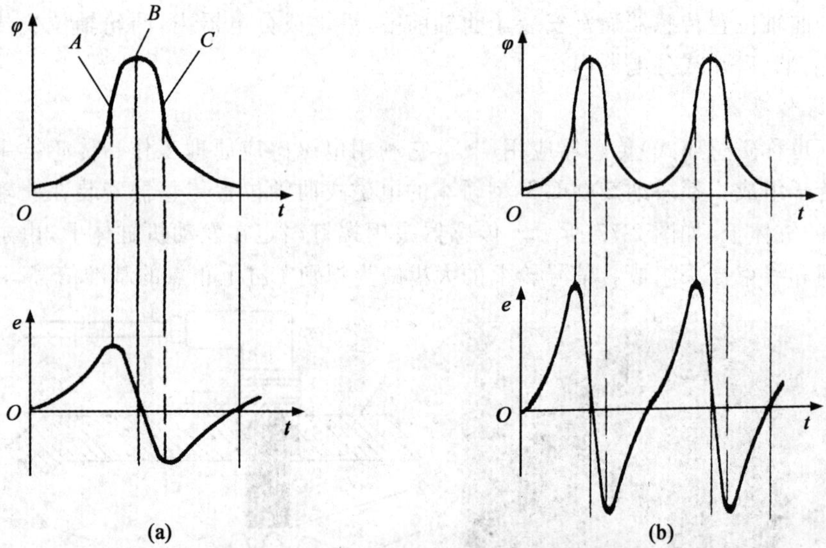

图 2-79 传感器线圈中磁通和感应电动势

(a)低速时 (b)高速时

A. 凸齿与磁头接近 B. 凸齿相对磁头离去 C. 凸齿与磁头对正

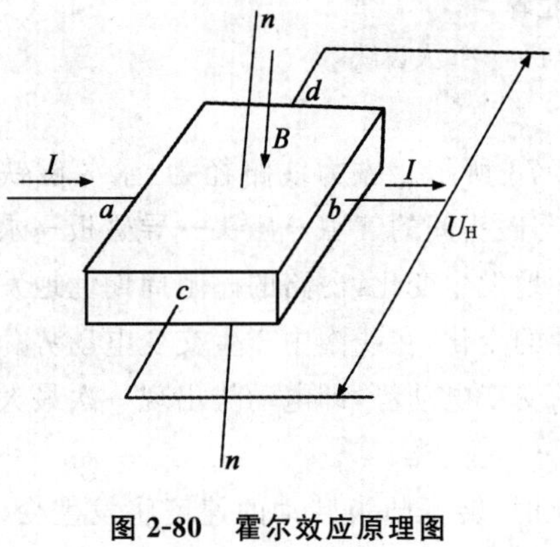

图 2-80 霍尔效应原理图

由于转子凸齿与磁头间的气隙直接影响磁路的磁阻和传感线圈输出信号电压的高低，因此，在使用过程中，转子凸齿与磁头间的气隙不能随意变动。气隙如有变化，必须按规定进行调整，气隙一般在 0.2～0.4 mm 范围内。

2. 霍尔式传感器

霍尔式曲轴与凸轮轴位置传感器利用霍尔效原理工作。霍尔效应(Halleffect)是美国约翰 · 霍普金斯大学物理学家霍尔(Edward Hall)博士于 1879 年首先发现的。如图 2-80 所示，当给放在磁场中的半导体基片加载一个与磁场垂直的电流时，电荷在洛伦兹力的作用下向一侧偏移，于是在与电流和磁场垂直的方向上产生电压 U_H，把一

个通有电流 I 的半导体基片垂直于磁力线放入磁感应强度为 B 的磁场中时，于是在与电流和磁场垂直的方向上产生电压 U_H。当取消磁场时，电压立即消失，该电压称为霍尔电压。U_H 与通过半导体基片的电流大小和磁感应强度成正比，与半导体基片厚度成反比。

霍尔式传感器由触发叶轮与霍尔信号发生器组成。霍尔信号发生器由霍尔集成电路、导磁钢片(磁轭)与永久磁铁等组成。霍尔集成电路由霍尔元件、放大电路、稳压电路、温度补偿电路、信号变换路和输出电路等组成。结构与工作原理如图 2-81 所示。触发叶轮安装在转子轴上，叶轮上制有叶片(叶片数与发动机气缸数相等)。当触发叶轮随转子轴一同转动时，叶片便在霍尔集成电路与永久磁铁之间转动。当叶轮叶片离开永久磁铁与霍尔基片之间的气隙时，磁场作用于霍尔基片，产生霍尔电压如图 2-81(a)所示；当叶片进入气隙时，磁场被旁路，不产生霍尔电压如图 2-81(b)所示。传感器内的集成电路将霍尔电压信号放大整形后，输送给 ECU。霍尔式传感器输出电压信号近似于方波信号，幅值与转速无关，但需要外加电源。

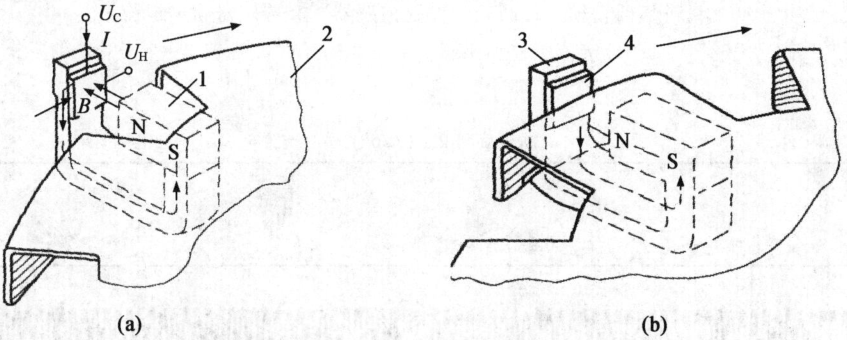

图 2-81　霍尔式传感器的基本结构与工作原理

(a)叶片离开气隙，磁场饱和　(b)叶片离开气隙，磁场被旁路

1. 永久磁铁　2. 触发叶轮　3. 磁轭　4. 霍尔基片

捷达 AT、GTX，桑塔纳 2000GSi 型轿车采用的霍尔式凸轮轴位置传感器，安装在发动机进气凸轮轴的一端，结构如图 2-82 所示。信号转子又称为触发叶轮，安装在进气凸轮轴上，用定位螺栓和座圈定位固定。信号转子的隔板又称为叶片，在隔板上制有一个窗口，窗口对应产生的信号为低电平信号，隔板对应产生的信号为高电平信号。

凸轮轴位置传感器输出的信号电压与曲轴位置传感器输出的信号电压之间的关系如图 2-83 所示。发动机曲轴每转两转(720°)霍尔传感器信号转子就转一圈(360°)，对应产生一个低电平信号和一个高电平信号，其中低电平信号对应于 1 缸压缩上止点前一定角度。

磁感应式曲轴位置传感器 CPS 和霍尔式凸轮轴位置传感器 CIS 产生的信号电压输入 ECU。当 ECU 同时接收到曲轴位置传感器大齿缺和凸轮轴位置传感器窗口对应的低电平信号时，便可识别出此时为 1 缸活塞处于压缩行程，4 缸活塞处于排气行程，并根据曲轴位置传感器小齿缺对应输出的曲轴位置信号控制各缸的点火提前角和喷油正时。如果发动机发生了爆燃，ECU 还能根据爆燃传感器输入的信号确定是哪一缸产生了爆燃，从而减小点火提前角，以便消除爆燃。

3. 光电式传感器

光电式曲轴/凸轮轴位置传感器利用光敏晶体管的光敏效应工作，如图 2-84 所示。遮光转

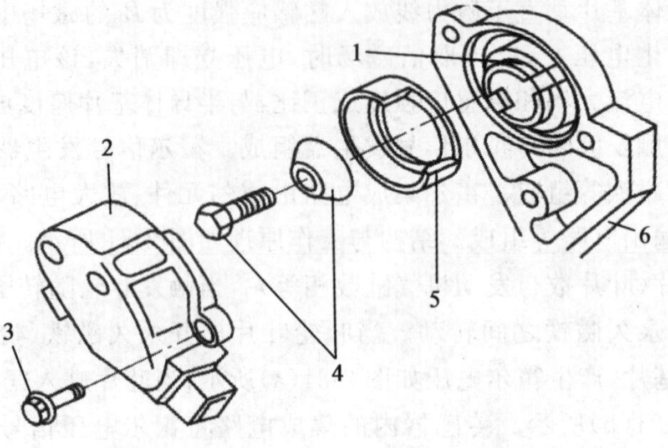

图 2-82　霍尔式凸轮轴位置传感器结构

1. 进气凸轮轴　2. 凸轮轴位置传感器　3. 传感器固定螺栓
4. 定位螺栓和座圈　5. 信号转子　6. 缸盖

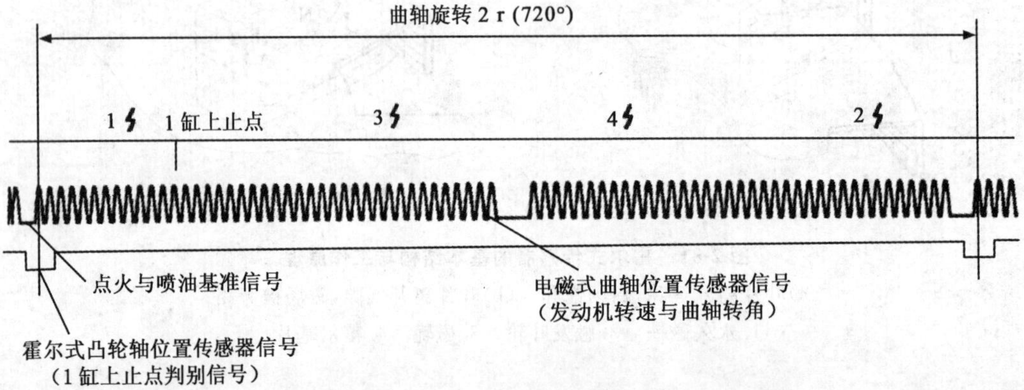

图 2-83　曲轴位置与凸轮轴位置传感器输出波形的对应关系

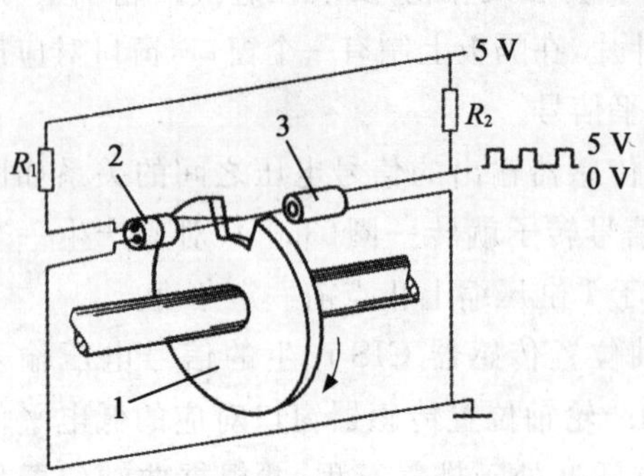

图 2-84　光电式曲轴/凸轮轴位置传感器工作原理

1. 信号轮　2. 发光二极管　3. 光敏晶体管

子位于发光二极管与光敏晶体管之间，当遮光转子上的透光孔和遮光部分从发光二极管与光敏晶体管之间转过，发光二极管发出的光线交替照射到光敏晶体管上。光敏晶体管受光照射时则导通，光敏晶体管集电极输出低电平(0.1～0.3 V)；若光线不能照射到光敏晶体管上，输出高电平(5 V)。如果遮光转子连续旋转，光敏晶体管集电极就会交替地输出高电平和低电平。

光电式曲轴/凸轮轴位置传感器结构如图 2-85 所示。主要由信号盘、信号发生器、集成电路、传感器壳体和线束插头等组成。

信号盘是传感器的信号转子，压装在传感器轴上，结构如图 2-85(a)所示。在靠近信号盘的边缘位置制做有间隔弧度均匀的内、外两圈透光孔。其中，外圈制作有 360 个透光孔(缝隙)，间隔弧度为1°(透光孔占0.5°，遮光占0.5°)，用于产生曲轴转角与转速信号；内圈制做有6个透光孔(长方形孔)，间隔弧度为60°，用于产生各个气缸的上止点信号，其中有一个较宽的长方形透光孔，用于产生一缸上止点信号。

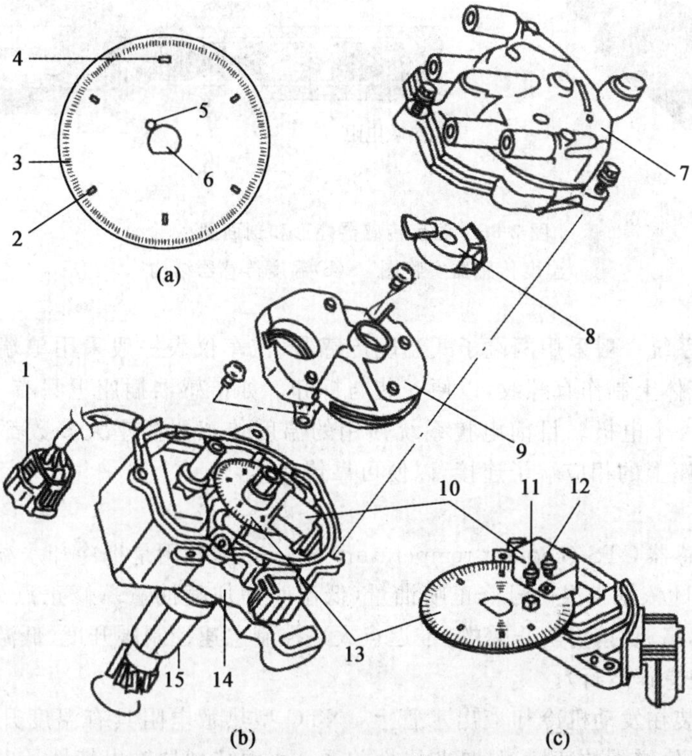

图2-85　光电式曲轴与凸轮轴位置传感器结构

(a)信号转子结构　(b)传感器结构　(c)信号发生器结构

1.线束插头　2.上止点信号透光孔　3.曲轴转角信号透光孔　4.1缸上止点信号透光孔　5.定位销　6、15.传感器轴　7.分电器盖　8.分火头　9.防护盖　10.信号发生器　11.G信号传感器　12.Ne信号传感器　13.信号盘　14.传感器壳体

信号发生器固定在传感器壳体上，它由Ne信号(转速与转角信号)发生器、G信号(上止点信号)发生器以及信号处理电路组成，如图2-85(c)所示。Ne信号与G信号发生器均由一只发光二极管LED和一只光敏晶体管(光敏二极管或三极管)组成，两只LED分别正对着两只光敏晶体管。

二、温度传感器构造与工作原理

温度传感器的种类很多，常用的有热敏电阻式、金属热电阻式、线绕电阻式、半导体晶体管式等。常用的热敏电阻有负温度系数NTC(negative temperature coefficient)型和正温度系数PTC(positive temperature coefficient)型。汽车普遍采用NTC型热敏电阻式温度传感器，如冷却液温度传感器、进气温度传感器、排气温度传感器、燃油温度传感器等。热敏电阻式温度传感器的外形和剖面如图2-86所示，主要由热敏电阻、金属引线、接线插座和壳体等组成。热敏电阻外形制作成珍珠形、圆盘形(药片形)、垫圈形、芯片形、厚膜形等，放置在传感器的金属壳内，有单端子式和双端子式的两种。

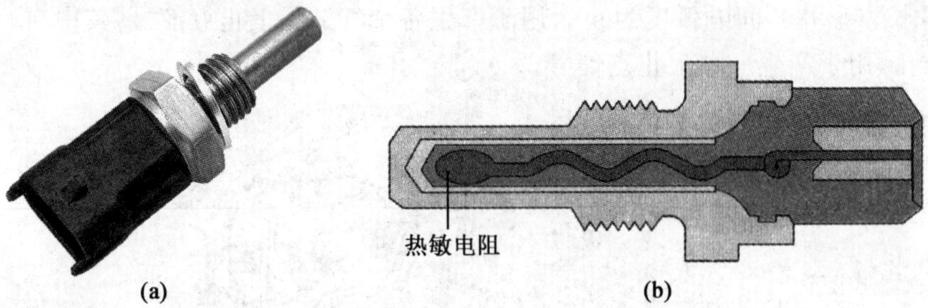

图 2-86 温度传感器外形和剖面图

(a)温度传感器实物图 (b)温度传感器结构

轿车燃油喷射系统一般采用两端子式温度传感器(汽车仪表一般采用单端子式温度传感器)。在传感器的壳体上制作有螺纹，以便安装与拆卸。如传感器插座上只有一个接线端子，则壳体为传感器的一个电极。目前电控系统使用的温度传感器插座大多数都有两个接线端子，分别与ECU插座上的相应端子连接，以便可靠传递信号。

1. 水温传感器

冷却液温度传感器CTS (coolant temperature sensor)的作用是把冷却水温度转换为电信号，输入ECU。ECU依据水温信号修正喷油量(低温时增加喷油量)；修正点火提前角(低温时增大点火提前角，高温时，为防止爆燃，推迟点火)；控制怠速控制阀开度(低温时怠速控制阀开度增大，发动机快怠速运行)。

水温传感器安装在发动机冷却液出水管上，NTC型热敏电阻具有温度升高时电阻值减小，温度降低时电阻值增大的特性，且是非线性关系。水温传感器输出特性及电路工作原理如图2-87所示，在ECU内部串联一个分压电阻，由ECU向分压电阻和热敏电阻组成的分压电路提供一个稳定的电压，一般为5 V。当冷却水温升高时，电阻值减少，输出信号电压低；反之，当冷却水温降低时，电阻值增高，输出信号电压高。ECU根据接收到的信号电压值，便可

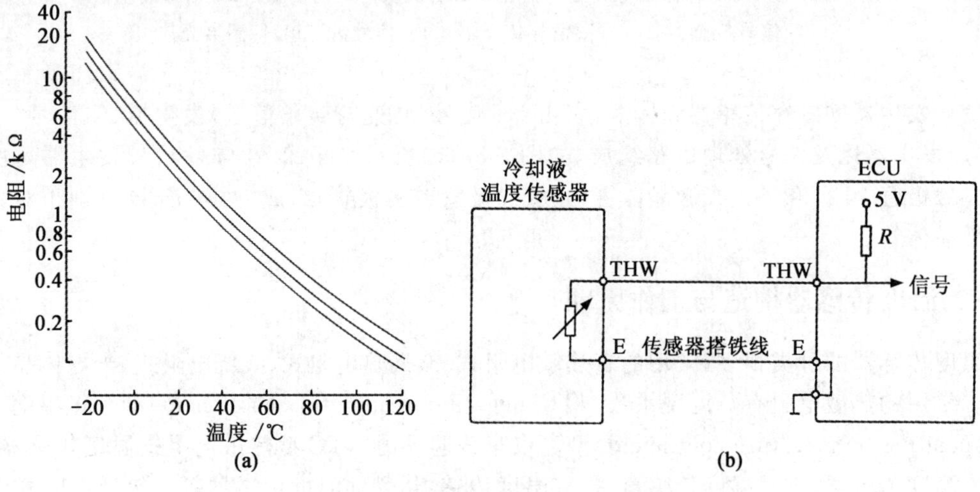

图 2-87 水温传感器电路及工作原理

(a)水温传感器的输出特性 (b)水温传感器电路

计算出对应的温度值，从而进行喷油和点火的修正控制。

2. 进气温度传感器

进气温度传感器 IATS (intake air temperature sensor)安装在进气管路中，其功用是检测进气温度，并将进气温度信号变换为电信号传送给 ECU 作为喷油修正的信号。进气温度传感器也是双线的传感器，安装在进气管上或空气流量计内。进气温度传感器也是一个负温度系数热敏电阻，其工作原理与水温传感器相同。进气温度信号是各种控制功能的修正信号，如果进气温度传感器信号中断，会导致混合气过浓、热启动困难、废气排放量增大、排气冒黑烟。

三、车速传感器构造与工作原理

车速传感器一般安装在变速箱上，有电磁式、霍尔式、光电式、笛簧开关式等形式，电磁式车速传感器应用最广泛。由变速箱输出轴通过螺旋齿轮传动驱动传感器信号轮转动，产生交变信号或数字脉冲信号，输送给 ECU。

电磁式车速传感器原理与电磁式曲轴位置传感器相同。其结构也由信号轮和传感器头组成，但信号轮没有齿缺，如图 2-88 所示。信号轮安装在变速器输出轴上(或由输出轴驱动)并随其旋转，传感器头固定在变速器壳体上。信号电压将随变速器输出轴转速的变化而变化，从而检测汽车车速。

笛簧开关式车速传感器的笛簧开关由小玻璃管内安装的两个细长触头(铁、镍磁性材料)构成。触头的开闭受车速表软轴驱动的磁极控制，从而产生随车速变化的脉冲信号，经电路处理转变成脉冲数字信号，输送给 ECU。传感器结构如图 2-89 所示。

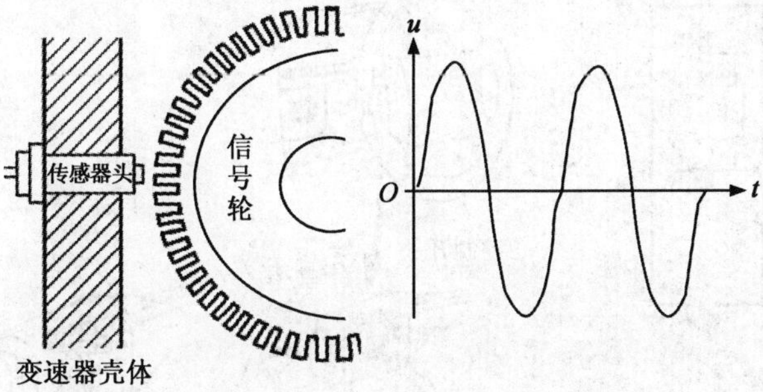

图 2-88　电磁式车速传感器工作原理

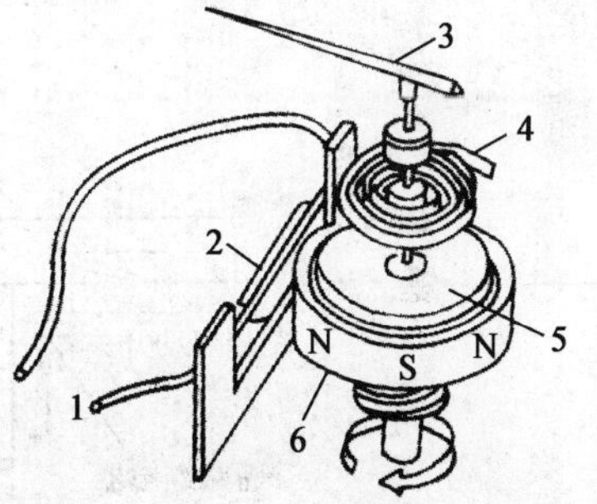

图 2-89　笛簧开关式车速传感器

1. 导线　2. 笛簧开关　3. 车速表指针
4. 盘形弹簧　5. 铝碗　6. 多极磁环

ECU 通过计数车速传感器脉冲，根据主减速器传动比和轮胎尺寸计算出实际车速，并驱动里程计指示汽车累计行驶里程。

有些车型设有两个车速传感器，输出两路信号，一路输送给仪表用于显示，另一路是输送给发动机 ECU 用于发动机控制，当输送给 ECU 信号的传感器失效时，可用另一路信号应急代用。

四、开关信号装置

1. 启动信号(STA)

启动信号用来判断发动机是否处在启动状态。启动时，进气管内混合气流速慢，温度低，燃油雾化不良，为改善启动性能，需增加喷油量以加浓混合气。STA 信号与启动机电源连在一起，由空挡启动开关同时控制，见图 2-90。空挡启动开关接通，ECU 便检测到 STA 信号，确认发动机处于启动状态，并自动增加喷油量。

2. 空挡启动开关信号(NSW)

在装有自动变速器的汽车中，空挡启动开关用来控制启动机控制电路，同时，ECU 用空挡启动开关信号判定变速器的挡位。P 为停车，N 是空挡，L、2、D 或 R 为行驶状态。当点火开关在 ST 位置时，NSW 端与蓄电池正极相连接，如图 2-90 所示。当发动机运行，自动变速器处于 L、2、D 或 R 挡时，空挡启动开关断开，NSW 端为高电压。自动变速器处于 N 或 P 挡位时空挡启动开关闭合，由于启动机的阻抗很小，NSW 端是低电位。ECU 通过对 NSW 信号的识别，对怠速系统进行控制，在发动机过渡工况时，修正喷油量。

3. 空调开关(A/C)

空调开关(A/C)设在空调控制面板上，当该开关按下时，向空调系统发出空调使用请求信号，如果条件符合，意味着压缩机电磁离合器将通电，压缩机投入工作，发动机负荷增加。ECU 根据 A/C 信号控制发动机怠速时的点火提前角和进行怠速喷油量修正。

4. 巡航控制开关

具备巡航控制功能的汽车，当巡航系统启动时，电控系统通过自动调节节气门的开度、喷油量等方式，维持汽车按设定的车速行驶，免除驾驶人员长时间踩踏油门导致疲劳。巡航控制开关形式和操作因车型不同有所差异，一般通过给电控系统相应端子不同电压信号形式发出指令，以下就图 2-91 所示开关简要说明其功能。

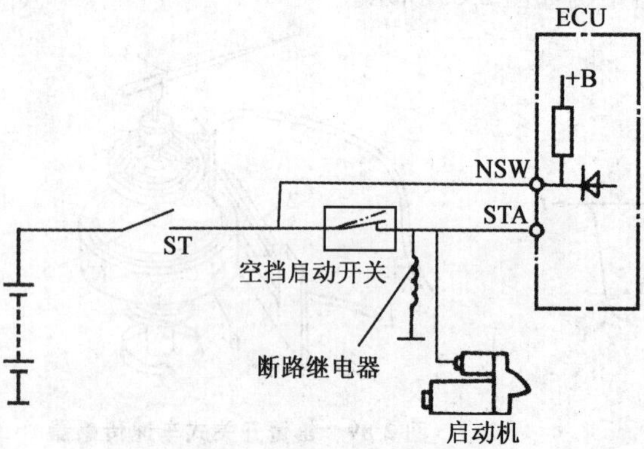

图 2-90 空挡启动开关信号电路

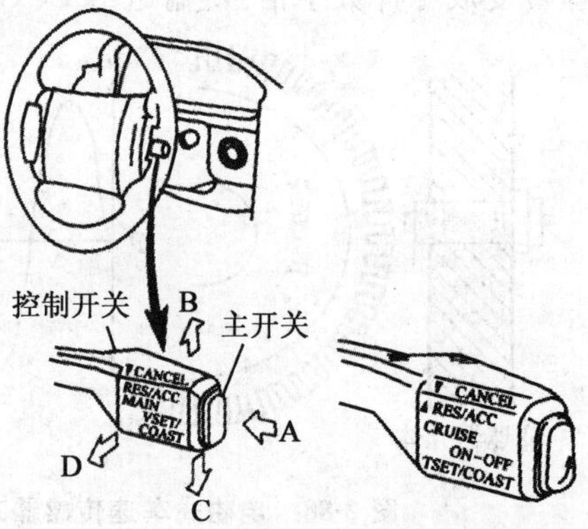

图 2-91 巡航控制开关

(1)主开关(MAIN) 是巡航控制系统的主电源开关，位于巡航控制开关的端部，为按键式开关。按下主开关按钮，主开关触点闭合，仪表盘上的巡航指示灯亮起，此时巡航控制系统处于待命状态，可以进行巡航控制。再次按下主开关，巡航系统关闭。

(2)设定/巡航(SET/COAST) 用于开启巡航车速设置功能或减少目标巡航车速。将巡航开关操作手柄向下拨动并保持在向下位置时，巡航速度设定开关即可接通。当“设定/巡航(SET/COAST)”开关处于接通位置时，只要手柄不动，汽车就会不断加速，松开开关就会自动复位，此时巡航控制系统速度就是松开时的速度。在巡航状态下，每按住(SET/COAST)键 0.5 s 可以减小 1 km/h。也可一直按住(SET/COAST)键，车速会自动缓缓下降，直至适合的速度再松开按键。

(3)恢复/加速(RES/ACC)　用于开启巡航车速恢复功能或增加目标巡航车速。向上拨动操作手柄时,巡航速度“恢复/加速”开关接通。在汽车以设定的巡航速度行驶工程中,当驾驶人员踩下加速踏板超车或者踩下制动踏板制动时等会导致车速升高或者降低,如果想要恢复到原来设定的车速巡航,那么将巡航开关操作手柄向上抬起在该位置后释放,汽车即可恢复到原来设定车速行驶,但如果车速低于 40 km/h,则巡航车速不能恢复。在巡航状态下,每按住(RES/ACC)键 0.5 s 可以增加 1 km/h。也可一直按住(RES/ACC)键,车速会自动缓缓提升,直至适合的速度再松开按键。

(4)取消开关(CANCEL)　将巡航开关手柄向驾驶员方向拨动时,即可接通巡航速度“取消”开关来解除巡航行驶。

『任务实施』1　曲轴与凸轮轴位置传感器检测

1.任务描述

规范操作检测工量具与仪器,完成指定车辆或发动机电控台架曲轴/凸轮轴位置传感器及其电路的电气参数检测与波形、数据流检测诊断,根据检测数据做出技术结论,提出维修措施或技术解决方案,排除故障。

工作组团队成员集体资讯、决策和实施,分工协作,完成从工具仪器准备、检测作业、场地整理整个完整过程,并完成操作作业单的填写。

2.安全事项

①遵守实验室规章制度,未经许可,不得擅自移动和拆卸仪器与设备。

②启动车辆前须做好塞三角木、车内车外保护等防护措施,安装好尾气排放装置。

③在教师允许和监控下,启动发动机时,需保证设备周围的人员安全,防止意外发生。

④未关闭点火开关时,严禁拔下各传感器及执行器接口,以免损坏 ECU。

⑤对电路操作应仔细小心,防止短路造成事故。

3.实施条件

(1)场地条件　场地整洁有序,场地面积、工位数量、照明与通风等符合作业要求和相关安全技术要求。

(2)工具与仪器设备　工具车(配备通用工具)、通用解码器、V. A. G1551/2 故障诊断仪(有条件配备)、数字万用表、示波器、毫安表、无磁性厚薄规。

(3)教具　桑塔纳 AJR 电喷发动机台架、Santana-AJR 发动机教学挂图一套、新捷达实训车(或其他车型)、汽车维修手册。

4.操作指导

对电磁式曲轴位置传感器、霍尔式凸轮轴位置传感器、光电式曲轴/凸轮轴位置传感器进行检测。检测方法包括输出波形测试、万用表测试、诊断仪测试等。

(1)电磁式曲轴位置传感器检测　以 Santana 2000GSi 型轿车的电磁式曲轴位置传感器为例进行说明。当发动机运行时,若电磁式曲轴位置传感器出现故障导致信号中断,这时电控单元 ECU 能够检测到故障信息,可利用 V. A. G1551/2 故障诊断仪读取故障信息。

①电阻值检测　断开点火开关,拔下传感器插接器,用万用表检测传感器信号线圈电阻。如图 2-92 所示,各端子间的阻值应符合表 2-2 中规定,如阻值不符合,应更换传感器。

②信号转子凸齿与磁头间的气隙检测　用不导磁的厚薄规检测信号转子凸齿与磁头间的气隙,应在 0.2～0.4 mm 范围内,否则应进行调整或更换。

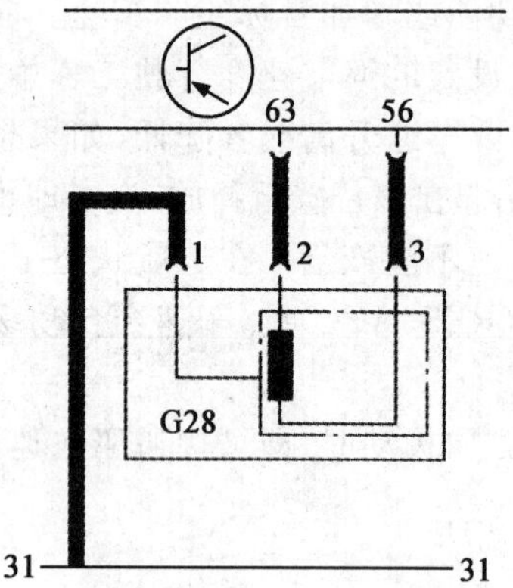

图 2-92 桑塔纳电磁式曲轴位置传感器

表 2-2 曲轴位置传感器各端子间的阻值 Ω

测试端子	电阻值	测试端子	电阻值
2-3	450～1 000	1-搭铁	不超过 1.5
1-2	∞	2-63	不超过 1.5
1-3	∞	3-56	不超过 1.5

③曲轴位置传感器输出信号的检测 拔出曲轴位置传感器的导线插接件,当转动发动机时,端子 2、3 间应有脉冲信号输出。如果没有脉冲信号输出,则需更换传感器。

(2)霍尔式凸轮轴位置传感器检测 以桑塔纳 2000GSi 型轿车的霍尔式凸轮轴位置传感器为例进行说明。当发动机运行时,若霍尔式凸轮轴位置传感器出现故障而导致信号中断时,发动机会继续运转,也能再次启动。但是,喷油不是在进气门打开时完成,而是在进气门关闭之前完成(即喷油时间增长),由此对混合气品质产生的影响很小,不会影响发动机的总体性能。与此同时,由于控制单元不能判别即将到达压缩上止点的是哪一缸,因此爆燃调节将停止。为了防止发动机产生爆燃,控制单元将自动减小点火提前角。

当霍尔式凸轮轴传感器出现故障信号中断时,控制单元 ECU 能够检测到故障信息,用 V. A. G1551/2 故障诊断仪可以读取故障信息,如故障诊断仪显示霍尔传感器有故障,可用万用表检测传感器电源电压和导线电阻进行检测。

①线路电压检测 传感器插头接线如图 2-93 所示。关闭点火开关,拔下霍尔式凸轮轴传感器插接器,打开点火开关,用万用表检测插接器与 ECU 连接的 1、3 号端子电压应为 4.5～5.0 V,2、3 号端子电压应为 12 V,否则,说明线路有无短路、断路和搭铁故障或电脑有故障。

②线路电阻检测 检测霍尔传感器线路电阻,以判断是否存在短路、断路与搭铁现象。检测数据见表 2-3。

表 2-3 桑塔纳 2000GSiAJR 发动机霍尔凸轮轴位置传感器线路检测数据

测试条件	点火开关 OFF、断开 ECU 插接器				
测试端子	1-62	2-76	3-67	1(62)-2	1(62)-3
测试结果	不大于 1.5 Ω	不大于 1.5 Ω	不大于 1.5 Ω	应为∞	应为∞

如线束导线无短路、断路故障,且给传感器供电电压为 5 V,说明传感器有故障,须更换;如供电电压为零,说明 ECU 有故障,需更换控制单元。

(3)光电式曲轴/凸轮轴位置传感器检测 以日本三菱汽车光电式曲轴/凸轮轴位置传感器检测为例,电路如图 2-94 所示。检测时,先拆下线束插头,将点火开关转至“ON”位置,测量 ECU 侧端子 1 与 2 之间电压应为 12 V,否则说明线路或 ECU 有故障;给传感器侧的端子 1 与 2 之间直接施加 12 V 电源电压,并分别在信号输出端子 3 和 4 与 1 之间接上电流表,转动转子一圈时,两个电流表应分别摆动 1 次和 4 次(与透光孔数量相等),每次电流表指示电流应约为 1 mA,否则应更换传感器。

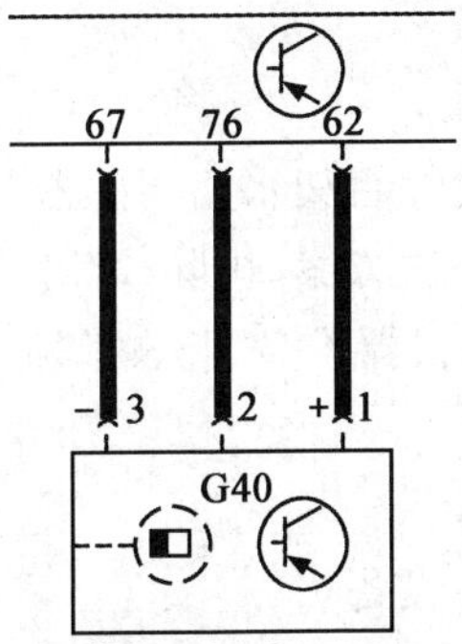

图 2-93　桑塔纳 2000GSi 霍尔式凸轮轴位置传感器电路

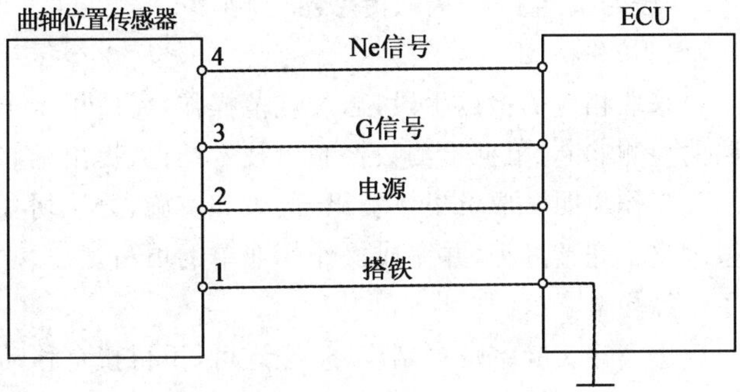

图 2-94　三菱汽车光电式曲轴/凸轮轴位置传感器电路

(4)检测曲轴/凸轮轴位置传感器的输出波形　当怀疑传感器出现故障,但 ECU 没有记录故障码,或发动机工作性能已出现故障现象时,这时可用示波器观测传感器输出信号波形。观测波形脉冲幅值、频率和形状的一致性,频率应随发动机转速变化而变化,对照标准波形分析故障原因。如波形特征、幅值、频率等存在异常,应更换传感器。

5. 作业单

曲轴与凸轮轴位置传感器检测作业单

<table>
<tr><td>日期</td><td></td><td>检测人(组)</td><td colspan="2"></td></tr>
<tr><td>车型</td><td></td><td>发动机型号</td><td colspan="2"></td></tr>
<tr><td colspan="5">一、准备工作</td></tr>
<tr><td colspan="2">项　目</td><td colspan="3">情况记录</td></tr>
<tr><td colspan="2">(1)工量具及仪器设备准备</td><td colspan="3"></td></tr>
<tr><td colspan="2">(2)维修手册准备</td><td colspan="3"></td></tr>
<tr><td colspan="2">(3)被测车辆准备</td><td colspan="3"></td></tr>
<tr><td colspan="5">二、操作过程</td></tr>
<tr><td colspan="2">项目</td><td colspan="2">操作内容与检测结果记录</td><td>分析判断</td></tr>
<tr><td colspan="2">电磁式曲轴位置传感器检测</td><td colspan="2"></td><td>合格□ 不合格□</td></tr>
<tr><td colspan="2">霍尔式凸轮轴位置传感器检测</td><td colspan="2"></td><td>合格□ 不合格□</td></tr>
<tr><td colspan="2">光电式曲轴/凸轮轴位置传感器检测</td><td colspan="2"></td><td>合格□ 不合格□</td></tr>
<tr><td colspan="2">示波器信号波形</td><td colspan="2"></td><td>合格□ 不合格□</td></tr>
<tr><td colspan="5">三、故障诊断排除
根据检测结果,分析故障原因:

维修技术解决方案:</td></tr>
<tr><td colspan="5">四、维修结果确认</td></tr>
</table>

『任务实施』2 水温传感器检测

1. 任务描述

采取相应的检测手段，通过规范操作，完成指定车辆或发动机电控台架水温传感器及其电路的检测诊断，根据检测数据做出技术结论，提出维修措施或技术解决方案，排除故障。

工作组团队成员集体资讯、决策和实施，分工协作，完成从工具仪器准备、检测作业、场地整理整个完整过程，并完成操作作业单的填写。

2. 安全事项

①遵守实验室规章制度，未经许可，不得擅自移动和拆卸仪器与设备。

②启动车辆前须做好塞三角木、车内车外保护等防护措施，安装好尾气排放装置。

③在教师允许和监控下，启动发动机时，需保证设备周围的人员安全，防止意外发生。

④未关闭点火开关时，严禁拔下各传感器及执行器接口，以免损坏 ECU。

⑤对电路操作应仔细小心，防止短路造成事故。

3. 实施条件

(1)场地条件　场地整洁有序，场地面积、工位数量、照明与通风等符合作业要求和相关安全技术要求。

(2)工具与仪器设备　工具车(配备通用工具)、通用解码器、数字万用表、示波器、温度计。

(3)教具及其他　发动机台架或轿车、车辆维修手册；测量用冷却液温度传感器 8～10 只、烧杯或水盆、加热装置。

4. 操作指导

水温传感器及其线路故障有短路、断路、搭铁和水温传感器老化，水温传感器老化导致其阻值温度特性发生变化。断路、短路故障 ECU 通常能诊断出并存储故障码，但老化故障 ECU 诊断不出。

水温传感器故障会导致发动机热机启动困难，或冷机启动困难，冷机启动后无快怠速或热机启动后保持高怠速等。

(1)汽车水温传感器输出信号电压的检查　拆下冷却液温度传感器线束插头，打开点火开关，测量冷却温度传感器插端接器连接 ECU 的“THW ”端子电压应为 5 V。安装好汽车水温传感器，将传感器的连接器插好。当点火开关置于“ ON ”位置时，从连接器“THW ”端子（丰田车 ）或 ECU 连接器“THW ”端子与 E_2 间引出测试点，测量输出电压。所测得的电压应与冷却液温度成反比变化，随着水温升高，电压在 2.5～0.5 V 变化。

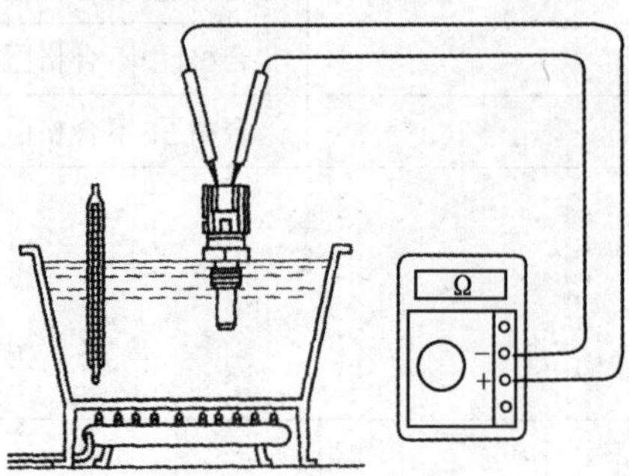

图 2-95　测量冷却液温度传感器的电阻

(2)水温传感器及其线路电阻测试

①水温传感器电阻测试　拆下汽车水温传感器导线连接器，然后从发动机上拆下传感器，将冷却液温度传感器放置在一水盆(或烧杯)水中，加热水盆中的水，如图 2-95 所示。随着温度逐渐升高，观测温度表与万用表显示，测取不同温度时传感器的电阻值，将测得的值与标准值相比较，若不符合，应更换汽车水温传感器。

以丰田车系为例，THW 和 E_2 端子阻值标准是：在为 0℃ 时，电阻为 4～7 kΩ；在温度为 20℃

时，电阻为2～3 kΩ；在温度为40℃时，电阻为0.9～1.3 kΩ；在60℃时为0.4～0.7 kΩ，在80℃时，为0.2～0.4 kΩ。

②水温传感器与ECU连接线束阻值的检测　用数字万用表电阻挡，测量汽车水温传感器与ECU两连接线束（传感器信号端、地线端分别与对应ECU的两端子间）的电阻值，其线路应导通，阻值不大于1.5 Ω。若线路不导通或电阻值大于规定值，则说明传感器线束断路或连接器接头接触不良，应进一步检查或更换。拔下水温传感器和ECU插接器，测量两导线之间电阻应为无穷大，否则说明线路短路。

(3)示波器测试　用示波器连接试验台上的冷却液温度传感器，观测冷却液温度传感器随温度升高，信号电压变化的波形，与正常的对应波形比较，进一步判定传感器的好坏，区别不同温度下，冷却液温度传感器对喷油量的影响。

(4)数据流测试　用解码器读取测量数据流，观测03组的第3项，显示发动机电脑接收到的冷却液温度信号，和实际冷却液温度进行比较，如果相差太远，说明冷却液温度传感器及其相关电路有故障。

5.作业单

冷却液温度传感器检测作业单

日期		检测人(组)	
车型		发动机型号	

一、准备工作

项　　目	情况记录
(1)工量具及仪器设备准备	
(2)维修手册准备	
(3)被测车辆准备	

二、操作过程

项目	操作内容与检测结果记录	分析判断
电压测试		合格□ 不合格□
电阻测试		合格□ 不合格□
示波器测试		合格□ 不合格□
数据流检测		合格□ 不合格□

三、故障诊断排除：

根据检测结果，分析故障原因：

维修技术解决方案：

四、维修结果确认

复习与思考

一、填空题

1.按工作原理不同,曲轴位置传感器通常有________式、________式和________式三种类型。

2.电磁式曲轴与凸轮轴位置传感器感应电动势的________和________随发动机转速的升高而增大。

3.霍尔式传感器输出________信号近似于________信号,________与转速无关。

4.霍尔电压与通过半导体基片的________大小和________成正比,与半导体基片________成反比。

5.光电式曲轴/凸轮轴位置传感器利用光敏晶体管的________效应工作。

6.凸轮轴位置传感器的功用是采集配气凸轮轴的位置信号,从而进行________、________和爆燃控制。

7.汽车普遍采用________系数热敏电阻式水温传感器,水温低时,电阻值________。

8.ECU 通过计数车速传感器脉冲,根据主减速器传动比和轮胎尺寸计算出汽车________。

二、简答题

1.简述电磁式曲轴位置传感器的工作原理。

2.简述霍尔式凸轮轴位置传感器的工作原理。

3.简述冷却液温度传感器的作用及工作原理。

4.如何检测电磁式曲轴/凸轮轴位置传感器?

5.如何检测霍尔式曲轴/凸轮轴位置传感器?

6.冷却液温度传感器损坏后,对电控系统有什么影响?

7.如何检测水温传感器?

项目三　汽油机电控点火系统检修

任务一　认识汽油机电控点火系统

【知识目标】

1.了解点火系统的作用、类型及对点火系统的要求。

2.熟悉电控点火系统的功能、分类、组成与工作原理。

3.熟悉点火提前角对发动机性能的影响及影响点火提前角的因素，掌握电控点火系统最佳点火提前角的控制方法。

4.了解电控点火系统如何进行闭合角控制和爆燃控制。

5.熟悉无分电器电控点火系统各种高压配电方式。

【能力目标】

1.能识别汽车上电控点火系统各组成部件，判断点火系统类型。

2.能区分不同的高压配电方式；能在点火系统教学台架上正确连接点火系统电路。

『基础知识』

一、概述

汽油发动机的点火系统主要历经了以下发展过程：磁电动机为电源的点火系统→以机械式触点控制初级电路通断的蓄电池点火装置→以晶体管控制初级电路通断的电子点火系统→微处理器控制的点火系统。

电控点火系统于1976年由美国克莱斯勒汽车公司首先研制成功，点火系统中采用模拟计算机根据各传感器信号对点火提前角进行控制。1977年美国通用汽车公司开始使用数字式电控点火系统。近年来，由于微电子技术的迅速发展，电控点火系统不断完善，电控点火系统已在各国汽车上得到广泛应用。

1.点火系统作用

点火系统的功用是将蓄电池或发电机的低压电（一般12～14 V）变成高压电（一般12～30 kV），同时按发动机各气缸的工作顺序与点火时刻，及时地在气缸压缩行程终了时用电火花点燃可燃混合气，满足可然混合气充分地燃烧及发动机工作稳定的性能要求，使汽油发动机顺利地实现从热能到机械能的转变。

2.点火系统类型

目前应用在汽车上的点火装置较多，按点火能量的储存方式分为电感储能式电子点火系和电容储能式电子点火系；按信号发生器的原理分为电磁式电子点火系、霍尔式电子点火系和光电式电子点火系；按照初级电路的控制方式分为传统点火系、电子点火系和计算机控制点火系；按照高压电的配电方式分为机械配电点火系和计算机配电点火系。

在以上各种点火装置中，相对于电容储能式来说，电感储能式电子点火系较为广泛；在电感储能式电子点火系中，以电磁式和霍尔式应用较为广泛；从配电方式角度来说，有分电器点火系在中低档车中应用较为广泛，无分电器点火系在中高档车中应用较为广泛。

3. 对点火系统的要求

根据发动机各工况的要求，点火系统应保证在各种使用条件下可靠地点燃可燃混合气。因此，对点火系统的要求如下：

(1)点火系统应具有足够高的击穿火花塞电极间隙的电压　火花塞电极击穿而产生火花时所需要的电压称为击穿电压。压缩行程终了时，受气缸内温度、压力等因素的影响，为使火花塞电极之间产生电火花，必须要有足够高的击穿电压。发动机正常工作时击穿电压一般应在 12 kV 以上；发动机在满载低速时击穿电压为 8～10 kV；启动时需 19 kV。考虑各种不利因素的影响，通常点火系统的设计电压为 30 kV。影响击穿电压的主要因素有以下几种：

①火花塞电极间隙和形状。火花塞电极间隙越大，击穿电压就越高；电极的尖端棱角分明，所需的击穿电压低。

②气缸内混合气体的压力和温度。混合气的压力越大，温度越低，击穿电压就越高。

③电极的温度。火花塞电极的温度越高，电极周围的气体密度越小，击穿电压就越低。

(2)电火花应具有足够的点火能量　当发动机正常工作时，由于混合气在压缩行程终了的温度接近其自燃温度，需要的点火能量并不大，仅需要 1～5 mJ 的火花能量。但在混合气过浓或是过稀时，发动机启动、怠速或节气门急剧打开时，则需要较高的火花能量。随着现代发动机对经济性和排气净化要求的提高，需要提高火花能量。因此，为了保证可靠点火，高能电子点火系一般应具有 80～100 mJ 的火花能量，启动时应产生高于 100 mJ 的火花能量。

(3)点火时刻应与发动机工况相适应　首先，应根据按发动机的工作顺序进行点火；其次，对应于发动机每一工况都存在一个最佳点火提前角，因此点火时刻必须在最有利于发动机的运行工况。

二、电控点火系统的功能

1. 点火提前角控制

(1)点火提前角对发动机性能的影响　点火提前角是从火花塞发出电火花到活塞到达上止点时曲轴转过的角度。由于混合气在气缸内点燃后燃烧需要一定的时间，所以点燃混合气不应在压缩行程上止点处，应在压缩行程上止点前某一角度，这样能使活塞达到上止点时混合气已得到充分燃烧，从而使发动机发出最大功率，并获得良好的燃油经济性。最佳的点火提前角，应使发动机气缸内的最高压力出现在上止点后 10°～15°，如图 3-1 所示，使发动机每循环所做的机械功最多(C 曲线下阴影部分)。

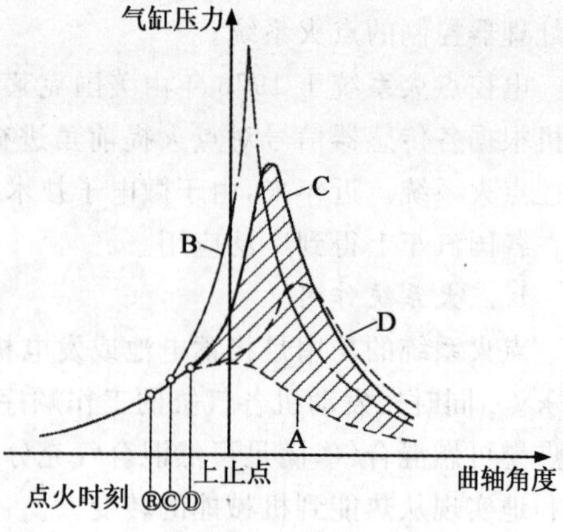

图 3-1　点火提前角对发动机性能的影响

A. 不点火　B. 点火过早

C. 点火适当　D. 点火过迟

如果点燃混合气过迟，即当活塞到达上止点时才点火，则混合气的燃烧主要在活塞下行过程中完成，即燃烧过程在容积增大的情况下进行，使炽热的气体与气缸壁接触的面积增大，因而转变为有效功的热量相对减少，气缸内最高燃烧压力降低，导致发动机过热，功率下降。

如果点燃混合气过早，由于混合气的燃烧完全在压缩过程进行，气缸内的燃烧压力急剧升高，如果在活塞到达压缩行程上止点之前压力达到最大，使活塞受到反冲击，发动机做负功，不仅使发动机的功率降低，并有可能引起爆燃和运转不平稳现象，加速运动部件和轴承的损坏。

(2)最佳点火提前角的影响因素　最佳点火提前角受发动机的转速、负荷、燃料性质、混合气浓度等多种因素影响。所以，最佳点火提前角将随各种影响因素的变化动态变化。

①发动机转速　一般来说，点火提前角随发动机转速升高而增大。因为发动机转速的提高，燃烧过程所需时间缩短，但燃烧过程所占的曲轴转角由于转速提高而增大。为保证发动机气缸内的最高压力出现在上止点后10°～15°的最佳位置，就必须适当提前点火。与采用机械式离心提前器的传统点火系统相比，采用电控点火系统时，可以使发动机的实际点火提前角接近于理想的点火提前角。

②负荷　汽油发动机的负荷调节是通过节气门进行的调节。随负荷减小，进气管真空度增大，进气量减少，气缸内的温度和压力均降低，混合气燃烧速度变慢，燃烧过程所占的曲轴转角增大，所以应适当增大点火提前角。与采用真空提前器的传统点火系统相比，采用电控点火系统时，可以使发动机的实际点火提前角接近于理想的点火提前角。

③燃料的性质　汽油的辛烷值越高，抗爆性越好，点火提前角可适当增大，以提高发动机的性能。辛烷值较低的汽油，抗爆性差，点火提前角则应减小。

④其他因素　最佳点火提前角除应根据发动机的转速、负荷和燃料性质确定之外，还应考虑发动机燃烧室形状、燃烧室内温度、空燃比、大气压力、冷却液温度等因素。

(3)最佳点火提前角的确定　汽车点火系统，按其组成和产生高压电的方式不同可分为传统点火系统、电子点火系统和计算机控制点火系统三种类型。

传统点火系统是指初级电路的通断由断电器触点控制的点火系统，其结构简单，成本低廉，但故障率高，高速性能差，现已淘汰，故不再赘述。电子点火系统是指初级电路的通断由晶体管控制的点火系统，也称晶体管点火系统或半导体点火系统。电子点火系统具有高速性能好，点火时间精确，结构简单，质量轻，体积小等优点。计算机控制点火系统是指计算机根据各种传感器输入的信号，经过数学运算和逻辑判断，控制初级电流通断的点火系统。计算机控制点火系统是目前最先进和普遍应用的点火系统。

在计算机控制点火系中，最佳点火提前角通常包括初始点火提前角、基本点火提前角和修正点火提前角。而各车型实际点火提前角的确定(计算)方法有所不同。目前主要有两种类型：一种是丰田车系，最佳点火提前角＝初始点火提前角＋基本点火提前角＋修正点火提前角，如图3-2所示；另一种是日产车系，最佳点火提前角＝基本点火提前角×点火提前角修正系数。

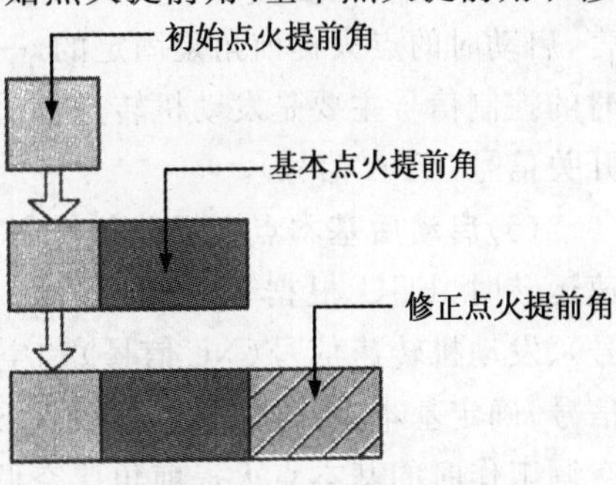

图3-2　最佳点火提前角的计算

下面以丰田车系为例叙述初始点火提前角、基本点火提前角和修正点火提前角。

①初始点火提前角　初始点火提前角主要用在发

动机启动时,与发动机工况无关,这是因为发动机刚启动时,其转速较低(一般认为在 500 r/min 以下),且进气流量信号或进气歧管压力信号不稳定。此时可由 ECU 根据所控制的发动机工作特性预置一个固定的点火提前角,称为初始点火提前角。即是说,ECU 检测到发动机处于启动期间,就按预置的初始点火提前角控制各缸点火,此时,ECU 检测的控制信号主要是发动机转速信号(Ne)和启动开关信号(STA)。初始点火提前角的设定因发动机而异,但一般为压缩行程中活塞到达上止点前 10°左右。

②基本点火提前角　基本点火提前角是由发动机电子控制单元(ECU)根据发动机的转速和负荷所确定的点火提前角。

基本点火提前角的确定分以下两种情况:

a. 怠速时的基本点火提前角 怠速时,ECU 根据发动机转速和空调开关是否接通确定基本点火提前角。(丰田)在空调工作时为 8°,在空调不工作时为 4°。

b. 正常行驶时的基本点火提前角 基本点火提前角由计算机根据发动机的转速和负荷信号从内部存储器中选出。

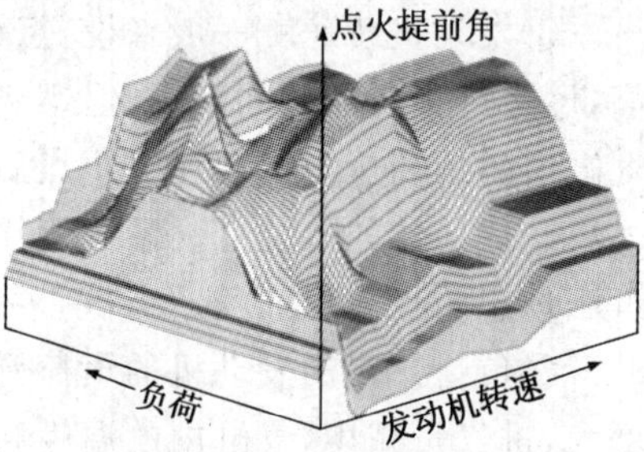

图 3-3　点火提前角随发动机转速与负荷变化的脉谱图

发动机在各种工况下的最佳基本提前角是通过大量的台架试验得出,将试验数据优化后做出了如图 3-3 所示的点火提前角控制脉谱图(MAP),并将其存储在电子控制单元的存储器中,发动机在运行过程中,电子控制单元通过发动机转速和负荷传感器获得发动机的工况信息,从存储的数据中得出最佳的点火提前角。

基本点火提前角随发动机转速升高而增大,随进气流量(或进气歧管压力)增加而减小。在怠速工况下,节气门开度传感器怠速触点闭合,此时电子控制单元根据发动机转速和空调开关是否接通确定基本点火提前角。

③修正点火提前角　为使实际点火提前角适应发动机的运转状况,以便得到良好的动力性、经济性和排放性,必须根据相关因素(冷却液温度、进气温度、开关信号等)适当增大或减小点火提前角,即对点火提前角进行必要的修正。

当 ECU 确定的点火提前角超过允许的最大(35°～45°)或最小(－10°～0°)时,发动机很难正常运转,此时 ECU 将以最大或最小点火提前角允许值进行控制。

(4)启动时点火提前角的控制　发动机启动时,按 ECU 内存储的初始点火提前角(设定值)对点火提前角进行控制。启动时点火提前角的设定值随发动机而异,对一定的发动机而言,启动时的点火提前角是固定的,一般为 10°左右。此时的控制信号主要是发动机转速信号(Ne 信号)和启动开关信号(STA 信号)。

(5)启动后基本点火提前角控制　发动机启动后怠速运转时,ECU 根据节气门位置传感器信号(IDL 信号)、发动机转速信号(Ne 信号)和空调开关信号(A/C 信号)确定基本点火提前角。为保证发动机工作稳定,空调工作时的基本点火提前角比空调不工作时大,如图 3-4 所示。

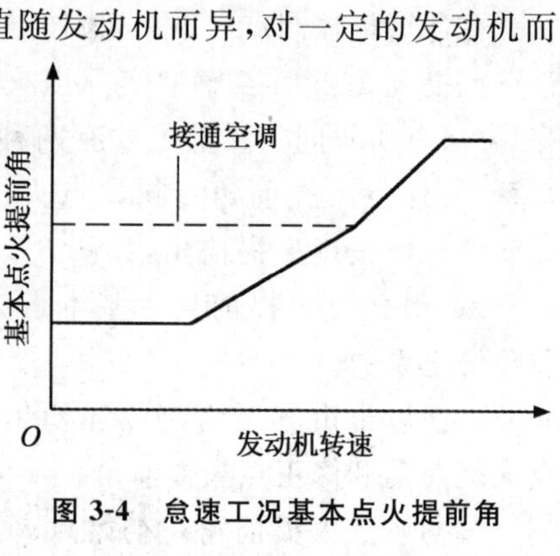

图 3-4　怠速工况基本点火提前角

发动机启动以后除怠速以外的工况运转时，ECU 根据发动机的转速和负荷查询 MAP 图（参见图 3-3）确定基本点火提前角。控制信号主要有：进气管绝对压力传感器信号（PIM 信号）或空气流量计信号（Vs 信号）、发动机转速信号（Ne 信号）、节气位置传感器信号（IDL 信号）、燃油选择开关信号（R-P 信号）、爆震传感器信号（KNK 信号）等。接燃油辛烷值的不同，在 ECU 存储器中存有两张基本点火提前角的数据表格时，驾驶员可根据使用燃油的辛烷值，通过燃油选择开关或插头进行选择。具有爆燃控制功能的 ESA 系统中，ECU 中还存有专用于爆燃控制点火提前角的数据。

（6）点火提前角的修正　不同的发动机控制系统中，对点火提前角的修正项目和修正方法也不同。修正方法有修正系数法和修正点火提前角法两种，修正系数（或修正点火提前角）与修正项目之间的关系曲线都是存储在 ECU 中，ECU 根据初始点火提前角、基本点火提前角和修正系数（或修正点火提前角）计算实际点火提前角。主要修正项目有暖机修正、过热修正、怠速稳定性修正以及空燃比反馈修正等。

①暖机修正　当发动机启动后，在冷却液温度较低时，应增大点火提前角，以使发动机尽快暖机。控制暖机修正量的主要信号有冷却液温度信号（THW 信号）、进气管绝对压力传感器信号（PIM 信号）或空气流量传感器信号（Vs 信号）、节气门位置传感器信号（IDL 信号）等。暖机修正曲线如图 3-5 所示。

②过热修正　发动机处于怠速工况运行（IDL 触点接通）时，冷却液温度过高，一般是由于燃烧速度慢、燃烧过程占的曲轴转角过大，为了避免发动机长时间过热，应增大点火提前角，以提高燃烧速度，减小散热损失。正常运行工况（怠速触点 IDL 断开），当冷却液温度过高时，为了避免产生爆燃，则应减小点火提前角。过热修正控制信号主要有：冷却液温度传感器信号（THW 信号）、节气门位置传感器信号（IDL 信号）等。过热修正曲线如图 3-6 所示。

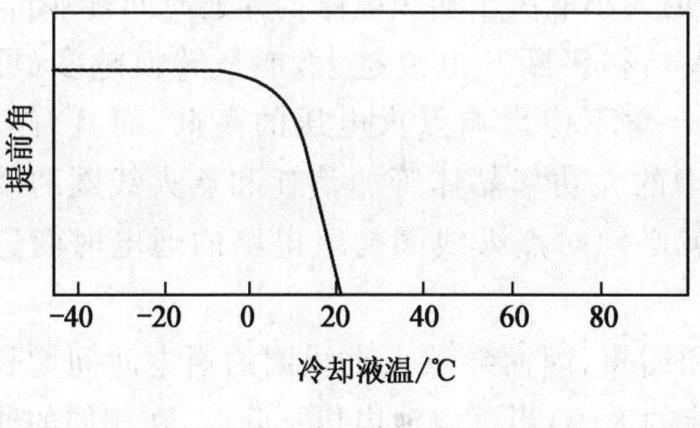

图 3-5　点火提前角的暖机修正曲线

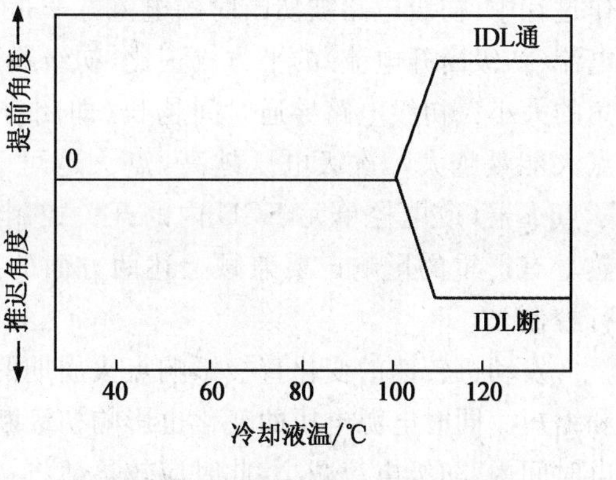

图 3-6　点火提前角的过热修正曲线

③怠速稳定性修正　发动机在怠速运行期间，由于发动机负荷变化，会引起发动机转速改变而偏离怠速下设定的目标转速。为了能保持怠速下稳定运转，就必须相应地修正点火提前角。当检测到的实际转速低于怠速目标转速时，应相应增大点火提前角。相反，当检测到的实际转速高于怠速目标转速时，应相应减小点火提前角。控制怠速稳定性修正的主要信号有发动机转速信号（Ne 信号）、节气门位置传感器信号（IDL 信号）、车速信号（SPD 信号）以及空调信号（A/C 信号）等。怠速稳定性修正曲线如图 3-7 所示。

④空燃比反馈修正　进行空燃比反馈控制时，根据氧传感器的反馈信号调整喷油量来达

到理论空燃比，这种喷油量的变化必然引起发动机转速变化。为了稳定发动机转速，点火提前角需根据喷油量的变化进行修正。当喷油量增大时，应相应减小点火提前角；反之，当喷油量减小时，则相应增大点火提前角。如图 3-8 所示。

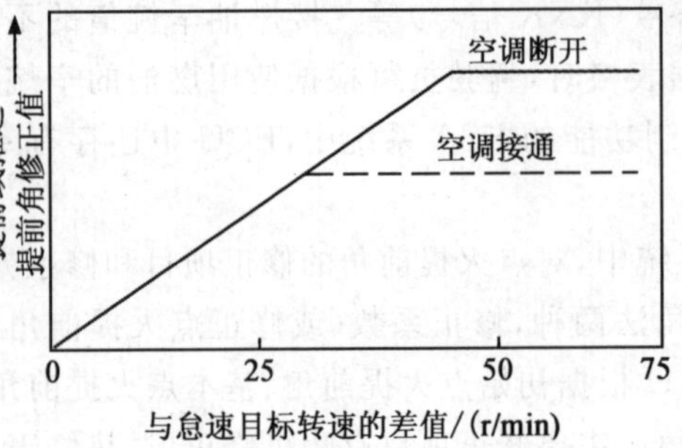

图 3-7 点火提前角的怠速稳定性机修正曲线

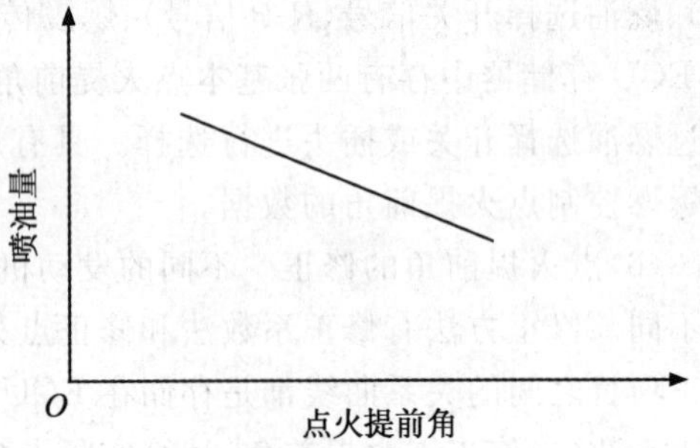

图 3-8 点火提前角的空燃比反馈修正曲线

发动机每转一圈，ECU 计算处理后就输出一个提前角信号。因此，当传感器检测到发动机转速、负荷、冷却液温度发生变化时，ECU 就自动调整点火提前角。

2. 闭合角(通电时间)控制

(1)闭合角(通电时间)对发动机工作的影响　点火线圈初级电路的通电时间对应的曲轴转角称为闭合角。从点火能量储存角度来划分，点火系统可以分为电感储能式和电容储能式两类。

以电感储能式电控点火系统为例，当点火线圈的初级电路被接通后，其初级电流是按指数规律增长的。也就是说，当时间趋于无穷大时，初级电流趋于恒定值(也是最大值)。所以在工作过程中，初级电路被切断时的电流并非是其最大值，电能转换为磁场能的多少与电路切断时电流(初级断开电流)的平方成正比，初级断开电流的大小取决于初级电路的导通时间，即闭合角的大小。初级电路导通时间越长(即闭合角越大)，初级断开电流越大，能量转换越多(即点火能量越大)，次级电压越高，点火越可靠。闭合角不但影响点火电压的高低，而且对电子点火器(或电控单元 ECU 内的开关控制电路)中的大功率晶体管的消耗和点火线圈的发热量有严重的影响。要兼顾上述两方面的要求，就必须对点火线圈初级电路的通电时间进行控制。

发动机转速的变化直接影响点火周期的增长和缩短，因而导致点火线圈的通电时间增长和缩短。同时电源电压的变化也影响初级断开电流的大小，当蓄电池电压下降时，在相同的通电时间内，初级电流减小，此时应较早地将初级绕组电路接通，即增大通电时间(闭合角)。图 3-9 所示为蓄电池电压与通电时间的修正曲线。

(2)闭合角(通电时间)的控制方法　总之，闭合角的大小取决于发动机转速和电源供电电压的大小。在不同的转速、不同的供电电压下，都应保证有一定的初级绕组断开电流。随着发动机转速的升高，应适当增大闭合角，以防止初级绕组断开电流减小、点火线圈储能下降，造成点火线圈次级高压降低而点火困难。闭合角与发动机转速的关系，如图 3-10 所示。

计算机控制点火系统对闭合角进行控制时，主 ECU 的内存中储存了根据电源电压和发动机转速确定的点火闭合角三维数据表格。在发动机的实际工况中，电子控制单元通过查找这个表格内的数据，就可计算确定最佳的点火闭合角。

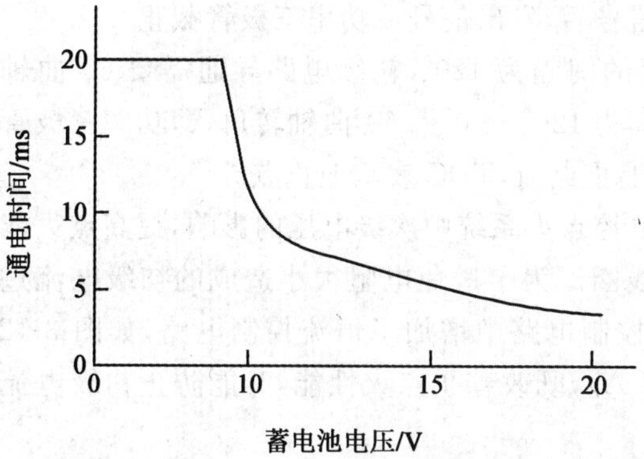

图 3-9　蓄电池电压与通电时间的修正曲线

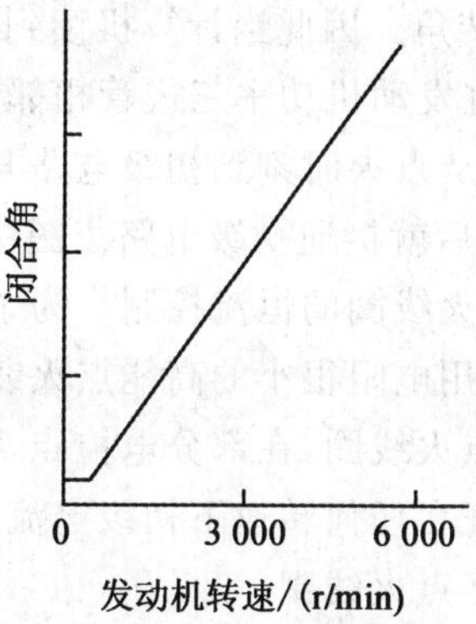

图 3-10　闭合角与转速的关系

为了加深对闭合角的理解，现举例如下：

某六缸发动机在某工况下的转速为 2 000 r/min，计算机选出的最佳点火提前角为上止点前 30°，此时电源电压为 14 V，该发动机在上止点前 70°时开始输入 120°的 G 信号。点火时刻和初级电路通电时间的控制原理如图 3-11 所示。

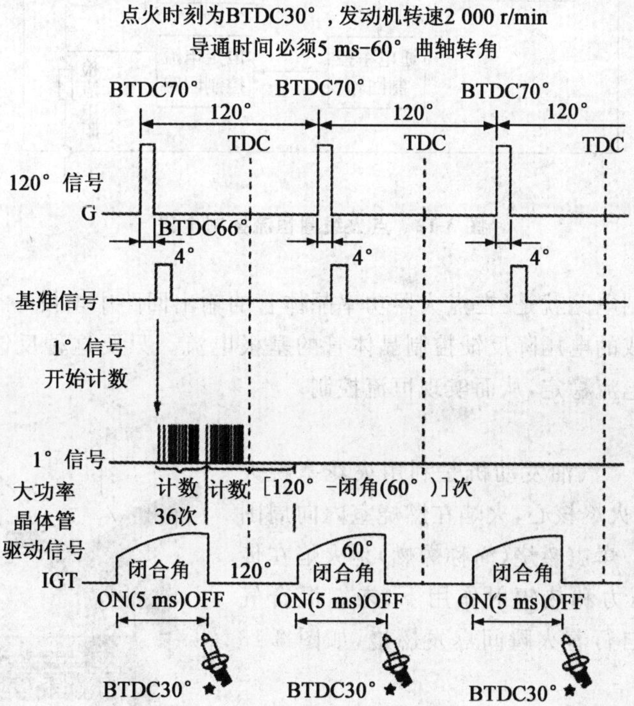

图 3-11　闭合角控制原理图

①首先根据电源电压 14 V，查出大功率晶体管导通时间为 5 ms（相当于 60°曲轴转角）。

②计算机读到 120°G 信号时，该缸活塞正处在压缩上止点前 70°。这时计算机再计数 40 个 1°信号，就到点火时刻（上止点前 30°），也就是在输入第 41 个 1°信号时功率三极管截止，发动机点火。实际上，在收到 120°G 信号下降沿时计算机才发出计数基准信号，G 信号高电平

占4°曲轴转角。因此当计算机读到36个1° Ne信号后,发出信号使功率三极管截止。

③六缸发动机功率三极管相邻两次截止时间的间隔为120°,初级电路导通需要60°曲轴转角,因此从点火时刻到初级电路开始导通的时间为120°−60°=60°曲轴转角,即功率三极管在截止60°后就接通初级电路。图中BTDC表示上止点前,TDC表示上止点。

(3)点火线圈的恒流控制　为了减小转速对电控点火系统中次级电压的影响,提高点火能量,通常采用电阻很小的高能点火线圈作为初级线圈。为了避免电阻很小造成的初级电流过大而烧坏点火线圈,在部分电控点火系统的点火控制电路中增加了恒流控制电路,如图3-12所示。保证在任何转速下初级电流均为规定值(7 A),既改善了点火性能,又能防止初级电流过大而烧坏点火线圈。

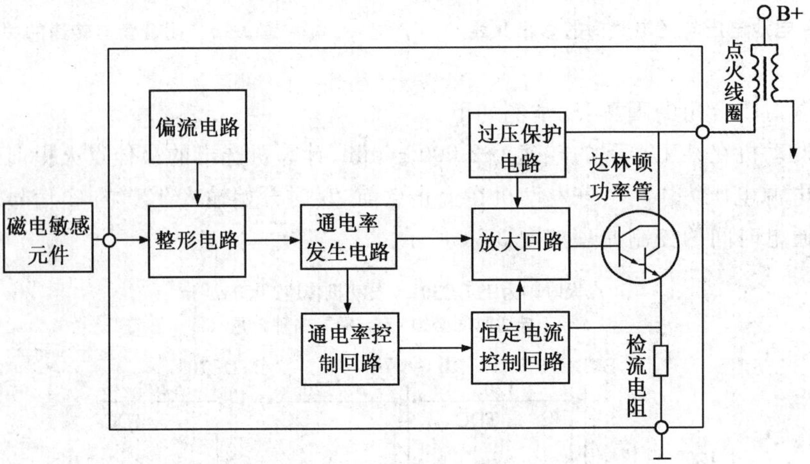

图 3-12　点火线圈恒流控制电路

所谓的恒流控制电路就是:在点火器功率晶体管的输出回路中增设一个电流检测电阻,用电流在该电阻上形成的电压降反馈控制晶体管的基极电流。只要这种反馈为负反馈,就可以使晶体管的集电极电流稳定,从而实现恒流控制。

3.爆震控制

(1)爆震的危害　汽油发动机是利用火花塞跳火将混合气点燃,形成火焰核心,火焰在燃烧室内向周围传播进行扩散燃烧。爆震燃烧(简称爆燃)是火焰在传播过程中,在缸内压力和热辐射作用下,未燃混合气(亦称终燃混合气)自行着火瞬间爆发燃烧,如图3-13所示。

图 3-13　发动机爆震示意图

发动机爆燃的主要危害:

①发动机工作噪声大。爆燃燃烧时,气缸内伴随有压力波产生,当压力波与缸壁相撞时,便发出类似发动机敲缸的声音,使其工作噪声增大。

②发动机在工作过程中如果持续产生爆燃,火花塞电极或活塞就过热、熔损,压力波破坏缸壁气体吸附层和油膜,传热损失大,发动机过热,甚至造成曲轴、连杆等较为严重地机械损

伤,并使发动机动力性下降、燃油消耗增加。

发动机避免爆燃的措施有:采用抗爆性能好的汽油;改进燃烧室的结构;加强冷却液循环;减小点火提前角。

(2)爆震与点火时刻的关系　爆震与点火时刻密切相关,点火提前角越大,燃烧最高压力越高,越容易发生爆燃。爆燃与点火时刻之间的关系如图 3-14 所示。

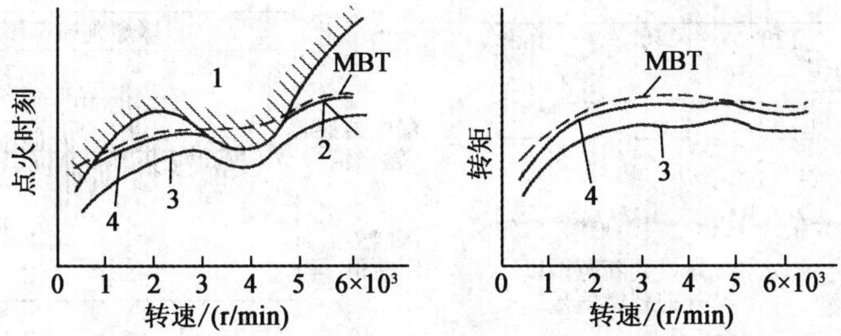

图 3-14　爆燃与点火时刻之间的关系

1.爆燃范围　2.余量幅度　3.无爆燃控制时　4.有爆燃控制时

试验证明,在开始产生爆燃时刻的附近往往是发动机发出最大功率时的点火时刻。为了使发动机在最恶劣的条件下也不产生爆燃,其点火时刻应设定在爆燃边缘并留有一定的余量。无爆燃控制的点火系统所留余量必须大些,但过大的余量会因点火过晚使发动机的功率降低,燃油消耗量增加。爆燃控制系统则能实现使发动机发出最大功率而又避免爆燃的发生。

(3)爆震的检测　一般来说,不同振动频率的振动,传感器产生不同的电压信号。当发动机发生爆燃时,爆震传感器的感应性能最好,产生的信号电压最强,如图 3-15 所示。因为来自爆震传感器的信号中含有各种不同的频率,因此,必须经滤波电路将爆燃信号与其他振动信号分离,只允许特定范围频率的爆燃信号通过滤波电路,再将此信号的最大值与爆燃强度基准值进行比较。如果大于基准值,则将爆燃信号电压输入到电控单元(ECU),表示已发生爆燃,由电控单元(ECU)进行处理后发出控制指令。电控单元(ECU)对爆燃现象的判断原理如图 3-16 所示。

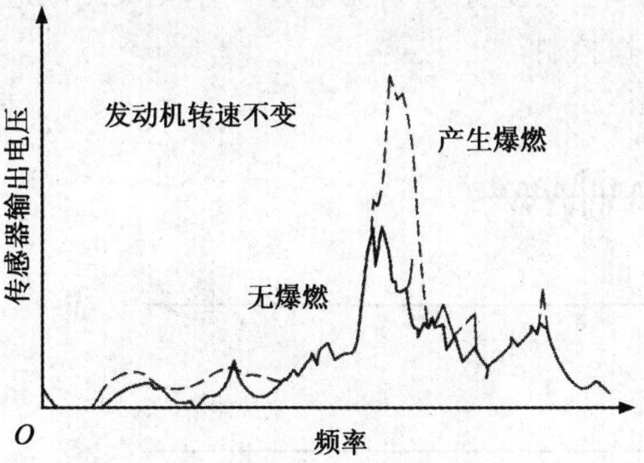

图 3-15　爆燃传感器信号

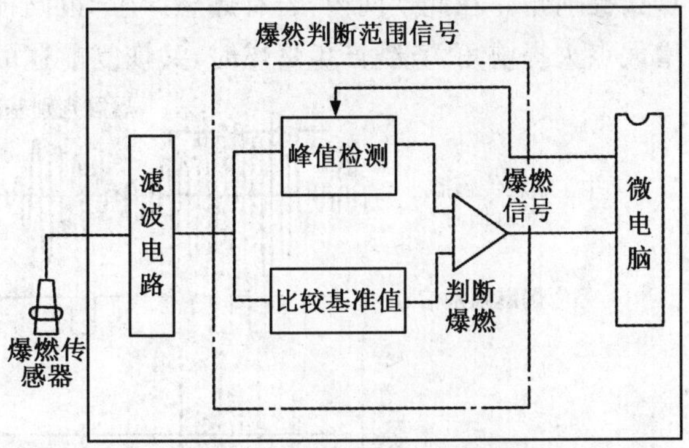

图 3-16　爆燃现象的判断原理

在发动机发生爆燃产生强烈振动时,为了只检测爆燃信号,防止发生错误的爆燃判断,爆燃信号的输入并非随时进行,而是有一个判断范围,如图 3-17 所示。只限于判断发动机点火后爆燃可能发生时的振动,在这个范围内,爆燃传感器的信号才被输入比较电路。

爆燃强度的判断:爆燃强度以超过基准值的次数来衡量,超过次数越多,则爆燃强度越大,反之爆燃强度越小,电控单元(ECU)对爆燃强度的判断如图 3-18 所示。电控单元(ECU)将根据爆燃强度的大小确定点火提前角调整的幅度。当爆燃消失后,恢复正常的点火提前角。

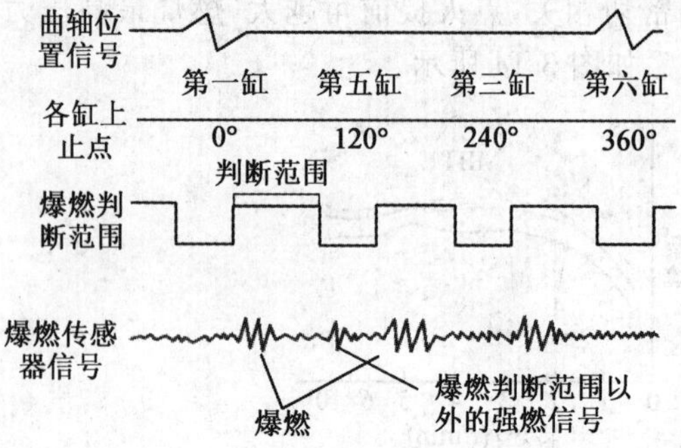

图 3-17 爆燃判断的范围

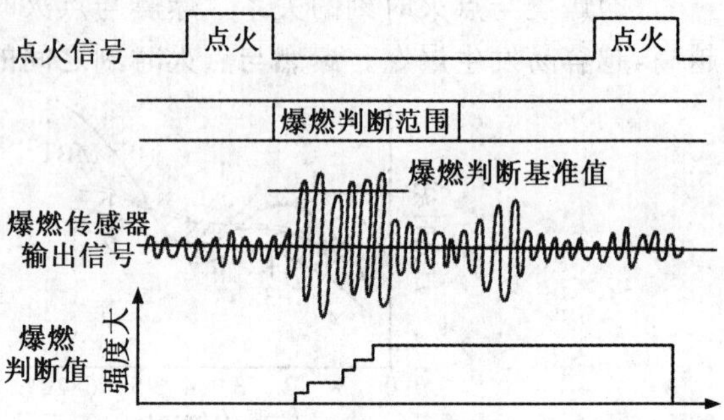

图 3-18 爆燃强度的判断

(4)爆震的控制方法 当发动机的负荷低于设定值时,一般不出现爆燃,这时不宜采用控制爆燃的方法调整点火提前角,可以采用开环控制方案控制点火提前角,即此时 ECU 不检测分析爆燃传感器输入信号,只按 ROM 中存储的信息及有关传感器信号控制点火提前角的大小。显然,要判断在某一时刻究竟应采用开环控制还是闭环控制,可由 ECU 对反馈负荷的传感器送来的信号进行分析即可实现。

当发动机产生爆燃时,ECU 通过爆燃传感器的输入信号和比较电路判别出发动机产生爆燃,并依据爆燃强度输入信号,由 ECU 控制延迟点火提前角的大小。当爆燃现象消失时,则 ECU 恢复正常的点火提前角的控制。

当 ECU 进行闭环控制时,其实际点火提前角的控制如图 3-19 所示。当任何一缸产生爆燃时,ECU 立刻减少一定的点火提前角度。依据点火顺序次缸再产生爆燃时,同样再减少点火提前角,每次逐渐减小点火提前角。当发动机不产生爆燃时,在一定的时间内,维持当前的点火提前角。在此期间内,若有爆燃产生,也同样减少点火提前角;若无爆燃产生,则又逐渐地增大点火提前角,直到产生爆燃时,又恢复前述的反馈控制。

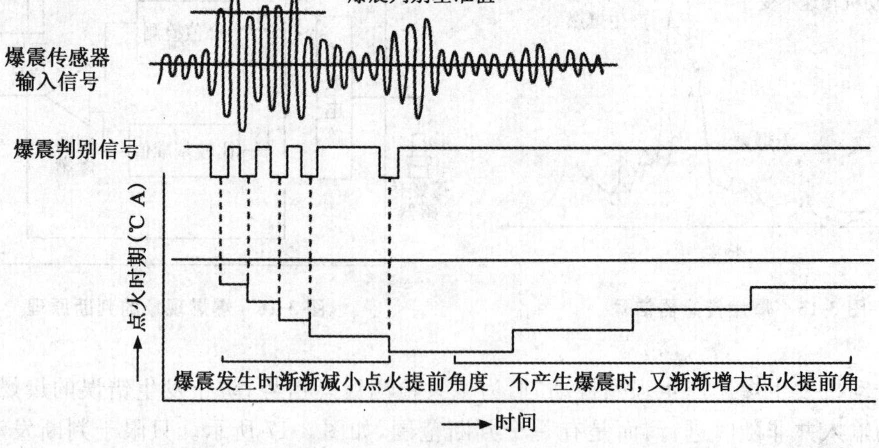

图 3-19 爆震的控制方法

为防止线缆断裂、传感器失灵、检测电路发生故障等意外情况，系统内装有一个安全电路以保护发动机。一旦出现这些情况，安全电路将点火时刻推迟，并且接通仪表警告灯，警告驾驶人爆燃控制系统发生了故障。

三、电控点火系统的类型

电控点火系统分为有分电器电控点火系统和无分电器电控点火系统两大类。二者的主要组成与控制原理基本相同。

(1)有分电器电控点火系统　有分电器的电控点火系统，采用分电器对各缸进行配火，因为机械装置本身的局限性，无法保证在各种状况下点火提前角均处于最佳。此外，由于分电器中的运动部件的磨损，导致驱动部件松旷，影响点火提前角的稳定性和均匀性。

(2)无分电器电控点火系统　无分电器电控点火系统取消了分电器，由计算机控制各缸的配火，由于无机械传动，减少了分火头与旁电极这一中间跳火间隙的能量损耗及由此产生的射频干扰，无机构磨损，不需调整，工作可靠且控制精度高。此外，由于无分电器，也使点火系统各部件的布置更灵活方便。

四、电控点火系统的组成与工作原理

1. 电控点火系统基本组成

电控点火系统一般由电源、传感器、ECU、点火器、点火线圈、分电器(有分电器电控点火系)火花塞等组成，如图 3-20 所示。

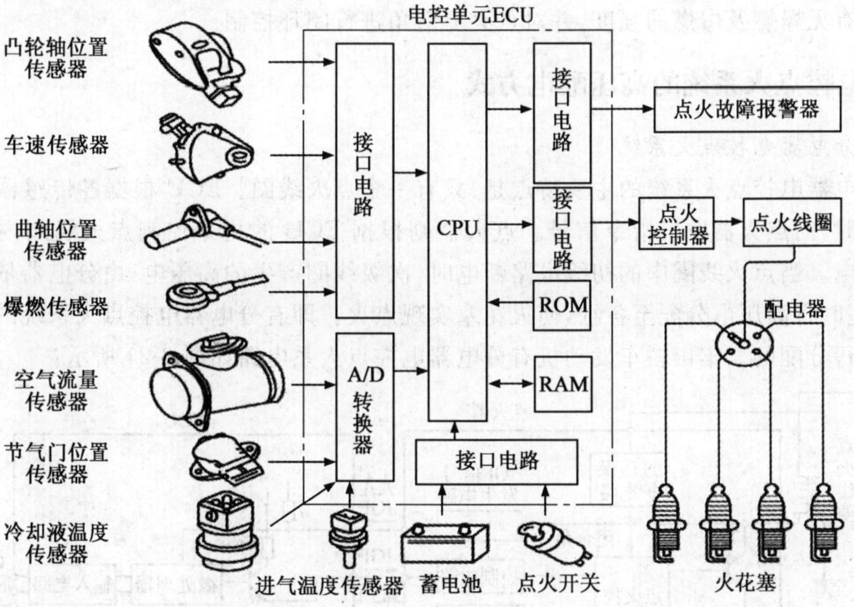

图 3-20　电控点火系统的组成

①电源　电源由蓄电池和发电机共同组成，为点火系统提供所需的电能。

②传感器　用于检测发动机各种运行参数的变化，为 ECU 提供点火控制所需的信号。主要传感器有凸轮轴位置传感器、曲轴位置传感器、爆燃传感器、进气管绝对压力传感器(或空气温度计)、节气门位置传感器和冷却液温度传感器等。

③ECU　ECU是电控点火系统的中枢。在发动机工作时,它不断地接收各传感器的信号,按内存的程序计算出最佳点火提前角,并向点火器发出控制指令。

④点火器　点火器是电控点火系统的执行元件,它可将电子控制系统输出的点火信号进行功率放大后,控制点火线圈初级绕组中电流的通、断,从而在次级线圈绕组中产生高压电。

⑤点火线圈　点火线圈可将火花塞跳火所需的能量存储在线圈的磁场中,并将电源提供的低压电转变为足以在电极间产生击穿点火的15～20 kV高压电。在有分电器的电控点火系统中,只有一个点火线圈,而无分电器点火系统中则有多个点火线圈。

⑥分电器　在有分电器的电控点火系统中,分电器根据发动机的点火顺序,将点火线圈产生的高压电依次输送给各缸火花塞。

⑦火花塞　利用点火线圈产生的高压电产生电火花,点燃气缸内的混合气。

2.电控点火系统基本工作原理

发动机工作时,ECU根据接收到的各传感器信号,按存储器中存储的有关程序和相关数据,计算出该工况下最佳点火提前角和点火线圈初级电路闭合角(通电时间),并以此向点火器发出指令。点火器则根据ECU的指令,控制点火线圈初级电路的导通和截止。当电路导通时,有电流从点火线圈中的初级电路通过,点火线圈将点火能量以磁场的形式储存起来。当初级电路中的电流被切断时,在其次级线圈中将产生很高的感应电动势(15～20 kV),经分电器或直接送至工作气缸的火花塞。点火能量经火花塞电极之间瞬间释放,产生的电火花点燃气缸内的混合气,使发动机完成做功过程。

此外,在具有爆燃控制功能的电控点火系统中,ECU还根据爆燃传感器的输入信号来判断发动机有无爆燃及爆燃的强度,并对点火提前角进行闭环控制。

五、电控点火系统的高压配电方式

1.有分电器电控点火系统

有分电器电控点火系统的主要特点是:只有一个点火线圈。ECU根据各传感器信号确定某缸点火时,向点火器发出指令信号。点火器则根据ECU的指令控制点火线圈内初级电路通电或断电。当点火线圈中的初级电路断电时,次级线圈产生的高压电,由分电器依发动机点火顺序,适时将高压电分配至各缸,使火花塞实现点火。即有分电器电控点火系统的高压电由分电器进行分配的。丰田轿车发动机有分电器电控点火系电路如图3-21所示。

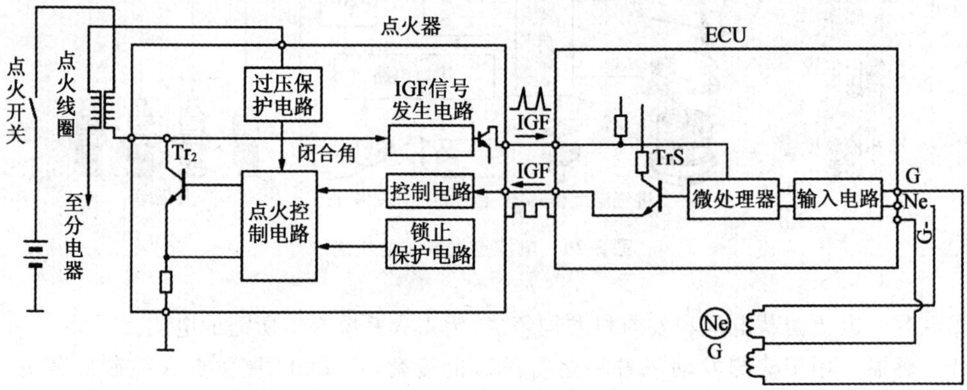

图3-21　丰田发动机有分电器电控点火系统电路

点火信号发生器将G信号(判缸信号)和Ne信号(曲轴转角与发动机转速信号)输送到发动机ECU,ECU结合发动机负荷(空气流量或进气管压力)信号、其他传感器及开关信号,计算出点火提前角,向点火器发出点火控制信号IGT,点火器受IGT信号指令实施点火控制,并具备闭合角控制和恒流控制功能。每点火一次,点火器中点火反馈信号发生电路向ECU反馈点火确认脉冲信号IGF,如果ECU连续3～5次受不到点火器的IGF信号,即中止燃油喷射,防止气缸内燃油过多造成启动困难或三元催化转换器过热。

有分电器的电控点火系统,其点火线圈、点火放大器可与分电器合为一体,也可以独立安装。

有分电器式点火系统存在的不足是:工作时,分火头与分电器盖之间有一定间隙,高压电跳过这个间隙要产生火花,该火花的产生要消耗电能,又会对电路产生干扰;由于分火头由机械方式驱动,工作中的磨损、松动会影响点火提前角的稳定性和均匀性。桑塔纳2000GLi型轿车为有分电器电控点火系统主要部件如图3-22所示。

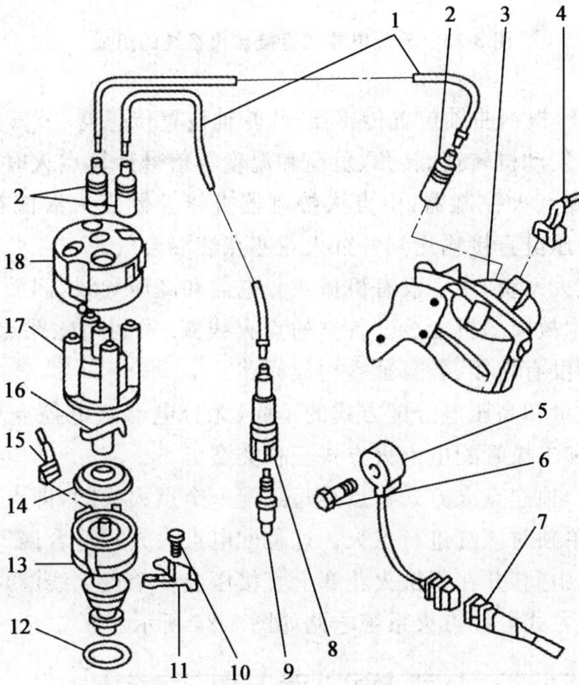

图3-22　有分电器式点火系统的组成

1.高压线　2、8.火花塞绝缘插头　3.点火线圈　4.点火线圈线束插头　5.爆燃传感器　6.固定螺栓　7.爆燃传感器线束插头　9.火花塞　10.固定螺栓　11.分电器固定压板　12.密封圈　13.分电器壳　14.防护盖　15.霍尔传感器线束插头　16.分火头　17.分电器盖　18.防护罩

2.无分电器电控点火系统

无分电器式电控点火系统又称直接点火系统(DLI)。其主要特点是:用电子控制装置取代了分电器,利用电子分火控制技术将点火线圈产生的高压电直接送给火花塞进行点火,点火线圈的数量比有分电器电控点火系统多。

无分电器式直接点火系统主要由传感器、ECU、点火控制器、点火线圈、火花塞等构成，如图 3-23 所示。

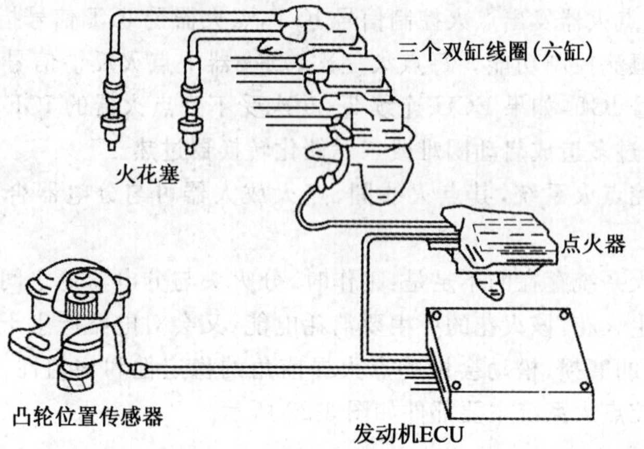

图 3-23　无分电器式直接点火系统的组成

发动机工作时，ECU 根据曲轴位置传感器、凸轮轴位置传感器、节气门位置传感器和冷却液温度传感器等检测的发动机转速、转角、负荷和温度等信号计算点火时刻和初级线圈通电时间，并将计算结果输送到点火控制器，由点火控制器直接控制点火线圈初级电流的接通与断开。点火线圈产生的高压电直接输送到各缸火花塞点燃混合气。

无分电器式直接点火系统，由于没有机械式分电器和高压导线，因而能量传导损失和漏电损失小，机械磨损或发生故障的机会少。各缸的点火线圈，采用闭磁路点火线圈，闭磁路点火线圈的初级与次级线圈没有连接，各自独立构成回路。

根据点火线圈的数量和高压电分配方式的不同，无分电器式电控点火系统又分为独立点火方式、同时点火方式和二极管配电点火方式三种类型。

（1）独立点火方式　独立点火方式特点是每缸配一个点火线圈，即点火线圈的数量与气缸数相等，每个点火线圈单独对该缸进行点火。这种配电点火方式适合四气门发动机，因为火花塞可以安装在双凸轮轴中间，并在每缸火花塞上直接压装一个点火线圈，可以充分利用安装空间。无分电器独立点火方式电控点火系统电路如图 3-24 所示。

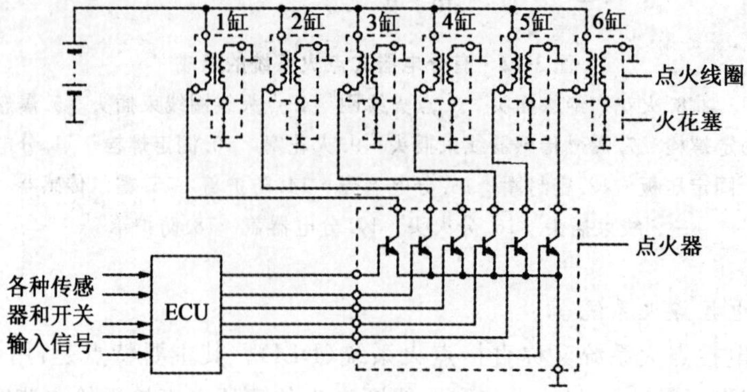

图 3-24　无分电器独立点火方式

由于每缸都有各自独立的点火线圈，所以即使发动机的转速很高，点火线圈也有较长的通电时间（大的闭合角），可提供足够高的点火能量。与有分电器电控点火系统相比，在发动机转速和点火能量相同的情况下，通过点火线圈初级电路的平均电流要小得多，点火线圈不易发热，且点火线圈的体积小，一般直接将点火线圈压装在火花塞上。

(2)同时点火方式　无分电器同时点火方式电控点火电路如图 3-25 所示。其特点是两个气缸共用一个点火线圈，即点火线圈的数量等于气缸数的一半。其次级线圈的两端分别与两个气缸上的火花塞相连。当一个气缸处在压缩行程上止点，而另一个处于排气行程上止点，曲轴转 360°后两缸所处的行程正好相反。一个点火线圈上有两个火花塞串联同时点火。但是，双缸同时点火对点火能量不会产生明显的影响。这是由于压缩缸的压力较高，放电较困难，所需要的击穿电压高，而处于排气的缸压力小，接近大气压力，放电容易，所需要的击穿电压低。因此，当两缸同时跳火时，阻抗几乎都在压缩缸的火花塞上，它承受了大部分电压降；而在排气缸的火花塞上电能损失很小，不会对压缩行程气缸点火产生影响。

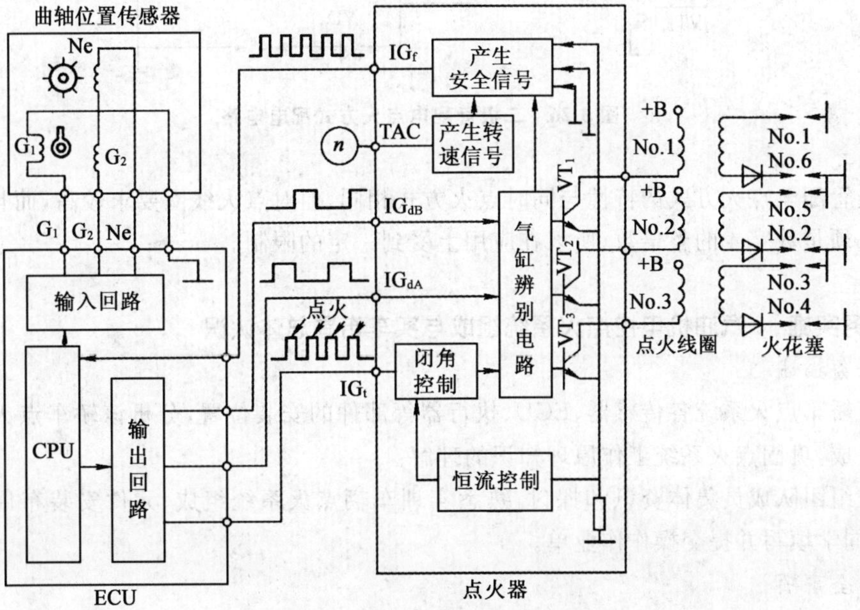

图 3-25　双缸同时点火方式电路

以六缸发动机为例，1、6 缸，2、5 缸及 3、4 缸的活塞分别同时到达上止点，称为同步缸，两同步缸共用一个点火线圈，两个缸的火花塞与共用的点火线圈中的次级线圈串联。当点火线圈初级电路断电时，一个气缸接近压缩行程的上止点，火花塞跳火可点燃该缸的混合气，称为有效点火；而另一气缸接近排气行程的上止点，火花塞跳火不起作用，称为无效点火。

与独立点火方式相比，采用同时点火方式的电控点火系统的结构和控制电路较简单，所以应用也比较多。但由于保留了点火线圈与火花塞之间的高压线，能量损失略大。此外，串联在高压回路的二极管，可用来防止点火线圈初级电路导通的瞬间所产生的二次电压（1 000～2 000 V）加在火花塞上后发生误点火。

图 3-25 中，ECU 除向点火器输出点火定时信号 IGt 外，还输出判缸信号 IG_{dA} 和 IG_{dB}。点火器的气缸辨别电路根据 IG_{dA} 和 IG_{dB} 信号的组合状态辨别需要点火的气缸，将 IG_t 信号送给

相应的大功率三极管,以控制对应的点火线圈工作。IG_{dA}为 0、IG_{dB}为 1,则 VT_1 导通,1、6 缸点火;IG_{dA}为 1、IG_{dB}为 0,则 VT_2 导通,2、5 缸点火;IG_{dA}为 0、IG_{dB}为 0,则 VT_3 导通,3、4 缸点火;同时,点火还亦向 ECU 反馈点火确认信号 IG_f。

(3)二极管配火方式 二极管配电点火方式如图 3-26 所示,其特点是:四个气缸共用一个点火线圈,点火线圈为内装双初级绕组、双输出次级绕组的特制点火线圈,利用四个二极管的单向导电性交替完成对 1、4 缸和 2、3 缸配电过程。

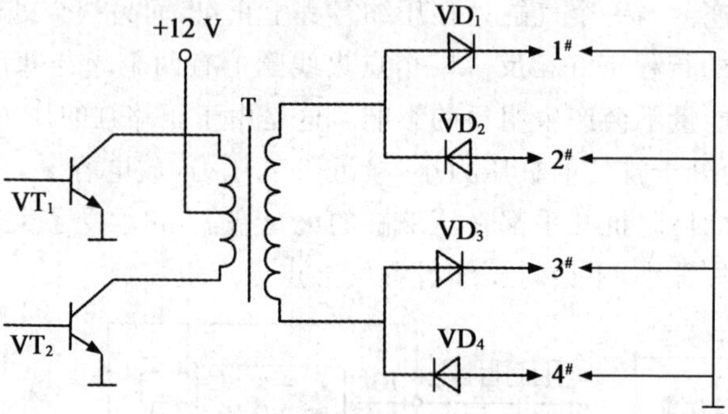

图 3-26 二极管配电点火方式配电电路

二极管配电点火方式的特性与同时点火方式相同,但对点火线圈要求较高,而且发动机的气缸数必须是数字 4 的整倍数,所以在应用上受到一定的限制。

『任务实施』 汽油机电控点火系统组成与实车布局总体认识

1. 任务描述

观察轿车点火系统各传感器、ECU、执行器等部件的安装位置,分析该轿车点火系的类型和总体组成,巩固点火系统工作原理知识的理解。

工作组团队成员集体资讯和探讨,熟悉实训车辆点火系统组成、元件安装布局及工作原理,每个同学填写并提交操作作业单。

2. 安全事项

①注意人身和设备安全,保持教具、设备和车辆完好性。

②未经许可严禁擅自操作设备电器开关、车辆点火开关,以防发生危险。

③启动车辆前须做好塞三角木、车内车外保护等防护措施,安装好尾气排放装置。启动发动机时,在教师允许和监控下进行,防止意外发生。

④未关闭点火开关时,严禁拔、插各传感器及执行器接口,以免损坏 ECU。

3. 实施条件

(1)场地条件 场地整洁有序,场地面积、工位数量、照明与通风等符合作业要求和相关安全技术要求。

(2)工具与仪器设备 工具车(配备通用工具)、大众汽车维修专用工具(见操作指导说明)、万用表(数字式)、厚薄规。

(3)教具 桑塔纳 AJR 电喷发动机实验台一台、新捷达实训车一台(配备各种类型电控点火系教学台架)、Santana-AJR 发动机教学挂图一套。

4.操作指导

不同车型点火系统组成和布置存在差异，以下就捷达轿车点火系统为例予以阐述。

(1)点火系统结构部件认识　捷达轿车点火系统部件名称见图 3-27。

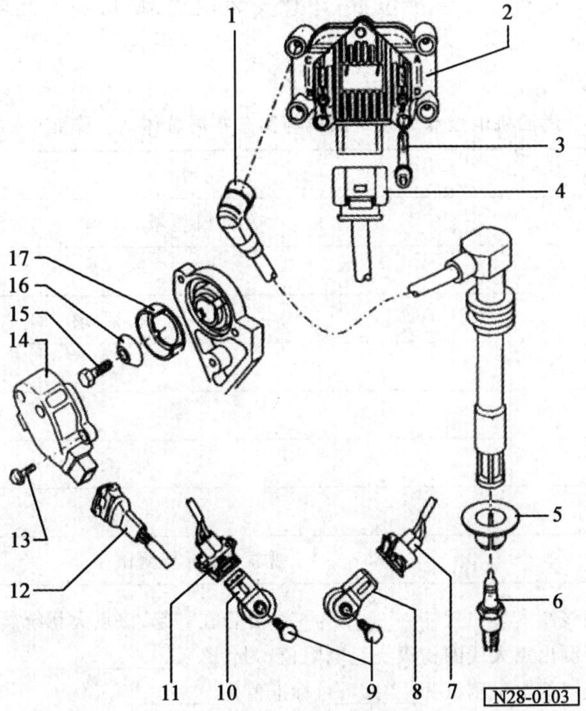

图 3-27　点火系统部件展开图

1.点火高压线　2.点火线圈及点火模块　3.螺栓　4.连接插头　5.盖　6.火花塞　7.连接插头　8.爆震传感器 2　9.紧固螺钉　10.爆震传感器 1　11.连接插头　12.连接插头　13.紧固螺钉　14.霍尔传感器　15.紧固螺钉　16.锥形垫片　17.霍尔传感器隔板

注意事项：

①蓄电池电压至少有 12 V。

②有些检测中，可能出现控制单元识别了一个故障并存储的情况，因而在结束所有的检查和维修之后要查询故障码，必要时清除。

(2)汽油机电控点火系统组成认识及实车布局要点

点火高压线　带抗干扰插头及火花塞插头，检查电阻。

点火线圈　带有区分各缸点火高压线的标识，A—1 缸　B—2 缸　C—3 缸　D—4 缸；螺栓拧紧力矩 10 N·m；连接插头为 4 端子。检查点火线圈专用工具、测试仪和辅助工具：检查盒 V. A. G1598/22；手动万用表 V. A. G1526 或万用表 V. A. G1715；成套测试辅助接线 V. A. G1594；二极管测试笔 V. A. G1527。

火花塞　拧紧力矩 30 N·m；用火花塞扳手 3122B 拆装；测量电极间距，标准值为 1 mm。

爆震传感器 2 G66，在行驶方向左侧；紧固螺钉拧紧力矩为 20 N·m，拧紧力矩对爆震传感器的功能有影响；连接插头为棕色、2 端子。

爆震传感器 1 G66，在行驶方向右侧；紧固螺钉拧紧力矩为 20 N·m，拧紧力矩对爆震传感器的功能有影响；连接插头为黑色、2孔。

霍尔传感器G40，在正常情况下发动机控制单元通过霍尔传感器所识别的是1缸点火位置；拧紧力矩10 N·m；连接插头为黑色、3孔。

霍尔传感器隔板　只有一个装配位置；注意安装位置，缺口装入凸轮轴；紧固螺钉拧紧力矩为25 N·m。

5. 作业单

汽油机电控点火系统组成与实车布局总体认识作业单

日期		姓名	
车型		发动机型号	

一、准备工作

项　目	情况记录
(1)工量具及仪器设备准备	
(2)维修手册准备	
(3)被测车辆准备	

二、观察、分析与操作

项　目	观察、分析与测试
点火线圈观察与电阻测试	点火线圈安装位置________，为__个复合在一起，该点火系统属于________配电方式 能否测出点火线圈初级绕组电阻值，为什么？____________________ 次级绕组电阻测试为________，标准值为________
点火高压线连接与测试	测试高压线电阻值为________，标准值为________ 高压线与点火线圈插孔连接对应关系：
火花塞拆装与观察	拆装要点： 电极间隙测试值________标准值为________
其他	霍尔传感器安装位置： 霍尔传感器安装要点： 爆燃传感器数量与安装位置： 曲轴位置传感器安装位置： 点火器安装位置： ECU安装位置：

三、试验与思考

1. 霍尔传感器拔下，试验发动机能否点火启动，并解释原因。

2. 电控点火系统有哪些控制功能？

3. 本次任务实施，有何收获与疑惑？

复习与思考

一、填空题

1. 最佳点火提前角受多种因素影响，其中发动机的________和________是影响点火提前角的两个主要因素。

2. ECU 根据发动机的________和________信号查询脉谱图确定基本点火提前角。

3. 发动机转速的升高，应适当________闭合角。

4. 电控点火系统控制功能包括________控制、________控制和________。

5. 直接点火系统高压配电方式有________、________和________。

6. 发动机处于怠速工况时，冷却液温度过高，应________点火提前角。非怠速冷却液工况，温度过高时，应________点火提前角。

二、判断题

1. 发动机启动时，按 ECU 内存储的初始点火提前角对点火提前角进行控制。（　　）

3. 发动机怠速工况下，空调工作时的基本点火提前角比空调不工作时小。（　　）

4. 暖机过程中，随冷却水温的提高，点火提前角也应适当地加大。（　　）

5. 冷却液温度过高，爆燃倾向增大。（　　）

三、简答题

1. 点火提前角对发动机性能有什么影响？

2. 影响发动机点火提前角的因素有哪些？

3. 对点火系统有哪些基本要求？

4. 爆燃对发动机工作有何影响？

5. 常用爆燃传感器有哪几种形式？

6. 何为闭合角？为什么要进行闭合角控制？

7. 简述电控点火系统的基本工作原理。

8. 电控汽油机最佳点火提前角如何确定？

任务二　电控点火系统主要元件的检修

【知识目标】

1. 掌握点火线圈、火花塞、高压线的结构原理。

2. 了解火花塞类型与特性。

3. 掌握爆燃传感器类型、结构与工作原理。

【能力目标】

1. 能检修电控点火系统点火器、点火线圈、火花塞等执行元件。

2. 能检测爆燃传感器及其电路。

『相关知识』

一、点火线圈结构

点火线圈的作用是将电源提供的 12 V 低压电转变成能击穿火花塞电极间隙的高压电。

点火线圈是利用电磁感应原理制成的。按其磁路结构形式的不同，点火线圈分为开磁路式和闭磁路式两种，现代电控点火系通常采用闭磁路式点火线圈；按有无附加电阻分为带附加电阻和不带附加电阻型；按接线柱的多少分为两接线柱式和三接线柱式。

点火线圈主要由铁芯、初级绕组、次级绕组、胶木盖、瓷座、接线柱和外壳等组成。

图 3-28 所示为开磁路式点火线圈的结构。开磁路点火线圈的铁芯两端与导磁钢筒有较大磁隙。点火线圈的胶木盖上装有与点火开关、分电器连接的低压接线柱。两接线柱点火线圈的低压接线柱上分别标有"+""−"标记。三接线柱点火线圈的低压接线柱上分别标有"开关"、"+开关"(或"+点火开关")标记，并在"开关"和"+开关"接线柱上接有附加电阻。胶木盖的中央是高压线插座，周围较高，以防高压电在接线柱间放电。点火线圈的初级绕组两端分别接"+"(或开关)和"−"接线柱，次级绕组的一端接初级绕组，另一端接高压插座。

闭磁路点火线圈如图 3-29 所示。闭磁路点火线圈的铁芯是接近封闭的，磁通全部经过铁芯内部，铁芯的导磁能力很强，因此其点火能量大。在无分电器式点火系统中，闭磁路点火线圈的初级与次级线圈没有连接，各自独立构成回路，并在次级线圈中串联了一只高压二极管。它的作用是为了避免功率三极管导通时，点火线圈互感的电压造成火花塞误跳火现象。

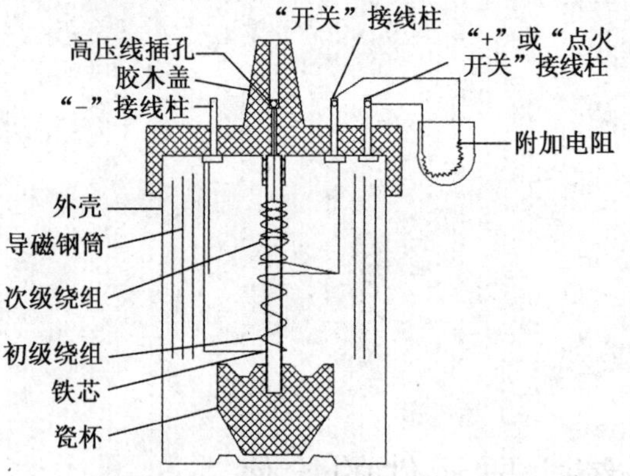

图 3-28 开磁路点火线圈结构

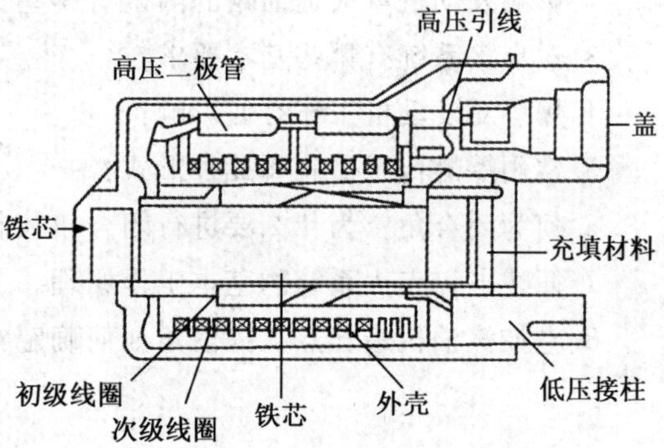

图 3-29 闭磁路点火线圈结构

无分电器点火系统的点火线圈有多种形式：独立式点火系统的点火线圈只有一个高压接口，并各自独立地安装在火花塞上方，由于点火线圈和火花塞直接相连，因而电压损失和电磁干扰也减少，点火系统的可靠性也得到提高。某些车型上，点火线圈还与点火器制成一体，形成点火器—点火线圈组件，如图 3-30 所示。

双缸同时点火式点火系统各点火线圈一般组合成一体，其点火器通常与点火线圈制成一体，形成点火器—点火线圈组件，所以各点火线圈有两个高压接口，并依靠高压线与各火花塞相连，如图 3-31 所示。

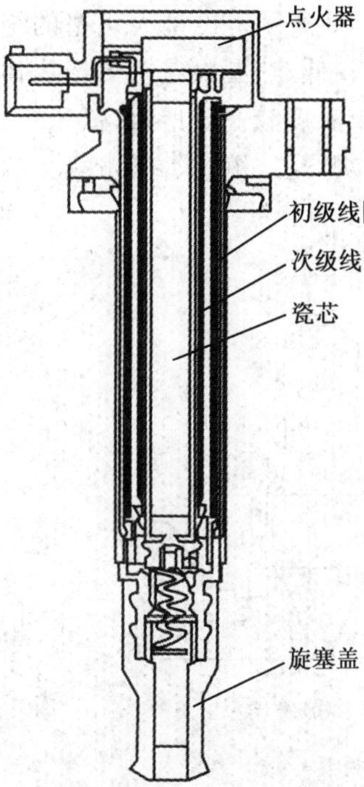

图 3-30　独立点火组件

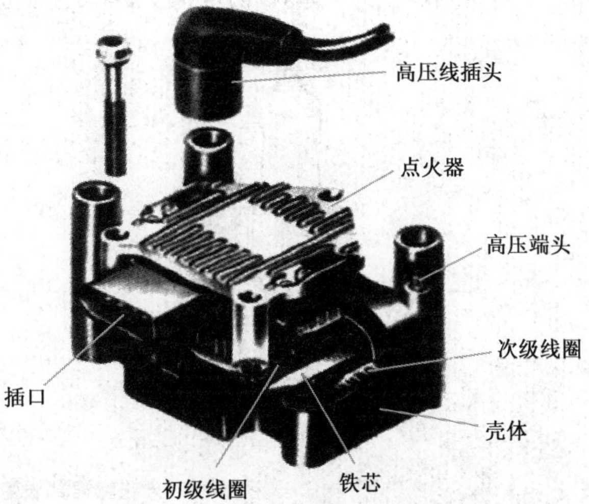

图 3-31　点火器—点火线圈组件结构

二、火花塞结构与类型

火花塞的工作条件十分恶劣，它承受高压、高温及燃烧产物的强烈腐蚀。因此，火花塞必须具有足够的强度，能承受温度的强烈变化，应有良好的热特性，火花塞的电极应采用难熔、耐腐蚀的材料制成。

1. 火花塞的结构

火花塞的构造如图 3-32 所示，中心电极用镍铬合金制成，具有良好的耐高温、耐腐蚀性能，中心电极做成两段，中间加有导电玻璃，由于导电玻璃和瓷绝缘体的膨胀系数相近，因此，导电玻璃主要是起密封作用。

一般火花塞的电极间隙为 0.7～0.9 mm，近年来为适应发动机排气净化的要求，利用稀混合气燃烧，火花塞间隙有增大的趋势，有的已增大到 1.0～1.2 mm。

2. 火花塞的热特性

火花塞的热特性主要决定于绝缘体裙部的长度。实践证明，火花塞裙部温度保持在 500～600℃时，落在绝缘体上的油滴能立即烧去，通常将这个温度称为火花塞的自净温度。低于这个温度时，火花塞易产生积炭，高于这个温度时，在火花塞表面易产生炽热点，形成早燃。因此，要使火花塞正常工作，就要保证火花塞的裙部温度为自净温度。

图 3-32　火花塞的构造

1. 侧电极　2. 螺纹　3. 电阻　4. 接线柱　5. 绝缘瓷体　6. 壳体　7. 中心电极

根据火花塞热值不同，火花塞可分为冷型和热型，如图 3-33 所示。冷型火花塞的绝缘体长度短，吸热面积小，传热路径短，裙部温度低，因此电极温度较低；热型火花塞的绝缘体长度长，受热面积大，传热路径长，散热困难，裙部温度高，因此电极温度较高。所以，低压缩比、低转速、小功率的发动机应选用热型火花塞，防止火花塞产生积炭；高压缩比、高转速、大功率的发动机应选用冷型火花塞，以防电极早燃，防止燃烧室产生过多的热量。

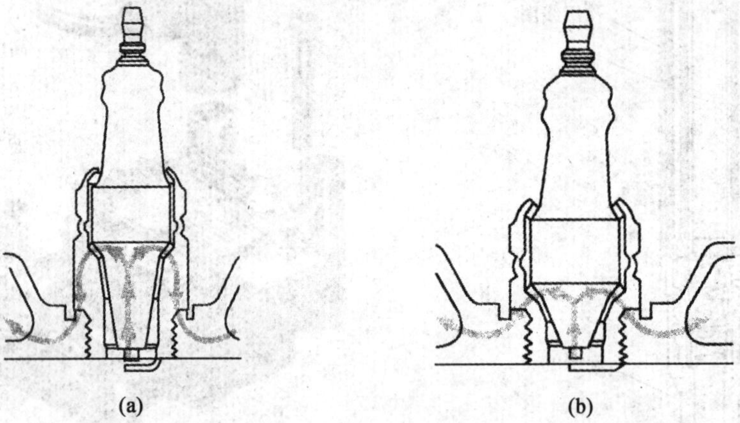

图 3-33 火花塞裙部长短与热特性的关系

(a)热型火花塞 (b)冷型火花塞

3. 火花塞的类型

按火花塞电极及绝缘体结构形式，火花塞分多种类型，常见类型如图 3-34 所示。

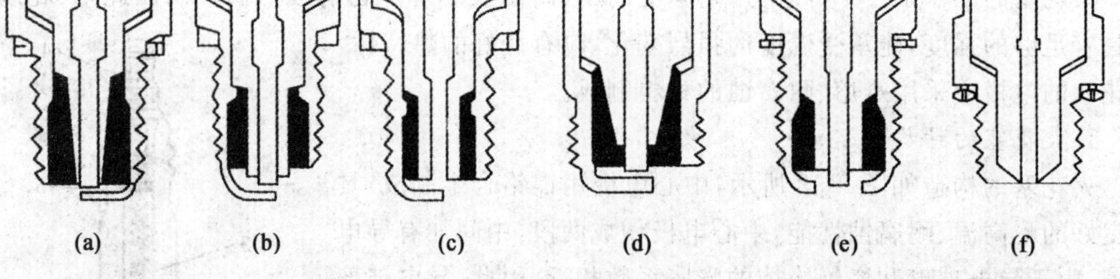

图 3-34 常见火花塞类型

(a)标准型 (b)绝缘体凸出型 (c)细电极型 (d)锥座型 (e)多电极型 (f)沿面跳火型

(1)标准型火花塞其绝缘体裙部略缩入壳体端面，侧电极在壳体端面以外，是使用最广泛的一种。

(2)绝缘体凸出型火花塞其绝缘体裙部较长，凸出于壳体端面以外。它具有吸收热量大，抗污能力好的优点，且能直接受到进气的冷却而降低温度，因而也不易引起炽热点火，故热适应范围宽。

(3)细电极型火花塞其电极很细，火花强烈，点火能力好，在严寒季节也能保证发动机迅速可靠地启动，故热适应范围较宽，能满足多种用途。

(4)锥座型火花塞其壳体和旋入螺纹制成锥形，因此不用垫圈也可保证良好密封，从而缩小了火花塞体积，对发动机的设计更为有利。

(5)多电极型火花塞侧电极一般为两个或两个以上，优点是点火可靠，间隙不需经常调整，故在电极容易烧蚀和火花间隙不能经常调整的一些汽油机上采用。

(6)沿面跳火型火花塞即沿面间隙型火花塞，是一种最冷型火花塞，其中心电极与壳体端面之间的间隙是同心的。它必须与点火能量大、电压上升率快的电容储能式电子点火系统配合使用，可完全避免火花塞"炽热点火"和电极"跨连"现象，即使在油污情况下也能正常点火。其缺点是可燃气体不易接近电极，故在稀混合气情况下，不能充分发挥汽油机的功能。另外，由于点火能量增大，中心电极容易烧蚀。

此外，火花塞还派生出很多类型，如电阻型、屏蔽型等。

三、高压线结构与类型

1. 高压线的结构

高压线亦称高压阻尼线，是次级电路的导线，它连接次级线圈至火花塞或连接次级线圈至分电器、分电器至火花塞。这些导线不是实心导线，它们是有纤维芯的导线，如图 3-35 所示。这些纤维芯在次级电路中起电阻器的作用，以降低高电压对无线电的干扰，提高点火电压，并通过减少电流以降低火花塞的损耗。高压线两端的金属电极分别与火花塞、点火线圈次级插孔、分电器盖上插孔连接，高压线两端的绝缘套使高压线连接可靠，并防止灰尘和水进入，防止漏电。

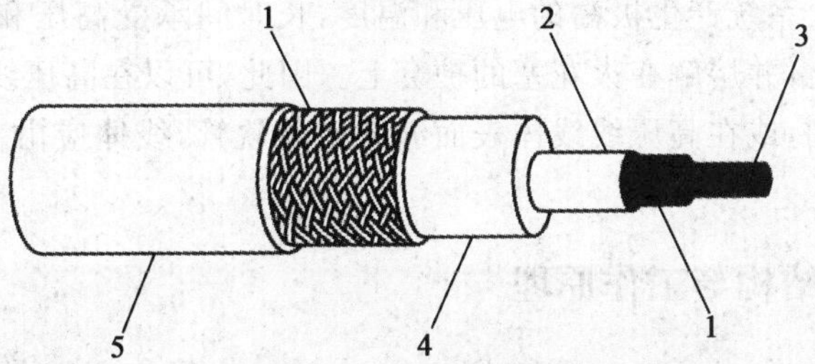

图 3-35 高压线结构

1. 人造纤维织物 2. 导电橡胶 3. 亚麻导线束 4. 绝缘体 5. 绝缘套

2. 高压线的类型

在汽车点火系统中应用有中心高压线和高压分线两种。根据线芯结构不同，有石墨浸渍纤维线芯式、镍铬合金丝磁心式和集中电阻式(欧洲、德国车型均采用该种形式)三种。

(1)石墨浸渍纤维线芯式 这种结构由纤维线来浸渍石墨等混合物，制成纯电阻的导电体，外包一层或二层耐高压的 EPDM 或 SIL-ICONE 绝缘体和保护层，这种线芯电阻值可以根据各国不同的标准要求制成每米几千欧至几十千欧，其优点是单位长度电阻大，限制火花电流，降低无线电干扰，而不会减弱点火性能。

能长时间工作温度在－40～180℃，在遇到高温和低温时线体均无明显变化，高压线能量损耗很小，耐高温、高压，使用寿命较长(2 年或 100 000 km)，但黏接性能差。

(2)镍铬合金丝磁心式 这种结构采用直径 0.05～0.1 mm 的镍铬合金丝，镍铬合金丝有间隙均匀地缠绕在吸波磁粉绝缘胶线上，称为阻尼芯线，外包一层或二层耐高压的 EPDM 或 SIUCONE 绝缘体和保护层，其电阻值可以在 1.5～16 kΩ/m 选取，阻抗非常稳定。

能长时间工作温度在－40～180℃，在遇到高温和低温时线体均无明显变化，高压线能量损耗很小，耐高温、高压、臭氧性能优良，使用寿命较长(2 年或 100 000 km)，但黏接性能差。

(3)集中电阻式(欧洲、德国车型均采用该种形式)

采用直径 0.02～0.04 mm 镍铬合金丝间隙均匀地绕在 1 kΩ、2 kΩ 或 5 kΩ 的陶瓷棒上。由热塑性和热固性材料注塑成阻尼电阻部件，安装 SILICONE 硅胶护套，且在火花塞一端的 2～5 kΩ 电阻部件上还包上金属屏蔽罩，另一端接到分电器或点火线圈上的为 1 kΩ，两端连接线为直径 7 mm，这种结构对产生强烈火花的火花塞，不但接上高阻值的电阻，而且还套上金属屏蔽罩与发动机体接触，使感应寄生电流变成热能消耗。

该线体能长时间工作温度在－60～250℃，高压线能量损耗很小，使用寿命很长(4 年或 200 000 km)，但抗撕裂强度差。

3.高压线的使用与维护

高压线输送电流较小，但传输电压高达几万伏以上，击穿能力很强。对高压线总成的使用与维护要求是：高压线总成的绝缘体完整，性能良好，其两端的金属端子应采用不锈钢材料，高压线的电阻值应达到技术要求。

①高压线上不能有油污垢，若有应立即清除，否则可能产生漏电现象。

②每根高压线应用线夹固定，避免相互碰触，尽量减少相互干扰。

③高压线安装时，严禁折叠，否则会导致线芯折断或线芯电阻值增大，使火花减弱。

④现代发动机点火系统产生极高的电压和温度，长时间承受高压和高温的火花塞接头套(甚至高压线体)会软化，并熔解在火花塞的护套上。因此，可以在高压线绝缘套靠近热源的绝缘表面上涂上硅润滑剂，或在高压线线体表面缠绕耐热软管，线体应由支撑架固定，以便与高温的发动机外壳隔离。

四、爆震传感器结构与工作原理

爆燃传感器(detonation sensor，简称 DS；knock senso，简称 KS)是电控点火系统实现点火时刻闭环控制的重要元件，安装在发动机缸体侧面，其作用是将发动机爆燃信号转换为电信号传递给 ECU，ECU 根据爆燃信号对点火提前角进行修正，避免发动机爆燃。

按缸体振动频率的检测方式不同，爆燃传感器分为共振型与非共振型两种；按结构原理不同，爆燃传感器分为压电式和磁电式两种。通用和日产汽车一般采用磁电式爆燃传感器，大众车系一般采用压电式爆燃传感器。

1.磁电共振型爆燃传感器

磁电共振型爆燃传感器主要由感应线圈、铁芯、永久磁铁和外壳组成，如图 3-36 所示。铁芯用高镍合金制成，在其一端设置有永久磁铁，另一端安放在弹性部件上。感应线圈绕制在铁芯的周围，线圈两端引出电极与控制线路连接。

当发动机缸体产生振动时，铁芯随之产生振动，感应线圈中的磁通量发生变化，线圈通过电磁感应产生交变电动势，即传感器有信号电压输出，输出电压高低取决于发动机的振动强度和振动频率。当发动机缸体振动频率达到 6～9 kHz(爆震燃烧时缸体振动频率)，即与传感器的固有频率相同时，传感器产生共振，振动强度最大，传感器输出的信号最强，如图 3-37 所示。

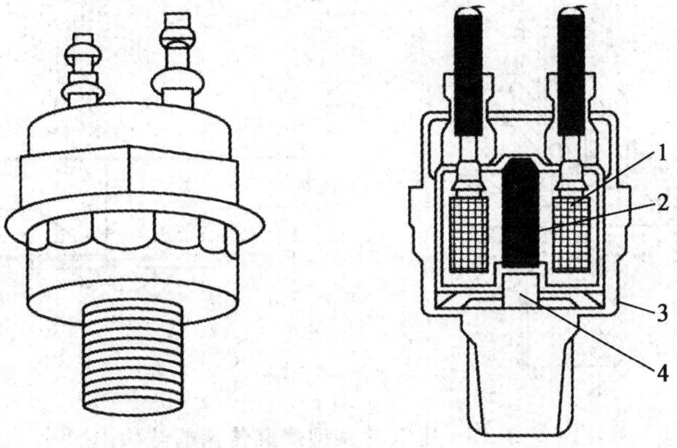

图 3-36　磁电共振型爆燃传感器外形与结构

1.感应线圈　2.铁芯　3.外壳　4.永久磁铁

2.压电共振型爆燃传感器

压电式爆燃传感器利用压电效应原理检测发动机爆燃。检测发动机爆燃的方法有三种：一是检测发动机燃烧室压力的变化，二是检测发动机缸体振动频率，三是检测混合气燃烧噪声。现代汽车广泛采用检测发动机缸体振动频率来检测爆燃，这种传感器具有测量精度高、安装方便且输出电压较高等优点，但通用性差。

桑塔纳 2000GLi、2000GSi，捷达 AT、GTX 型等国产轿车采用了压电式爆燃传感器，其外形及安装位置如图 3-38 所示。

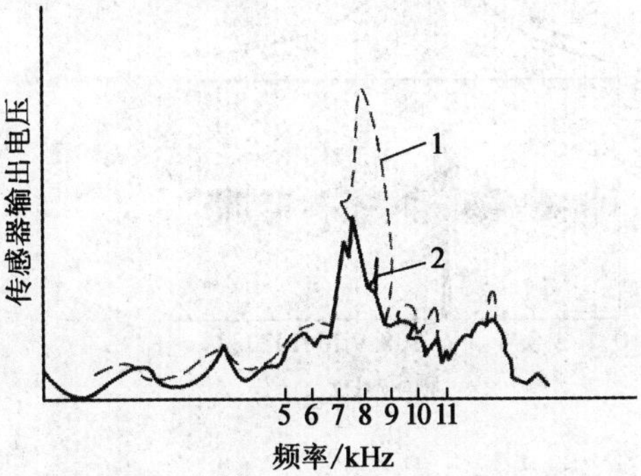

图 3-37　共振型爆燃传感器信号波形

1.虚线表示有爆燃　2.实线表示无爆燃

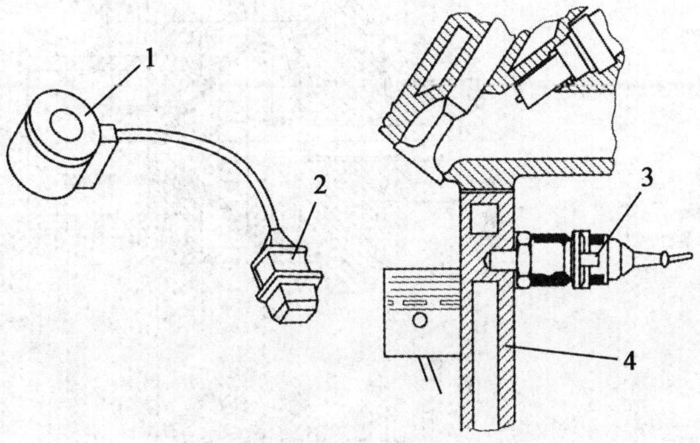

图 3-38　压电共振型爆燃传感器外形及安装位置

1、3.爆燃传感器　2.线束插头　4.缸体

压电共振型爆燃传感器主要由压电元件、振子、基座、外壳等组成，如图 3-39 所示。压电元件紧贴在振子上，振子则固定在基座上。压电元件检测振子的振动压力，并转换成电信号输送给 ECU。

3.压电非共振型爆燃传感器

共振型爆燃传感器只能用于特定的发动机，不同发动机爆燃传感器不能互换使用，装车自由度小。非共振型爆燃传感器的突出优点是适用于所有的发动机，装车自由度很大，但其输出电压较低，频率特性平且频带较宽，需要配用带通滤波器，信号处理比较复杂，通过调整滤波器的频率范围可使传感器用于不同发动机，通用性强。中国、日本和欧洲汽车大部分采用了这种类型的传感器。

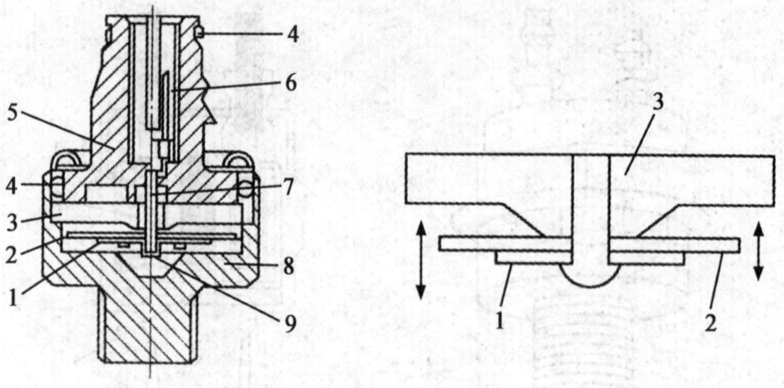

图 3-39 压电共振型爆燃传感器结构

1.压电元件 2.振子 3.基座 4.O形密封圈 5.插接器 6.接头 7.密封剂 8.外壳 9.引线

压电非共振型爆燃传感器主要由套筒、压电元件、惯性配重、塑料壳体和接线插座等组成，如图3-40所示。压电元件制成垫圈形状，在其两个侧面上制作有金属垫圈作为电极，并用导线引到接线插座上。惯性配重与压电元件之间、压电元件与传感器套筒之间安放有绝缘垫圈，套筒中心制作有螺孔，用螺栓将惯性配重、压电元件压紧在传感器套筒中，调整螺栓的拧紧力矩便可调整传感器的输出电压。传感器套筒外部制有螺纹，安装固定在发动机缸体侧面螺孔中。

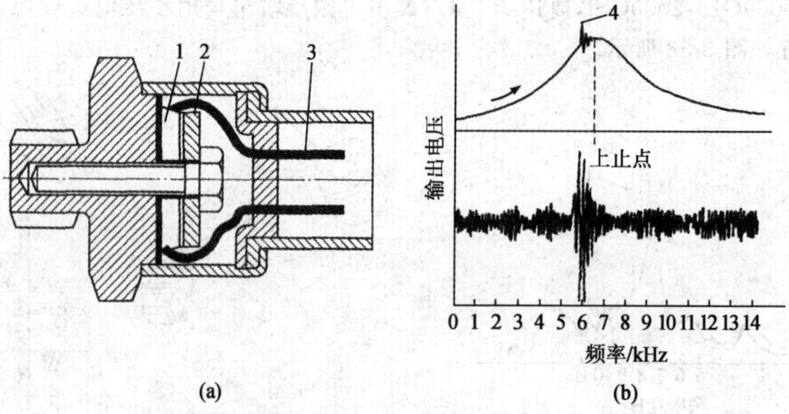

图 3-40 压电非共振型爆燃传感器

(a)结构 (b)压力波波形

1.压电元件 2.惯性配重 3.信号输出线 4.爆燃压力波

压电式非共振型爆燃传感器是以接收加速度信号的形式来检测爆燃的。当发动机发生爆燃时，产生5～10 kHz压力波，压力波经过气缸体传给爆燃传感器，再经过配重块(配重块以正比于振动加速度的交变力)施加在压电元件上，不断变化的压力，使电动势也不断变化，当约20 mV电动势传给ECU时，经过滤波后，ECU便输出一个指示爆燃的信号。ECU识别到某个气缸有爆燃时，就立即控制此气缸的点火正时向延迟方向改变3°～5°，以便消除爆燃。经过一定次数的无爆燃后，ECU再控制点火正时以每步0.3°～0.5°的曲轴转角向提前方向给进，以保证发动机的点火提前角始终处于接近爆燃时的最佳角度。

4. 垫圈压力型爆燃传感器

垫圈压力型爆燃传感器是一种压电非共振型爆燃传感器，如图 3-41 所示。传感器安装在火花塞垫圈与发动机气缸盖之间，每缸安装一个。燃烧压力作用到火花塞上，经过火花塞垫圈再传递给传感器，测量燃烧压力。发动机工作时，各缸的燃烧压力通过压电元件检测各缸的爆燃信息，并转换成电信号输送给 ECU。

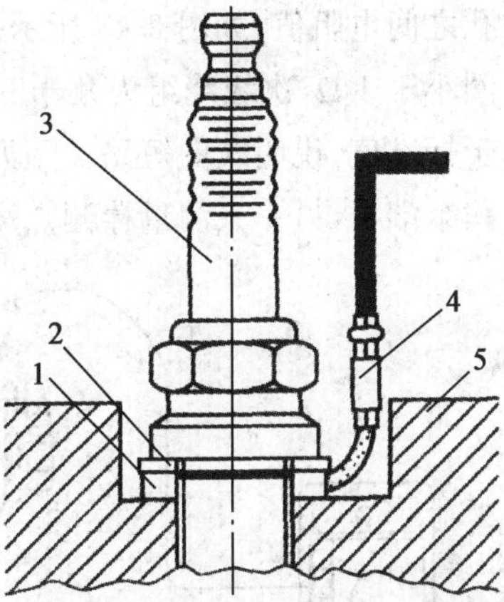

图 3-41　垫圈压力型爆燃传感器

1. 爆燃传感器　2. 垫圈　3. 火花塞　4. 线束插头　5. 气缸盖

『任务实施』　电控点火系统元件检测

1. 任务描述

检测台架或车辆电控电火系统爆燃传感器、执行器等部件及其电路检测，判断其技术状况，提出维修措施或技术解决方案，排除点火系统故障。

工作组团队成员集体资讯、决策和实施，分工协作，完成从工具仪器准备、检测作业、场地整理整个完整过程，完成操作作业单的填写。

2. 安全事项

①注意人身和设备安全，保持教具、设备和车辆完好性。

②启动车辆前须做好塞三角木、车内车外保护等防护措施，安装好尾气排放装置。

③未关闭点火开关时，严禁拔、插各传感器及执行器接口，以免损坏 ECU。

④对电路操作应仔细小心，在教师允许和监控下进行，防止短路造成事故。

⑤高压试火，须用专用夹线钳夹持高压线，防止触电。

3. 实施条件

(1)场地条件　场地整洁有序，场地面积、工位数量、照明与通风等符合作业要求和相关安全技术要求。

(2)工具与仪器设备　工具车(配备通用工具)，万用表，示波器，大众 V. A. G1552 诊断仪或通用解码器，圆形量规或厚薄规，探针。

(3)教具　大众、丰田电控发动机台架，各式电控点火系教学台架，轿车，点火线圈，火花塞，点火器，爆燃传感器部件。

4. 操作指导

(1)点火线圈检测

①外部检验　绝缘盖表面，要求色泽均匀，表面光洁无气泡、杂质等缺陷，绝缘盖与壳体封装应良好，周围不得有沥青或油溢出。各接线柱焊接应牢固，高压插孔螺钉应密封可靠，高压线插头应能顺利插入和拔出。零件不可缺损，绝缘盖、外壳不得有裂纹，否则应予以更换。

②初、次级绕组断路、短路和搭铁的检验　对于单体点火线圈，或装在分电器内的整体点火组件，可用如下方法测试点火线圈初、次级绕组及线圈绝缘性能：用数字万用表 20 Ω 或 200 Ω 量程电阻挡(或指针式万用表 R×1 挡)测量初级绕组两个端头电阻值，如图 3-42 所示。用数字万用表 20 kΩ 量程电阻挡(或指针式万用表的 R×1 k 挡)测量初级绕组“-”与高压插

孔之间电阻值，如图 3-43 所示。阻值应在规定范围内。一般初级绕组为 1～2 Ω，高能点火线圈小于 1 Ω，次级绕组为几千欧(具体数值查询维修手册)。如测量出现∞说明断路；如阻值小于标准值，说明线圈短路。用万用表 R×10 k 挡(以 MF500 型为例)，一支测量棒测初级绕组一个端头，另一只测量棒测点火线圈外壳，电阻∞为正常。

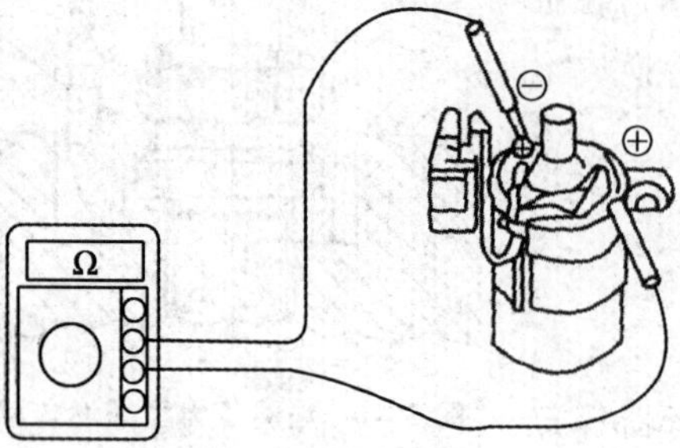

图 3-42 初级线圈的检查

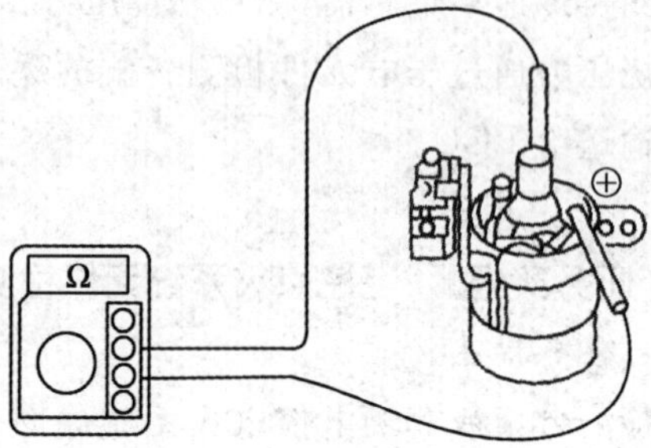

图 3-43 次级线圈的检查

无分电器点火系，多将点火线圈与点火器组合在一起，一般只检测次级绕组的电阻值，以判断次级绕组有无短、断路和搭铁，其他检测往往结合整个组件进行。

③发火强度的检验

a. 电器试验台的检验　检查点火线圈产生的高电压时，可与分电器配合在试验台上进行试验。检验时将放电电极间隙调整到 7 mm，先以低速运转，待点火线圈的温度升高到工作温度(60～70℃)时，再将分电器的转速调至规定值(一般四六缸发动机的点火线圈为 1 900 r/min，八缸发动机用的点火线圈为 2 500 r/min)，在 0.5 min 内，若能连续发出蓝色火花，表示点火线圈良好。

b. 对比跳火法检验　将被检验的点火线圈与好的点火线圈分别接上进行对比，看其火花强度是否一样。这种方法适合单体点火线圈，在试验台上或车上均可进行。

点火线圈经过检验，如内部有短路、断路、搭铁等故障，或发火强度不符合要求时，均应更换为新品。

(2)点火器检测

①外观检查　松开连接线或插接器，仔细检查各引出端子，看是否良好。

②供电电压检测　关闭点火开关，拔下点火器插头，打开点火开关，用万用表检测点火器的供电端，应为蓄电池电压。如无电源电压，应检查电源线路。

③信号波形检测　插上点火器插头，用探针从插头背面线孔引出测试点，拔下所有喷油器插头，打开点火开关，用启动机带动曲轴旋转。以丰田汽车为例：用示波器观测 IG_t、IG_{dA}、IG_{dB}、IG_f 信号端子波形，均应输出相应的方波脉冲信号。如 IG_t、IG_{dA}、IG_{dB} 信号正常，无 IG_f 信号，说明点火器故障，应更换点火器—点火线圈组件；如 IG_t、IG_{dA}、IG_{dB} 中某路信号不正常，说明点火器与 ECU 的线路或 ECU 有故障；如 IG_t、IG_{dA}、IG_{dB} 所有信号均不正常，说明曲轴与凸轮轴位置传感器信号故障、或 ECU 本身及电源故障。上海大众帕萨特 2.0 L 发动机点火器与点火线圈做成整体式，用示波器观测 ECU 输入的点火控制信号 1 端子(绿/白)和 3 号端子

(绿/红),应为脉冲电压,2、4 号端子分别为电源正、负极,如点火器供电、点火控制信号正常,点火线圈高压试火不跳火,应更换点火器—点火线圈组件。

(3)火花塞检修

①外观检查　检查火花塞外部绝缘体有无裂纹、积油、积炭;火花塞电极是否积炭和烧蚀。

②检查火花塞间隙　火花塞间隙是否适当,可用圆形量规或塞尺测量,如图 3-44 所示。火花塞间隙应符合标准。

(4)爆燃传感器检测

①用万用表检测爆燃传感器　通过测量电阻的方法对爆燃传感器进行粗略的检测。对磁电式爆燃传感器,由于其传感器内部采用了感应线圈,故用万用表检测时应有一定的电阻值,电阻值过小或无穷大均表示感应线圈有短路或断路故障;对压电式爆燃传感器,由于传感器是用压电材料制作的,故用万用表检测时,其电阻值应为无穷大,若电阻值为零,表示有短路故障。

捷达 AT、GTX、桑塔纳 2000 GSi 型轿车使用两个爆燃传感器,安装时要保证固定螺栓的拧紧力矩准确。如图 3-45 所示爆燃传感器电路,断开点火开关,拔下传感器线束插头,测量传感器各端子间电阻:端子 1 与 2 之间、端子 1 与 3 之间、端子 2 与 3 之间电阻值均应大于 1 MΩ,否则更换爆燃传感器;测量传感器与 ECU 间对应线路电阻值应小于 0.5 Ω,线与线之间电阻无穷大 ,否则应进一步查明原因。

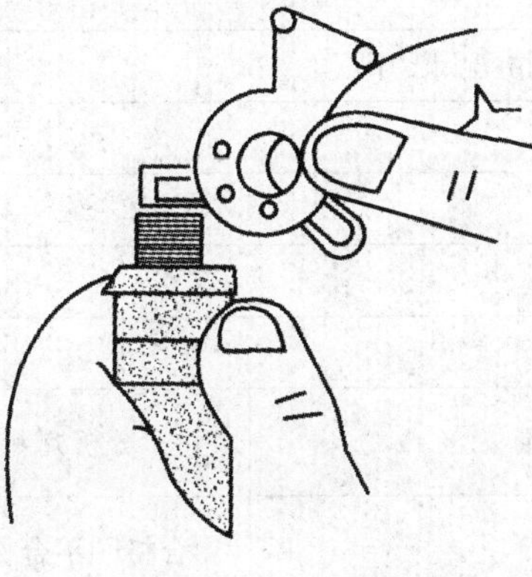

图 3-44　火花塞间隙检查

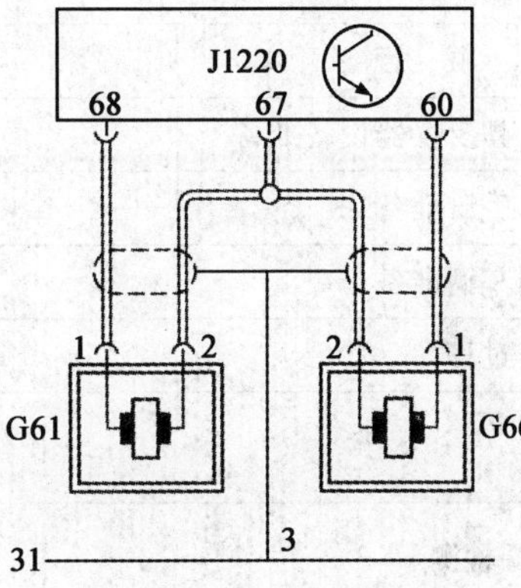

图 3-45　桑塔纳 2000 GSi 型轿车爆燃传感器电路

②用诊断仪检测爆燃传感器　当爆燃传感器发生故障时,发动机 ECU 能够检测到有关信息,并使发动机进入故障应急状态下运行。利用专用的故障诊断仪 V. A. G1551 或 V. A. G1552,通过故障诊断插座可以读取此故障的有关信息。

用 V. A. G1552 检测桑塔纳 2000GSi 型轿车爆燃传感器的步骤如下:

a. 输入地址码“01”→输入“08”读取测量数据组→输入组号“13”,读取 4 个缸的爆燃控制点火滞后角数据(加大发动机节气门,3 挡行驶,冷却液温度大于 80℃),应在 00～150。

b. 输入组号“14”和“15”,分别读取 4 个缸的爆燃控制点火滞后角数据(某一转速和负荷下),应在规定范围内。

c. 输入组号“16”,读取爆燃传感器信号电压(发动机怠速),应为 0.3～1.4 V。同时要求各缸爆燃传感器信号电压之间的偏差不得大于50%。注意:猛踩节气门踏板时,爆燃传感器信号电压最大可达5.1 V。

③用示波器检测爆燃传感器　用示波器检测爆燃传感器波形,可以判定传感器工作性能好坏。连接示波器,有探针引出爆燃传感器信号测试,启动发动机并怠速运转,观察波形,对发动机加载,再查看波形显示。波形的峰值电压和频率将随发动机的负荷和转速的增加而增加。若发动机点火过早、燃烧温度不正常、废气再循环不正常时,其振幅和频率也会增大。传感器波形如图3-46所示。

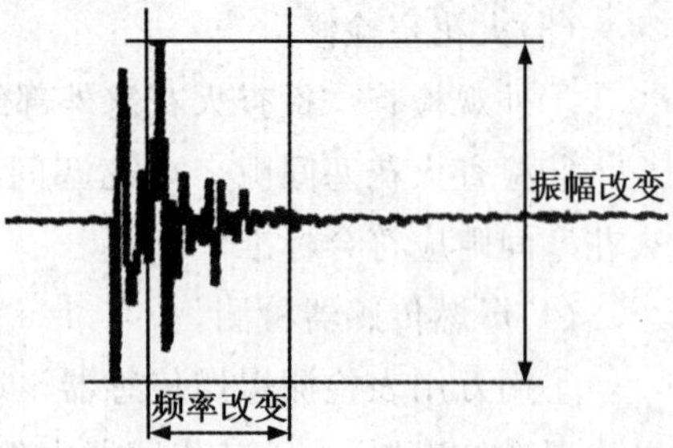

图3-46　爆燃传感器标准波形

接通点火开关,不启动发动机,用金属物敲击爆燃传感器附近的缸体。在敲击发动机缸体后,示波器上应有一突变波形,敲击越大,幅值也越大,如果波形显示只是一条直线,则说明爆燃传感器没有信号输出,应更换爆燃传感器。

5.作业单

汽油机电控点火系元件检测作业单

日期		姓名	
车型		发动机型号	

一、准备工作

项　目	情 况 记 录
(1)工量具及仪器设备准备	
(2)维修手册准备	
(3)被测车辆准备	

二、操作过程

项目	操作内容与检测结果记录	分析判断
点火线圈检测		合格□不合格□
点火模块检测		合格□不合格□
火花塞检修		合格□不合格□
爆震传感器检测		合格□不合格□

三、维修技术解决方案

四、维修结果确认

复习与思考

一、填空题

1.爆燃传感器一般安装在________,其功用是 ________。

2.爆震控制利用爆震传感器检测是否发生爆震,有爆震则________点火,无爆震则________点火,使点火时刻在任何工况都保持最佳值,从而实现点火时刻闭环控制。

3. 同时点火式点火系统每个点火线圈有________个高压插孔。

4.冷型火花塞的绝缘体长度________,热型火花塞的绝缘体长度________。

5.低压缩比、低转速、小功率的发动机应选用________型火花塞,高压缩比、高转速、大功率的发动机应选用________型火花塞。

6.按缸体振动频率的检测方式不同,爆燃传感器分为________型与________型两种;按结构原理不同,爆燃传感器分为________式和________式两种。

二、简答题

1.简述压电共振型爆燃传感器的结构与工作原理。

2.简述压电非共振型爆燃传感器的结构与工作原理。

3.如何检测点火线圈?

4.如何检测点火器?

项目四　汽油机辅助控制系统

任务一　怠速控制系统检修

【知识目标】

1. 了解电控汽油机怠速控制系统的功用和基本控制原理。

2. 熟悉怠速控制阀的类型、结构与工作原理。

3. 熟悉电控汽油机怠速控制过程。

【能力目标】

1. 掌握电磁式、步进电机式和旋转滑阀式怠速控制阀的检测方法。

2. 能诊断排除汽油机怠速控制系统常见故障。

『相关知识』

怠速是指发动机在无负荷(对外无功率输出)情况下的稳定运转状态。怠速运转过高，会增加燃油消耗。汽车在交通密度大的道路上行驶时，约有30%的燃油消耗在怠速阶段，因此怠速转速应尽可能降低。但考虑减小有害物的排放，怠速转速又不能过低。此外，怠速控制还应考虑所有怠速使用条件，如冷车运转与电器负荷、空调装置、自动变速器、动力转向伺服机构的接入等情况，都会影响怠速运转的稳定性。

汽油机在怠速运转时，节气门近乎关闭。怠速控制的目的是实现发动机冷机启动后快速暖机，并根据附属装置的使用情况，维持发动机怠速在目标转速下稳定运转。

怠速控制是汽油机电控系统的基本控制内容，由于怠速控制一般设有专门的执行机构，因此，本教材将怠速控制系统的检修作为一项工作任务在此予以独立编排。

一、怠速控制系统执行元件

怠速控制的实质是对怠速工况下的进气量进行控制。目前使用的怠速控制装置，按照控制原理的不同，可分为节气门直动控制式和旁通空气控制式。节气门直动控制式通过改变节气门最小开度来控制进气量；旁通空气控制式设置有怠速空气道，利用执行元件控制怠速空气道的空气流量。

1. 旁通空气式怠速控制阀

(1)旋转滑阀式怠速控制阀　旋转滑阀式怠速控制阀主要由永久磁铁、电枢、旋转滑阀和复位弹簧等组成，如图4-1所示。永久磁铁安装在外壳上，形成永久磁场；旋转滑阀安装在电枢轴上，与电枢轴一起转动，用来控制通过旁通空气道的空气量；复位弹簧的作用是在发动机熄火后，使怠速阀旁通道完全打开。

丰田佳美、花冠、桑塔纳 2 000 等车型采用旋转滑阀式怠速控制阀，其主要利用电流通断时间占空比来控制怠速进气量。所谓占空比，是指电控单元输出信号在一个周期内的通电时间和周期的比值。旋转滑阀式怠速控制阀电路图如图 4-2 所示，电枢铁芯上有两组绕向相反的线圈 A 和 B，当线圈 A 通电时，产生的磁场会使电枢轴带动滑阀顺时针方向旋转，当线圈 B 通电时，产生的磁场会使电枢轴带动滑阀逆时针方向旋转。发动机控制模块对两线圈的接角 RSO 和 RSC 实行同一型号反向控制。

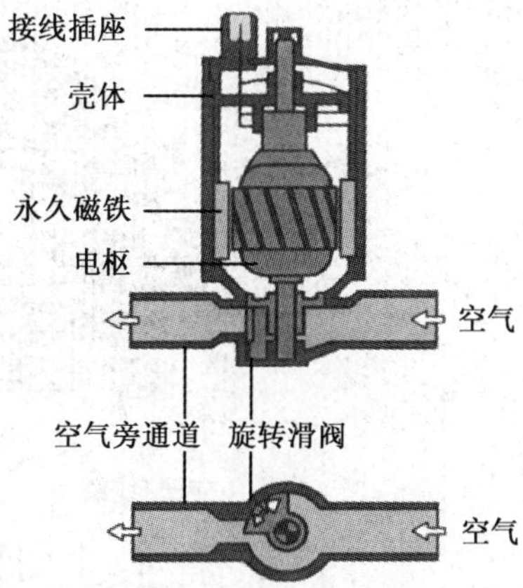

图 4-1　旋转滑阀式怠速控制系统结构图

当占空比为 50％时，A 和 B 平均通电时间相等，产生的电磁力矩相互抵消，电枢停止转动；当占空比大于 50％，线圈 A 的平均通电时间长，电枢带动旋转滑阀顺时针偏转，旁通空气道截面减小，怠速降低；当占空比小于 50％，线圈 B 的平均通电时间长，电枢带动旋转滑阀逆时针旋偏转，旁通空气道截面增大，怠速上升。旋转滑阀根据控制脉冲信号的占空比偏转，占空比的范围为 18％～82％，滑阀偏转的角度限定在 90°内。

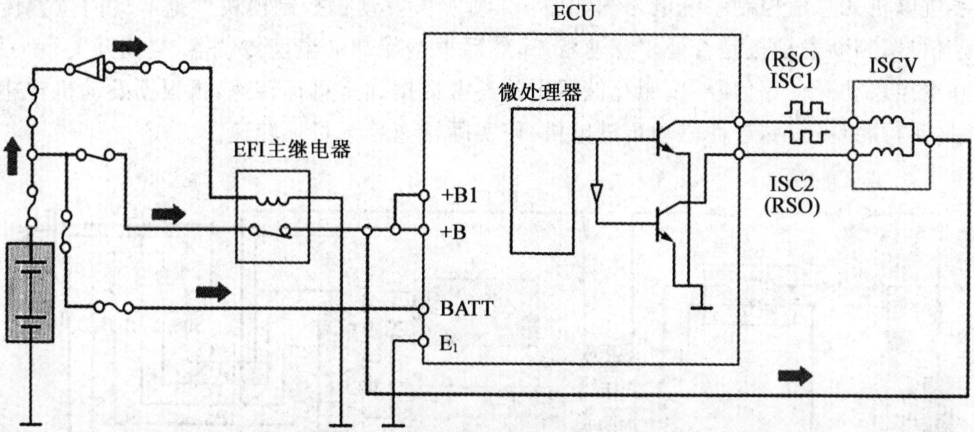

图 4-2　旋转滑阀式怠速控制系统电路图

(2)步进电机式怠速控制阀　奇瑞、赛欧、切诺基等车型采用步进电机式怠速控制阀。步进电机式怠速控制阀由永久磁铁转子、定子线圈、阀轴和阀门等组成，如图 4-3(a)所示。线圈有 4 组，通过控制线圈脉冲的相序使定子产生一个旋转的磁场，由于与转子上永久磁铁的相互作用，电动机可实现正转和反转，通过丝杠螺母将转子的旋转运动转变为阀轴和阀芯做直线运动，改变阀芯和阀座之间的间隙大小，从而调节通过旁通空气道的空气量。间隙变小，则进气量减少，怠速降低；间隙变大，进气量增多，怠速升高。

其工作原理用图 4-3(b)所示示意图简要说明如下：

步进电机利用电流流进电磁线圈产生磁场，对永久磁铁产生作用力进行工作(实际结构定子圆周上有 8 对磁极，定子有两个，分别也有 8 对磁极)。通电脉冲依次按 C1、C2、C3、C4 相序通电，当电流流向 C1，产生电磁场，切断 C1 的电流，电流流向 C2，电磁铁向 C2 方向运动，依此类推，线圈产生的磁场可实现顺时针运动；若依次按 C4、C3、C2、C1 切换电流，则可实现电磁

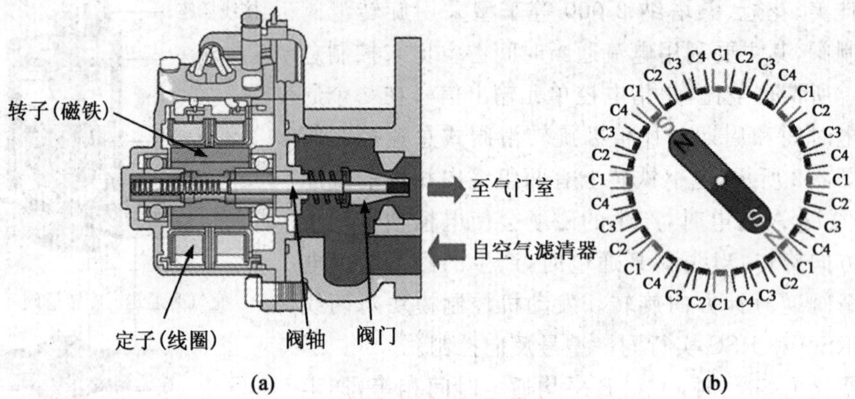

图 4-3 步进电机式怠速控制系统结构图

(a)结构 (b)工作原理示意图

铁反向运动。步进电机转动的最小单位为一步,利用 4 组电磁线圈使磁铁旋转一周具有 32 步,所以每步的转角为 12.5°。

步进电机式怠速控制系统电路图如图 4-4 所示。发动机控制模块根据节气门位置传感器和车速信号,判断发动机是否处于怠速状态,然后根据冷却液温度传感器、空调开关、动力转向开关和空挡启动开关等信号,按照存储器中的参考数据确定目标转速,再根据发动机转速的反馈信号,实行闭环控制,进而驱动步进电机,使实际转速趋于目标转速。

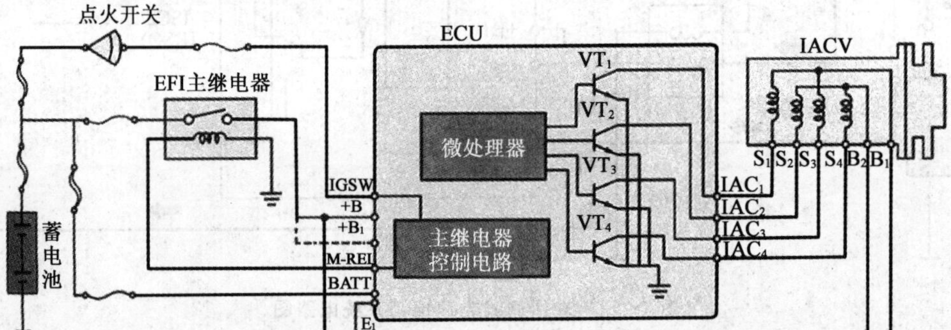

图 4-4 步进电机式怠速控制系统电路图

(3)电磁式怠速控制阀 电磁式怠速控制阀是一种脉冲线性电磁阀,由电磁线圈、弹簧、阀、阀轴、波纹管等组成,如图 4-5 所示。它利用电磁线圈通电产生电磁吸力,使阀轴沿轴向移动,从而控制阀门位置。当弹簧力与电磁吸力达到平衡时,阀门位置处于稳定状态。电磁吸力大小取决于控制模块送到电磁阀驱动电流的大小,控制模块通过占空比信号的不同来调节驱动电流的大小。当发动机怠速运转时,发动机控制模块根据各个传感器信号,给电磁线圈通以占空比可调的脉冲信号。占空比越大,线圈中的平均电流越大,线圈磁力越强,阀门升程越大,旁通空气量越大,怠速越高,反之越小。电磁式怠速控制阀在日产车和福特车上都有应用,但是对怠速的调节范围有限。电磁式怠速控制系统电路图如图 4-6 所示。

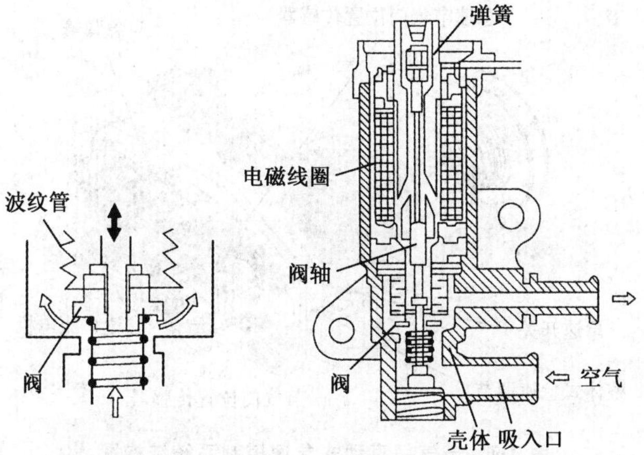

图 4-5　电磁式怠速控制阀的结构

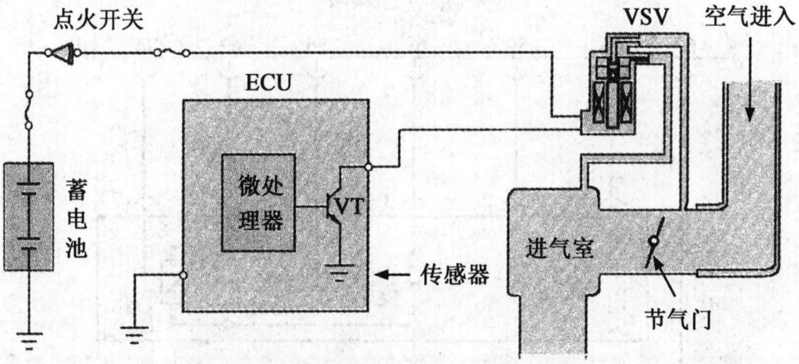

图 4-6　电磁式怠速控制系统电路图

2. 节气门直动式怠速控制装置

节气门直动式怠速控制装置通过节气门体怠速控制器控制节气门的最小开度来实现怠速控制。一般运用在单点喷射系统中，不过在大众车系和部分丰田车的多点喷射系统中也有应用。

桑塔纳 2000GSi 轿车便采用的是节气门直动式怠速控制装置，其结构图如图 4-7 所示。怠速进气量通过直流电动机正、反转经齿轮减速传动控制怠速时节气门的开度的大小。节气门体主要由节气门和怠速稳定控制器组成。怠速稳定控制器由怠速电动机、齿轮减速机构、应急弹簧、节气门位置传感器、怠速节气门位置传感器和怠速开关等构成，其控制电路如图 4-8 所示。

(1)怠速节气门位置传感器　怠速节气门位置传感器将怠速控制电动机的位置信号输送给控制单元，作为控制节气门怠速位置的依据。当怠速节气门位置传感器信号中断时，节气门控制组件将进入应急状态，利用应急弹簧将节气门控制在固定开度，使怠速转速升高，避免熄火。

(2)怠速开关　怠速开关用来判断节气门是否进入怠速状态，与节气门位置传感器一同安装在节气门轴上。当节气门关闭时，怠速开关触点闭合，控制单元判定发动机处于怠速工况，从而进入怠速控制；当节气门打开，怠速开关触点断开，控制单元根据这一信号从怠速向小负荷过渡。怠速开关信号和车速信号还可作为减速断油控制的依据。

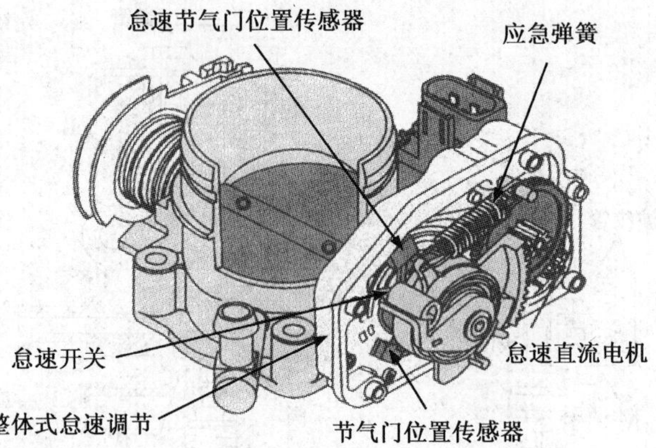

图 4-7 节气门直动式怠速控制系统结构图

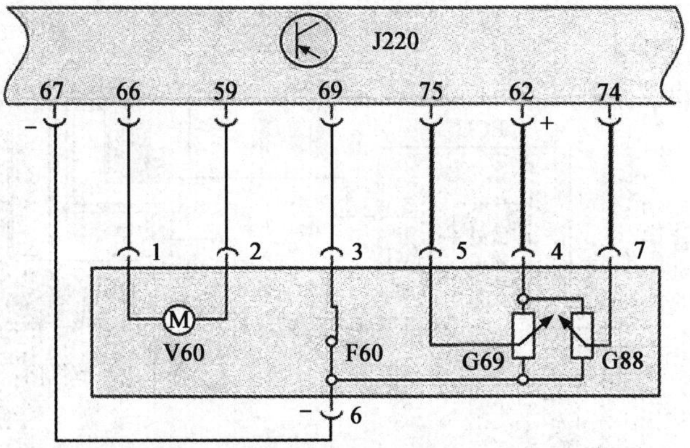

图 4-8 节气门直动式怠速控制执行机构的控制电路

1、2. 节气门电动机控制 3. 怠速信号开关 4. 5 V 电源 6. 接地端 V60. 怠速控制电动机 F60. 怠速开关 G69. 节气门位置传感器 G88. 怠速节气门位置传感器

当怠速控制信号中断时，控制单元将节气门位置传感器的信号和怠速节气门位置传感器的信号进行对比，判断出节气门的位置。

(3)怠速控制电机 怠速控制电动机通过齿轮减速机构使节气门在怠速调节范围内开大或关小。怠速工况下，控制单元根据怠速节气门位置传感器的信号，确定节气门的怠速位置，使怠速控制电动机微调节气门开度，从而调节发动机的怠速转速。

当发动机的实际转速低于目标转速时，控制单元使电动机正转，通过齿轮传动机构将节气门开大一个微小角度，增加进气量，使发动机怠速转速升至目标转速；当发动机实际转速高于目标转速时，电动机反转，将节气门关小一个微小角度，减小进气量，使发动机怠速转速降低至目标转速。

当怠速控制电动机发生故障或控制单元对怠速电动机的控制失灵时，应急弹簧将把节气门拉到一个特定的应急位置，使发动机处于应急状态运转，从而提高怠速转速。

二、怠速控制原理

怠速控制系统的工作原理如下：ECU根据发动机转速、冷却液温度、空调开关等信号来判断节气门开度或发动机怠速转速需要调整时，会向怠速电动机提供正向或反向电流，使电动机正转或反转，并通过齿轮减速机构驱动节气门开度的大小，怠速节气门位置传感器将开度的变化反馈给ECU。当发动机转速或节气门开度比较理想时，ECU会锁定怠速电动机和节气门开度；当节气门开度突然变小时，怠速电动机可以减缓节气门关闭速度，起到缓冲作用。此外，ECU可以自适应学习，在稳定的怠速工况下，存储对应的节气门开度位置，为下次启动提供参考。

三、怠速控制过程

1.初始位置确定

为改善发动机再次启动性能，在关闭点火开关使发动机熄火后，ECU内部主继电器控制电路接收到点火开关OFF位置信号时，ECU将利用备用电源输入端提供的电压控制主继电器线圈继续供电2～3 s，使怠速控制阀恢复到初始(全开)位置，为下次启动时有较大的进气量做准备。

2.启动控制

经过设定初始位置，ECU已经将怠速控制阀控制在全开位置，发动机在启动时经怠速空气道可获得最大进气量，有利于发动机启动。若启动后仍保持全开，将引起发动机怠速过高。因此，发动机启动后，当转速达到规定值时(由冷却水温信号确定)，ECU会根据冷却液温度传感器信号来控制怠速控制阀，将阀门关小到由冷却水温所确定的阀门开度位置。

3.暖机控制

暖机控制又称为快怠速控制，在暖机过程中，ECU根据冷却液温度传感器信号，按照内存的控制特性使怠速控制阀开度逐渐减小，当冷却液温度达到70℃，暖机控制过程结束，怠速控制阀达到正常怠速开度。

4.反馈控制

发动机怠速时的转速与负荷有关，对应空挡启动开关是否接通、是否使用空调、用电器增加等不同情况，都有确定的目标转速。如果发动机的实际转速与ECU存储器中所存放的目标转速差超过规定值(一般为20 r/min)，ECU将控制怠速控制阀调节旁通空气量，使发动机实际转速与目标转速差小于规定值，因此反馈控制也称为怠速稳定控制。

5.发动机转速变化预控制

发动机怠速运转时，变速器挡位、动力转向、空调以及其他用电器工作状态的变化都会引启发动机怠速转速的波动甚至熄火，尽管反馈控制可以调整怠速转速，但只有接近目标转速时，怠速转速才稳定。转速变化预控制就是ECU会根据各个负荷设备开关信号，在发动机转速变化前，通过怠速控制执行机构提前调节怠速控制阀的开度。

6. 电器负载增大时的怠速控制

在怠速运转时，随着用电器负荷的增大，蓄电池的电压会降低，为保证电控系统正常工作，ECU会根据蓄电池的电压信号，通过调整怠速控制阀开度，提高发动机怠速转速，从而提高发电机的输出功率。

7. 学习控制

发动机在各种工况下运转，其性能也不断发生变化，虽然怠速控制阀的位置不变，但是实际的怠速转速也已经偏离目标转速。此时，ECU除进行反馈控制使怠速回到初始值外，还将怠速控制机构的运行状况存储在备用存储器中，以便对今后怠速的精确控制。

『任务实施』 怠速控制系统及怠速控制阀的检测

1. 任务描述

完成指定车辆汽油发动机（或台架）怠速控制系统的检测，通过对汽油发动机怠速运转状况的测试、怠速控制阀的检测、怠速控制电路系统的检测，评定发动机怠速控制执行元件、控制电路技术状况。提出维修措施或技术解决方案，排除系统故障。

工作组团队成员集体资讯、决策和实施，分工协作，完成从工具仪器准备、检测作业、场地整理整个完整过程，并完成操作作业单的填写。

2. 安全事项

(1)启动车辆前须做好塞三角木、车内车外保护等防护措施。

(2)保持场地通风良好，严禁烟火。启动车辆前，先安装好尾气排放装置。

(3)启动发动机，须经指导教师检查同意。

(4)对电路操作应仔细小心，防止短路造成事故。

3. 实施条件

(1)场地条件　进行该实训的场地应整洁有序，场地面积与布置符合作业要求和安全技术要求。

(2)工具与仪器设备　教学用轿车或发动机台架；工具车（配备通用工具）、万用表，示波器等。

4. 操作指导

怠速控制系统故障，会导致不能启动、启动困难、怠速不稳、怠速失速等。对怠速控制系统传感器、执行元件、系统电路进行有序而针对性检测，是诊断排除怠速系统故障的有效手段。以下简要介绍怠速控制系统和怠速控制阀的常用检测操作方法。

怠速控制系统的就车检查

①发动机怠速运转状况检查　在冷车状态下启动发动机，暖机过程开始，发动机转速应达到1 100～1 200 r/min（因机型而异）。随着冷却水温升高，怠速转速逐步降至正常怠速转速（800 r/min左右）。否则，说明怠速控制系统有故障。

发动机达到正常工作温度后，打开空调开关，发动机转速应上升到1 000 r/min左右（因机型而异），若打开空调后发动机转速下降，说明怠速控制系统有故障。

②怠速控制阀工作状况的就车检查 对脉冲线性电磁式和旋转滑阀式怠速控制阀，在发动机怠速运转时，拔下怠速控制阀线束连接器，若怠速转速有变化，说明怠速控制系统正常工作。若怠速转速没有变化说明怠速控制系统有故障。也可在启动前拔下怠速控制阀线束连接器，待发动机启动暖机后再插上，如发动机转速下降到正常怠速转速，说明怠速控制系统工作正常。若怠速转速没有变化，说明怠速控制系统有故障。

对于步进电机式怠速控制阀，在发动机熄火后，察听控制阀是否有“嗡嗡”声（系统将阀开度开至最大，实现下次启动初始位置的设定）。如果有“嗡嗡”声说明正常，否则说明怠速控制系统有故障。也可在启动前拔下怠速控制阀线束连接器，待发动机启动暖机后再插上，如发动机转速下降到正常怠速转速，说明怠速控制系统工作正常。若怠速转速没有变化，说明怠速控制系统有故障。

③怠速控制阀电阻值测试 拆下怠速控制阀线束连接器，万用表电阻挡测量电磁线圈电阻。脉冲线性电磁阀电阻正常值为10～15 Ω；步进电机式怠速控制阀有2～4个线圈，每个线圈其电阻正常值为10～30 Ω，如图4-4所示电路，B1和S1之间、B1和S3之间、B2和S2之间、B2和S4之间的电阻值应为10～30 Ω；旋转滑阀式怠速控制阀有两个线圈，每个线圈电阻值为17～24.5 Ω。同时，电磁线圈与怠速控制阀外壳电阻应为无穷大。以上检测超出正常值范围，须更换怠速控制阀。

④步进电机动作检查 拆下步进电机，将蓄电池电源以一定顺序输送给电动机各线圈，可以步进电机按一步方向逐步转动。以图4-4所示电路步进电机为例，检测操作步骤如下。

将蓄电池的正极连接怠速控制阀的B1和B2端子；将蓄电池的负极分别和S1、S2、S3、S4连接，怠速控制阀应逐步伸出；按照相反的方向分别和S1、S2、S3、S4连接，则怠速控制阀应逐步缩入。如动作不符合要求，应更换怠速控制阀。

⑤怠速执行器控制电路检查 通过上述检查，怠速控制系统有故障，且控制阀电阻值测试结果正常，须检查怠速控制系统电路进行检查。

对脉冲线性电磁阀，拔下怠速控制阀线束连接器，打开点火开关，用万用表电压挡测试供电端子电压，应为电源电压。如无电压，检查相应电路保险丝、导线及连接器状况，找出故障点并排除。如为电源电压，用万用表电压挡测试连接器同ECU连接的端子，应有脉冲电压。最好采用示波器进行观测，如能观测到脉宽调制信号，说明控制信号正常；如无脉冲电压信号，须进一步检查线圈连接器端子至ECU导线有无接触不良、断路和搭铁故障，可通过测量导线跟ECU插接器对应端子的电阻、导线对搭铁线电阻进行判断。

旋转滑阀式和步进电机式怠速控制阀控制电路与脉冲线性式电磁阀控制电路检测方法类似。

如果怠速控制阀电源供电及线路检查均正常。检查怠速控制阀门是否卡滞、旁通空气道是否有堵塞现象；检查水温传感器、怠速开关、空调开关及其电路等。如果均正常，说明ECU有故障，更换ECU。

5.作业单

怠速控制系统及怠速控制阀的检测作业单

日期		工位(组)	
车型		发动机型号	

一、准备工作

项 目	情 况 记 录
(1)工量具及仪器设备准备	
(2)维修手册准备	
(3)被测车辆安全防护	

二、操作过程

项目	操作内容与检测结果记录
故障现象确认	
线路外观检查	
怠速运转状况检查	
怠速控制阀电阻值测试	
控制电路检测	
其他检测	
故障诊断排除	检测结论： 维修技术解决方案：

三、维修结果确认

复习与思考

一、填空题

1.发动机启动时，怠速控制阀预先设定在________位置。

2.旋转电磁阀的开度是通过控制两个线圈的________来实现的。

3.为使发动机工作时进气更充分，理想的配气正时应随转速的提高，适当________进气门的进气提前角。

4.在正常运行工况下，节气门位置传感器的怠速触点________。

5.按照控制原理的不同，怠速控制阀系统可分为________式和________式两种。

二、判断题

1.怠速运转转速的高低直接影响燃油消耗和排放污染。(　　)

2.关闭点火开关时，怠速控制阀立即关闭。(　　)

3.节气门直动式怠速控制器动态响应性比较差。(　　)

4.只有在节气门全关、车速为零时，才进行怠速控制。(　　)

5.怠速控制的目的是保证发动机运转稳定的前提下，尽量使发动机保持高怠速运转。(　　)

三、简答题

1.旋转滑阀式怠速控制系统是如何工作的?

2.节气门直动式怠速控制系统是如何工作的?

3.怠速控制的过程是怎样的?

4.如何检测步进电机式怠速控制阀?

5.如何检测旋转滑阀式怠速控制阀?

任务二　进气控制系统检修

【知识目标】

1.熟悉谐波进气增压控制系统组成、典型结构和工作原理。

2.熟悉动力阀控制系统组成和工作原理。

3.熟悉可变配气相位控制系统组成、典型结构和工作原理。

4.了解废气涡轮增压进气系统组成、典型结构和工作原理。

【能力目标】

1.能对进气控制系统传感器、执行器等工作部件进行检测和维修。

2.能诊断排除进气控制系统常见故障。

『相关知识』

一、谐波进气增压控制系统

汽车在不同的路况行驶,发动机对外输出的功率和扭矩也不尽相同。汽车在低速或中速中等负荷行驶时,需要提高进气速度来增强进气涡流,使燃油雾化良好,提高其燃烧效率,提高低速扭矩;在大负荷或高速工况下,需要增加进气量才能满足发动机输出功率和输出扭矩的需要。

谐波进气增压控制系统也称为进气惯性增压控制系统。其目的是利用进气流的惯性产生的压力波来提高充气效率,或利用进气涡流作用改善燃烧过程。

当气体高速流向节气门时,如果节气门突然关闭,节气门附近的气体流动突然停止,由于惯性作用,进气管中的气体仍然继续流动使进气门附近的气体压缩,压力上升。随后被压缩的气体开始膨胀,向与进气气流流动相反的方向流动,压力下降。膨胀气体传到进气管口又被反射回来,形成压力波。如果使这种进气压力波与节气门的配气相位相互配合(在节气门打开时同,压力波波峰恰好到达节气门),可使进气管内的空气产生谐振,利用谐振效果在进气门打开时就会形成增压效果,提高充气效率。

进气管较长时,谐振压力波的波长较长,有利于发动机中低转速输出转矩的增加;进气管较短时,谐振压力波的波长就短,有利于发动机高速范围内输出功率的增加。

1.进气管长度可变的进气系统

奥迪 V6 发动机可变进气系统原理如图 4-9 所示。每个进气歧管内设有进气转换阀,该转换阀由 ECU 通过电磁真空阀和真空马达控制。当发动机转速低于 4 100 r/min 时,转换阀处于关闭状态，空气经细而长的进气通道进入气缸，如图 4-9(a)所示，使发动机低速时转矩增大，有利于汽车克服阻力；当发动机转速高于 4 100 r/min 时，转换阀处于开启状态，空气经粗而短的进气通道进入气缸，如图 4-9(b)所示，使发动机在高速时功率增大，有利于汽车提高车速。

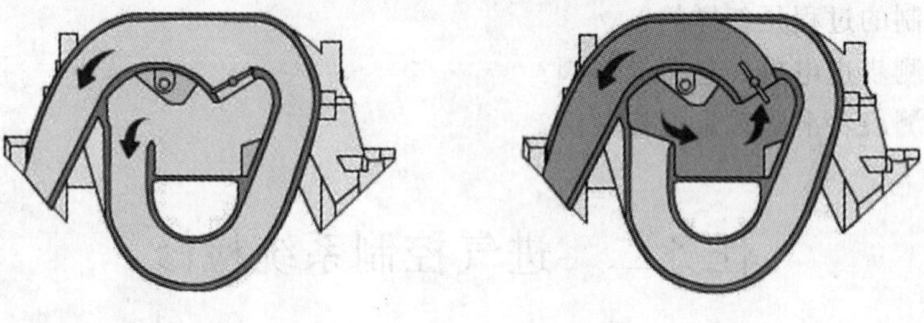

(a) (b)

图 4-9 奥迪 V6 发动机可变进气系统原理图

(a)旋转阀关闭(低转速时) (b)旋转阀打开(高转速时)

图 4-10 所示为日产汽车发动机可变进气系统。由细长管和短粗管组成双进气道进气歧管，短粗管中装有转换阀。发动机低速中小负荷工作时，转换阀关闭，空气经细而长的进气通道进入气缸，并在气缸中形成强烈的进气涡流。细长管的波动效应增大了进气量，进气涡流使燃烧速度加快，从而改善发动机的低速扭矩特性。当发动机处于高速大负荷工况时，转换阀开启，空气经粗而短的进气通道进入气缸，从而增大进气量，提高发动机高速时的功率。

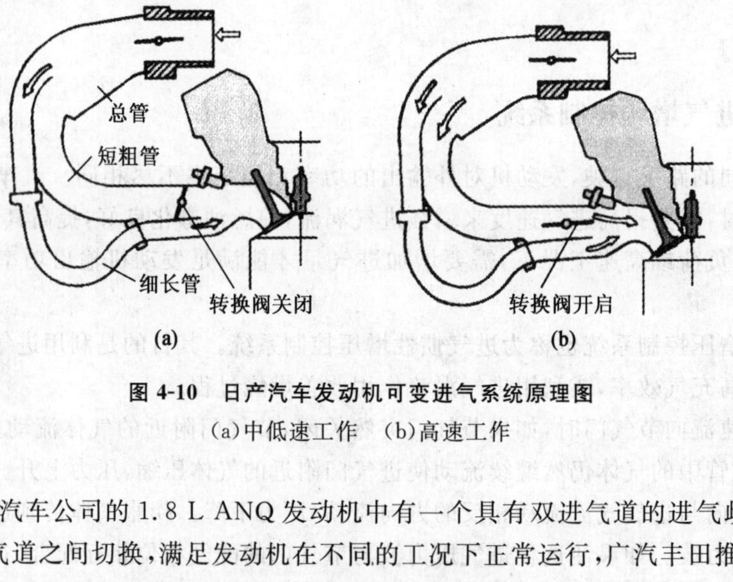

(a) (b)

图 4-10 日产汽车发动机可变进气系统原理图

(a)中低速工作 (b)高速工作

此外，大众汽车公司的 1.8 L ANQ 发动机中有一个具有双进气道的进气歧管，可以在长进气道和短进气道之间切换，满足发动机在不同的工况下正常运行，广汽丰田推出的第七代凯美瑞也采用了这项技术；宝马发动机通过空气转鼓使进气管长度无级可变，使曲轴在任意转速下，进气管长度都可达到最佳，提高了发动机性能。

2.进气管直径可变的进气系统

对于红旗轿车、搭载日产 VG20 发动机的车型以及丰田汽车公司的双进气管可变进气系统，采取通过改变进气管的直径方式来提高进气量，如图 4-11 所示。每个汽缸的 2 个进气门均配有一个进气歧管，其中一个进气管道配有一个进气转换阀。当发动机在低速中、小负荷运转时，转换阀关闭，只有一个进气道进气，进气流速加大，细长管的波动效应增大了进气量，可提高发动机转矩；当发动机高速大负荷运转时，转换阀开启，两个通道均进气，进气截面增大，进气阻力减小，气缸充量增加，改善了发动机高速大负荷时的动力性。

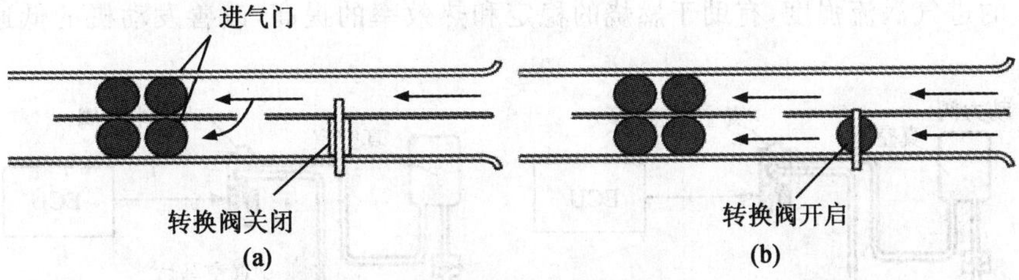

图 4-11　丰田汽车发动机可变进气系统

(a)低速工作时　(b)高速工作时

3. 可变进气系统的控制

不同的可变进气系统控制电路不完全相同，但基本类似。这里以丰田可变进气系统的控制为例，介绍其控制电路与控制原理。丰田可变进气系统的控制如图 4-12 所示。

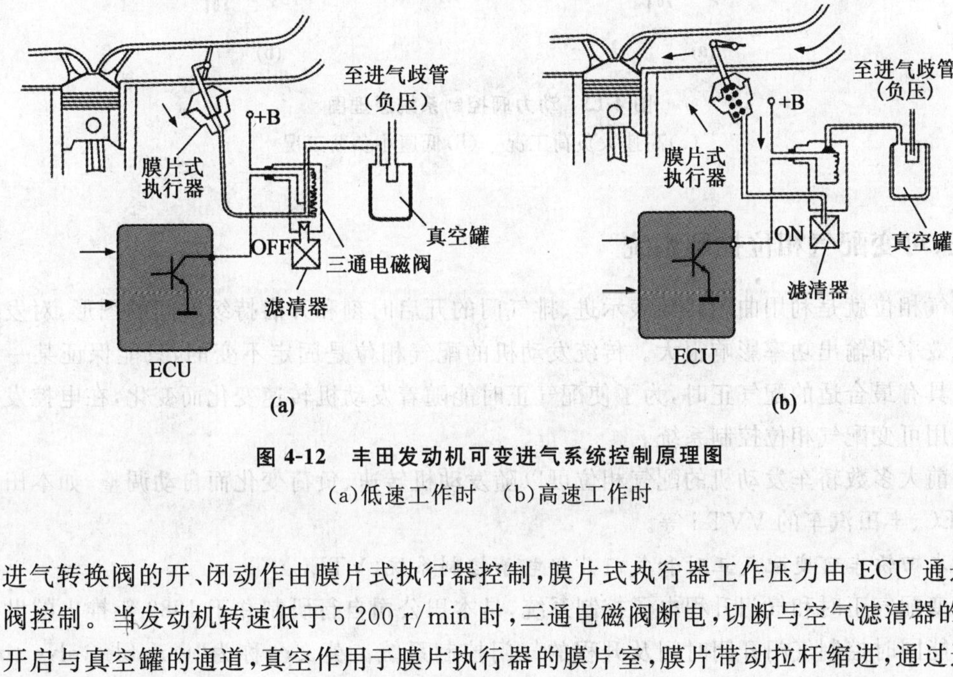

图 4-12　丰田发动机可变进气系统控制原理图

(a)低速工作时　(b)高速工作时

进气转换阀的开、闭动作由膜片式执行器控制，膜片式执行器工作压力由 ECU 通过三通电磁阀控制。当发动机转速低于 5 200 r/min 时，三通电磁阀断电，切断与空气滤清器的通道，同时开启与真空罐的通道，真空作用于膜片执行器的膜片室，膜片带动拉杆缩进，通过连杆拉动进气转换阀关闭，如图 4-12(a)所示；当发动机转速高于 5 200 r/min 时，三通电磁阀通电，切断与真空罐的通道，同时开启与空气滤清器的通道，大气作用于膜片执行器的膜片室，在膜片弹簧作用下，膜片带动拉杆伸出，通过连杆推动进气转换阀开启，如图 4-12(b)所示。

二、动力阀控制系统

动力阀控制系统的功能是控制发动机进气道的空气流通截面积的大小，以适应发动机不同工况对进气量的要求，改善发动机的动力性。

动力阀控制系统原理如图 4-13 所示。在进气量较大的高速、大负荷工况下，ECU 控制动力阀打开，增大进气道空气流通截面，可减少进气阻力，提高进气量，从而改善发动机的高速性能，如图 4-13(a)所示；在进气量较小的低速、小负荷工况下，ECU 控制真空电磁阀关闭，动力阀也关闭，使进气道空气流通截面减小，可提高进气流速，提高充气效率，又可增强低速时在燃烧室内形成的进气涡流强度，有助于燃烧的稳定和热效率的提高，改善发动机的低速性能，如图 4-13(b)。

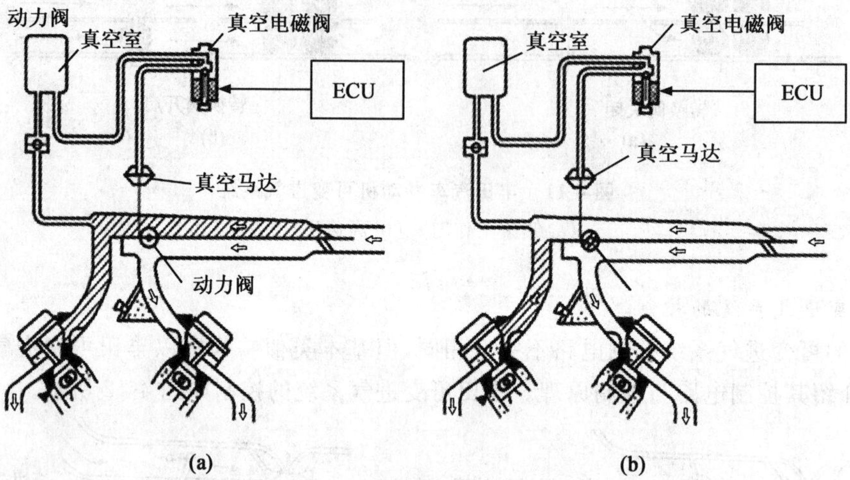

图 4-13 动力阀控制系统原理图

(a)高速大负荷工况 (b)低速小负荷工况

三、可变配气相位控制系统

配气相位就是利用曲轴转角表示进、排气门的开启时刻和开启持续时间的图形，对发动机的充气效率和输出功率影响很大。传统发动机的配气相位是固定不变的，只能保证某一常用转速下具有最合适的配气正时，为了使配气正时能随着发动机转速变化而变化，在电控发动机上常采用可变配气相位控制系统。

目前大多数轿车发动机的配气相位可以随发动机转速、负荷变化而自动调整，如本田汽车的 VTEC、丰田汽车的 VVT-i 等。

1. 本田轿车可变配气正时和气门升程电子控制系统(VTEC)

可变配气正时和气门升程电子控制系统，是本田公司自行研制并于 1989 年推出的世界上第一个能同时控制气门开闭时间及升程的气门控制系统。英文全称为“variable valve timing and valve lift electronic control system”，缩写为“VTEC”。VTEC 的作用是在汽油发动机高速时，改变气门正时和气门升程，使发动机输出更大的功率。

VTEC 控制系统的组成主要包括控制部分、执行部分和传感器。其中控制部分由发动机控制单元 ECU、VTEC 电磁阀和压力开关等组成；执行部分由凸轮、摇臂和同步活塞等组成，每个气缸都装有一套执行机构；传感器包括发动机转速传感器、车速传感器和冷却液温度传感器。在车辆行驶过程中，控制单元 ECU 根据发动机的负荷、转速、冷却液温度和车速等信息，决定改变气门升程和气门正时。

在 VTEC 系统中，对应每个气缸的进气门，进气凸轮轴上有三个凸轮(主凸轮、次凸轮和中间凸轮，中间凸轮升程最大，次凸轮升程最小)，分别与摇臂轴上的三个摇臂(主摇臂、次摇臂和中间摇臂)相接触,两个进气门分别安装在主、次摇臂上。在三个摇臂孔道,内装有同步活塞A、B,正时活塞和定位活塞。

发动机低速、小负荷运转时,如图 4-14 中①所示,ECU 将 VTEC 电磁阀断电,切断通往正时活塞的油路,三个摇臂彼此分离,左右两个摇臂分别驱动主进气门和次进气门,中间摇臂不驱动任何气门,使主进气门打开,次气门微开,增加低转速扭矩,降低油耗和尾气排放;随着发动机转速的提高,ECU 根据负荷、车速、转速、水温等信号切换至高速模式,控制 VTEC 电磁阀打开,压力油进入摇臂孔道内,驱动摇臂孔道内的正时活塞、同步活塞移动,将三个摇臂连接为一体,由中间凸轮驱动主、次摇臂一同工作,且升程达到最大,使进气量充分增加,满足发动机输出大功率的要求,如图 4-14 中③所示。

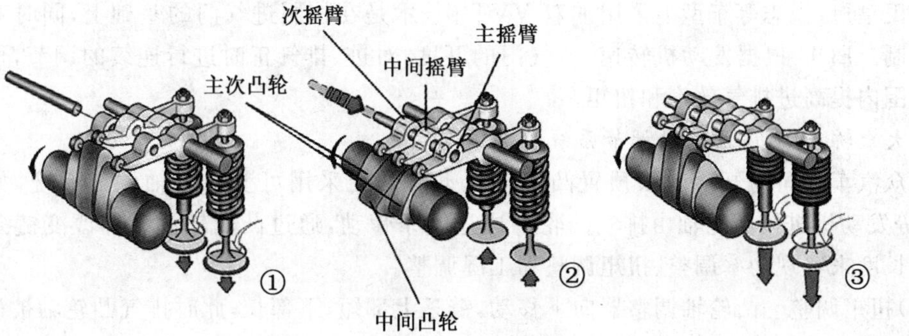

图 4-14 本田汽车 VTEC 工作过程

2. 丰田轿车可变配气正时控制技术(VVT-i)

VVT-i(variable valve timing-intelligent)是丰田公司的智能可变气门正时系统的英文缩写,最新款丰田轿车的发动机已普遍安装了 VVT-i 系统。发动机采用可变配气正时控制技术可以增加进气充量,提高发动机的扭矩和功率。

VVT-i 系统由传感器、凸轮轴正时机油控制阀、VVT-i 控制器、ECU 组成。主要利用油压来调整进气凸轮轴转角,优化配气正时,使发动机在所有速度范围内均可增加扭矩,降低油耗和尾气排放。

该系统在工作过程中,ECU 根据曲轴位置传感器、空气流量计、节气门位置传感器、凸轮轴位置传感器、冷却液温度传感器和车速信号,计算出最佳气门正时,通过改变机油控制阀的位置使 VVT-i 控制器产生提前、保持和延迟动作,从而驱动凸轮轴相对于正时带轮旋转来改变配气正时,此外该系统进行反馈控制,ECU 根据凸轮轴位置传感器和曲轴位置传感器信号检测实际的气门正时,不断修正,以获得最佳配气正时。

(1)提前控制 ECU 给凸轮轴正时机油控制阀通电,油压作用于气门正时提前侧的叶片室,接通提前油路,使 VVT-i 控制器叶片和凸轮轴向气门正时提前方向旋转,提前打开进气门,如图 4-15(a)所示。

(2)保持控制 ECU 给控制阀断电,控制阀在弹簧作用下回到中间位置,油道关闭并保持油压,凸轮轴相对正时带轮的位置保持不变。

(3)延迟控制 ECU 给控制阀反向通电,接通延迟油路,油压作用于气门正时延迟侧的叶片室,使进气凸轮轴相对于正时带轮向气门正时的延迟方向旋转,如图 4-15(b)所示。

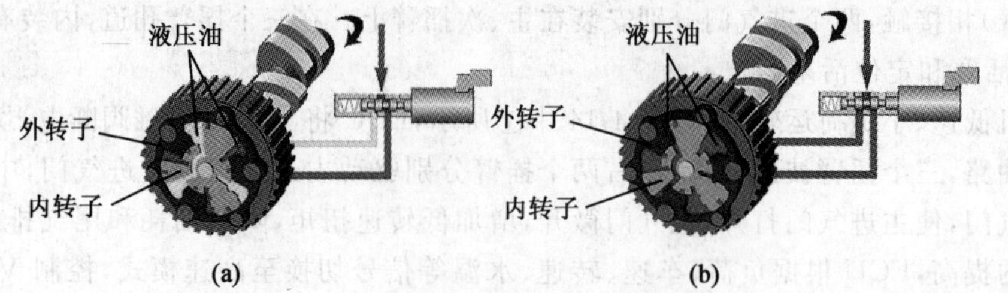

图 4-15 丰田 VVT-i 工作示意图

(a)角度提前 (b)角度延迟

丰田皇冠、锐志等车型上采用的双 VVT-i 技术是在控制进气门的基础上，同时对排气门进行控制。ECU 根据发动机转速、节气门的开度，对进、排气正时进行连续的调节，可以在全转速范围内提高进排气效率和扭矩。

3. 大众轿车 INA 凸轮轴调节系统

大众汽车公司的五气门双顶置凸轮轴发动机广泛采用可变凸轮轴调节系统，如 ANQ、AWL 等发动机进气凸轮轴由排气凸轮轴通过链条带动，通过凸轮轴调整器改变链条上部或下部的长度来实现功率调整、扭矩调整和工况调整。

(1)扭矩调整　凸轮轴调整器向下移动，链条上部短，下部长，此时排气凸轮轴被齿形带固定而不能转动，进气凸轮轴被转过一个角度而提前关闭，在此位置时，中低转速可获得大扭矩输出。如图 4-16(a)所示。

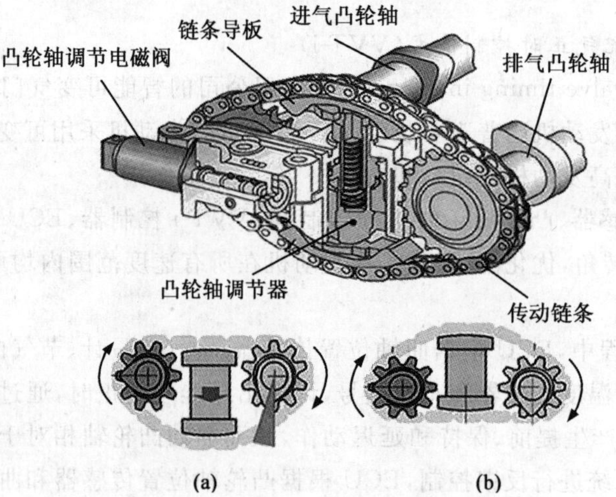

图 4-16 凸轮轴调节系统示意图

(a)扭矩调节 (b)功率调节

(2)功率调整　在进行功率调整时，链条上部长，下部短，进气门延迟关闭，进气管内的气流流速很高，气缸内进气量充足，因此高转速时，发动机功率大，如图 4-16(b)所示。

(3)工况调整　在发动机怠速时，进气门延迟关闭；当转速高于 1 000 r/min 时，进气门提前关闭；当转速高于 3 700 r/min 时，进气门延迟关闭。

四、废气涡轮增压系统

废气涡轮增压系统是一种动力增压控制系统，利用发动机的排气能量驱动废气涡轮增压器实现发动机进气增压。废气涡轮增压系统主要有由涡轮增压器、中间冷却器和控制装置组成，如图 4-17 所示。涡轮增压器相当于空气压缩机，增加发动机进气量，提高发动机输出功率；中间冷却器主要对压缩空气进行冷却；增压控制装置主要包括压力传感器、电磁阀和控制单元等。

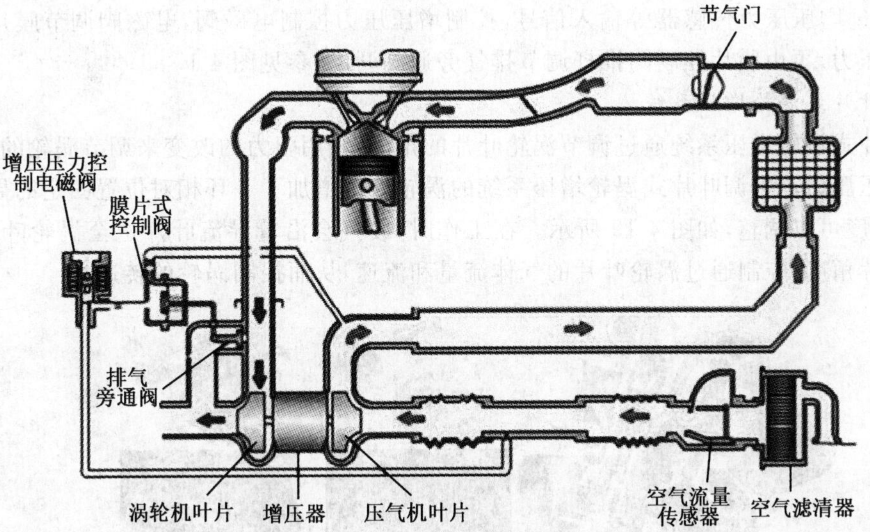

图 4-17　废气涡轮增压系统示意图

1. 废气涡轮增压器的结构及工作原理

废气涡轮增压器由涡轮机、压气机以及轴和轴承、润滑冷却系统、密封件等组成，如图 4-18 所示。

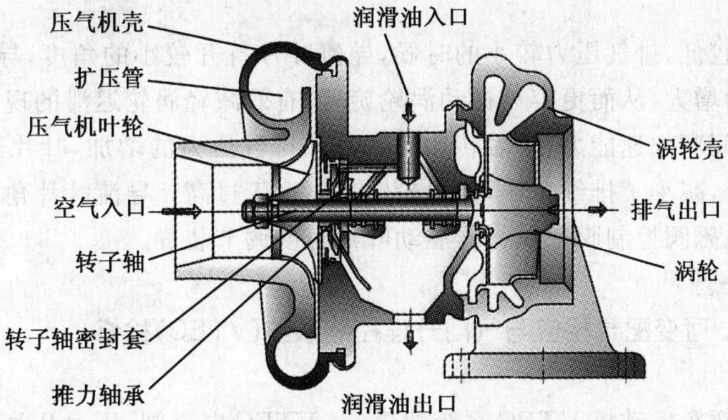

图 4-18　废气涡轮增压器结构

发动机气缸排出的高温高速的尾气进入涡轮机，依靠惯性力推动涡轮旋转，并带动与其同轴安装的压气机叶轮旋转。由于压气机旋转产生离心力，当新鲜空气进入压气机后，沿着压气机叶片流向泵轮周边，气体流速下降而温度和压力升高，经冷却器冷却后由进气管供入气缸。

2. 废气涡轮增压系统控制过程

增压压力和增压器转速有关，增压器转速取决于废气能量。发动机在低速小负荷工况时，废气能量少，增压压力低，加速性差；在高速大负荷工况时，废气能量高，增压压力高。为获得低速大转矩和良好的加速性，一般增压器的涡轮转速设定为标定转速的 40%，但是会导致高速时增压压力过高，增压器可能超速，发动机会因为热负荷过大而爆燃，因此必须调节增压压力。

ECU 通过增压压力传感器等输入信号，控制增压压力控制电磁阀，电磁阀调节膜片控制阀膜片室的压力，再由膜片控制阀推杆调节排气旁通阀开度，参见图 4-17。

3. 可调叶片式涡轮增压系统

可调叶片式涡轮增压系统通过调节涡轮叶片的角度，利用阻力的改变来调节涡轮的转速，从而改变增压压力。可调叶片式涡轮增压系统的涡轮外侧增加了一环相对位置固定的导流叶片，叶片的角度可以调整，如图 4-19 所示。在工作时，废气会沿着导流叶片送至涡轮叶片上，通过调整叶片角度，控制通过涡轮叶片的气体流量和流速，从而控制涡轮的转速。

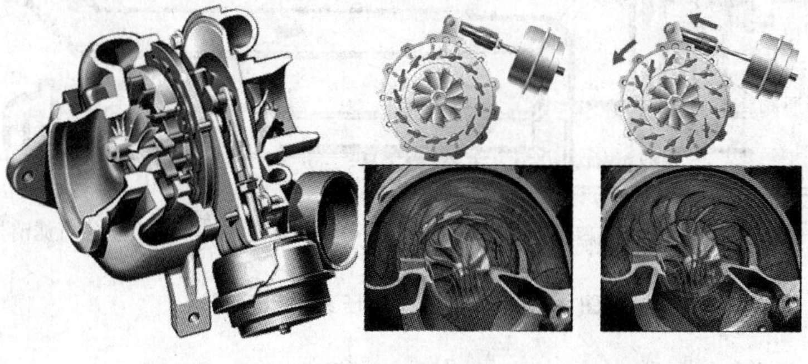

(a)　　(b)

图 4-19　可调叶片式涡轮增压系统

(a)低速时，叶片开度小　(b)高速时，叶片开度大

当发动机转速较低，排气压力较小的时候，导流叶片打开较小的角度，导入涡轮处的空气流速就会加快，压力增大，从而更容易推动涡轮旋转，有效减轻涡轮迟滞的现象，改善了发动机低转速时的响应时间和加速能力；随着转速的提升和排气压力的增加，叶片开度增大，在全负荷状态下，叶片全开，减小了排气背压，使涡轮转速不至于过高。导流叶片角度的调节由 ECU 控制电磁阀，再由电磁阀控制膜片执行器驱动叶片角度调节装置。

『任务实施』1　可变配气相位与气门升程控制系统(VTEC)检修

1. 任务描述

诊断广州本田轿车发动机 VTEC 系统故障，对 VTEC 电磁阀、压力开关、控制电路和液压伺服系统进行技术检测，判断技术况，提出维修技术方案排除故障。

工作组团队成员集体资讯、决策和实施，分工协作，完成从工具仪器准备、检测作业、场地整理整个完整过程，并完成操作作业单的填写。

2. 安全事项

①启动车辆前须做好塞三角木、车内车外保护等防护措施。

②保持场地通风良好，严禁烟火。启动车辆前，先安装好尾气排放装置。

③启动发动机，须经指导教师检查同意。

④对电路操作应仔细小心，防止短路造成事故。

3. 实施条件

①场地条件　场地整洁有序，场地面积与布置符合作业要求和安全技术要求。

②工具与仪器设备　本田轿车或本田发动机台架；工具车（配备通用工具）、万用表、解码器、专用油压表。

4. 操作指导

以广州本田轿车为例，当仪表板故障指示灯亮，且读出故障码 21 时，说明 VTEC 系统电路有故障。这时配气正时将一直处于低速状态工作，出现发动机功率不足故障现象。

进行清除故障码操作后，启动发动机，并使发动机达到正常工作温度；进行道路试验，自动变速器设置在 1 挡位时加速，使发动机转速超过 6 000 r/min，并保持至少 2 s。如果路试中故障指示灯不亮，则系说明统正常，路试前的故障码可能是由 VTEC 和 ECM 的导线连接有松动造成的，应予以检修；如果故障指示灯亮并闪示故障码，则进行如下步检测。

(1) VTEC 电磁阀检查

①观察电磁阀电路是否有断路或接触不良的情况。若正常，关闭点火开关，并断开 VTEC 电磁阀插头。将电磁阀的外壳搭接蓄电池负极，电磁阀的导线碰击蓄电池正极，观察是否有电磁阀的动作声音，若无声，说明电磁阀已损坏。

②用万用表检测电磁阀插座端子与搭铁壳体间的电阻值应为 14～30 Ω。如果电阻值不在正常范围之内，则更换 VTEC 电磁阀。

③若电磁阀正常，则检查控制单元 ECU 的 25 芯插接器的 B12 端子和与电磁阀插线端子之间的导通情况，用万用表检测其电阻，看是否有短路和断路情况，若正常，应更换电控单元 ECU。

(2) 油压的检查

①接上 VTEC 电磁阀插头。

②卸下电磁阀测油压孔的 M10 螺栓，将专用的接头和压力表连接到电磁阀上。

③启动发动机，并使发动机运转至正常的工作温度（冷却风扇转动）。

④检查发动机转速分别在 1 000 r/min、2 000 r/min 和 4 000 r/min 时的机油压力，正常油压应低于 50 kPa，否则表示 VTEC 电磁阀未打开；如果油压正常，则进行下一步检查。

⑤关闭点火开关，再次断开 VTEC 电磁阀插头。

⑥将蓄电池正极连接绿/白插头端子，负极接地。

⑦启动发动机，并检查发动机转速在 3 000 r/min 时的机油压力，正常油压应高于 250 kPa。如果油压不正常，表示机油泵不良或润滑系统漏油等。如果油压正常，则需要更换一个 ECU 再试。

(3) 进气摇臂的检查

①发动机不工作时，拆下气门室罩盖，转动曲轴分别使各缸处于压缩上止点位置，用手按压中间摇臂，应能与主摇臂和次摇臂分离单独运动。

②用专用堵塞塞住油道减压孔，拆下油压检查孔处的密封螺栓，通入压力为 400 kPa 的压缩空气，用手推动正时片端部使其向上移动 2～3 mm。

③转动曲轴使活塞处于压缩上止点位置，三个摇臂并列平行时，从三个摇臂的缝隙中观察同步活塞的结合情况，同步活塞应将三个摇臂连接为一体，用手按压中间摇臂应不能单独运动。

④当停止输入压缩空气时，再推动正时片使其向上移动，摇臂内的同步活塞应迅速回当位。进气摇臂总成的工作情况若不符合上述要求，应分解检查摇臂总成，必要时成组更换进气摇臂。

5. 作业单

可变配气相位与气门升程控制系统(VTEC)检修作业单

日期		工位(组)	
车型		发动机型号	

一、准备工作

项　目	情况记录
(1)工量具及仪器设备准备	
(2)维修手册准备	
(3)被测车辆安全防护	

二、操作过程

项　目	操作内容与检测结果记录
故障现象确认	
线路外观检查	
故障码诊断	
电磁阀检测	
油压检测	
进气摇臂检测	
故障诊断排除	检测结论： 维修技术解决方案：

三、维修结果确认

『任务实施』2　废气涡轮增压系统元件检修

1. 任务描述

检查发动机废气涡轮增压系统增压器、传感器、执行器，判断技术况，诊断排除故障。

工作组团队成员集体资讯、决策和实施，分工协作，完成从工具仪器准备、检测作业、场地整理整个完整过程，并完成操作作业单的填写。

2.安全事项

①启动车辆前须做好塞三角木、车内车外保护等防护措施。

②保持场地通风良好，严禁烟火。启动车辆前，先安装好尾气排放装置。

③启动发动机，须经指导教师检查同意。

④增压器涡轮壳为高温部件，不能用手直接接触，防止烫伤。

⑤对电路操作应仔细小心，防止短路造成事故。

3.实施条件

①场地条件　场地整洁有序，场地面积与布置符合作业要求和安全技术要求。

②工具与仪器设备　大众车系统轿车(如奥迪 A6 1.8T 轿车)或具备涡轮增压系统的发动机台架；工具车(配备通用工具)、万用表、解码器等。

4.操作指导

(1)基本检查

①检查废气涡轮增压器的涡轮壳，应无因为过热、咬合、变形或其他损伤而产生的裂纹，否则应更换废气涡轮增压器。

②检查涡轮油孔，应无淤积和堵塞；检查废气涡轮增压装置的进油管和回油管，应无堵塞、压瘪、变形或其他损坏；检查废气涡轮增压器，应不漏机油。

③检查安装在活性炭罐和废气涡轮增压器前部进气软管之间的活性炭罐单向阀、制动助力器和进气歧管之间的单向阀，应安装正确，上面的箭头应指向导通方向。

④检查所有的管路，应连接牢固、无泄漏、老化等。

(2)增压压力限制电磁阀检修　如果有增压压力限制电磁阀故障码，须对电磁阀及其电路进行检查。拔下增压压力限制电磁阀，用万用表测量其电阻应为 23～35 Ω，阻值不符合要求，更换电磁阀；用蓄电池电压短时间加到电磁阀插接器端子，应能听到电磁阀的“咔嗒”声，或用解码器执行元件测试电磁阀，同样应听到咔嗒声，否则更换电磁阀；如电阻正常，检查电磁阀供电电路以及电磁阀与 ECU 连接线路是否有短路、断路和接触不良；如线路正常，可用发光二极管通过引针连接到电磁阀插接器两端，发动机运行时，正常情况是发光二极管会闪亮，如果不闪亮，则为 ECU 故障。

(3)循环空气阀检修　循环空气阀检查同检查涡轮增压压力限制电磁阀方法基本相同。拔下涡轮增压器空气再循环阀的导线连接器，用万用表挡在涡轮增压器空气再循环阀侧导线连接器处检查空气再循环阀的电阻，阻值应为 27～30 Ω。

(4)增压压力传感器的检修　用故障诊断仪读取故障代码，如果有与增压压力传感器有关的故障代码，则检查增压压力传感器及其电路。

①检查增压压力传感器的供电电压，从增压压力传感器上拔下导线连接器，接通点火开关，用万用表直流电压挡测量增压压力传感器导线侧连接器供电端子和搭铁端子间的电压，电压值应为 5 V。如果供电电压未达到上述要求，则应检查线路是否断路或短路并排除；如果供电电压正常，进行下一步检查。

②插上增压压力传感器导线连接器，用万用表直流电压挡测量增压压力传感器导线连接器信号端子和搭铁端子之间的电压。发动机怠速运转时，信号电压值应约为 1.9 V，发动机急加速时，信号电压值应为 2.0～3.0 V(大众车型)，如果信号电压不符合上述要求，检查信号线路是否断路或短路，如果线路正常，则更换增压压力传感器。

5.作业单

废气涡轮增压系统元件检修作业单

日期		工位(组)	
车型		发动机型号	

一、准备工作

项　目	情 况 记 录
(1)工量具及仪器设备准备	
(2)维修手册准备	
(3)被测车辆安全防护	

二、操作过程

项　目	操作内容与检测结果记录
故障现象确认	
基本检查	
故障码诊断	
增压压力限制电磁阀检查	
循环空气阀检查	
增压压力传感器检查	
故障诊断排除	检测结论: 维修技术解决方案:

三、维修结果确认

复习与思考

一、判断题

1.进气惯性增压系统是利用进气流的惯性产生的压力波来提高充气效率。(　　)

2.废气涡轮增压系统出现故障,会导致发动机加速无力、油耗上升。(　　)

二、简答题

1.简述谐波增压系统的组成、功用与工作原理。

2.简述本田 VTEC 的工作过程。

3.简述丰田 VVT-i 系统的工作过程。

4.简述 VTEC 系统的检修方法。

5.简述废气涡轮增压系统的检修方法。

任务三　排放控制系统检修

【知识目标】

1.掌握燃油蒸气排放控制系统的组成、结构与工作原理。

2.熟悉废气再循环系统组成、结构与工作原理。

3.掌握三元催化转换器与空燃比反馈控制系统组成、结构与工作原理。

【能力目标】

1.能检测燃油蒸气排放控制系统主要部件及电路、诊断排除系统故障。

2.能检测废气再循环控制系统主要组成部件故障。

3.能检测三元催化转换器与空燃比反馈控制部件及其电路,诊断系统故障。

『相关知识』

汽车排放的有害物已构成大气污染的主要来源之一。汽油机的有害排放包括因混合气燃烧不完全产生的碳氢化合物(HC)、一氧化碳(CO)、在高温燃烧中产生的氮氧化合物(NO_x)、油箱内汽油蒸发产生的汽油蒸气和曲轴箱漏气等。为了减少汽车有害物的排放,现代汽车采用了多项控制有害物排放与净化的措施,这些措施包括发动机本身的改进和增设排放净化装置。汽油机排放净化装置主要有曲轴箱通风系统、三元催化转换器与空燃比反馈控制系统、废气再循环控制系统、燃油蒸气排放控制系统等。其中,曲轴箱通风系统的工作由曲轴箱通风阀控制,将窜入曲轴箱的废气重新引入汽缸燃烧;三元催化转换器安装在排气管中,使排气中的HC、CO和NO_x经催化进行氧化或还原反应生成无害的H_2O、CO_2和N_2气体排入大气;废气再循环控制系统通过引入少量排气进入汽缸,有效降低缸内最高燃烧温度,从而降低NO_x的排放;燃油蒸气排放控制系统将油箱蒸发的汽油蒸气引入汽缸燃烧,以免直接排入大气导致HC排放增加。

一、燃油蒸气排放控制系统(EVAP)

1.汽油蒸气排放控制系统的功能

燃油蒸发控制系统英文缩写为EVAP(evaporative emission control system)。其作用是收集油箱蒸发的汽油蒸气,在发动机工作时,适时送入进气管内与空气混合后进入发动机汽缸燃烧,降低汽车HC气体的排放,同时提高燃油的经济性。

2.汽油蒸气排放控制系统的组成、结构与工作原理

(1)组成　汽油蒸气排放控制系统的组成,如图4-20所示。由汽油箱、单向阀、活性炭罐、以及活性炭罐电磁阀等组成。其中活性炭罐是用于储存汽油蒸气和过滤空气。

(2)工作原理　为防止汽油箱内的汽油蒸气排入大气,装有EVAP控制系统的汽车上,汽油箱盖上只有空气阀,而不设蒸气放出阀。

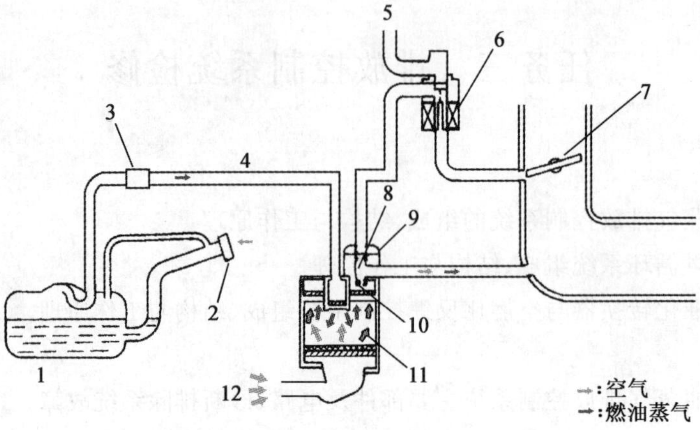

图 4-20 燃油蒸气排放控制系统组成

1.燃油箱 2.油箱盖 3.单向阀 4.通气管路 5.接进气缓冲室 6.电磁阀 7.节气门 8.主通气口 9.活性炭罐通气阀 10.定量通气小孔 11.活性炭罐 12.新鲜空气

活性炭罐与油箱之间设有排气管和单向阀(单向阀允许汽油蒸气从油箱流向活性炭罐,而不允许反应流动,并可保证当车辆倾翻时液态燃油不会流出)。汽油箱内的汽油蒸气超过一定压力时,顶开单向阀经排气管进入活性炭罐,活性炭罐内的活性炭将燃油蒸气吸附。发动机工作时,活性炭吸附的汽油蒸气经定量排放孔、吸气管被吸入进气管,活性炭脱附。活性炭罐的上端设有一个真空控制阀,真空控制阀为一膜片阀,膜片上方为真空室,控制阀用来控制定量排放孔的开闭。真空控制阀与进气管之间的真空管路中设有受 ECU 控制的电磁阀,ECU 根据转速、温度、空气流量等信号,控制电磁阀的开闭来控制真空控制阀上部的真空度,实现对定量排放孔开闭的控制,从而控制吸入进气管的汽油蒸气流量。活性炭罐下方设有进气滤芯并与大气相通,发动机工作时,空气经滤芯流过活性炭,能使活性炭脱附地更彻底,也可避免当活性炭吸附过多汽油蒸气,发动机工作时导致混合气过浓,并保持炭罐与外界压力平衡。

有些发动机(如韩国大宇轿车等)上的汽油蒸气排放(EVAP)控制系统不采用 ECU 控制,即真空控制阀与进气管之间的真空管路中不安装受 ECU 控制的电磁阀,真空控制阀的开度直接由真空度控制。真空管口设在靠近节气门全闭位置的前方。发动机转速一定时,随发动机负荷(节气门开度)的增大,真空管口处的真空度增加,真空控制阀的开度增大;发动机负荷减小,真空控制阀开度也减小。

目前的大部分轿车电控 EVAP 系统,活性炭罐上不设真空控制阀,而是将受 ECU 控制的电磁阀直接装在活性炭罐与进气管之间的吸气管中。图 4-21 所示为韩国现代轿车装用的电控汽油蒸气排放控制系统,ECU 根据发动机转速、水温和空气流量等信号,控制电磁阀通电或断电,电磁阀控制活性炭罐与进气管之间的吸气通道开闭。发动机怠速(进气量较少)、转速低于设定值或水温低于设定值时,ECU 使电磁阀断电,关闭吸气通道。

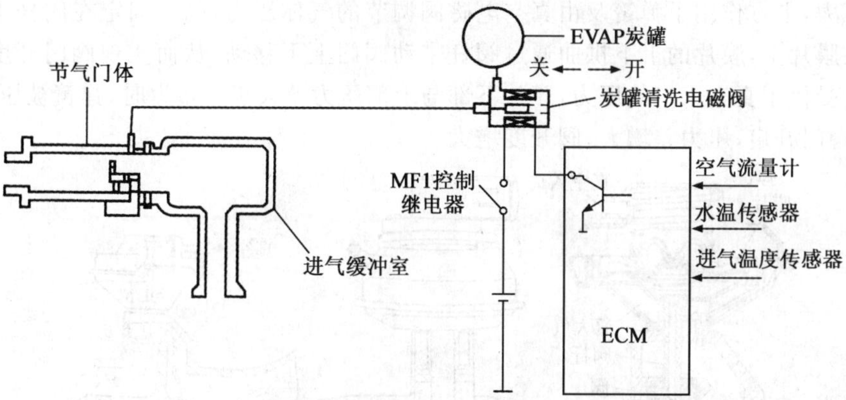

图 4-21　韩国现代轿车电控燃油蒸气排放控制系统

二、废气再循环(EGR)控制系统

当燃烧室温度高时，氧原子和氮原子会发生反应生成氮氧化物(NO_x)，温度越高且持续时间越长，NO_x生成量也就越多。废气中主要成分 CO_2、H_2O 和 N_2，这三种气体的热容量较高，当新鲜混合气和部分废气混合后，热容量会随之增大，在进行相同发热量的燃烧时，混入废气，可使燃烧温度下降，这样可有效抑制 NO_x生成。

废气再循环英文缩写为 EGR(exhaust gas recirculation)。EGR 系统的功用：根据发动机的不同工况，将发动机排出的废气适量地引入进气管，与新鲜空气或可燃混合气混合后，再进入气缸燃烧，从而降低燃烧速度和温度，减少了 NO_x生成量。

过度的废气再循环将会影响发动机的正常运行，特别是在怠速、低转速小负荷及发动机处于冷态运行时，再循环的废气将会明显降低发动机的性能。因此，应选择 NO_x 排放量多的发动机运转范围，根据工况条件的变化自动调节参与再循环的废气量。通常，废气再循环的控制指标用 EGR 率表示，其定义如下：

$$\text{EGR 率}=[\text{EGR 流量}/(\text{吸入空气量}+\text{EGR 流量})]\times 100\%$$

随 EGR 率的增加，NO_x的排放量会明显下降，但发动机的输出功率会相应下降，小负荷，特别是怠速时，进行 EGR 会使燃烧不稳定甚至导致“缺火”。为了兼顾发动机的动力性、经济性与排放性，发动机在启动、暖机、怠速、小负荷运转工况时，NO_x的生成量很少，为使发动机稳定运行，通常不使用 EGR；当发动机水温达到正常工作温度、负荷增大运转时，燃烧室内温度升高，促使 NO_x的生成，且 NO_x生成量随负荷的增大而增大，采用 EGR，且 EGR 率随负荷的增大应相应增大，由此 NO_x 的排放可降低 50%～70%；但在全负荷运行时，停止进行 EGR。EGR 率一般控制在 5%～15%范围，最大不超过 20%，如果 EGR 率超过这个界限，燃烧速度太慢，燃烧波动增加，HC 排放增加，动力性和经济性就随之恶化。

在 EGR 系统中，通过一个特殊的通道将排气歧管与进气歧管连通，在该通道上装有 EGR 阀，通过控制 EGR 阀的开度来控制 EGR 率。由于高温废气要流经 EGR 阀，因此除阀本身要能承受高温外，通常是经进气管的真空度间接控制的。

EGR 阀的结构如图 4-22 所示。它由弹簧、膜片、阀杆、阀及外壳组成。膜片下方通大气，承受大气压力，上方作用了弹簧及由真空电磁阀调节的气体压力，阀门固定在阀杆下端，阀杆上端固定在膜片上，膜片的上下拱曲通过阀杆带动阀门上下移动，从而实现阀门开度的变化。膜片的移动受控于真空入口的压力，膜片下部与上部压力差大于弹簧力时，弹簧被压缩膜片向上拱曲，使阀门开启，压力差增大，阀开度增大。

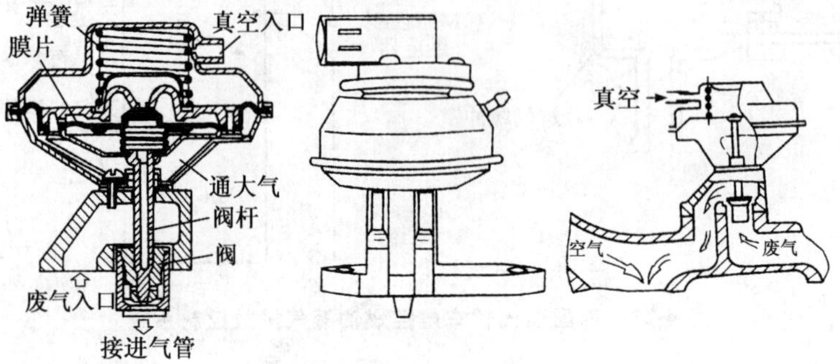

图 4-22 EGR 阀结构

目前采用 ECU 控制的 EGR 系统主要有两种类型：开环控制 EGR 系统和闭环控制 EGR 系统。

1. 开环控制 EGR 系统

在左开环控制 EGR 系统中，ECU 根据各传感器的信号确定发动机的工况，按其内存的 EGR 率与转速、负荷的对应关系进行控制，而对其控制的结果不能进行检测。

开环控制 EGR 系统(日产公爵 3.0E 轿车)如图 4-23 所示。执行元件由 EGR 电磁阀和 EGR 阀组成。EGR 阀安装在废气再循环通道中，EGR 阀的开度决定废气再循环量。EGR 电磁阀安装在通向 EGR 阀的真空通道中，为一个三通电磁阀，分别与大气、EGR 阀真空通道和节气门体真空通道相通。ECU 根据发动机冷却液温度、节气门开度、转速和启动等信号来控制电磁阀的通电或断电。ECU 控制 EGR 电磁阀断电时，EGR 阀的真空通道与节气门体接通，在真空吸力作用下 EGR 阀开启，进行废气再循环；ECU 控制 EGR 电磁阀通电时，EGR 阀的真空通道与连接节气门体通路被切断，通往 EGR 阀的真空管与大气相通，EGR 阀关闭，停止废气再循环。

以下工况不进行废气再循环：启动工况(启动开关信号)，怠速工况(节气门位置传感器怠速触点闭合信号)，暖机工况(冷却液温度信号)，转速低于 900 r/min 或高于 3 200 r/min(转速信号)。废气再循环量取决于 EGR 阀的开度，而 EGR 阀的开度直接由真空度控制。由于真空管口设在靠近节气门全闭位置的上方。随发动机转速和负荷(节气门开度)的增大，真空管口处的真空度增加，EGR 阀的开度增大，废气再循环量相应增大。

有些发动机的 EGR 控制系统中，EGR 电磁阀采用占空比控制型电磁阀，ECU 通过占空比控制电磁阀的开度，调节作用在 EGR 阀上的真空度，控制 EGR 阀的开度，以实现对废气再循环量的控制。在此系统中，通向 EGR 阀的真空管口一般设在节气门之后。

2. 闭环控制 EGR 系统

在闭环控制 EGR 系统中，检测实际的 EGR 率或 EGR 阀开度作为反馈控制信号，实施反馈控制，相对于开环控制，其控制精度更高。

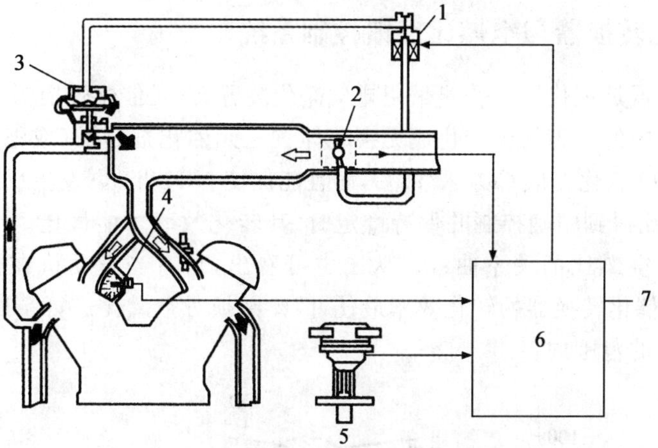

图 4-23　开环 EGR 系统组成

1. EGR 电磁阀　2. 节气门　3. EGR 阀　4. 水温传感器　5. 曲轴位置传感器　6. ECU　7. 启动信号

用 EGR 阀开度作为反馈信号的闭环控制 EGR 系统如图 4-24 所示。与采用占空比控制型电磁阀的开环控制 EGR 系统相比,区别在 EGR 阀上增设了一个 EGR 阀开度传感器。闭环控制 EGR 系统工作时,ECU 可根据 EGR 阀开度传感器的反馈信号修正控制电磁阀的占空比信号,调节 EGR 阀真空室的真空度,使 EGR 阀的开度进行微调,确保 EGR 率保持在最佳值。

EGR 阀开度传感器为电位计式,其工作原理与电位计式节气门位置传感器类似。EGR 阀开度传感器与 ECU 之间有三根连接线,分别为电源线、搭铁线和信号线,ECU 通过电源线给传感器提供 5 V 的标准电压,传感器将 EGR 阀开启高度变化转换为电信号经信号线输送给 ECU。

用 EGR 率作为反馈信号的闭环控制 EGR 系统中,ECU 根据 EGR 率传感器信号实施反馈控制,其控制原理如图 4-25 所示。EGR 率传感器安装在进气总管中的稳压箱上,新鲜空气经节气门进入稳压箱,参与再循环的废气经 EGR 阀进入稳压箱,传感器检测稳压箱内气体中的氧浓度(氧浓度随 EGR 率的增加而降低),并转换成电信号输送给 ECU。ECU 经过分析计算后修正给 EGR 电磁阀的占空比信号,调节 EGR 阀的开度,使 EGR 率保持在理想状态。

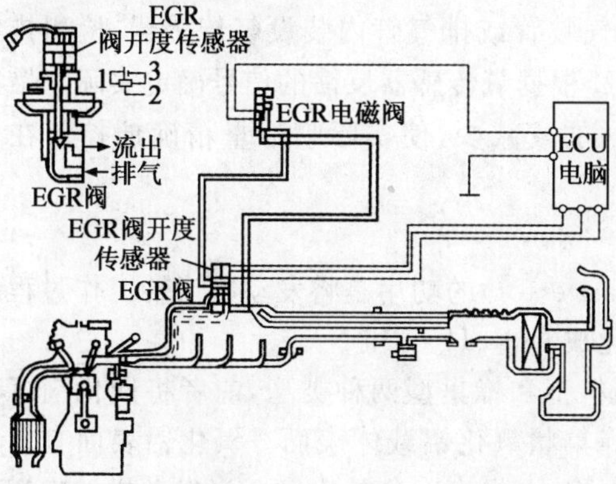

图 4-24　用 EGR 阀开度作为反馈的闭环 EGR 系统

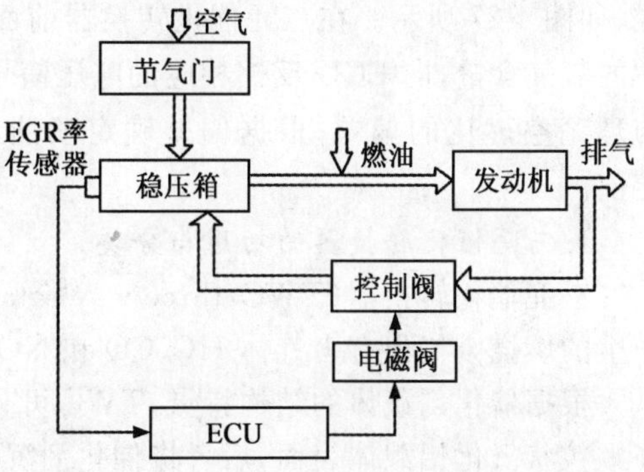

图 4-25　用 EGR 率反馈的闭环 EGR 系统示意图

三、三元催化转换器与空燃比反馈控制系统

三元催化转换器是现代汽车普遍采用排气净化装置，三元催化转换器装在排气管中，能把发动机排出的废气中的有害气体转化成无害气体。三元催化剂是铂(或钯)和铑的混合物，它不仅能将 HC 和 CO 氧化变成 CO_2 和 H_2O，而且能促使 NO_x 和 CO 发生反应而转变成 CO_2 和 N_2，但只有当空燃比得到精确控制并保持稳定时，其转化效率才能最佳。图 4-26 为三元催化转换器转化效率与空燃比的关系曲线。从图中可看出，只有当发动机在标准的理论空燃比 14.7 运转时，三元催化转换器的转化效率最佳，因此必须对空燃比进行精确地控制，使其保持在理论值附近很窄的范围内。

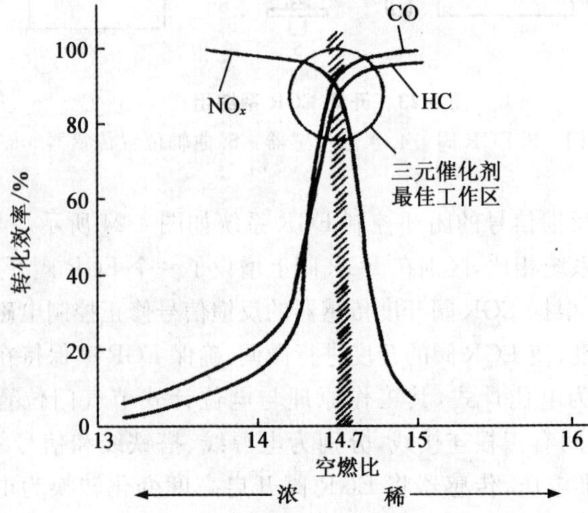

图 4-26 三元催化转换器转化效率与空燃比的关系

在发动机开环控制过程中，ECU 只是根据转速、进气量、进气压力、进气温度等信号确定喷油量，从而控制混合气空燃比的。因为系统是开环的，所以它的控制是不可能很精确的，很难将实际空燃比控制在 14.7 附近很窄的范围内。为了将实际空燃比精确地控制在 14.7 附近，发动机控制系统中现已普遍采用了由氧传感器组成的空燃比反馈控制方式，即闭环控制方式，如图 4-27 所示。在三元催化转换器前面的排气歧管或排气管内装设氧传感器，检测排气中的氧气含量，向 ECU 反馈相应的电压信号；ECU 根据氧传感器反馈的信号确定实际空燃比与理论空燃比的偏差；根据偏差确定喷油量应增加或减少，使实际喷油量精确地控制在设定值。

1. 三元催化转换器的功用与分类

三元催化转换器(TWC：three way catalyst convertor)的功用是将发动机运转工作过程所产生的燃烧废气中有害气体 HC、CO 和 NO_x，转化成 CO_2、H_2O 和 N_2。

根据催化剂载体的结构特点，TWC 可分为颗料型和蜂巢型两种类型，前者将催化剂沉积在颗粒状氧化铝载体表面，后者将催化剂沉积在蜂巢状氧化铝载体表面。氧化铝表面有形状复杂的表层，可增大催化剂与废气的实际接触表面积，以提高净化效率高。当发动机的空燃比在理论空燃比附近时，可将 90％的 HC、CO 及 70％的 NO_x 净化。

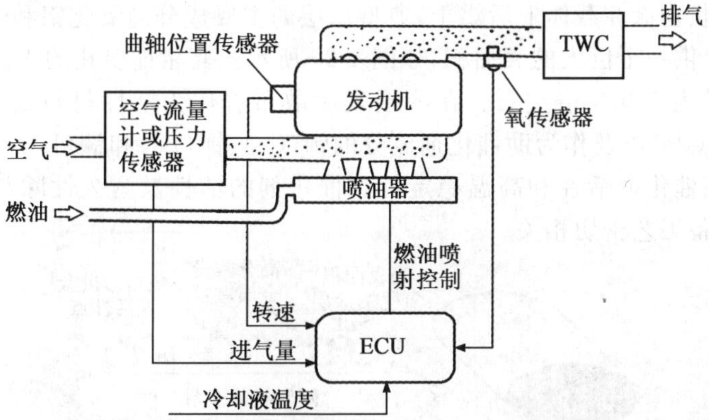

图 4-27　三元催化转换器、氧传感器与闭环控制原理图

2. 催化转换器的结构

三元催化转换器安装在排气歧管与排气消音器之间的管道中。其外形类似于排气消音器，由涂敷催化剂（铂、钯和铑）的多孔陶瓷载体构成的催化转化反应床、不锈钢焊接结构的外壳和介于载体与壳体之间起耐热、隔热和减震作用的衬垫等构成，如图 4-29 所示。

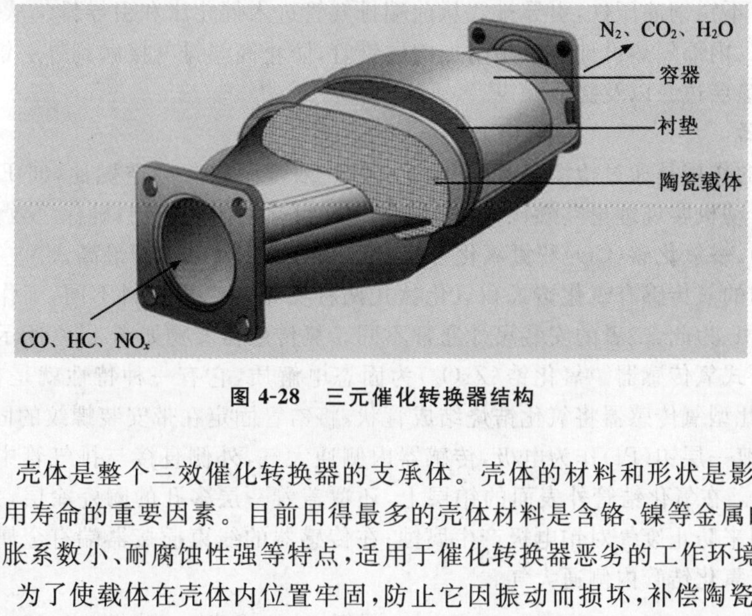

图 4-28　三元催化转换器结构

（1）壳体　壳体是整个三效催化转换器的支承体。壳体的材料和形状是影响催化转换器转化效率和使用寿命的重要因素。目前用得最多的壳体材料是含铬、镍等金属的不锈钢，这种材料具有热膨胀系数小、耐腐蚀性强等特点，适用于催化转换器恶劣的工作环境。

（2）垫层　为了使载体在壳体内位置牢固，防止它因振动而损坏，补偿陶瓷与金属之间热膨胀性的差别，保证载体周围的气密性，在载体与壳体之间加有一块由软质耐热材料构成的垫层。垫层具有特殊的热膨胀性能，可以避免载体在壳体内部发生窜动而导致载体破碎。另外，为了减小载体内部的温度梯度，以减小载体承受的热应力和壳体的热变形，垫层还应具有隔热性。常见的垫层有金属网和陶瓷密封垫层两种形式。

（3）载体　早期的催化剂曾采用氧化铝的球状载体，这种载体存在磨损快、阻力大的缺点，目前在汽车催化器中已不采用。美国康宁（Corning）公司于 20 世纪 70 年代初发明了陶瓷蜂窝载体，并很快占据了车用催化器载体的主导地位。之后，日本 NGK 公司也掌握了这种技术并开始大量生产。据统计，目前在世界上车用催化器载体的 90％是陶瓷载体，其余为金属载体，而陶瓷载体年产量的 95％以上由康宁公司和 NGK 公司生产。

(4)涂层　浆状物涂在载体上后烘干，典型涂层的主要成分是氧化铝和二氧化铈。该涂层为贵金属催化剂提供一个巨大的表面积，如图 4-29 所示。其粗糙多孔的表面可使壁面的实际催化反应表面积扩大 7 000 倍左右。在涂层表面散布着作为活性材料的贵金属，一般为铂(Pt)、铑(Rh)和钯(Pd)以及作为助催化剂成分的铈(Ce)、钡(Ba)和镧(La)等稀土材料。助催化剂主要用于提高催化剂活性和高温稳定性。催化剂的活性及耐久性除与涂层的成分有关外，也与涂层的制备工艺密切相关。

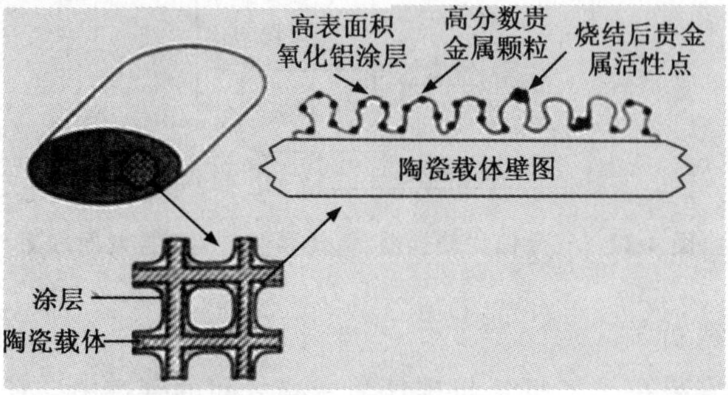

图 4-29　载体及涂层细微构造示意图

(5)锥管　不锈钢冲压件，引导排气从前端排气管进入催化床和引导排气从催化床后段进入后端排气管。内部隔热设计还采用附加内层锥管，防止高温排气接触到外层锥管或壳体，保护绝缘层和衬垫层边缘以及降低噪声。

3. 氧传感器

氧传感器的作用是通过检测发动机排气中氧气浓度测定实际空燃比，向 ECU 发出反馈电压信号，使发动机实现理论空燃比(A/F=14.7)为目标的闭环控制；确保三效催化转换器碳氢化合物(HC)、一氧化碳(CO)和氮氧化合物(NO_x)的转化效率达到最高。

目前，常用的氧传感有氧化锆式和氧化钛式两种类型。二者材料不同，工作特性不同，所以不能互换使用，为此，二者的安装尺寸通常不同。氧传感器实物如图 4-30 所示。

(1)氧化锆式氧传感器　氧化锆(ZrO_2)为固态电解质，它有一种特性就是在高温时氧离子易于移动。此型氧传感器将氧化锆烧结成管状，将锆管固定在带安装螺纹的固定套内，氧化锆内外表面各镀一层铂(Pt)作为电极，传感器内侧通大气，外侧直接与排气管中的废气接触，如图 4-31 所示。在氧化锆管外表面的铂层上，还覆盖着一层多孔的陶瓷涂层，并加有带槽口的防护套管，用来防止废气对铂电极产生腐蚀；在传感器的线束插接器端有金属护套，其上设有小孔，以便使氧化锆管内侧通大气。

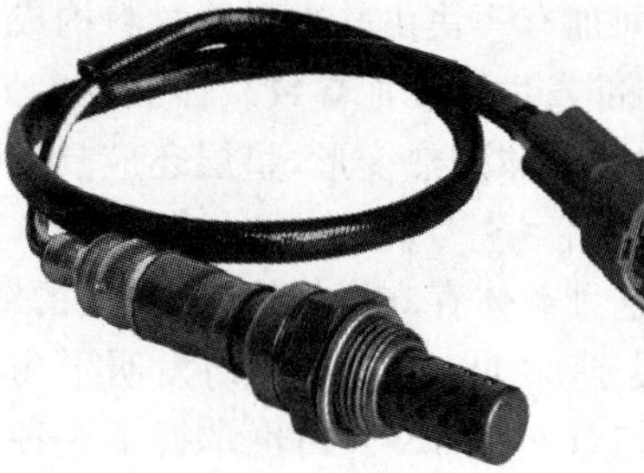

图 4-30　氧传感器实物图

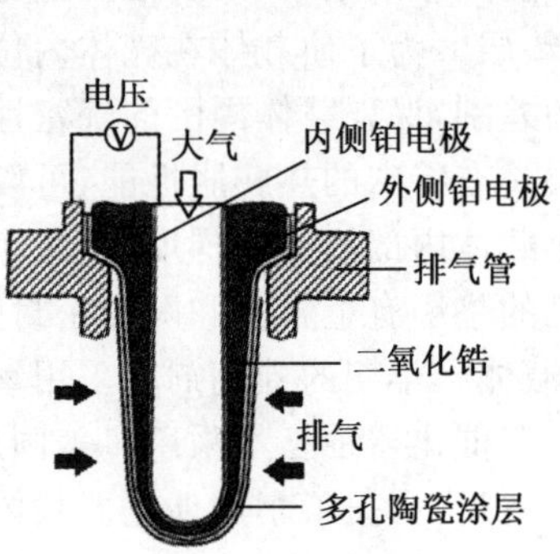

图 4-31　氧传感器锆管结构图

氧化锆氧传感器实质是一个化学电池，又称氧浓度差电池。在 400℃以上的高温时，若氧化锆管内、外表面接触的气体中氧的浓度有很大差别，在氧化锆管内、外表面的两个铂电极之间将会产生电动势。发动机工作时，由于氧化锆管内表面接触的大气中氧浓度是固定的，而与外表面接触的废气中氧浓度是随空燃比变化的，当混合气过稀时，排出的废气中氧含量高，传感器内、外侧氧浓度差小，两电极间产生的电压很低（接近 0 V）；反之，混合气过浓时，排出的废气中氧含量低，传感器内、外侧氧浓度差大，两电极间产生的电压高（接近 1 V）。在理论空燃比附近，氧传感器输出的电压信号有一突变。所以将氧化锆管内、外表面两个电极间产生的电动势输送给 ECU，即可作为判断实际空燃比的依据。

由于氧化锆只能在 400℃以上的高温时才能正常工作，为保证发动机在进气量少、排气温度低时也能正常工作，有的氧传感器内装有加热器（图 4-32），称为热型氧传感器。加热器也由发动机 ECU 控制，如图 4-33 所示。

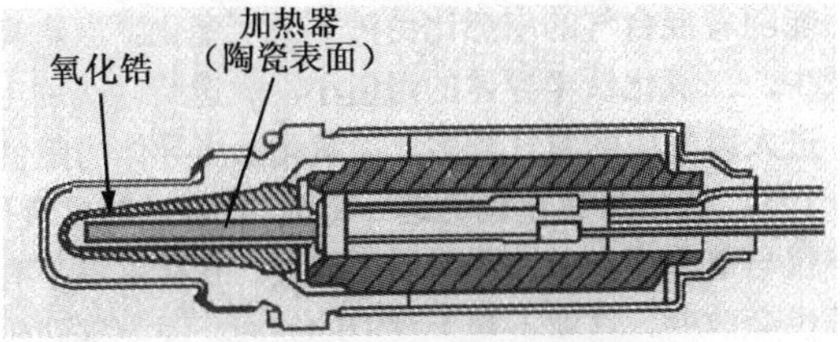

图 4-32　加热型氧传感器

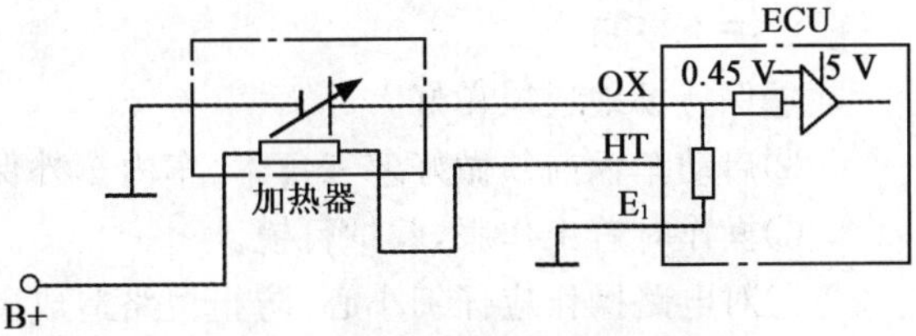

图 4-33　加热型氧传感器控制电路

（2）氧化钛式氧传感器　氧化钛式传感器是利用化学反应强、对氧气敏感、易于还原的半导体材料二氧化钛与氧气接触时发生氧化还原反应，使晶格结构发生变化，从而导致电阻值变化的特性制成，它是一种电阻型气敏传感器。

氧化钛氧传感器的结构如图 4-34 所示，主要由二氧化钛元件、导线、金属外壳和接线端子等组成。当废气中的氧浓度高时，二氧化钛的电阻值增大；反之，废气中的氧浓度较低时，二氧化钛的电阻值减小，利用适当的电路对电阻变量进行处理，即可转换成电压信号输送给 ECU，用来确定实际的空燃比。

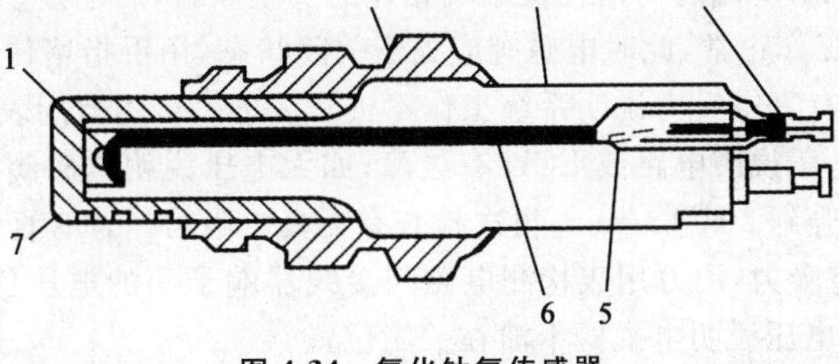

图 4-34　氧化钛氧传感器

1. 二氧化钛元件　2. 金属外壳　3. 陶瓷绝缘体　4. 接线端子　5. 陶瓷元件　6. 导线　7. 金属保护套

在闭环控制过程中，当实际空燃比比理论空燃比小（混合气浓）时，氧传感器向 ECU 输出的是高电压信号（0.75～0.9 V）。此时 ECU 将减小喷油量，使空燃比增大。当空燃比稍高于理论空燃比时，氧传感器输出电压信号将突变下降至 0.1 V 左右。此信号输入 ECU 后，ECU 立即控制增加喷油量，空燃比开始减小。当空燃比刚减到理论空燃比以下时，氧传感器输出电压信号又突变，上升至 0.75 V 以上，ECU 又控制减小喷油量。如此反复，即将空燃比精确地控制在理论空燃比附近一个极小的范围内。

由上述可知，对发动机运行闭环控制的实质在于保持实际空燃比为14.7。但是，需要以非理论空燃比运行的发动机工况是采用开环控制的。下列工况即由ECU根据有关信号采用开环控制：①怠速运转时；②节气门全开、大负荷时；③减速断油时；④发动机启动时；⑤发动机冷却水温度低或氧传感器温度未达到工作温度(400℃)时；⑥氧传感器失效或其导线发生故障时。

『任务实施』1　EVAP控制系统检修

1.任务描述

完成指定车辆EVAP控制系统的检修：进行系统外部检查、主要部件检查和测试；根据检测结果做出技术结论，提出维修措施或技术解决方案。

工作组团队成员集体资讯、决策和实施，分工协作，完成从工具仪器准备、检测作业、场地整理整个完整过程，并完成操作作业单的填写。

2.安全事项

①保持场地通风良好。

②启动车辆前须做好塞三角木、车内车外保护等防护措施，安装好尾气排放装置。

③操作时着工作服，戴护目镜。

④对电路操作应仔细小心，防止短路造成事故。

3.实施条件

(1)场地条件　场地整洁有序，场地面积、工位数量、照明与通风等符合作业要求和相关安全技术要求。

(2)工具与仪器设备　工具车(配备通用工具)，手持真空泵、蓄电池、万用表、跨接线、压缩空气枪。

(3)其他　空气压缩机及配套附件(或压缩空气源)。

4.操作指导

直观检查EVAP系统各部位不得有泄漏现象、管路各连接处有无松动现象，燃油箱和燃油箱盖不得变形和开裂，密封垫应良好。

(1)就车检查　取下电磁阀与活性炭罐端相连的真空软管，启动发动机并处于怠速运转状态，如果EVAP系统工作正常，此时电磁阀应处于关闭状态，用手指堵住电磁阀软管接口处应无真空吸力。若感觉有真空吸力说明系统工作不正常。进一步用万用表检测电磁阀接线器端子上的电压值，若有电压说明电路或ECU有故障；如无电压说明电磁阀卡滞在开启位置。踩下加速踏板使发动机升到2 000 r/min，再次检查有无真空吸力。若有真空吸力说明EVAP系统工作正常；若无真空吸力，用万用表检测电磁阀接线器端子上的电压值，若无电压说明电路或ECU有故障；如有电压说明电磁阀卡滞在关闭位置。

(2)活性炭罐的检修　拆下炭罐，外表检查应无破损，拆下后的检查如图4-35所示。从A端(燃油蒸气输入端)吹入约5 kPa的压缩空气，应能无阻地从箭头方向流出，如图4-35(a)所示；从B端反向吹气时应不通。用手堵住B端，用300 kPa的压缩空气从A端吹入，即可清洁过滤片，如图4-35(b)所示。如上述检查不符合要求，应更换活性炭罐。汽车行驶20 000 km，应更换活性炭罐底部的进气滤芯。

(3)EVAP电磁阀的检修

①电值检测　用电阻表测量电磁阀电控连接器两端子的电阻，其标准值(20℃时)为符合维修手册要求。检查电控端子与外壳应保证绝缘。

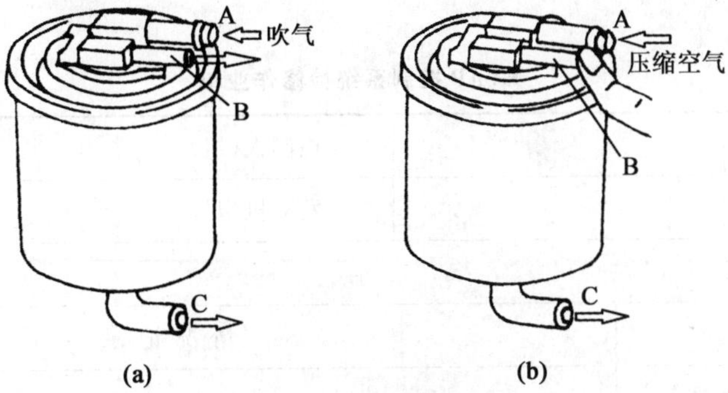

图 4-35 活性炭罐的检查

②工作性能测试 从 E 端吹入压缩空气，F 端应不通，如图 4-36(a)所示；将蓄电池电压加到电控端子上，从 E 端吹入压缩空气，F 端应畅通，如图 4-36(b)所示。如上述检查不符合要求，应更换 EVAP 电磁阀。

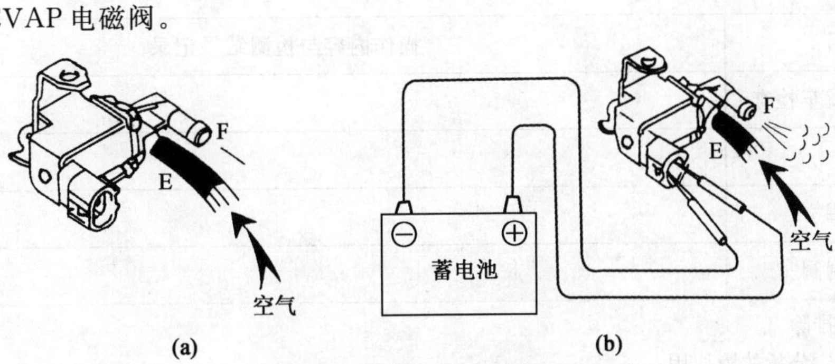

图 4-36 EVAP 电磁阀的检修

(a)电磁阀不通电检测 (b)电磁阀通电检测

(4)真空控制阀的检查 如图 4-37 所示，从活性炭罐上拆下真空控制阀，用手动真空泵由真空管插头给真空控制阀施加约 5 kPa 的真空度，从活性炭罐侧孔吹入空气应畅通；不施加真空度时，吹入空气应不通。若不符合上述要求，则更换真空控制阀。

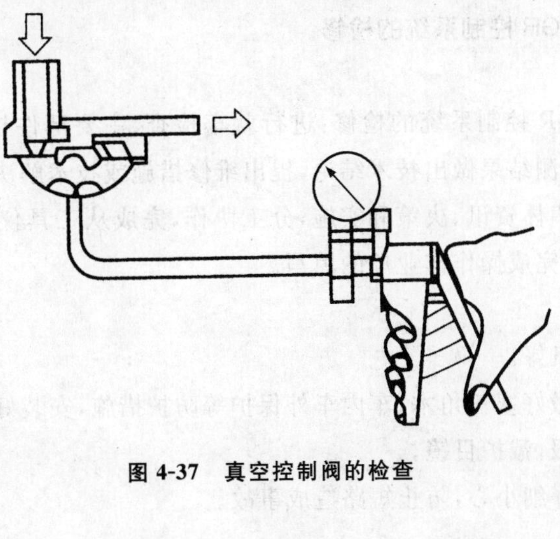

图 4-37 真空控制阀的检查

5. 作业单

EVAP 控制系统检修作业单

日期		检测人(组)	
车型		发动机型号	

一、准备工作

项　目	情 况 记 录
(1)工量具及仪器设备准备	
(2)维修手册准备	
(3)被测车辆准备	

二、操作过程

项　目	操作内容与检测结果记录
EVAP 系统就车检查	
检查电磁阀	
检查活性炭罐	
检查真空控制阀	

三、故障诊断排除

根据测量结果，分析故障原因：

维修技术解决方案：

四、维修结果确认

『任务实施』2　EGR 控制系统的检修

1. 任务描述

完成指定车辆 EGR 控制系统的检修：进行就车检查、主要部件检查和测试，必要时进行电路检查诊断；根据检测结果做出技术结论，提出维修措施或技术解决方案。

工作组团队成员集体资讯、决策和实施，分工协作，完成从工具仪器准备、检测作业、场地整理整个完整过程，并完成操作作业单的填写。

2. 安全事项

①保持场地通风良好。

②启动车辆前须做好塞三角木、车内车外保护等防护措施，安装好尾气排放装置。

③操作时着工作服，戴护目镜。

④对电路操作应仔细小心，防止短路造成事故。

3. 实施条件

(1)场地条件　场地整洁有序，场地面积、工位数量、照明与通风等符合作业要求和相关安全技术要求。

(2)工具与仪器设备　工具车(配备通用工具)，解码器、手持真空泵、蓄电池、万用表、跨接线、压缩空气枪。

(3)其他　空气压缩机及配套附件(或压缩空气源)，汽车维修手册。

4. 操作指导

(1)EGR控制系统初步检查　检查真空软管有无破损，接头有无松动、漏气现象；检查电磁阀插接器有无松动、脱落。

(2)EGR控制系统就车检查　在冷机启动后，立即拆下EGR阀上的真空软管，发动机转速应无变化，用手触试真空软管口应无真空吸力；发动机温度达到正常工作温度后，怠速时按上述方法检查，其结果应与冷机时相同；发动机在正常工作温度下，若将转速提高到2 000 r/min左右，折弯真空软管后并从EGR阀上拆下软管，发动机转速应有明显提高(因中断废气再循环)。若不符合上述要求，说明EGR系统工作不正常，应对EGR电磁阀、EGR阀及控制电路进行检测，查明故障原因，予以排除。

诊断故障时，先通过解码器查询有无故障码。如有故障码，按故障码针对的电路进行检测，找出故障点；如无故障码，则对EGR电磁阀和EGR阀进行相应检测。

(3)EGR电磁阀的检查　在冷态下测量电磁阀电阻，一般应为33～39 Ω。如图4-38所示，电磁阀不通电时，从接口A与B、A与C均不通气，管接口B与C之间应通气，如图4-38(a)所示，否则说明电磁阀损坏，应更换；当给电磁阀接通蓄电池电源电压时，如图4-38(b)所示，接口A与B应通气，管接口A与C、B与C均不通气，否则说明电磁阀损坏，应更换。应注意的是，有的车型EGR电磁阀通、断电测试时的接口连通情况正好与上述相反。

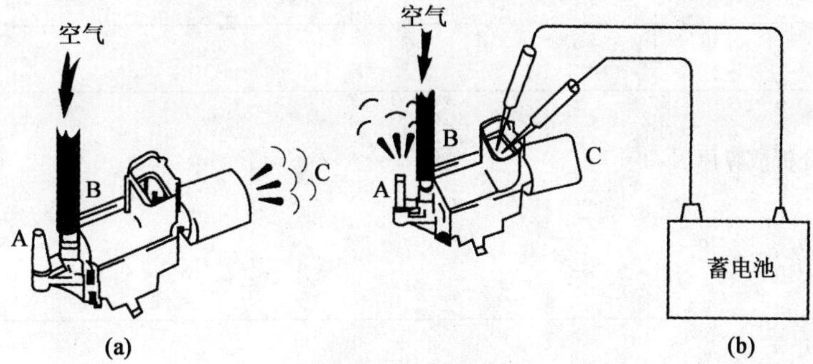

图4-38　EGR电磁阀的检查

(a)断电检查　(b)通电检查

(4)EGR阀的检查　就车检查时，启动发动机怠速运转，拔下连接EGR阀真空软管，用手动真空泵对EGR阀逐步增加真空度，若发动机运转情况变甚至熄火，说明EGR阀工作正常；也可拆下EGR阀进行检查，用手动真空泵给EGR阀膜片上方施加约15 kPa的真空度，EGR阀应能开启；不施加真空度时，EGR阀应能关闭。若不符合上述要求，应更换EGR阀。

对设有位置传感器的EGR阀,在发动机停机的时拨下EGR位置传感器接插器,用万用表电阻挡测量插接器对应供电端与搭铁端子之间的电阻值,应符合规定。拔下EGR阀的真的空软管,用手动真空泵对其施加真空同时,测量输出信号端子与搭铁端子之间的电阻,电阻值应随真空度的加大而连续增大,不允许有跳跃现象,否则应换EGR阀。

5. 作业单

EGR控制系统的检修作业单

日期		检测人(组)	
车型		发动机型号	

一、准备工作

项　目	情况记录
(1)工量具及仪器设备准备	
(2)维修手册准备	
(3)被测车辆准备	

二、操作过程

项　目	操作内容与检测结果记录
EGR系统工作就车检查	
解码器诊断与电路检测	
检查EGR电磁阀	
检查EGR阀	

三、故障诊断排除

根据测量结果,分析故障原因:

维修技术解决方案:

四、维修结果确认

『任务实施』3　三元催化转换器及氧传感器的检修

1. 任务描述

完成指定车辆氧传感器的检修:线束的检查、氧传感加热器的检查、氧传感器的信号电压检查等;对三元催化转换器进行相关检查。根据检测数据判做出技术结论,提出维修措施或技术解决方案。

工作组团队成员集体资讯、决策和实施，分工协作，完成从工具仪器准备、检测作业、场地整理整个完整过程，并完成操作作业单的填写。

2. 安全事项

①保持场地通风良好。

②启动车辆前须做好塞三角木、车内车外保护等防护措施，安装好尾气排放装置。

③操作时着工作服，戴护目镜。

④对电路操作应仔细小心，防止短路造成。

⑤举升车辆务必按操作规程操作，注意安全。

3. 实施条件

(1)场地条件　场地整洁有序，场地面积、工位数量、照明与通风等符合作业要求和相关安全技术要求，具备车辆举升器。

(2)工具与仪器设备　工具车(配备通用工具)，解码器，万用表(数字式及指针式)，跨接线，红外温度计，示波器，橡胶槌，压力表。

4. 操作指导

(1)三元催化转换器常见故障

①催化剂化学中毒　车用催化剂中毒的来源主要是燃料和机油中的铅、硫、磷，这些元素燃烧后的氧化物覆盖在催化剂表面，使尾气中的有害成分无法与催化剂接触，无法进行氧化、环原反应。

②积炭堵塞　燃烧产生的积炭或机油经排气导管内氧化生成的积炭堵塞了三元催化转换器陶瓷载体，造成排气不畅通，恶化燃烧，导致发动机动力不足、怠速抖动，启动困难等故障，同时使三元催化转换器温度过高造成高温烧结。

③高温烧结　三元催化转换器正常工作温度为 500～800℃，出口处温度比进口处温度高 30～100℃。但是当工作温度超过 800℃以上时涂层中的 $\gamma\text{-}Al_2O_3$ 烧结，表面积大大减少，导致三元催化转换器失效。

④陶瓷载体破损　三元催化转换器过热、外部碰撞和挤压都有可能使陶瓷载体断裂和破碎，导致排气不畅。

(2)三元催化转换器检测

①检测前的准备　检测三元催化转换器之前必须确认点火系统正常、发动机无气、燃料供给系统正常、曲轴箱通风装置和废气再循环装置齐全效、排气管无漏气。

②简单人工检查　通过人工检查可以从一开始判断 TWC 是否有损坏。检视三元催化转换器外壳无大面积凹陷，否则予以更换；检视元催化转换器与车身之间应固定牢固、与排气管连接应完好无漏气、连接螺栓紧固无松动，否则予以修理；用橡胶槌敲击三元催化转换器，其内部不得有异响，如有“咔拉”声异响，说明蜂催化涂层剥落或蜂窝陶瓷芯子破碎，应予以更换。

③尾气测试判断法　用汽油机专用远红外四气体废气分析仪测量排气管废气，三元催化转换器有故障时，各种工况下运转，都会导致废气中的 HC、CO 和 NO_x 成分含量明显升高。此项检查的前提是进气系统、燃油系统及点火系统工作正常，因为这些系统故障同样会导致废气

排放的异常。

④红外温度计测量法　TWC在实际使用过程中，正常情况下，其出口管道温度比进口管道温度高出38～100℃，在怠速，其温度也相差10%。检测时将温度探头接触在三元催化转换器前后的排气管上，若出口与入口处的温度没有差别或出口温度低于入口温度，则说明TWC没有氧化反应，此时应该检查二次空气喷射泵是否有故障，若没有故障，就说明TWC已经损坏。

⑤检查排气背压检测法　取下氧传感器，在氧传感器安装孔处接入一个压力表，在发动机转速为2 500 r/min时观察压力表的读数应小于18 kPa，如果排气背压大于21 kPa则表明排气系统堵塞。若观察三元催化转换器、消音器和排气管又无外部损伤，则可脱开三元催化转换器排气口：若压力表读数仍然较高，则为三元催化转换器内部堵塞，需更换；若压力表读数陡然下降说明堵塞发生在三元催化转换器后面的部件。

⑥利用双氧传感器信号电压波形分析　目前，许多发动机燃油反馈控制系统中，安装两个氧传感器，分别装载TWC的前、后两端。这种结构在装有OBD-Ⅱ系统的汽车上，可以有效地检测TWC的性能。OBD-Ⅱ诊断系统改进了TWC的随车监视系统，安装在TWC后端的氧传感器电压波动要比安装在TWC前端的氧传感器电压波动少得多。这是因为运行正常的TWC转化CO和HC时消耗氧气。当TWC损坏时，其转换效率基本丧失，使前、后端的氧气值接近，此时氧传感器信号的电压波形和波动范围均趋于一致，因此，需要更换TWC。

(3)氧传感器及反馈控制系统的检修　氧传感器及反馈控制系统如有故障，发动机运转中"发动机故障"警告灯会亮起。读取故障代码时会得到表示氧传感器损坏的故障代码。但除了氧传感器损坏外，线路短路、断路或ECU内反馈控制电路有问题，燃油系统及空气供给系统故障等，有时也会导致出现氧传感器故障码。因此，必须进一步检测，以找出故障原因。

①氧传感器加热器电阻的检测　拔下氧传感器线束插头，测量氧传感器接线端中加热器接柱和搭铁之间的电阻，其阻值应符合车型要求，如丰田汽车为4～40 Ω。如不符合应更换氧传感器。测量后，接好氧传感器线束插头，以便作进一步的检测。

②氧传感器反馈电压的测量　测量氧传感器反馈电压时，应先拔下氧传感器线束插头，对照车型的电路图，从氧传感器反馈电压输出端引出一条细导线，然后插好线束插头，在发动机运转中从引出线上测量反馈电压。

良好的氧传感器在接线正常的情况下，当发动机处于正常工作温度且运转稳定，符合闭环控制工况条件下，利用示波器或指针式万用表测试氧传感器信号电压、10 s内信号电压的变化次数应不少于8次，电压值变化范围为0.1～1 V。

有些车型也可由故障检测插座内测得氧传感器反馈电压。如丰田汽车公司生产的小轿车，都可以从故障检测插座内的OX_1或OX_2插孔直接测得氧传感器反馈电压。用指针式电压表可直观地反映反馈电压的变化情况。

③线路检测　检查氧传感器和ECU连接导线是否正常、分别测试每一条导线，且阻值为0 Ω或者小于0.5 Ω，导线之间应无短路；检查氧传感器加热器供电线路有无断路或对地短路；检查相应保险丝及继电器有无故障等。

5. 作业单

三元催化转换器及氧传感器的检修作业单

日期		检测人(组)	
车型		发动机型号	

一、准备工作

项　目	情况记录
(1)工量具及仪器设备准备	
(2)维修手册准备	
(3)被测车辆准备	

二、操作过程

项　目	操作内容与检测结果记录
检查氧传感器的信号电压	
检查氧传感加热器电阻	
TWC人工检查	
TWC进出口温度测试	

三、故障诊断排除

根据测量结果，分析故障原因：

维修技术解决方案：

四、维修结果确认

复习与思考

一、判断题

1. 空燃比浓时，氧传感器输出低电压信号，空燃比稀时氧传感器输出高电压信号，在理论空燃比处输出电压发生突变。(　)

2. 空燃比反馈控制的前提是氧传感器工作正常。(　)

3. 汽油机在全负荷时，燃烧室温度高，为了减少 NO_x 排量，电控系统进行废气再循环控制。(　)

4. 如果EVAP电磁阀卡在开启位置，会造成汽油机怠速不稳。(　)

二、问答题

1. 简述汽油蒸气排放控制系统组成与工作原理。

2. 废气再循环(EGR)控制系统对发动机的性能有什么影响？汽油哪些工况不进行废气再循环控制？

3. 汽油机TWC与氧传感器闭环控制系统为什么将空燃比控制在理论空燃比附近？

4. 简述氧化锆式氧传感器的结构与工作原理。

任务四　其他辅助控制系统检修

【知识目标】

1.熟悉自诊断系统的功能与工作原理。

2.了解失效保护系统如何对常用传感器信号进行失效保护控制。

3.了解应急备用系统的功用与工作原理。

【能力目标】

1.能利用自诊断系统通过人工或使用解码器读取发动机电控系统故障码。

2.能清除自诊断系统存储的故障码。

3.能利用自诊断系统快速诊断发动机故障。

『相关知识』

一、故障自诊断系统

故障自诊断是电控系统的一项重要功能。故障自诊断系统主要由 ECU 中的部分软件、硬件电路、故障诊断插座和“故障指示灯”组成。电控系统工作时，自诊断系统对电控系统各种输入、输出信号进行监测，并运用程序进行推理、判断，并将判断结果储存、输出或针对故障做出反应。

1.故障自诊断系统功能

(1)点火开关打开及发动机运行时，通过自诊断测试判断电控系统传感器、执行器及 ECU 本身有无故障。当 ECU 检测到故障信号时，立即将“检查发动机”(“CHECK ENGINE”)警示灯点亮，同时将故障信息以故障码的形式存入存储器。

(2)对车辆进行检修时，借助于 ECU 的故障诊断接口(或插座)，用人工跨接诊断座电路的方法或连接故障诊断仪等方法，按特定的程序，可将存储在 ECU 存储器中的故障码调出，以便维修人员迅速、准确地确定故障的性质和部位，有针对性地检查有关元件、线路，排除故障。故障排除后，还应能将存储的故障码清除(如不将旧的故障码清除掉，可能会给下一次维修带来不必要的麻烦)。

(3)当传感器、执行器及其电路发生故障时，自动启动失效保护功能，尽可能保证发动机能继续运转。当 ECU 本身发生故障时，启动应急备用系统，维持发动机的基本运转功能。

2.故障自诊断系统的工作原理

(1)传感器故障自诊断原理　传感器是向 ECU 输送信号的电控系统元件，不需专门的线路。系统正常工作时，传感器输送给 ECU 的各种信号的电平都是在规定范围内变化的。若某传感器输入 ECU 的信号超出正常范围，或在一定时间内 ECU 收不到该传感器信号，或该传感器输入 ECU 的信号在一定时间内不发生变化，自诊断系统均判定为“故障信号”。如水温传感器(THW)正常工作时，其输出电压信号在 0.1～4.8 V 范围内变化。如果水温传感器输出电压低于 0.1 V(相当于水温高于 139℃)或高于 4.8 V(相当于水温低于−50℃)时，ECU

即判断为故障信号，并将设定的故障码并存入存储器内，如图 4-39 所示。

发动机工作中，如果偶然出现一次不正常信号，ECU 自诊断不会判断为故障。只有当不正常信号持续一定时间或多次出现时，ECU 才能判定为故障。如发动机转速在 1 000 r/min 时，转速信号（Ne 信号）丢失 3～4 个脉冲信号，ECU 不会判定为转速信号故障，"检查发动机"警示灯也不会亮，转速信号的故障码也不会存入存储器内。若故障信号持续出现超过一定时间或多次出现，自诊断系统即判定有故障，并将此故障以故障码的形式输入 ECU 的存储器中，同时接通故障指示灯电路。

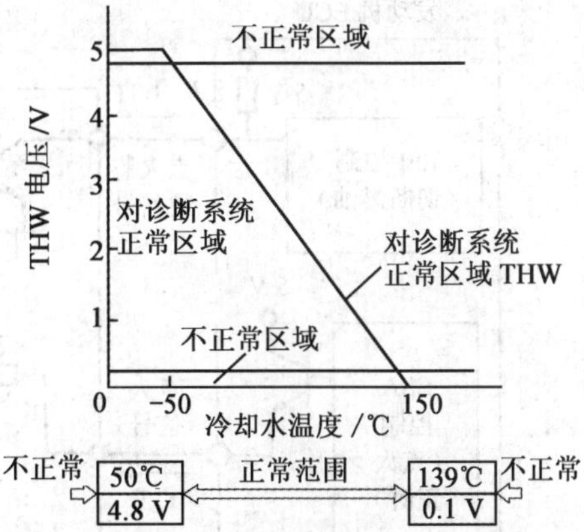

图 4-39　水温传感器故障自诊断原理

故障信号的产生原因除传感器自身的故障外，传感器电路接触不良、断路或短路，也会导致故障信号的产生。因此在 ECU 判断出某一电路故障时，只是提供了故障的性质和范围，最后要确定是传感器、执行器故障还是相应配线故障，还应进一步检查配线、插头、ECU 和相关元器件，这样才能准确地找到真正的故障源。

(2)执行元件故障自诊断原理　对执行器的故障进行诊断，一般需增加专用电路来监测。图 4-40 所示为电子控制点火系统中点火器（有的车型将点火器与 ECU 做成一体）的故障自诊断电路实例。其中 IGT 为点火信号，IGF 为点火监控信号。当点火电路中控制点火线圈一次线圈通断的功率三极管不能正常工作时，点火监控电路就不能得到功率三极管正常工作（不断地交替导通和截止）的信号，它就不能把点火监控信号 IGF 反馈给 ECU。ECU 只要收不到该反馈信号，就判定点火系统发生故障。与此同时，ECU 立即切断喷油脉冲信号，使喷油器停止喷射燃油。

如果由于某种原因，偶尔出现一次不正常信号，如上所述，ECU 并不会判定为故障。一般，如果 ECU 连续 3～5 次收不到点火反馈信号，才判定点火系统发生故障。

3. OBD-Ⅱ简介

20 世纪 70 年代，汽车电控系统中开始采用了第一代随车诊断系统（OBD-Ⅰ）。由于世界各大汽车制造公司的技术特点各不相同，缺乏统一的标准，导致各种汽车自诊断系统的故障诊断座形式和位置、读取与清除故障码的方法各异，这给汽车用户和维修人员带来了很大不便。1994 年以后，美国、日本和欧洲的主要汽车制造厂家生产的电控汽车逐步开始采用第二代随车诊断系统（OBD-Ⅱ）。

OBD-Ⅱ是指第二代随车诊断系统，即车载故障自诊断系统的统一标准。OBD-Ⅱ是由美国汽车工程学会（SAE）1980 年末提出，经环保机构（EPA）和加州资源协会（CARB）认证通过，作为强制性标准，首先在美国开始实行。美国联邦法律规定，到 1996 年，所有在美国销售的汽车必须满足 OBD-Ⅱ的标准。现在 OBD-Ⅱ已成为世界汽车行业的统一标准。按照 OBD-Ⅱ标准设计的故障自诊断系统，对诊断模式和诊断接口进行了统一，原则上只需使用一台仪器，就可以对各类车辆进行诊断检测。

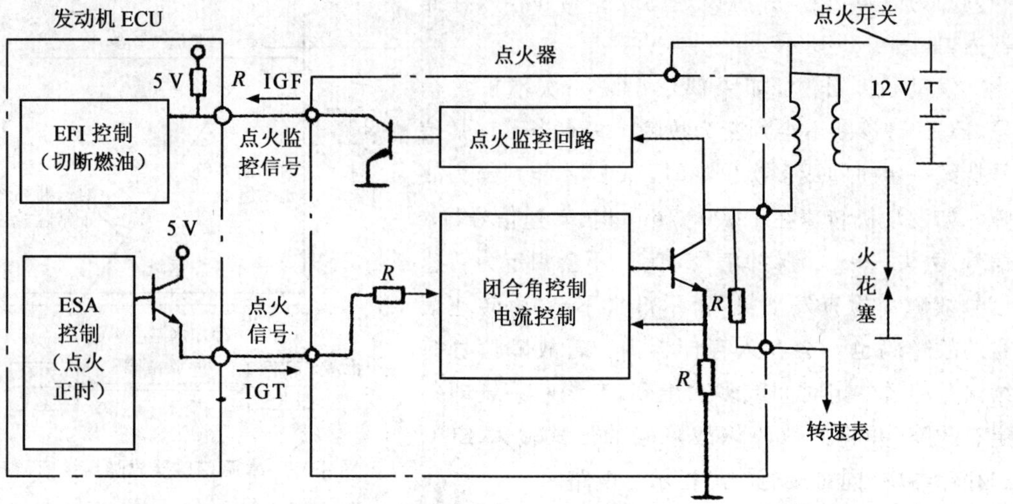

图 4-40　点火器故障自诊断原理

OBD-Ⅱ故障自诊断系统的主要特点：

①汽车按标准装用统一的16端子诊断座，如图4-41所示。并将诊断座统一安装在驾驶室仪表盘下方。

②OBD-Ⅱ具有数据传输功能，并规定了两个传输线标准：欧洲统一标准（ISO-Ⅱ）规定数据传输用“7”号和“15”号端子，美国统一标准（SAE-J 1850）规定数据传输用“2”号和“10”号端子。

③OBD-Ⅱ具有行车记录功能，能记录车辆行驶过程的有关数据资料；能记忆和重新显示故障码的功能，可利用仪器方便、快速地调取或清除故障码。

④OBD-Ⅱ诊断模式采用高效率的明码编码方式以及压缩数据包方式传递信息，读取和清除故障码可以瞬间利用仪器完成。

⑤OBD-Ⅱ诊断座仍保留了通过跨接诊断座的引脚从故障指示灯或LED灯、电压表上读取故障码的功能。但大多数为两位数，信息量远远少于OBD-Ⅱ标准码，有些故障码无法通过这种方式输出。

⑥装用OBD-Ⅱ的汽车，采用相同的故障码代号及故障码意义统一。故障码由1个英文字母和4个数字组成，OBD-Ⅱ故障代码的定义规定如图4-42所示。故障码说明见表4-1。

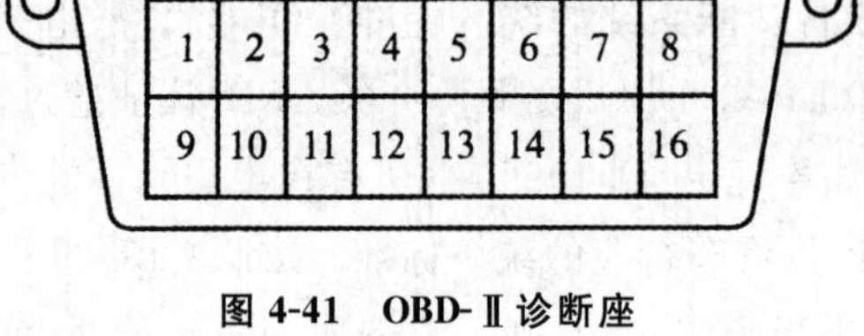

图 4-41　OBD-Ⅱ诊断座

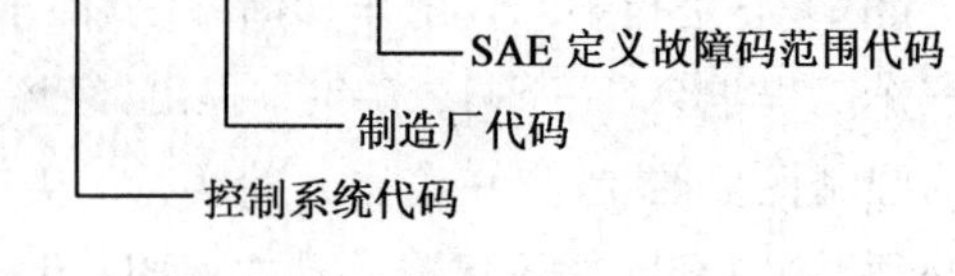

图 4-42　OBD-Ⅱ故障代码组成

表 4-1　OBD-Ⅱ故障码说明

代码性质	代 码	代码定义
控制系统代码（大写英文字母）	P	汽车发动机和自动变速器控制系统
	C	汽车底盘控制系统
	B	汽车车身控制系统
	U	未定义
制造厂代码（1 位数字）	0	SAE 定义的故障代码
	1,2,3,…	汽车制造厂自定义的故障代码
SAE 定义的故障码范围代码（1 位数字）	1	燃油或进气测定系统故障
	2	燃油或进气测定系统故障
	3	点火系统不良或发动机间歇熄火故障
	4	废气控制系统故障
	5	怠速控制系统故障
	6	ECU 或输出控制元件不良
	7	自动变速器控制系统不良
	8	自动变速器控制系统不良
原厂故障代码(2 位数字)		原厂规定的具体元件故障代码

二、失效保护系统

一旦发现某个传感器或执行器有故障，ECU 内的安全保险电路将以设定的方式取代出故障的传感器的工作，继续控制发动机的运转，保持汽车最起码的行驶性能，这种功能称为失效保护。在这种工作状态下，发动机的性能将或多或少地受到影响，有些车型的 ECU 在这种状态下还会自动停止汽车上的某些附属装置（如空调器、音响等）的工作，以减小发动机负荷。当个别重要的信号传感器或其电路发生故障时，有可能危及发动机的安全运转，失效保护系统则会使 ECU 立即采取强制措施，切断燃油喷射，使发动机停止运转，确保车辆安全。

失效保护系统依靠 ECU 内的软件完成其功能。当控制系统出现故障时，给 ECU 提供的设定值不可能与实际工作情况一致，失效保护系统只能维持发动机继续运转，但不能保证控制系统的优化控制，发动机的性能必然有所下降。

当发动机电控系统传感器信号电路出现故障时，失效保护系统用设定的标准信号代替失效的传感器信号或启动应急备用系统控制发动机运行，具体如下：

(1)空气流量计或进气压力传感器断路或短路时，ECU 按节气门位置传感器的信号，以三种固定的喷油量控制喷油。当节气门位置传感器内的怠速开关闭合时，以固定的怠速喷油量喷油；当怠速开关断开而节气门尚未全开时，以固定的小负荷喷油量喷油；当节气门全开或接近全开时，以固定的大负荷喷油量喷油。

(2)若冷却水温度传感器或其电路发生故障时，失效保护系统给 ECU 提供设定的冷却水温度信号，通常按冷却水温度为80℃控制发动机工作，防止混合气过浓或过稀。

(3)进气温度传感器断路或短路时，ECU按进气温度为20℃的状态控制喷油。当进气温度传感器或其电路发生故障时，失效保护系统给ECU提供设定的进气温度信号，通常按进气温度为20℃控制发动机工作，防止混合气过浓或过稀。

(4)节气门位置传感器(线性输出式)信号电路故障。当线性输出式节气门位置传感器产生断路或短路故障时，ECU将检测到节气门处于全开或完全关闭状态信号，此时安全保险功能将采用正常运转值(标准值)，通常按节气门开度为0°或25°值控制发动机工作。

(5)大气压力传感器断路或短路时，ECU按101.13 kPa控制喷油或进入应急备用系统工作状态。

(6)氧传感器输出电压保持不变或变化过于缓慢时，ECU将取消反馈控制，以开环控制方式控制喷油。

(7)曲轴位置传感器(G1和G2)信号电路故障。由于G信号用于识别气缸和确定曲轴基准角，当出现开路或短路时，发动机无法控制，将造成发动机不能启动或失速。如果仍能收到G1或G2信号，则曲轴在基准角还能由保留的G信号判别。

(8)点火确认信号故障。如果点火系统中产生故障造成不能点火，ECU检测不到由点火控制器返回的点火认定信号。此时，ECU安全保险功能立即停止燃油喷射，以防止大量燃油进入气缸而不能点火工作。

(9)爆震传感器信号或爆震控制系统故障。当爆震传感器信号电路开路或短路，或ECU内爆震控制系统出现故障，无论是否产生爆震，点火提前角控制将无法由爆震控制系统实施反馈控制，这将导致发动机损坏，此时安全保险功能将点火提前角固定在一适当值。

对于执行器(如喷油器、怠速控制阀等)的故障，有些能被ECU检测出，有些则不能，依不同的车型而不同。通常也没有相应的失效保护功能。

三、应急备用系统

1.应急备用系统功能

当ECU本身或某些重要传感器信号电路出现故障时，将无法控制发动机正常运转，此时ECU中的应急备用系统会接通备用集成电路(IC)，用固定的信号控制燃油喷射和点火正时，控制发动机进入强制运转，以便驾驶员能将车辆开到修理厂进行检修。

应急备用系统只能维持基本功能，不能保证正常运行性能。当遇到下列情况之一时，ECU自动接至应急备用系统工作状态：

①微处理器停止输出点火正时控制信号(IGT)时。

②进气压力传感器信号电路出现开路或短路(只适于D型EFI系统)时。

③曲轴位置传感器信号电路开路或短路时。

④当ECU中的中央微处理器(CPU)、输入/输出(I/O)接口和存储器发生故障时。

启用应急备用系统工作时，"检查发动机"(CHECK ENGINE)灯亮。在条件②和③时，有故障码输出；其他情况时，没有故障码输出。

2.应急备用系统工作原理

图4-43为ECU应急备用系统的工作原理框图。当应急备用系统使用条件之一得到满足

时，根据启动开关信号(STA)信号和怠速触点信号(IDL)将发动机的工况简单地分为启动、怠速和非怠速三种，并按预先设定的固定数值输出喷油控制信号和点火控制信号。接收到 STA 信号即判定发动机处于启动工况，接收到 IDL 触点闭合信号即判定发动机处于怠速工况，接收到 IDL 触点断开信号即判定发动机处于非急速工况。

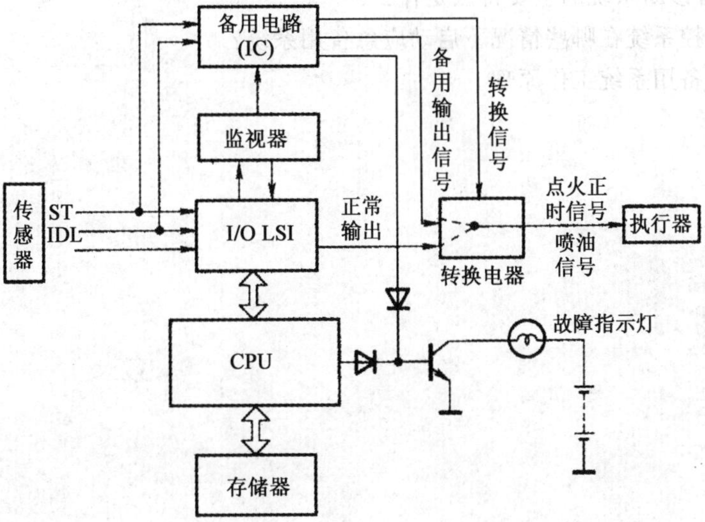

图 4-43　备用系统工作原理图

当监视器监测到满足启用后备系统条件之一的故障时，在点亮“检查发动机”灯的同时，接通备用电路，发出转换信号，使转换电路转接到备用输出信号通道。此时，ECU 输出的应急备用系统的喷油脉宽和点火信号是根据启动信号(STA)和怠速(1DL)触点状态(闭合或断开)，选择启动、怠速和非怠速三种不同工况预先设定的固定数值，替代 ECU 正常控制时的最佳喷油脉宽和最佳点火提前角。因此，应急备用系统只能简易控制，维持 ECU 的最基本的功能，使车辆能继续行驶，而不能保持正常运行时的最佳性能，故不宜长期行驶，应及时前往修理厂进行检修。

应急备用系统中预先设定的固定数值，因发动机型号不同而异。日产车系提供的部分数据见表 4-2。

表 4-2　应急备用系统设定的固定值(来自日产车系统数据)

项目	ECU 发生故障时			ECU 接受不到 G1 和 G2 信号时		
	启动	怠速	非怠速	启动	怠速	非怠速
喷油时间	12.0 ms	2.3 ms	4.1 ms	1.0 ms	与进气量成正比	
喷油频率	2 次/循环			1 次/65.3 ms	1 次/69.9 ms	1 次/30 ms
点火提前角	10°	10°	20°	1 次/50 ms	1 次/23 ms	1 次/5 ms
闭合时间	5.12 ms	5.12 ms	5.12 ms	3 ms	4 ms	3 ms

复习与思考

1. 故障自诊断系统有哪些基本功能？
2. 故障自诊断系统如何对传感器进行故障自诊断？
3. OBD-Ⅱ自诊断系统的主要特点是什么？
4. 汽油机电控系统在哪些情况下启动应急备用系统？
5. 简述应急备用系统工作原理。

项目五　汽油机电控系统常见故障检测诊断及设备使用

【知识目标】

1. 了解电控发动机使用注意事项及故障诊断注意事项。

2. 了解发动机电控系统故障诊断一般流程与基本方法。

3. 熟悉电控发动机检测诊断常用设备及其使用要领。

4. 掌握发动机常见故障的故障现象和故障原因。

【能力目标】

1. 能对发动机不能启动或启动困难故障进行诊断和排除。

2. 能对发动机怠速不良故障进行诊断和排除。

3. 能对发动机加速不良故障进行诊断和排除。

4. 能对发动机油耗过高、排放超标故障进行诊断和排除。

『相关知识』

汽车使用环境恶劣，运行环境复杂，发生故障难以预料，传统的故障诊断与维修方法主要凭经验进行，不仅维修效率低，而且维修质量难以保证。现代汽车普通应用了电子控制系统，技术更加的先进、结构也更加的紧凑。如果发生故障，汽车电子控制系统还能进行自诊断或报警，提醒使用人员采取相应的措施，保证基本运行的能力，以便将汽车驾驶回家或送修理站维修。维修人员可调取故障代码对故障现象进行分析，建立正确的诊断思路，高效地排除故障。

一、电控发动机使用与故障诊断注意事项

1. 电控发动机使用注意事项

不正确的操作往往会影响发动机的使用性能，甚至会造成发动机的损坏。以下几点在使用中应注意。

(1)在启动发动机(包括冷车)时，一般无须踩下油门踏板。因为电控发动机都具有冷启动混合气加浓，自动冷车快怠速等功能，能保证发动机不论在冷车还是热车时都能顺利启动。若在启动时油门开度太大，控制系统将会进入断油控制状态，反而使发动机无法启动。

(2)在启动发动机之前和启动过程中，用反复快速踩油门的方法来增加喷油量的做法是无效的。电控发动机的油门踏板只操纵节气门的开度，喷油量完全由 ECU 根据进气量等参数来决定，因此不能照搬化油器式发动机的操作方法。

(3)若热车不能启动，要考虑是否出现溢油的故障。这时可将油门踏板完全踩下，然后转动马达，利用断油控制将汽缸中的燃油排出，再试着启动发动机。

(4)不可在缺油的状态下强行运转发动机。当仪表盘上的燃油警告灯点亮时，应尽快加油，因为电动燃油泵是依靠流过燃油泵的燃油进行冷却的，缺油运转会使电动燃油泵因过热而

烧毁。

(5)不可在发动机运转时拔下任何传感器的插头,这样会使ECU中出现人为造成的不实故障码,进而影响维修人员正确地判断、排除真实的故障。

(6)当仪表盘上的故障警告灯点亮时,说明发动机控制系统出现故障,应及时将汽车送到修理厂检查维修,以防长期带故障运行造成更大的损坏。

(7)为使ECU不受干扰,不要在汽车上装有大功率的移动式无线电话系统。

(8)电控燃油喷射装置对燃油的清洁度要求很高,使用中应注意定期更换过滤器。

(9)当发动机出现故障,“检查发动机”警示灯点亮时,不能将蓄电池从电路中断开,以防止ECU中存储的故障码及有关资料信息被清除。只有通过自诊断系统将故障码及有关信息资料调出并诊断出故障原因后,方可将蓄电池从电路中断开。

(10)必须使用规定的机油、优质冷却液和规定容量的蓄电池。

2.发动机电控系统故障诊断注意事项

(1)不论发动机是否运转,在点火开关接通的情况下,不可随意断开任何一个带有电磁线圈装置的电路,例如电磁喷油器、怠速控制阀、点火装置、二次空气喷射电磁阀、空调离合器以及连接这些器件的蓄电池缆线等。

(2)对电子控制单元ECU及与其连接的传感器、执行器进行故障诊断时,操作人员须预先消除身上的静电,接触车身或接触自来水管等有良好接地效果的结构。必须安装无线电台时,天线的连接线应远离ECU连线,其距离应不小于20 cm。在车身上进行电弧焊时,应先断开发动机ECU的电源。ECU对环境温度的适应能力为$-22\sim65$℃,维修车身烤漆时,应拆下ECU或控制加热温度。严禁将ECU或传感器的密封装置损坏和用水冲洗。如雨刮器泄漏,应尽快修理,以免装在发动机舱下壁板上的ECU因受潮而损坏。

(3)如不熟悉车辆情况,应在拆卸蓄电池前必须先向车主询问有无车辆防盗和音响防盗以及车主是否知道音响密码。如果车主不知道密码但又必须更换蓄电池,可先用另一只应急蓄电池临时提供电源,然后再拆下旧蓄电池。待安装新蓄电池后再拆下应急蓄电池。断开蓄电池后,存储于电控单元内的所有故障码也将会全部消失,因此,如有必要,应在断开蓄电池之前读取故障码。

(4)对电子控制系统电子元件和传感器进行检修时,以不拔下插头测电压为主,以免发生新的故障信号。尽量利用故障诊断仪进行定量检测、动作检测和消除代码。

(5)除在测试过程中特殊指明外,不能用指针式万用表测试发动机ECU及传感器,应用内阻大于10 MΩ的高阻抗数字式万用表(或汽车专用万用表)进行测试;检测控制系统中输入信号和发动机控制系统输出信号时,可用330 Ω电阻串联一个发光二极管自制一个试灯;禁止用“试火法”检查晶体管电路的通断情况,只能用12 V小试灯检查,以防止晶体管损坏;脉冲电路应用LED灯或示波器检查。

(6)在确认点火系和发动机本身无故障时,才对燃油供给系进行检查。进行燃油供给系作业之前,应拆去蓄电池接地线以防损坏机件,作业时切记远离明火。需要拆开任何油路部分进行检修时,首先应释放燃油系统的压力(拔去燃油泵继电器或熔丝再启动发动机,直至发动机自动停转),以防止高压燃油喷洒出来引起事故。橡胶密封件千万不要沾上汽油。喷油器上的O形密封圈是一次性使用的零件,不能重复使用,拆卸喷油器后要换新的O形密封圈,以保证其密封性良好。高压油管接头与螺母或接头螺栓连接时也应使用新垫片。

二、发动机电控系统故障诊断流程

发动机电控系统故障诊断流程是维修人员在实施发动机电控系统故障诊断排除作业过程中，运用专业知识和经验，采用相应的检测手段，为逻辑严谨、全面完整地完成诊断故障，详细分解的一系列步骤。通常将这诊断步骤用流程图形式进行表达，称为故障诊断流程图。

发动机电控系统故障诊断流程图如图 5-1 所示。

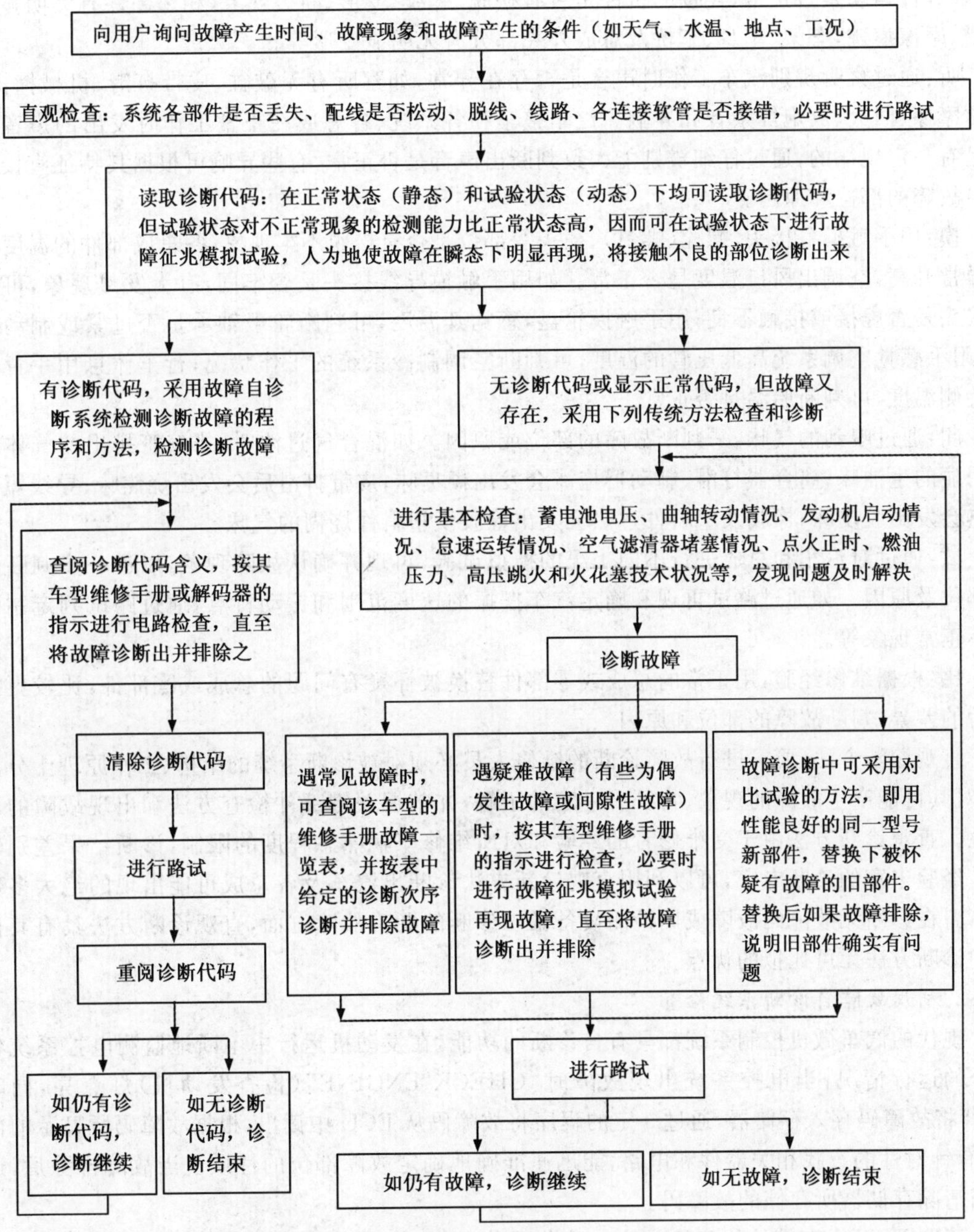

图 5-1　电控发动机诊断流程图

三、发动机电控系统故障诊断方法

1. 直观诊断

直观诊断是通过人体感官对电控系统进行检查和判断。

看：主要通过眼睛对整车和相关部位的观察，发现汽车明显的异常现象，来判断汽车故障的诊断方法。如有无漏水、漏油、漏气，发动机排气颜色是否正常，水箱液体流动状况是否正常，各部件运动是否正常，连接的机件是否有松脱、裂纹、变形、断裂现象，相邻部件有无明显的剐蹭、摩擦痕迹，车架、车身、车桥及总成外壳部分有无明显变形等。

听：通过察听辨别汽车工作时声音是否存在异常，如察听有无敲缸、皮带打滑、机械撞击、异常摩擦、回火、放炮等杂音和异响。汽车整车和各系统、各总成在正常工作时发出的声音通常是有一定规律的，通过仔细辨别能大致判断出声音是否正常，有些异响可根据其特征直接判断出故障的部位和原因。

摸：用手触摸各接头、螺栓（螺钉）、插头等部位是否有松脱不牢现象，各总成部件的温度有无异常升高，空调出风口温度是否正常。如用手触摸导线接头是否牢固，有无发热现象，可判断接头是否虚接或接触不良；用手触摸轮盘，感觉其温度，可判断轮毂轴承是否过紧或制动拖滞；用手感觉空调系统高低压管的温度，可判断空调制冷系统的工作状况；行车休息用手背感觉胎侧温度，可判断胎温是否正常。

闻：通过嗅到的气味，来判断故障的部位或原因。如混合气过浓时，排气管排出的气体中有明显的生油味；离合器打滑、制动器拖滞会发出糊臭味；皮带打滑后会发出烧焦味；导线短接过热会发出胶皮味；橡胶及塑料件过热会发出橡胶及塑料件烧糊的气味。

试：通过对汽车和总成进行不同工况的模拟试验，再现并确认故障现象，以进一步判断故障部位及原因。如通过路试再现和确定汽车摆振的速度范围和振动特点，通过路试判定制动的不正常现象等。

比：根据维修经验，用正常的总成或零部件替换被怀疑有问题的总成或零部件，比较更换前后的差异，判断故障的部位和原因。

直观诊断方法，要求进行故障诊断的维修人员必须对被诊断系统的结构、工作原理十分清楚，对其可能产生故障的现象、特征有一定的了解，并掌握关键部件检查方法和出现故障的可能性。直观诊断方法由于受维修者的经验和对所维修车辆熟悉程度的限制，诊断结果差别较大。经验丰富的诊断专家，可以利用直观诊断方法诊断出汽车及各总成可能出现的绝大多数故障。在诊断无故障码故障或用检测设备难以诊断的疑难故障方面，直观诊断方法具有其他各种诊断方法无可比拟的优点。

2. 利用故障自诊断系统检查

现代的汽车微机控制系统都具有自诊断的功能，在发动机运行中不断地监测电控系统各部分的运行情况，当电控系统出现故障时“CHECK ENGINE”（检查发动机）灯点亮，同时ECU将故障码存入存储器，通过一定的程序将故障码从ECU中读出，根据故障码所显示的内容，有针对性的查找相关器件和电路，能迅速准确地确定故障部位的性质。当故障排除后，还应当清除存储器所存储的故障码。

读取ECU内存储的故障代码的方法有两种：一种是利用微机故障检测仪（亦称解码器）读取故障码，另一种是用人工方法（随车故障自诊断）读取。

(1)利用随车自诊断系统人工读取故障码

①自诊断测试　在进行自诊断测试时，首先要进入自诊断测试状态，其进入自诊断测试状态的方法根据汽车生产厂家不同，大致有以下几种：

a. 用跨接线跨接“诊断触发端子”和“接地端子”；

b. 按压“诊断按钮开关”；

c. 拧动微机控制装置上的“诊断开关”；

d. 同时按下空调控制面板上的“OFF”和“WARM”键；

e. 点火开关“ON”→“OFF” →“ON” →“OFF” →“ON”循环一次。

进入自诊断测试状态后，不同的诊断测试模式，将完成不同的诊断测试功能。一般有两种诊断测试模式：一是静态测试模式，简称 KOEO(KEY- ON EN-GINE OFF)模式，即点火开关在“ON”位置，在发动机不运转的情况下测试。二是动态测试模式，简称 KOER(KEY-ON ENGINE RUN)模式，即点火开关在“ON”位置，在发动机运转的情况下测试。该模式除可读取静态测试故障码功能外，还可读取在动态测试状态下发生故障的故障码或进行混合气成分的监测模式和故障码清除模式等。

②故障码的输出　发动机微机控制自诊断系统，大都将其诊断的结果以故障码的形式存储和输出，故障码的含义在相应的维修手册上有详细的解释。由此可以很方便地查找到故障源。虽然各种各样的发动机微机控制自诊断系统显示故障码的方式各具特色，但归纳起来，常见的输出方式有如下几种：

A. 数字显示。数字显示故障码的方式具有显示直观，操作简便等特点。目前，在一些高档轿车上已有较多的应用，如林肯・大陆(UNCOLN CONTINEN-TAL)、卡迪拉克(CADIL-LAC)等。在进行自诊断测试时，故障码将以数码的形式显示在组合仪表的信息显示屏上。一般在温度显示屏上，要进行自诊断测试状态，应按下设定的控制键，有时需要同时按下两个或三个控制键。

B. 脉冲电压输出。大部分发动机微机控制自诊断系统均采用脉冲电压输出的方式。ECU 通过仪表板上“CHECK ENGINE”指示灯的闪烁显示故障码；或(同时)由自诊断输出接头(STO)相应端子向外输送脉冲电压的信号，可利用发光二极管、将指针式电压表接到诊断插座中规定的测试接头上，以发光二极管的闪烁或电压表指针的摆动读出故障码。

脉冲电压的形式一般有四类：

a. 宽脉冲表示十位，窄脉冲表示个位。十位与个位间有一较短的暂停时间，故障码与故障码之间有一较长的暂停时间，如图 5-2 所示。

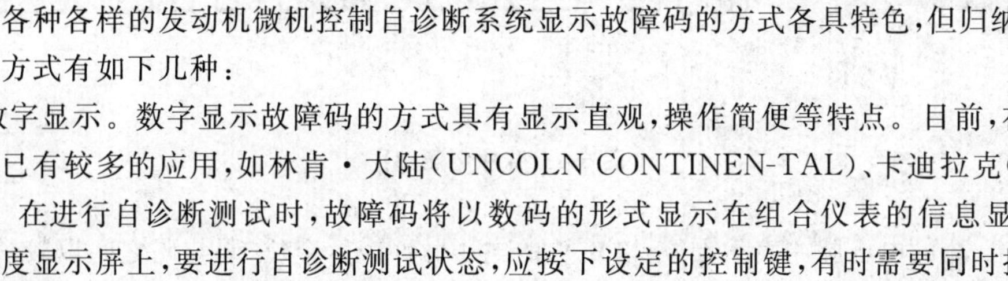

图 5-2　脉冲电压(1)

b. 电压脉冲宽度相同，位与位之间有一较短的暂停时间，码与码之较长的暂停时间。如图 5-3 所示。

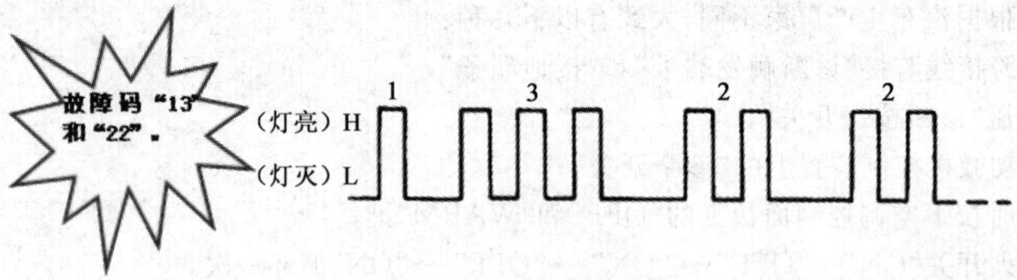

图 5-3　脉冲电压(2)

c. 脉冲宽度相同，在位与位之间有一个暂停时间，在码与码之间有一个较宽的电压脉冲。如图 5-4 所示。

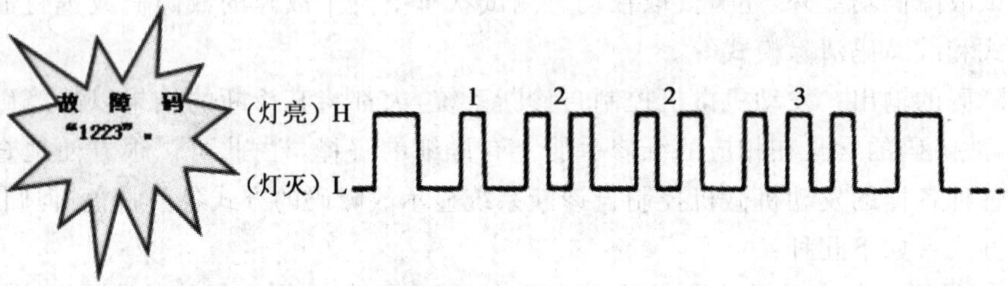

图 5-4　脉冲电压(3)

d. 以 5 V 的电压脉冲表示十位，以 0 V 的电压脉冲表示个位，码与码之间以较长的2.5 V电位区分。如图 5-5 所示。

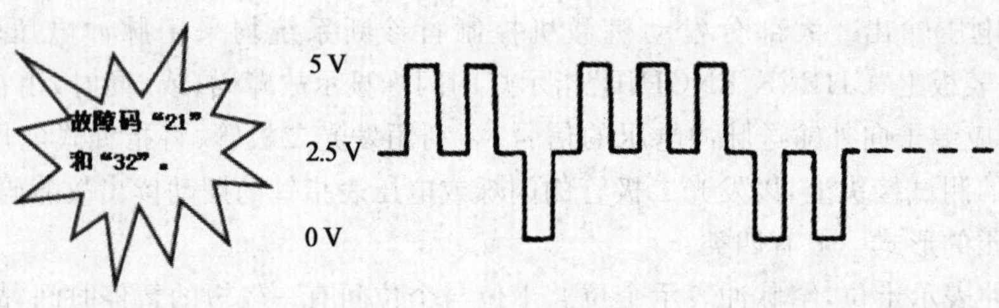

图 5-5　脉冲电压(4)

C. LED 灯显示　有些厂家用一个或多个发光二极管来显示故障码。这些 LED 一般就装在 ECU 上。其指示故障的方式也有所不同。

采用一个 LED 时，其指示方式与仪表板上的故障指示灯显示故障码的方式相同。

采用二个 IED，一般为两个不同颜色的发光二极管，红色发光二极管显示十位，绿色发光二极管显示个位，两个 LED 共同显示故障码。

采用四个 LED 显示时，各发光二极管分别代表 8、4、2、1。显示故障码时，将发亮的 LED 灯所代表的代码相加即为显示的故障码。

(2)利用微机故障检测仪(解码器)读取故障码　利用解码器读取故障码是目前普遍使用

的故障码诊断方式。目前生产的汽车都配备了第二代随车自诊断系统(OBD-Ⅱ),采用了统一的诊断接口,统一的故障编码,采用通用确码器即可对绝大多数车型进行诊断。只要将检测仪诊断接口和车上的诊断接口连接好,打开点火开关和检测仪电源,通过简单按钮和菜单操作,即可轻松读取故障信息。且提供检测帮助参考信息。这种方法快速、准确率高,对维修人员的基础理论要求不高。

微机故障检测仪除具备读取和清除故障码功能,还具备读取发动机运行数据流、执行元件测试等多项功能,是汽车从业人员的重要帮手,已成为现代汽车维修行业不可或缺的重要仪器设备。

(3)故障码的清除　读取故障信息及排除故障后,需清除故障码,以免已排除的故障信息在今后出现故障时,再次输出误导维修人员。诊断利用解码器清除故障码功能可以方便实现清码。也可进行人工清码,一般来说,断开发动机 ECU 常电源供电的熔丝 30 s 以上,或拆下蓄电池搭铁线 30 s 以上,即可清除 ECU 存储的故障码。但是,使用拆除蓄电池负极的方法清除故障码,将会使石英针和音响等装置的内存一起被清除,其他系统存储信息也将同时清除,所示建议不采用这种方式。

在清除故障码后,启动发动机,看发动机故障指示灯是否又闪亮。若又闪亮,说明系统仍存在故障,还需进一步诊断。

3.利用简单仪表诊断

所谓利用简单仪表诊断,是指利用万用表、示波器、燃油压力表、气缸压力表等常用仪表,对汽车故障进行诊断的方法。汽车电控系统各零部件正常工作时均有一定的工作电压、信号电压。信号电压的变化应符合规定的输出波形,各零部件的电阻应在相应的标准范围内。因此,可利用万用表测量元件的电阻或输出电压,用示波器测试元件工作时输出的波形,用万用表测量元件的导通性可判断元件或线路是否正常。

对电控系统检测,主要采用数字万用表或汽车专用电表对电路对元件电气参数进行检测,直至找到故障点。这是发动机电控系统常用的也是重要的故障诊断方法。故障诊断结果只能指示某个电路出现了故障,但不能确定具体故障部位,只有万用表等简单仪表通过进一步的检测才能找到故障点所在。

这种诊断方法的特点是:诊断方法简单、设备费用低廉,主要用于对电控系统和电气系统及一些不太复杂的故障进行深入诊断。此种方法对操作者的要求较高,在利用简单仪表进行诊断时,操作者必须对系统的结构和线路的连接情况、元件的技术参数有充分的了解。

4.利用专用诊断仪器诊断

随着汽车电子控制系统的不断发展,各种汽车故障专用诊断仪器在汽车维修过程中发挥了越来越重要的作用。常用的汽车专用诊断仪器主要有汽车专用万用表、汽车专用示波器、发动机综合参数诊断仪、发动机无负荷测功仪、四轮定位仪、尾气分析仪、汽车故障解码器等。使用专用的诊断设备,可大大提高汽车故障诊断的效率,但专用诊断设备成本较高,一般适用于较大规模的汽车维修企业。

5.备件替代法诊断

在进行汽车故障分析检查过程中,当怀疑某个部件发生故障时,可使用一个同型号的完好部件替代该部件进行试验,替换后若故障消失,证明原部件有故障;若故障没有变化,证明故障不在此处;若故障有所好转但未完全排除,说明除了此处故障点外,还存在其他故障,需进一步检查。备件替代法是一种行之有效的常用方法。此种方法要求准备较多的备件，且还必须与原车部件的型号相同，增大了零件的库存量，加大了维修成本。

6. 利用故障树诊断

对于较复杂的故障，由于导致故障的可能性原因很多，或属于比较生僻的故障，因此单靠经验或简单诊断一般情况下解决不了问题，此时，必须借助于一定的设备仪器、按照一定的方法步骤，对故障进行全面细致的检查和分析，逐步排出可能的故障原因，最终找到真正的故障部位，这就是利用故障树诊断法进行诊断。故障树诊断法又称故障树分析法，是将导致故障的所有可能原因按树枝状逐级细化的一种故障分析方法。故障树诊断法特别适用于汽车等复杂动态系统的故障分析。

应用故障树诊断法的关键是建立故障树。首先在熟悉整个系统的前提下逐步分析导致故障的可能原因，然后将这些原因由总体至局部、由总成到部件、由前到后（按工作关系）逐层排列，最后得出导致该故障的多种原因组合，用框图形式画出即为故障树。

用故障树诊断法进行故障诊断时应注意，一定要按照导致故障的逻辑关系进行逐步检查分析，否则就会出现遗漏或重复性的工作，甚至出现检查不出故障原因的现象。

需要说明的是，上述各种故障诊断的方法各有优缺点，每一种故障诊断方法并不能被其他诊断方法完全取代。在实际的工作中，应根据客观条件和故障的实际情况，灵活使用各种不同的使用方法，使它们之间互为补充，提高汽车故障诊断的准确性。

7. 故障征兆模拟法诊断

在故障诊断中往往遇到隐性故障，即有故障但没有明显的故障征兆，遇此情况必须进行全面的故障分析，然后用模拟与车辆出现故障的相同或相似的条件和环境进行试验，以便找出故障所在。

在故障征兆模拟试验中，不仅要对故障征兆进行验证，还应找出故障的部位。因此，在试验前必须把可能发生故障的电路范围尽可能缩小，然后再进行故障征兆的模拟试验，判断被测试的电路或元件是否正常，验证故障征兆。通常采用以下几种故障征兆模拟试验方法。

(1)振动试验法　如果振动可能是导致产生故障的主要原因时，就可以利用振动法进行检验。试验方法主要包括：在水平和垂直方向轻轻摆动连接器、线束、导线插头；用手轻轻拍打传感器、执行器、继电器和开关等控制部件。其方法如图 5-6 和图 5-7 所示。

图 5-6　用振动试验法轻拍继电器

(2)加热试验法　如果汽车故障是在热机出现或是由某些传感器与零件受热所致时，可用电加热吹风机等加热工具对可能引起故障的零部件或传感器进行适当加热，如图 5-8 所示。以检查其是否有故障（注意加热温度不能超过 60℃）。

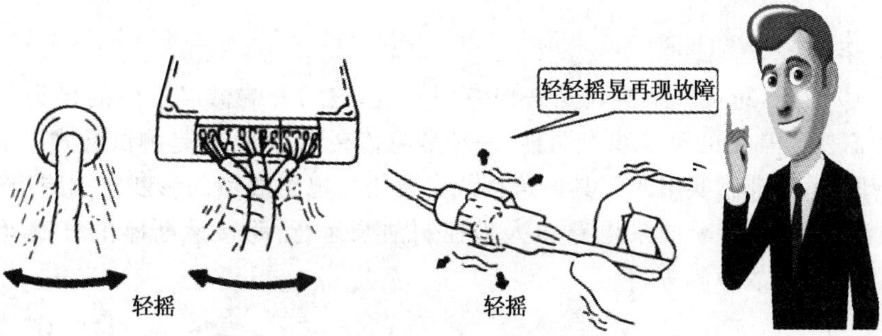

图 5-7　用振动试验法晃动线束与插接器

图 5-8　用加热试验法再现故障

(3)水淋试验法　如果故障在雨天或温度较大的条件下产生时,可通过喷淋试验检查诊断故障。试验时,将水喷洒在散热器前面和汽车顶部(图 5-9),间接改变温度和湿度检查其是否发生故障(注意不能将水直接喷洒在电气与电控系统零部件上,以免造成短路和其他故障。禁止对 ECU 进行喷水)。

图 5-9　用水淋试验法再现故障

四、常用诊断工具和仪器设备

在诊断电控系统的故障时,通常需要借助一些维修工具和仪器。使用这些工具和仪器前,必须详细掌握其性能、操作方法和步骤,以防止误操作时人为的损坏某些机件导致出现新的故障。

1. 诊断跨接线

如图 5-10 所示，跨接线其实就是一根专用导线，它的两端做成不同的接头。以满足测试不同部件的需要。常见的跨接线有两种，一种是鳄鱼夹式，另一种是测试针式。虽然其设计都比较简单，却是一个非常实用的工具。跨接线主要用于电路故障的诊断。如跨接诊断座的＋B 和 FP 接通油泵电路，诊断油泵电路或人为控制油泵运行；跨接诊断座的 TE1 和 E1 来触发 ECU 调取发动机的故障码等。

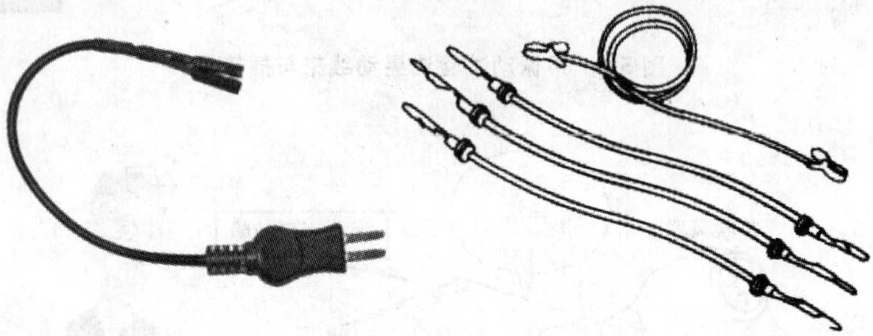

图 5-10　故障诊断跨接线

在使用诊断跨接线的过程中必须注意以下事项：

(1)跨接时必须确认电器元件的工作电压相同。

(2)绝对禁止错误地将电源与接地跨接。

2. LED 测试灯

LED 测试灯就由两个 LED 灯和一个 330 Ω 的电阻器串联而成，主要用来测试电路中元器件的工作电压或控制信号，如图 5-11 所示。将测试灯一端接地，另一端接电器部件的电源，如测试灯亮就可以证明该电路电压正常，否则就出现故障。LED 测试灯在故障诊断过程中还可以作为工作指示灯，即将测试灯跨接到诊断座上故障码输出端子，通过 LED 灯的闪烁，直接读取故障码。

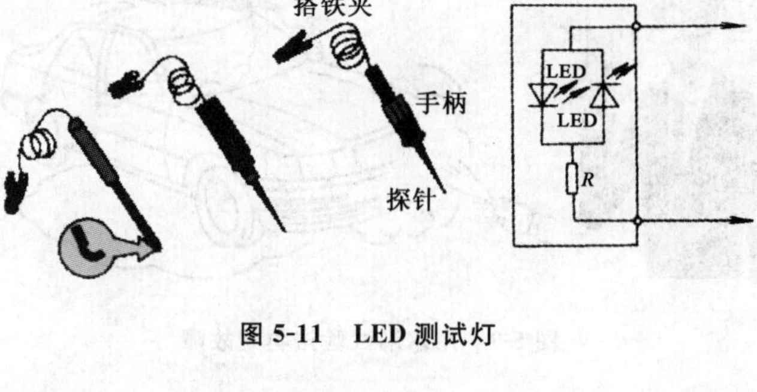

图 5-11　LED 测试灯

3. 数字万用表

万用表主要用来测量电阻、电压、电流等参数，还可测量电容、二极管和三极管等。以此判断电路的通断和元件的技术状态。万用表可分为模拟式(指针式)万用表和数字式万用表两种。由于发动机控制系统中的大多数电路都具有高电阻、低电压、低电流特征，因此在实际的故障诊断与检测中，除维修手册有特别规定外，必须使用高阻抗数字式万用表进行测试。

数字式万用表采用数字化测量技术和液晶显示器显示，具有测量精度高、测量范围广、输入阻抗高、抗干扰能力强、容易读数等优点，在汽车故障诊断与检修中应用广泛。

数字万用表实物如图 5-12 所示。不同品牌和型号的数字万用表功能上基本相同，差别主要体现在测量精度和可靠性方面。

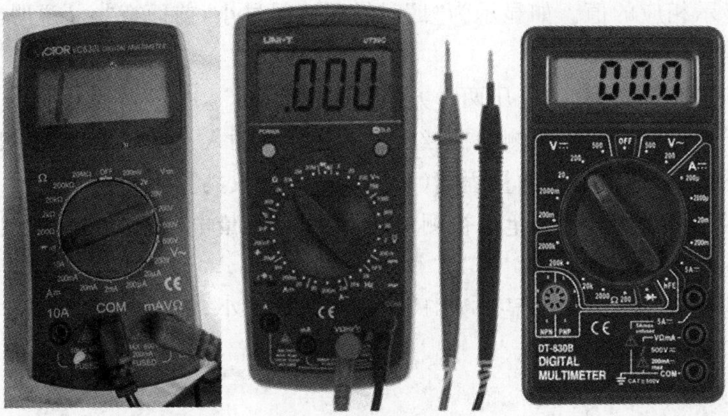

图 5-12　万用表实物

面板上有液晶显示器、开关、功能旋钮、插接孔等，如图 5-13 所示。以下简要介绍如何使用数字万用表进行电流、电压和电阻测试。

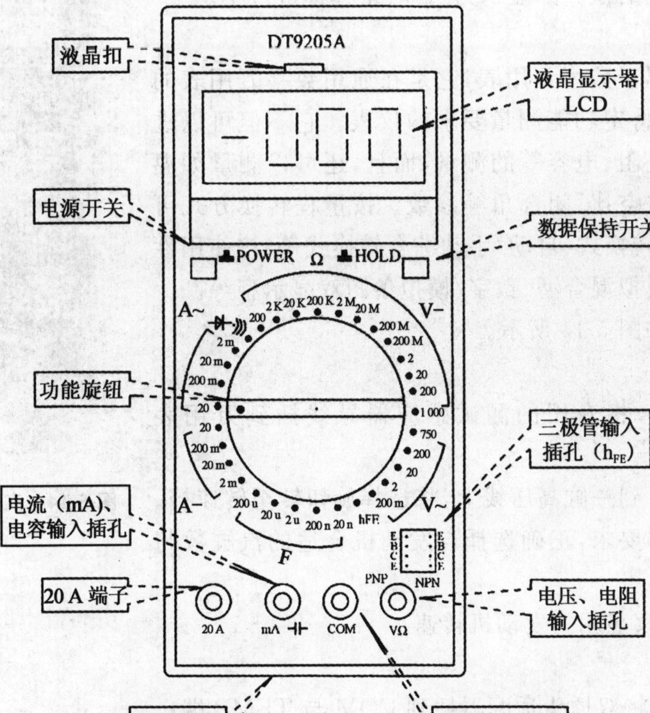

图 5-13　数字万用表面板

(1)电流的测量

①挡位置于电流测量挡,红、黑表笔分别插入“mA”或“10 A”“COM”插孔。被测电流在200 mA以内红表笔插入“mA”插孔,被测电流200 mA至10 A范围红表笔插入“10 A”插孔。

②估算电流大小,选择相应的量程挡(无法确定时从大挡打到小挡)。

③测量时万用表通过表笔与被测量电路串联。

④显示屏显示相应的值。如显示为“1”时量程选得过小,前面有“-”说明电流实际方向与测量表笔方向相反。

(2)电压的测量(分交、直流电压两种方式)

①挡位置于交流或直流电压测量挡,红、黑表笔分别插入“V/Ω”“COM”插孔。

②估算电压大小,选择相应的量程挡(无法确定时从大挡打到小挡)。

③测量电器元件电压时两表笔与被测量元件并联,测量电路上某点电压时,红表笔接触被测点,黑表笔搭铁。

④显示屏显示相应的值。如显示为“1”时量程选得过小,前面有“-”说明电流实际方向与测量表笔方向相反。

(3)电阻的测量

①挡位置于电阻测量挡,红、黑表笔分别插入“V/Ω”“COM”插孔。

②估算电阻大小,选择相应的量程挡。

③测量时红、黑表笔接在被测元件电阻两端,注意不能在元件通电时测量,如测量受其他设备影响,元件要脱离电路测量。

④显示屏显示相应的值。如显示为“1”时量程选得过小。

4.汽车数字万用表

汽车数字万用表属于数字万用表,它是在通用数字万用表的基础上,增加满足汽车特定功能测量要求的仪表。它不但可以进行常规的电压、电流、电阻、电容等的测量,而且,还可以测量如温度、转速、频率、压力、占空比、闭合角等参数。按量程转换方式可分为手动转换式、自动转换式、自动/手动综合转换式等;按使用性能分为智能型、数字/模拟混合型、数字/模拟条图双显示型等。

汽车数字万用表如图5-14所示。

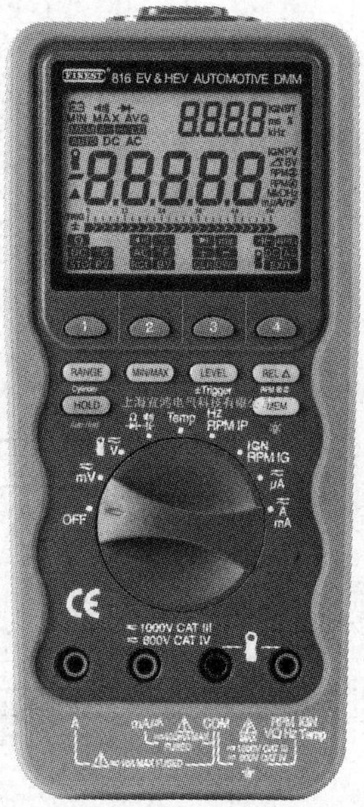

图 5-14 汽车数字万用表

(1)转速测试

①如图5-15所示,将专用的测试感应器导线插到万用表COM与V/Ω的插座上。

②将测试感应器夹到一缸高压线上,将选择旋钮转至转速挡。

③按照使用说明书要求,正确选择与发动机合适的汽缸数与冲程。

④启动发动机,观察显示的发动机转速。

(2)温度测试

①如图5-16所示,将双插头适配器插到COM与TEMP端;

②将K型温度耦合器插到适配器上;

③按功能键选择华氏/摄氏;

④将测温头放到被测物表面(水箱、缸体)。

⑤观察温度数据显示。

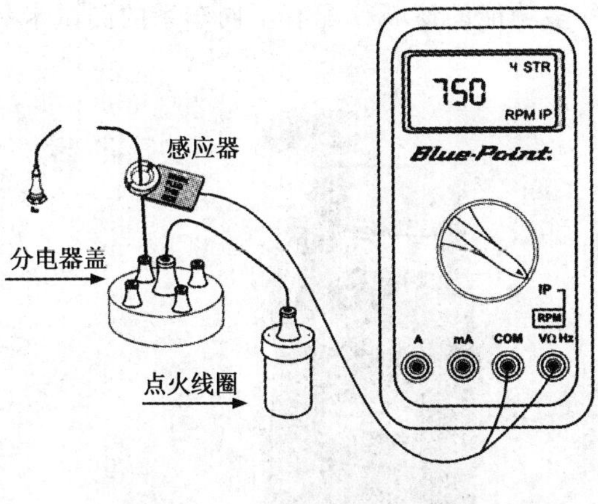

图 5-15　汽车专用万用表测试转速

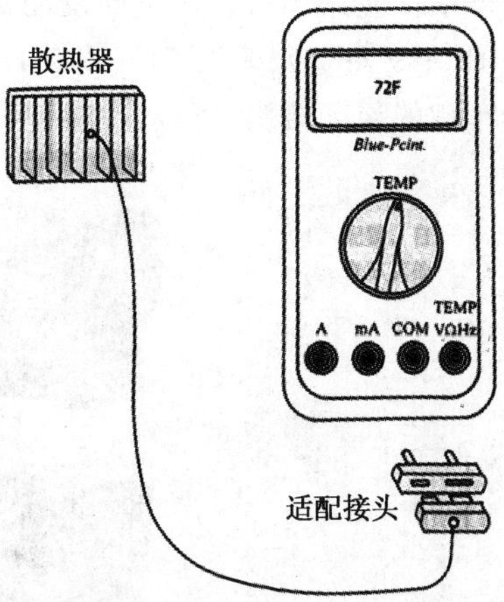

图 5-16　用汽车专用万用表测试温度

5. 燃油压力表

燃油压力表,如图 5-17 所示,用来检测油路内的燃油压力。测量时,将压力表装于燃油泵至燃油分配管之间,通过对燃油系统静态、动态油压指标测量,综合判断燃油系统组成部件故障。

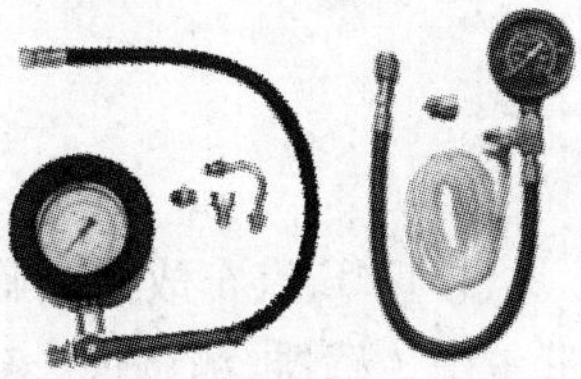

图 5-17　燃油压力表

6. 汽车常用故障诊断仪

(1)原厂专用型诊断仪　通用汽车、大众汽车原厂专用诊断仪,如图 5-18 所示。在检修电控发动机时,利用诊断仪检测非常准确方便。诊断仪上配有诊断接口与发动机室内或仪表盘下的诊断接口相连,通过操作诊断仪控制面板上的按键,即可对电控燃油喷射系统的传感器、执行器、电路及 ECU 本身进行检测。这类仪器携带方便,操作简单,而且大大提高检修时的速度和效率。

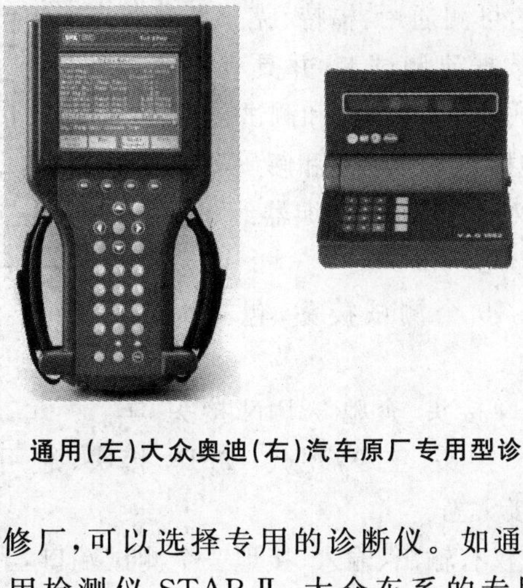

图 5-18　通用(左)大众奥迪(右)汽车原厂专用型诊断仪

如果修理厂为专业的维修厂,可以选择专用的诊断仪。如通用(GM)车系专用检测仪 Tech2,福特(FORD)车系专用检测仪 STAR Ⅱ,大众车系的专用检测仪 V. A. G1552 或

WBF1552 等。

(2)通用型诊断器的仪　通用型诊断仪,如图 5-19 所示。如果修理厂不是专业维修厂,车的类型很多应选用可以对不同发动机测试的诊断仪,如修车王、KT300(图 5-19 左上)、电眼睛 431(图 5-19 左下)、博世 740(图 5-19 右)等。这种多功能的诊断仪配有不同车系的测试卡和各种车型的诊断接头,可以检测多种车型。

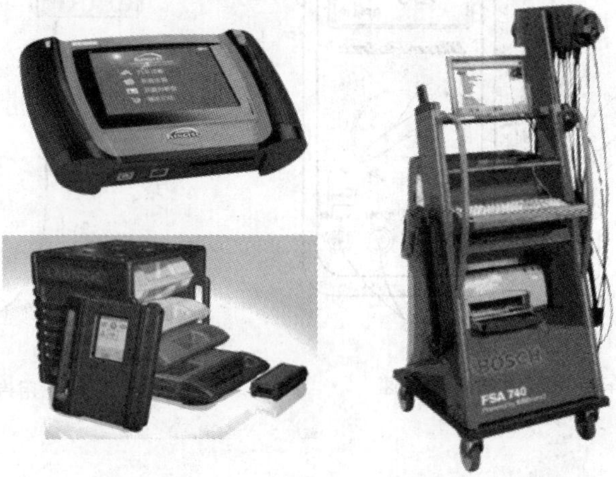

图 5-19　通用型汽车故障诊断仪

431ME 汽车故障电脑分析仪由主机、测试卡、测试主线、测试辅线和测试接头组成,并附带一个传感器/测试仪。431ME 汽车故障电脑分析仪主机的面板如图 5-20 所示。

(1)主机　由显示屏、操作键、上端两个 9PIN 接口、下端一个测试卡插孔组成。上端两个 9PIN 接口、左侧的接口与测试主线连接,右侧的接口与 PC 相连。

(2)测试卡　共有 12 块测试卡。其中,A01-A05 为亚洲车系测试卡,可测丰田、本田、日产、现代等车;B01-B04 为欧洲车系测试卡,可测大众、奥迪、奔驰、宝马等车系;C01 为美洲车系测试卡,可测通用、福特、克莱斯特等车;D010BD-Ⅱ为 OBD-Ⅱ数据流测试卡,并具有字典功能;F01 为传感器模拟/测试卡,用于模拟和测试传感器。

(3)测试主线　用于连接汽车诊断座和解码器。

(4)测试辅线　包括双钳电源线、点烟器线、万用-1 线、万用-2 线和飞线。

(5)测试接头　共有 15 个测试接头,包括大众/奥迪。

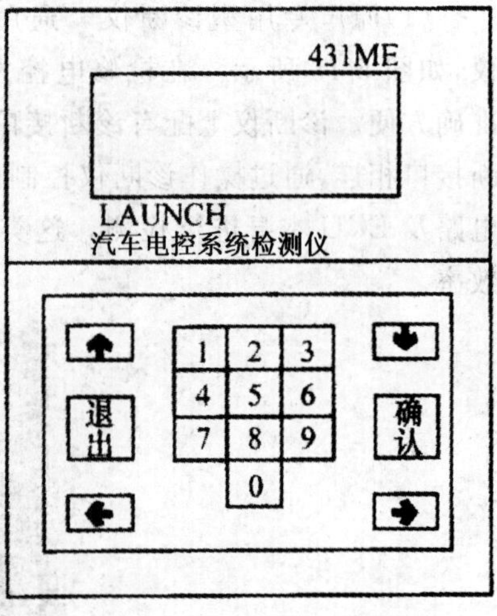

图 5-20　431ME 汽车故障电脑分析仪外观图

4PIN 接头、宝马 20PIN 接头、奔驰 38PIN 接头、丰田 17PIN 接头、本田 3PIN 接头、三菱/现代 12PIN 接头、通用/大宇 12PIN 接头、OBD-Ⅱ 16PIN 接头和传感器测试接头等。

(6)传感器模拟　测试仪有输出、输入、接地三个测试端口,上端的 9PIN 接口与测试主线连接。当进行传感器测试时，将传感器测试线的红线插入输入端，黑线插入接地端。当进行传感器模拟测试时，将传感器测试的红线插入输出端，黑线插入接地端。

7. 汽车尾气分析仪

发动机尾气分析仪是用来检测发动机排气中有害物质含量并进行显示的仪器，一般用于检测发动机排放是否超过国家限值标准。现在汽车维修用的四气体或五气体尾气分析仪可以检测 CO、HC、NO_x、O_2 和 CO_2，还可以显示空燃比或过量空气系数，如图 5-21 所示。

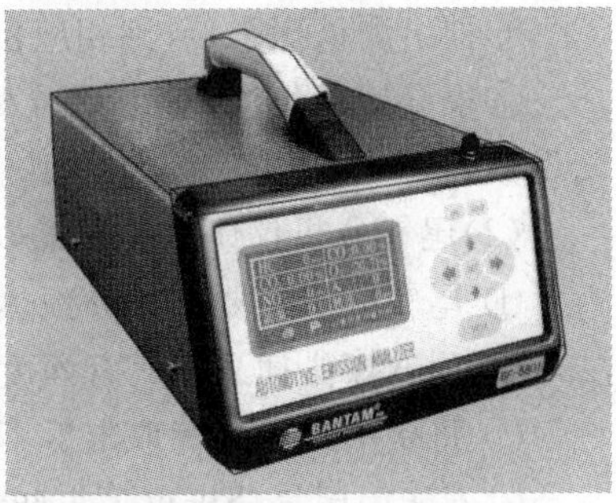

图 5-21　五气体尾气分析仪外观

以上五种气体在发动机排气中含量多少与混合气燃烧的状况相关，排气状况又可以反映出电控系统的工作情况，通过了解尾气排放情况可帮助分析发动机是否存在故障，甚至帮助分析故障的位置和原因。所以，尾气分析仪成为电控发动机故障分析的重要工具。

尾气分析仪由分析仪和带探头测试的软管组成。探头内装有过滤材料，在检测尾气时能滤除尾气中的杂质，防止进入分析仪。尾气分析仪内的吸气泵通过一根软管连接的测试探头，将发动机排放尾气吸入分析仪的气样室，在这里进行成分分析并转换为电信号后送电子电路处理，然后通过数字或指针的方式显示分析结果。尾气分析仪工作示意如图 5-22 所示。

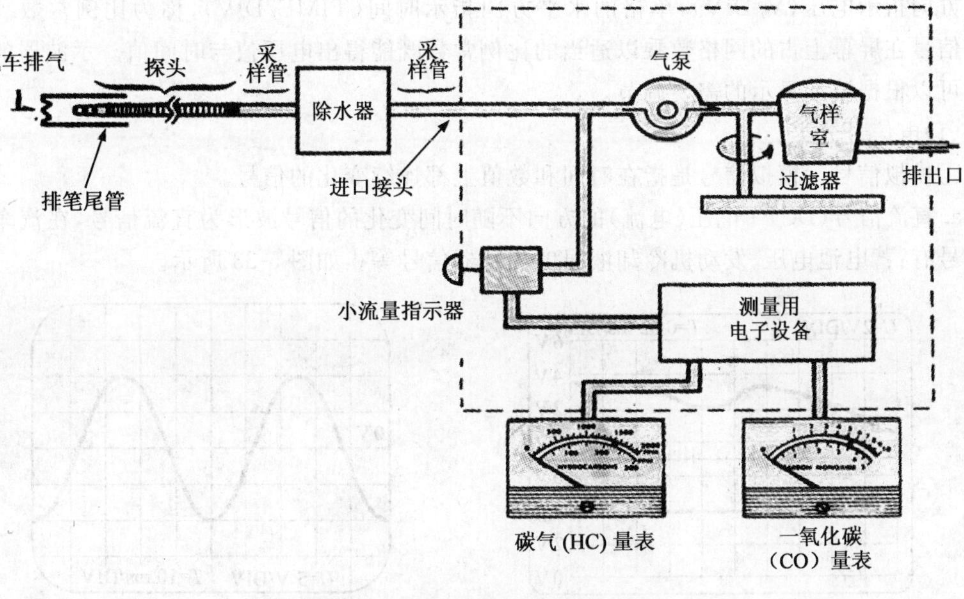

图 5-22　尾气分析仪工作示意图

(1)汽车尾气分析仪操作步骤

①打开尾气分析仪电源开关，按技术要求规定预热分析仪。

②启动发动机，预热至正常工作温度。

③将尾气分析仪测试探头插入发动机排气管，如图所示，其深度应大于 400 mm。

④观察测试显示数据，并记录不同气体显示数据。通过选择键改变空燃比和过量空气系

数显示,观察显示数据的不同。

⑤改变发动机运转状态,观察测试显示数据,并记录变化。

⑥抽出测试探头,放到相应位置。

⑦根据记录数据,对比不同发动机运转状态下,HC、CO、CO_2、O_2、NO_x、空燃比或过量空气系数的变化。

(2)尾气分析仪使用时注意以下几点

① 尾气分析仪要在充分预热后才能使用。

② 测试探头插入排气管深度应在400 mm以上。

③ 将探头从排气管取出后不要放在地上,防止吸入尘土。

④不能用尾气分析仪采集柴油发动机的排气,可能会造成分析仪损坏。

8.汽车示波器

示波器是用来测试电信号的重要仪器,它可以将电子随时间的运动轨迹通过屏幕显示出来,使维修人员可以观察到电子是否按照应有的规律在运动。如果所显示的运动轨迹不满足应有的运动规律,则可认为电路中出现故障。

示波器的类型很多,但都是通过显示屏将被测电路中电子移动时电场的高低(又称电压)和这个电场随时间变化的规律转换为平面二维图形,显示在如图所示的屏幕上。通常,为便于观察电压的大小和时间的长短,显示屏上提供一组网格作为计算电压和时间的参照。单格的垂直方向指示电压(V/DIV),单格的水平方向指示时间(TIME/DIV),称为比例常数。根据被测信号在屏幕上占的网格数乘以适当的比例常数既能得出电压值与时间值。示波器的比例常数可以根据波形显示的需要调节。

(1)电信号分类

①模拟信号　模拟信号是指在时间和数值上都连续变化的信号。

a.直流信号(DC)　电压(电流)的方向不随时间变化的信号波形为直流信号,在汽车中此类信号有:蓄电池电压、发动机冷却液温度传感器信号等。如图5-23所示。

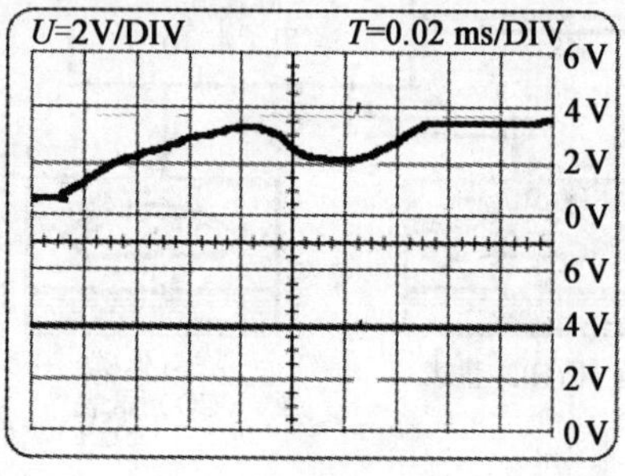

图5-23　直流信号波形

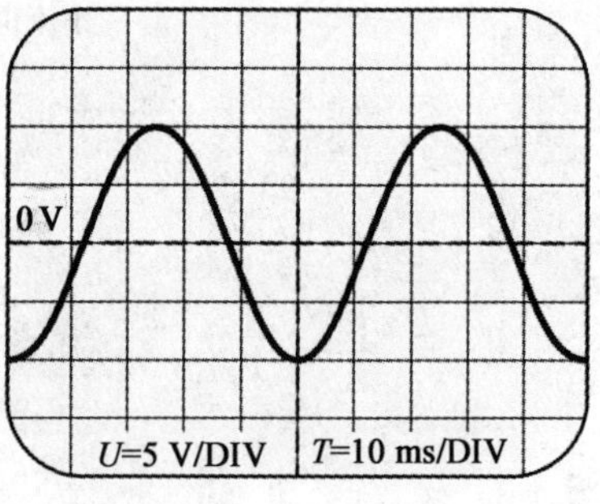

图5-24　交流信号波形

b.交流信号(AC)　电压(电流)的大小和方向都随时间变化的信号为交流信号,在汽车中此类信号有:车速传感器信号、磁电式发动机转速传感器信号、ABS轮速传感器信号等。如图5-24所示。

②数字信号　电压(电流)大小随着时间的变化在高电位和低电位上发生变化,而方向不随时间变化的信号为数字信号。数字信号最常见的是矩形波和尖峰波。

a.矩形波　电压(电流)大小变化,方向不变,电压(电流)在高低电平之间大幅跳变的信号为直流脉冲信号,如霍尔式凸轮轴位置传感器信号、光电式转速传感器信号等。如图 5-25 所示。

b.尖峰波　如喷油器脉冲信号、初级点火线圈信号、电子点火正时信号、废气再循环控制 EGR 信号等。

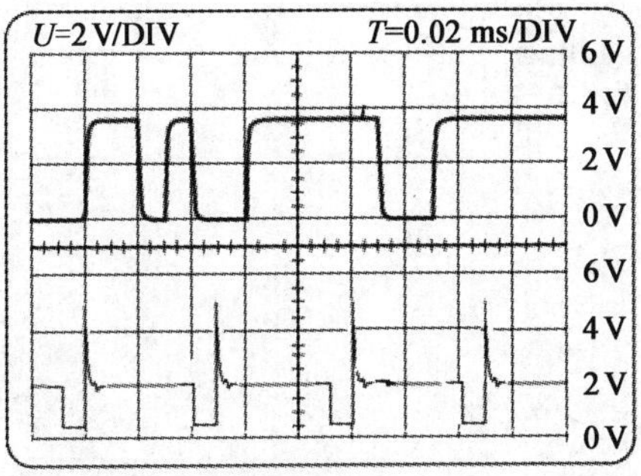

图 5-25　数字信号

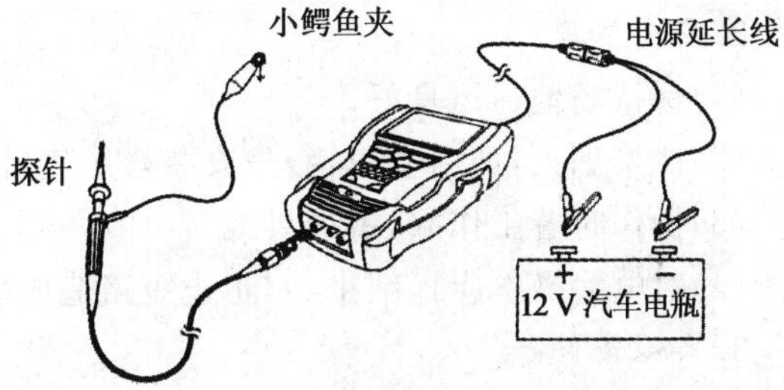

图 5-26　示波器导线的连接

(2)信号的测试

①直流信号的测试

a.参照示波器使用说明书连接好示波器电源、转换器和测试线,如图 5-26 所示。

b.将测试线的小鳄鱼钳卡在汽车或发动机搭铁端。

c.打开示波器开关,观察屏幕,用上下选择键选择通用示波器功能,用左右键选择好测试通道。

d.将探针接到汽车或发动机电源线上,观察示波器屏幕的显示波形变化。如观察不到波形变化,可通过上下选择键调节单格电压的比例常数(V/DIV),直到出现波形。

e.将探针离开电源线,观察显示波形变化。

f.将探针反复接通、断开电源线,观察显示波形变化,并在试验报告上画变化图形。

g.调节上下选择键,观察波形的变化。

②交流信号的测试

a.参照示波器使用说明书连接好示波器电源、转换器和测试线。

b.将测试线的小鳄鱼钳卡在汽车或发动机搭铁端。

c.打开示波器开关,观察屏幕,用上下选择键选择通用示波器功能,用左右键选择好测试通道。

d.将探针从导线侧插入接线器,鳄鱼钳接搭铁。

e.启动发动机,观察示波器屏幕的显示。如观察不到波形变化,调节单格电压的比例常数(V/DIV)和单格时间的比例常数(T/DIV),直到稳定波形出现。

f.改变单格时间的比例常数(T/DIV),观察单格内的波形个数变化。在试验报告上画变化图形。

g.将测试探针接到凸轮轴位置传感器相应导线上,按 e、f 的步骤调整示波器电压和时间,观察图形并画图。

『任务实施』 操作故障诊断仪诊断汽油机电控系统

1.任务描述

正确使用故障诊断仪，完成丰田车系（或其他车型）发动机故障码读取和清除，根据故障码信息对相关元件和电路进行检测，提出维修措施或技术解决方案。

工作组团队成员集体资讯、决策和实施，分工协作，完成从工具仪器准备、检测作业、场地整理整个完整过程，并完成操作作业单的填写。

2.安全事项

(1)保持场地通风良好。

(2)严禁烟火，如启动车辆，先安装好尾气排放装置。

(3)操作时着工作服，戴护目镜。

(4)对电路操作应仔细小心，防止短路造成事故。

3.实施条件

(1)场地条件

①每个工位要求场地在 15～20 m^2。

②每个工位安装有 1 m×0.6 m 的工作台。

③安装有尾气排放装置。

④每个工位准备垃圾桶。

⑤备有灭火装置。

(2)工具、仪器设备与辅助材料　丰田汽车（或台架）辆，431ME 汽车故障电脑分析仪台、数字万用表。

4.操作指导

(1)开机

步骤 1:选择相应测试卡（丰田车选择亚洲车系测试卡，假定为 A01），将其标签朝上插入主机下部的测试卡中。

步骤 2:将测试主线与主机相连，另一端的电源线与汽车点烟器或通过双钳线与蓄电池相接，使主机开机。

(2)调节显示屏亮度　主机通电后即打开仪器，仪器响两声，此时立即用[↑]或[↓]键调节显示屏亮度，在进入菜单后不可再调。

(3)选择测试接头

步骤 1:主机通电后进入亚洲车系诊断系统，具体如下：

CARDA01　　Ver6.2
亚洲车系诊断系统
LAUNCH　　431ME

步骤 2:按[确认]键后,显示 A01 卡可测试的车系,具体如下:

431 ME　Select　mode
丰田 /TOYOTA 三菱 /MITSUBISHI 马自达 /MAZDA

步骤 3:选择"丰田/TOYOA"车系,按[确认]键屏幕显示出该车系测试接头型式,具体如下:

Select　ding. Con
1. 半圆形诊断座 2. 长方形诊断座 3.OBD—Ⅱ诊断座

步骤 4:用[↑]或[↓]键阅读图中内容,按提示选择合适的测试接头。将选择测试的测试接头一端与测试主线相连,另一端与车上的诊断插座相接。

连接好测试接头,接下来进行测试操作。

(4)测试故障码

步骤 1:在选择测试接头时,若选择"半圆形诊断座",按[确认]键,将显示如下测试功能:

431ME Select func
(1) 测试故障码 (2) 重阅已测故障码 (3) 查阅故障码 (4) 清除故障码 (5) 清除安全气囊故障码 (6) 打印测试结果

步骤 2:选择"测试故障码"功能,按[确认]键,屏幕显示"自动测试所有系统"和"选择系统测试"两项供选择,具体如下:

Sel　test　operation
自动测试所有系统 选择系统测试

步骤 3:选择“自动测试所有系统”,按[确认]键。此时,解码器自动对被检汽车的发动机(ENG)、自动变速器(AT)、制动防抱死(ABS)、安全气囊(SRS)和定速系统(CC)进行检测,并自动显示检测结果。用[↑][↓]键和[确认]键可读取各系统的故障码及内容。

①若选择“ENG 系统”,按[确认]键,则显示出如下故障码。

发动机系统		ENG
12	13	21

②选择“12”,按[确认]键,则显示出故障码所代表的故障含义,其中,“01”表示第 1 页内容,“03”表示共有 3 页,用[↑][↓]键可阅读所有内容。具体如下:

转速信号不良(发动机起动 2 s 内无曲轴转速 NE 信号或曲轴位置 G 信号输送到 ECU)	
Code: 12	01 03

步骤 4:选择“选择系统测试”,按[确认]键,则显示可测试的五个系统,即

Sel. System
发动机系统……………………………ENG 自动变速器系统………………………AT 制动防抱死系统………………………ABS 安全气囊系统…………………………SRS 定速系统………………………………CC

①选择“ENG 系统”,按[确认]键,进入测试状态,解码器即可对发动机进行测试,并显示测试结果

Testing System
正在测试系统 发动机系统 ……………………………ENG Code: 00

②若选择其他系统，方法相同。

(5)重阅已测故障码　使用"重阅已测故障码"功能，可重新查阅实测操作时读取的故障码内容及故障分析。

步骤1：选择"重阅已测故障码"，按[确认]键，屏幕显示出"已测系统列表重阅"和"选择系统重阅"两种选择，即

Select　operation
已测系统列表重阅 选择系统重阅

步骤2：选择"已测系统列表重阅"，按[确认]键，屏幕自动显示已测系统的测试结果，具体如下：

SYSTEM	RESULT
ENG	Tb. code
AT	Tb. code
SRS	Tb. code
CC	Tb. code

①如果选择"ENG系统"，按[确认]键，屏幕重新显示出发动机系统已测故障码。

②选择其中某一故障码，按[确认]键，屏幕显示出故障码的含义。

步骤3：选择"选择系统重阅"，按[确认]键，屏幕显示出可选择的五个系统，用[↑][↓]键和[确认]键，可阅读各系统故障码及故障码的内容。

(6)查阅故障码

使用"查阅故障码"功能，可查阅电控系统所有故障码或查阅已读取的故障码。

步骤1：选择"查阅故障码"，按[确认]键，屏幕显示出五个系统。

步骤2：在选择某系统后，屏幕显示出"依照故障码顺序查阅"和"输入故障码查阅"两项选择，用[↑][↓]键和[确认]键选择其中一项。

Select　operation
依照故障码顺序查阅 输入故障码查阅

步骤3：选择"依照故障码顺序查阅"。按[确认]键，屏幕可显示出故障码11的内容，按[→]键，可查看下一个顺序号的故障码内容。

主电脑电源中断	
Code: 11	01 01

步骤4:如果选择“输入故障码查阅”,按[确认]键,屏幕显示出“请输入故障码”。按主机上的0~9数字键,即可将故障码输入,按[→]键可更改数字,按[确认]键可查出该故障码对应的故障内容并指导修车。

Search Code…
请输入故障码: 0 0

(7)清除故障码 使用“清除故障码”,可自动清除故障码或人工清除故障码。清除故障码前,应读取一遍所有故障码。清除故障码后,应再读取一遍所有故障码,检查是否仍有故障存在。

步骤1:选择“清除故障码”,按[确认]键,屏幕显示如下清码方法,按照屏幕提示即可清除故障码。

[清码方法] 除安全气囊系统以外的其他系统拆下EFI熔丝或拆下蓄电池负极30 s后即可清除故障码

步骤2:有些系统故障码的清除,有特别提示时,应按特别提示操作,如丰田汽车安全气囊的故障码清除,就有特别提示,具体如下:

[清除安全气囊故障码] 1. 接上[TOYOTA—17]或[TOYOTA—17F]测试接头,按[确认]键 2. 数秒钟后,安全气囊警告灯会快速闪烁,表示安全气囊故障码已清除,此时关闭点火开关,即完成清除

步骤3:人工清除故障码的方法有时不止一种,需要根据被测车型的情况进行选择。

(8)打印测试结果 可通过连接微型打印机将测试结果打印出来。

步骤1:连接微型打印机,选择“打印测试结果”,按[确认]键,屏幕显示出五个系统。

步骤2:用[↑][↓]键选择要打印的系统,按[确认]键,即可打印出测试结果。

注意事项:

(1)不得在开机状态下随意拔出或插上传感器插头,以免损伤控制电脑。

(2)不得随意长时间进行执行元件测试,以免损坏执行元件。

(3)测试中出现故障时,应立即停止测试,并关闭点火开关。

(4)测试区应通风良好,严禁烟火。

5.作业单

操作故障诊断仪诊断汽油机电控系统作业单

日期		工位(组)	
车型		发动机型号	

一、准备工作

项　目	情况记录
(1)工量具及仪器设备准备	
(2)维修手册准备	
(3)被测车辆安全防护	

二、操作过程

项目	操作内容与检测结果记录
诊断仪连接	
故障码读取	
元件、电路测试	
故障诊断排除	检测结论: 维修技术解决方案:
三、维修结果确认	

『任务拓展』 汽油机电控系统常见故障的诊断

一、发动机不能启动的故障诊断与排除

1.发动机不能启动且无着车征兆

(1)故障现象　启动发动机时,启动机能带动发动机运转,但无着车征兆,发动机不能启动。

(2)故障原因　原因主要有空气供给系统故障、燃油供给系统故障、点火系统故障和机械系统故障等几方面,一定是发动机空气供给系统、燃油供给系统、点火系统或机械系统四者之中的一个或一个以上完全丧失了功能。

①空气流量传感器、进气歧管压力传感器故障。

②节气门控制组件、怠速控制阀故障。

③曲轴转速与位置传感器、凸轮轴位置传感器故障。

④冷却液温度传感器故障。

⑤燃油泵继电器故障。

⑥喷油器故障。

⑦ECU 故障。

⑧点火系统故障(点火器故障、火花塞损坏、点火线圈损坏、分电器损坏及连接导线损坏等)。

⑨燃油供给系统故障(电动燃油泵不工作或泵油压力过低,供油管路、燃油滤清器堵塞或渗漏,燃油压力调节器阀门卡住使阀门处在常开位置或O形密封圈损坏造成系统泄漏等)。

⑩空气供给系统故障(空气滤清器堵塞,进气管路漏气,节气门卡死等)。

(3)故障诊断与排除　故障诊断排除流程见图5-27。

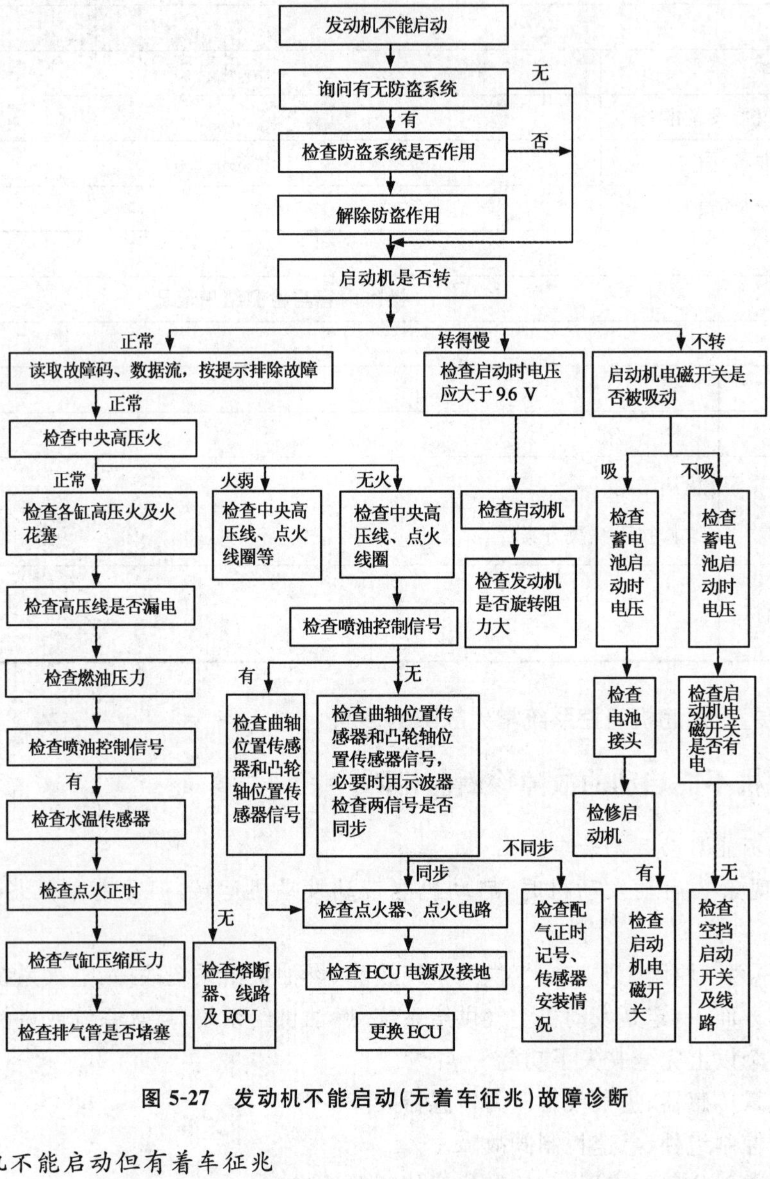

图5-27　发动机不能启动(无着车征兆)故障诊断

2.发动机不能启动但有着车征兆

(1)故障现象　启动发动机时,启动机能带动发动机正常转动,有轻微着车征兆,但发动机不能启动。

(2)故障原因　发动机不能启动但有着车征兆,说明空气供给系统、燃油供给系统、点火系统和机械系统虽有故障,但没有完全丧失功能,如混合气过稀或过浓、点火正时不正确或高压火花过弱、气缸压力过低等。

①点火正时不正确。
②高压火花太弱。
③电动燃油泵或油压调节器工作不良、燃油滤清器堵塞，导致燃油压力太低。
④喷油器漏油或堵塞，喷油控制系统有故障。
⑤空气流量传感器、冷却液温度传感器有故障，进气歧管压力传感器有故障或真空管脱落。
⑥进气管道漏气。
⑦空气滤清器堵塞。
⑧气缸压力过低。
(3)故障诊断与排除　故障诊断排除流程见图5-28。

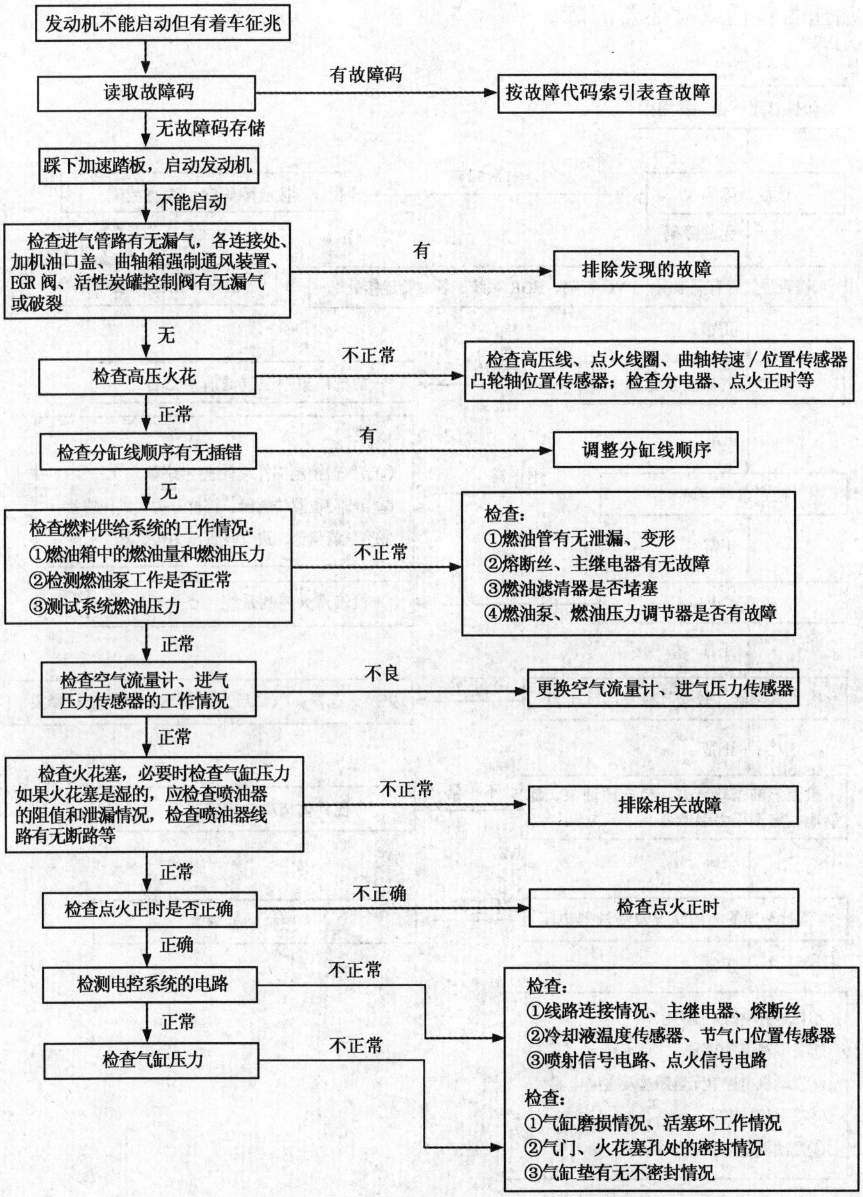

图5-28　发动机不能启动(有着车征兆)故障诊断

二、发动机怠速不良的故障诊断与排除

1. 发动机怠速不稳、易熄火

(1)故障现象　发动机怠速运转不稳定、怠速转速过低、发抖甚至熄火。

(2)故障原因

①空气流量传感器、进气歧管压力传感器故障。

②冷却液温度传感器工作不良。

③节气门位置传感器、节气门控制组件故障。

④怠速控制阀工作不良。

⑤燃油压力过低或喷油器故障。

⑥气缸压力过低。

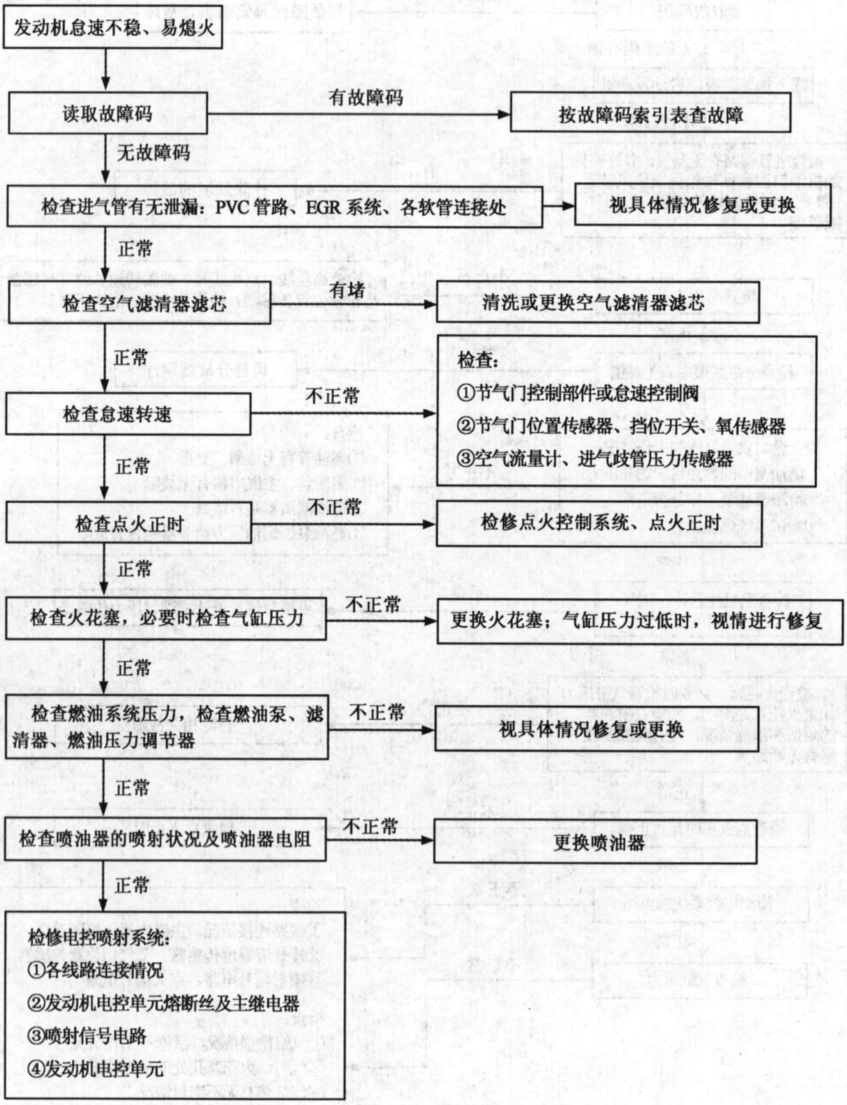

图 5-29　发动机怠速不稳的故障诊断

⑦氧传感器工作不良。

⑧点火系统故障(高压线漏电,个别缸火花塞积炭、油污等导致断火,点火正时失准等)。

⑨ECU 故障。

⑩空气滤清器或进气管路脏堵或进气管路或真空装置漏气。

(3)故障诊断与排除　故障诊断排除流程见图 5-29。

2.发动机热车怠速转速过高

(1)故障现象　冷车时发动机能以正常快怠速运转,但热车后仍保持快怠速,导致怠速转速过高。

(2)故障原因

①节气门卡滞,关闭不严。

②进气系统泄漏。

③曲轴箱强制通风阀故障。

④节气门组件或怠速控制阀故障,发动机怠速调整不当。

⑤空气流量传感器、进气歧管压力传感器、冷却液温度传感器、进气温度传感器故障。

⑥空调开关、动力转向器开关故障。

⑦燃油压力过高。

⑧电控单元或怠速匹配设定不良。

(3)故障诊断与排除　故障诊断排除流程见图 5-30。

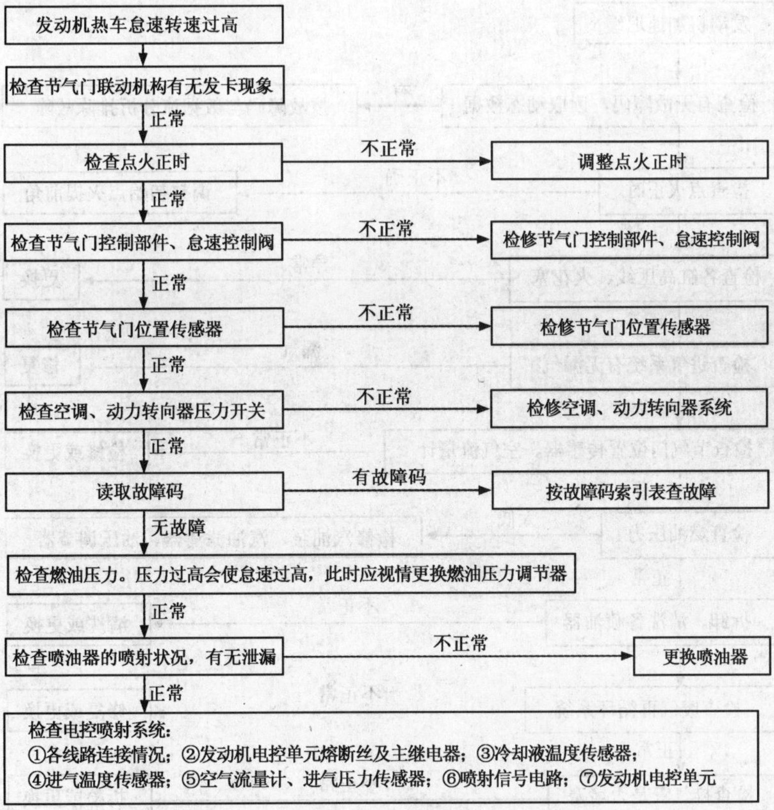

图 5-30　发动机热车怠速过高的故障诊断

三、发动机加速不良的故障诊断与排除

1. 发动机加速迟缓

(1)故障现象　踩下加速踏板后发动机转速不能马上升高,有迟滞现象,加速反应迟缓,或在加速过程中发动机转速有轻微的波动,或出现"回火""放炮"现象。

(2)故障原因　发动机加速迟缓通常是由于混合气过稀、过浓,点火系统故障,发动机机械系统故障等原因引起的。

①空气滤清器堵塞。

②进气系统中有漏气或气缸压力过低。

③空气流量传感器或进气歧管压力传感器故障。

④节气门控制组件、节气门位置传感器故障。

⑤燃油泵工作不良或燃油压力调节器失效,燃油压力过低。

⑥个别喷油器失效(积炭、堵塞),工作不良。

⑦火花塞、高压线、点火线圈损坏,高压火花弱。

⑧点火正时不准确。

⑨进气增压系统或可变气门系统故障。

⑩废气再循环系统工作不正常。

(3)故障诊断与排除　故障诊断排除流程见图 5-31。

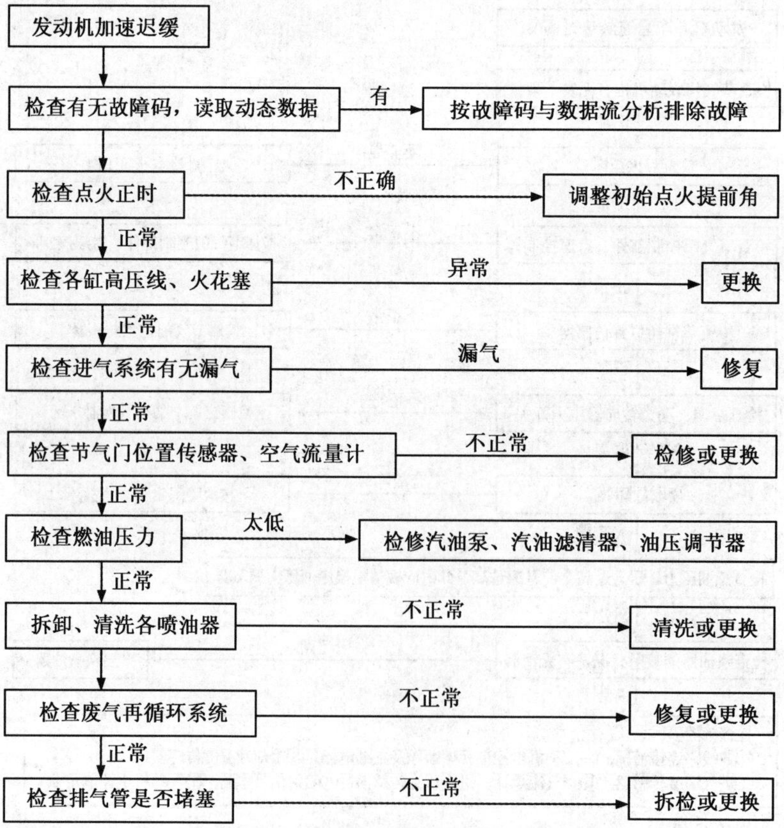

图 5-31　发动机加速不良的故障诊断

2.发动机动力不足

(1)故障现象　发动机无负荷运转时基本正常，但带负荷工作时加速反应迟缓，转速提不高、达不到最高车速，汽车上坡无力。

(2)故障原因　发动机动力不足的本质原因主要是空燃比不良或供给量不足、点火性能不良、调整或装配不当等。

①节气门调整不当，不能全开；节气门控制组件、节气门位置传感器故障。

②空气滤清器堵塞、空气流量传感器或进气歧管压力传感器故障。

③进气增压系统或可变气门系统故障。

④气缸压力过低。

⑤点火正时不准确。

⑥燃油压力调节器失效，燃油压力过低。

⑦个别喷油器线路故障或喷油器堵塞、雾化不良，严重堵塞时不喷油，造成发动机"缺缸"。

⑧火花塞积炭、电极间隙不合要求，引起高压火花过弱，不能及时、可靠的点燃混合气，气缸缺火。

⑨废气再循环系统工作不正常。

⑩其他传感器失效。如进气温度传感器、冷却液温度传感器、氧传感器等。

(3)故障诊断与排除　故障诊断排除流程如图5-32所示。

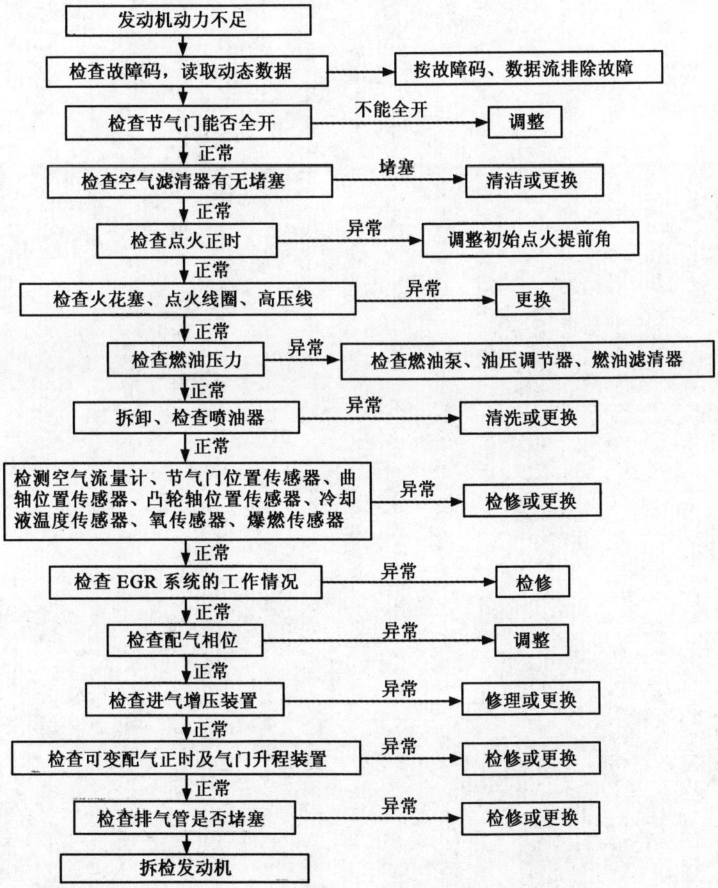

图5-32　发动机动力不足的故障诊断

复习与思考

1. 为何有时用故障诊断仪清除不掉故障码？
2. 拔下空气流量计时，发动机为何不熄火？
3. 发动机水温数值不变时，是否意味传感器损坏？
4. 什么是随车诊断系统？
5. 以丰田车为例，简述如何用人工方法调取发动机电控系统故障码。

项目六　柴油机电控系统检修

【知识目标】

1. 了解柴油机电控技术的发展历程及柴油机电控系统的类型。

2. 熟悉柴油机电控系统的组成、基本工作原理和控制功能。

3. 熟悉典型电控系统组成与控制原理。

4. 掌握高压共轨喷射系统主要部件结构与工作原理。

【能力目标】

1. 能检测柴油机电控系统传感器。

2. 能检测柴油机电控系统执行器。

3. 能诊断排除柴油机电控系统常见故障。

『相关知识』

一、概述

1. 柴油机电控技术的发展历程

传统柴油机已无法满足进一步提高柴油机动力性、经济性和日益严苛的环保法规的要求，微型计算机技术、传感器技术和信息技术的发展，迎来了柴油机控制技术革命性的时代，为提高柴油机的综合性能，业内纷纷开展柴油机电控技术的研发。电控柴油机与传统柴油机的主要区别在于它的燃油系统的不同，前者采用的是电控燃油喷射系统，而后者采用的是机械式燃油喷射系统。

提高喷油压力和柴油雾化效果、采用预喷射、分段喷射等可以有效地改善柴油机动力性、燃油经济性和排放性，并降低运转噪声。柴油机电子控制技术的应用，使柴油机燃油系统得以实现对喷油压力、喷油量、喷油正时及喷油率等喷油参数进行自由地控制，使燃油系的工作与发动机整机运转状况达到最佳匹配，同时具备废气再循环、增压控制、怠速控制、巡航控制等各种附加功能的综合控制。

从20世纪70年代至今，人们就研究柴油机电子控制来代替机械控制，以推进柴油机控制技术的进步和提升柴油机综合性能，不断推出功能各异的电子控制柴油机产品，到目前为止，柴油机电控燃油喷射技术的发展经历了三代变化。

(1)第一代柴油机电控燃油喷射系统——位置控制式电控燃油喷射系统　采用电子伺服机构(如线性螺线管、线性直流电机)代替机械调速器控制供油齿杆位置(直列泵)或控制溢油环的位置(分配泵)实现喷油量的控制，由电子控制单元控制的电液执行机构改变发动机驱动轴与喷油泵凸轮轴之间的相位或控制提前器活塞的移动实施喷油时间的控制。其特点是保留了传统的“喷油泵—高压油管—喷油器”系统，只是对油量调节齿杆或溢油环位置调节、凸轮正时关系由原来的机械式改为计算机控制的电液式。相对机械式燃油系来说，提高了对喷油量和喷油时间的控制精度。电控直列泵后来发展成除控制喷油量和喷油时间以外，还能控制喷油率，即日本杰克赛尔公司研制的 TICS 系统，它在传统电控直列泵基础上，在柱塞部分加上一个可动的定时套筒，定时套筒的移动由电子控制单元通过预行程执行器进行控制，可以根据需要改变预行程，按照发动机的转速负荷改变喷油定时，控制喷油率。

(2)第二代柴油机电控燃油喷射系统——时间控制式电控燃油喷射系统　其结构特点是供油仍维持传统的脉冲式柱塞泵泵油方式，即燃油升压是通过喷油泵或发动机的凸轮来实现，但喷油定时(升压开始的时间)和喷油量(从升压开始到升压终了的时间)由 ECU 调节高速电磁阀开闭时刻决定。由于采用的是高速电磁阀，其控制自由度和控制精度较第一代有了阶跃式的提高。

(3)第三代柴油机电控燃油喷射系统——时间—压力控制式电控燃油喷射系统　时间—压力控制式电控燃油喷射系统也称为高压共轨燃油喷射系统，它是 20 世纪 90 年代中末期研制出的全新电控燃油喷射系统，完全脱开了传统喷油泵、分缸燃油供油方式，通过共轨蓄压和具有高速电磁阀执行机构的电控喷油器，实现喷油压力、时间、喷油量、和各种复杂喷油特性的综合控制，与第一二代电控燃油喷射系统比较，具有明显的优越性。

2. 柴油机电控技术的优点

(1)改善低温启动性能　传统柴油机启动系统预热需要人工操作，而电控柴油机进气预热器由 ECU(电控单元)通过继电器控制。进气预热器装在发动机进气道中，其特性通过标定设置，用户不能调整。发动机在低温动时，由 ECU 以最佳的程序代替驾驶员的操作，使柴油机低温快捷启动。

(2)降低氮氧化物和烟度的排放　电控柴油机可根据发动机的转速和负荷精确控制喷油量，使之不超过冒界限的范围，又可以根据发动机工况调节喷油始点，从而可以降低烟度；采用 EGR(废气再循环)、SCR(催化还原)技术，降低 NO_x 的生成量；采用 DPF(微粒捕集器)技术有效地减少颗粒物排放量。所以电控柴油机技术可明显改善排放性能。

(3)提高柴油机的动力性和经济性　传统机械式燃油喷射系统的柱塞副、出油阀副、喷油器针阀等精密偶件，由于机械磨损，会使喷油量、喷油正时产生较大的误差。电控柴油机的电控单元能根据各种传感器信号精确计算喷油量和喷油正时，结合增压中冷电子控制，可以提高柴油机的动力性和经济性。

(4)提高柴油机的运转平稳性　传统柴油机的机械式调速器的反馈控制响应速度慢，容易导致柴油机在负荷变化时转速产生波动。而电控柴油机取消了机械式调速器，电控单元根据各种传感器和开关信号适时控制喷油量及喷油正时，使柴油机运转稳定。柴油机在怠速工况下运行时，无论附属装置载荷如何变化，都不会使发动机转速产生波动，从而保证发动机运转平稳。

(5)优化涡轮增压控制　废气涡轮增压器采用电子控制，既能保证柴油机在低速时有较高的转矩，又能保证柴油机在标定点附近增压压力不至过高，以防止柴油机机械负荷过载和涡轮增压器超速。在电控柴油轿车上使用可调增压器，在重型载货汽车上使用连续反馈控制可变喷嘴涡轮增压器，采用电子控制技术可对它们进行精确地控制。

(6)电控柴油机适应性广　只要改变电控单元的控制程序和数据，即对电控单元重新标定，一种喷油泵即可应用在不同的柴油机上。柴油机的燃油喷射控制可与变速器控制、怠速控制等各种控制系统进行组合，实行集中控制，缩短柴油机电控系统开发周期，降低开发与生产成本，从而扩大柴油机电控系统的应用范围。

3. 柴油机电控系统的类型

柴油机电控系统在多年的发展过程中产生了多种结构形式。通常根据柴油机电控燃油系统的结构及控制方式进行分类。

(1)按照产生高压燃油的机构不同，分为电控喷油泵系统（包括电控直列泵系统和电控分配泵系统）、电控单缸泵系统（包括电控泵喷嘴系统和电控单体泵系统）和电控高压共轨喷射系统。

(2)根据控制方式的不同，分为位置控制方式、时间控制方式和时间—压力控制方式等。

二、柴油机电控系统的组成及工作原理

1. 柴油机电控系统的组成

柴油机电控系统通常由三部分组成：传感器及其他信号输入装置、电子控制单元（ECU）和执行器。

(1)传感器及其他信号输入装置　传感器及其他信号输入装置的作用是实时检测柴油机与汽车运行状态以及驾驶操作指令，转换成电信号输入给 ECU。

①加速踏板位置传感器　加速踏板位置传感器用以检测加速踏板的位置，即发动机的负荷信号。此信号输入 ECU 后，与转速信号共同决定柴油机的喷油量及喷油提前角，是柴油机电控系统的主控制信号。

②转速传感器、曲轴位置传感器　用以检测发动机转速或曲轴位置，与加速踏板位置传感器共同决定喷油量和喷油提前角，是柴油机电控系统的主控制信号。

③泵角传感器　用检测喷油泵轴转角，与曲轴位置传感器配合共同控制喷油量，并保证在喷油正时改变时不影响喷油量。

④溢流环位置传感器　检测溢流控制电磁铁的电枢位置，以反馈控制溢流环的位置。

⑤正时活塞位置传感器　检测电子控制定时器正时活塞的位置，将喷油正时提前量信号输入 ECU。

⑥控制杆位置传感器　检测电子控制柱塞式喷油泵调速器中控制杆（供油齿杆）的位置，将燃油喷射量的增减信号反馈给 ECU。

⑦控制套筒位置传感器　检测电子控制分配式喷油泵调速器中控制套筒的位置，将燃油喷射量的增减信号反馈给 ECU。

⑧着火正时传感器　检测燃烧室开始燃烧的时刻，修正喷油正时。

⑨水温传感器　检测发动机冷却水温度，修正喷油量及喷油正时。

⑩进气压力传感器　检测进气压力，以修正喷油量及喷油正时。

⑪进气温度传感器　检测进气温度，以修正喷油量及喷油正时。

⑫E/G 开关　发动机点火开关，向 ECU 输出发动机工作状态信号。

⑬A/C 开关　空调开关，向 ECU 输出空调工作状态信号，是怠速控制信号之一。

⑭动力转向油压开关　检测动力转向管路油压的变化，所获信号是怠速控制信号之一。

⑮空挡启动开关　向 ECU 输出自动变速器是否处于空挡位置的信号，是怠速控制信号之一。

(2)ECU　其核心是单片计算机系统，同时包括输入/输出（I/O）接口电路、模/数（A/D）

转换器和输出通道接口电路等。它们与系统中的软件一起,负责信息的采集和处理,计算决策和执行程序,并将结果作为控制指令输出到执行器。此外,ECU 还有一种通信功能,即与其他控制系统,如传动装置控制器进行数据传输与交换,再根据汽车其他系统的实时情况,适当修正喷油系统的执行指令,如适当修正喷油量、喷油提前角等。与此同时,ECU 还可以向其他的控制系统输送必要的信息。

(3)执行器　柴油机电控系统的执行器也是由执行电器和机械执行机构两部分组成,其功用是根据 ECU 送来的执行指令,调节喷油量和喷油正时等,从而调节柴油机的运行状态。执行器主要有:电动调速器、溢流控制电磁铁、电子控制正时控制阀、电子控制正时器、电磁溢流阀、高速电磁阀和电子液力控制喷油器等。这些执行器实质上是电磁铁、螺旋管、直流电动机、步进电动机和力矩电动机等电器。

2. 柴油机电控系统基本工作原理

图 6-1 为电控柴油喷射系统的控制原理示意图。传感器包括柴油机转速、油门踏板位置、齿条位置、喷油时刻、车速及进气压力、进气温度、燃油温度、冷却水温等,各种输入信号输入 ECU。在系统存储器中,存有发动机的各有关调控参数或状态的目标数据或参数图谱(称为 MAP 图),这些数据是柴油机的各种不同参数和最优运行结果的综合,一般通过统计或实测得到。当由传感器检测到的发动机的某一实际参数输入 ECU 后,首先与存储器中的相应参数和最优运行结果比较,如果两者相同,则电控系统保持原状态,发动机继续按当前状态运行。实际参数偏离目标参数时,ECU 将根据偏离值的大小和方向按一定的控制对策进行有关信息的处理。对数字信号的处理方法有两种:一是根据预定控制规律的控制算法对输入信号进行直接运算和处理,然后输出控制指令;一是对输入的数字信号进行特征抽取,即对输入信号的处理并非为了得到直接控制决策,而是从大量输入信号中抽取那些有用的信息,然后根据所抽取的特征值来决定控制决策,经运算处理后通过 I/O 接口输出控制指令,经输出回路放大后

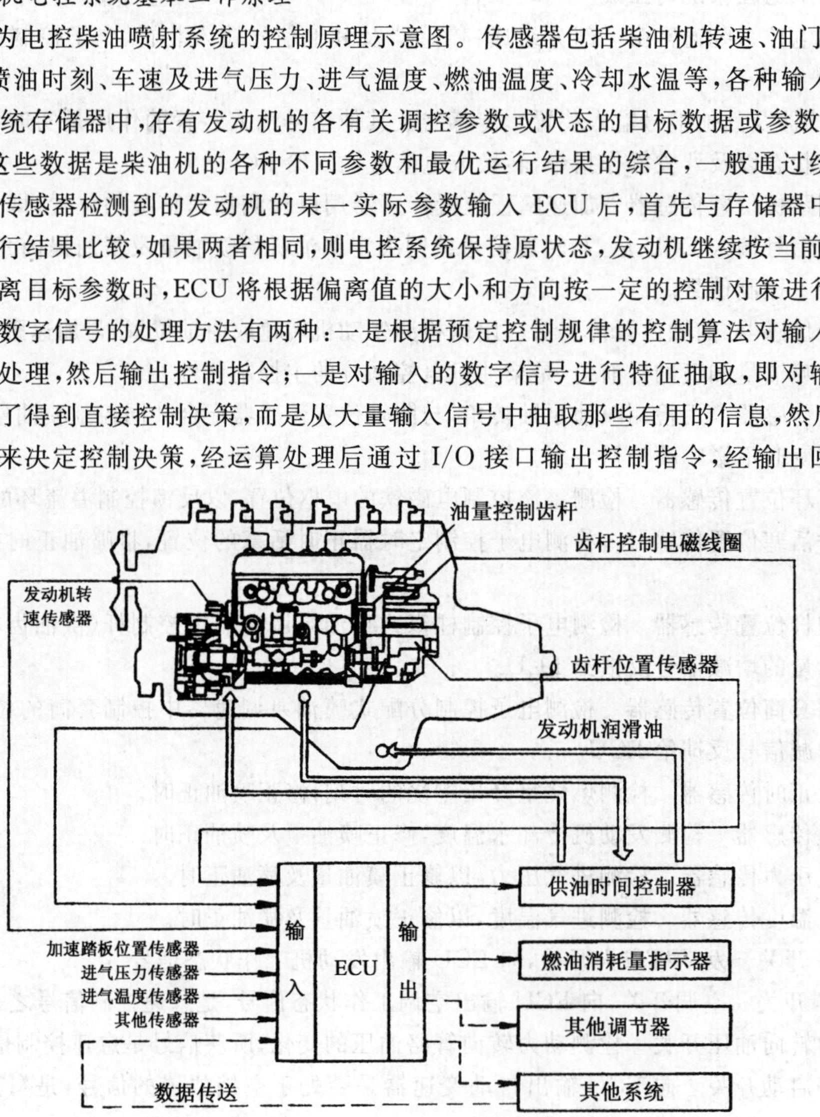

图 6-1　电控柴油喷射系统控制原理图

控制喷油量(齿条位置或电磁阀关闭的持续时间)和喷油正时(正时控制阀开闭或电磁阀关闭始点),使发动机相应参数或状态向目标逼近,接近程度也可由相应传感器来检测,并将检测结果反馈给ECU,实现闭环控制,使柴油机按最佳状态运行。电控柴油喷射系统还可和整车传动装置的ECU、制动防抱死系统(ABS)的ECU及其他系统的ECU互通数据,从而实现整车的电子控制。

3.柴油机电控系统主要控制功能

(1)喷油量的控制　喷油量的控制是柴油机电子控制系统的一项主要控制内容。在发动机启动时燃油喷射量由发动机启动转速和冷却液温度决定;发动机正常运行时,ECU根据加速踏板位置传感器和转速传感器的输入信号,首先计算出基本喷油量,然后根据来自水温传感器、进气温度传感器、进气压力传感器等信号,对喷油量加以修正,确定最佳喷油量。

(2)喷油正时的控制　电控系统根据柴油机转速、负荷信号,查询在ECU中储存的喷油定时脉谱,得出基本的喷油定时,根据水温、进气温度、大气压力等信号计算出修正量,综合确定喷油始点的目标值即最佳喷油始点。执行过程中通过反馈调节进行闭环控制。

(3)怠速控制　ECU根据加速踏板传感器、车速传感器、启动开关等信号,判断柴油机怠速工况并执行怠速转速控制,根据水温传感器、发电机负荷、空调开关、动力转向开关等信号,得出怠速目标转速以及相应的喷油量,根据发动机实际转速与目标转速的差值,实施反馈控制,适时对喷油量进行修正,使怠速控制在所设定的目标转速下稳定运行。

(4)各缸喷油量不均匀的修正　多缸柴油机工作时,即使喷油量控制指令值一定,各缸喷油泵的性能差异仍将导致各缸的喷油量的差异,从而引起发动机转速的波动,产生怠速颤振。柴油机电控系统可通过各缸在做功冲程时的曲轴转速变化判断各缸喷油量的差异,利用电磁溢流阀的快速响应性,及时修正各缸的喷油量,即按各缸间转速无波动偏差来控制各缸的喷油量,以降低发动机转速的波动。

(5)发动机转速控制　最高转速控制:最高转速控制保证发动机不会在超速下运行。超过额定功率工作点时,将持续减小喷射的燃油量,直到在燃油喷射完全停止时刚好在最高转速点。

中间转速控制:中间转速控制用于带有功率取力(例如起重机)的商用汽车和轻型货车或特殊车辆(例如具有发电设备的救护车)。具有这种操作控制的车辆,发动机被调节到与负荷无关的中间转速。

(6)废气再循环(EGR)　系统通过控制参与再循环的废气量,降低燃烧室最高温度,以减少废气中的NO_x排放量。

(7)巡航控制　巡航控制用以控制车辆按设定车速行驶。驾驶员打开巡航行驶模式设定巡航车速后,系统通过对燃油喷射的适时控制,维持汽车匀速行驶。

此外,还有喷射压力控制、断油控制、涡轮增压控制等功能。

三、柴油机电控喷射系统的组成、结构与工作原理

(一)电子控制分配式喷油泵

1.位置控制型电子控制分配式喷油泵

位置控制型电子控制分配式喷油泵系统组成如图6-2所示。电子控制系统的输入信号有加速踏板位置传感器、转速传感器、燃油温度传感器、水温传感器、启动开关、控制套筒位置传

感器等。ECU 对输入的控制信号和反馈信号进行分析处理，计算出相应的喷油量及喷油提前角控制参数值，驱动电动调速器和正时控制器动作，从而对喷油量和喷油正时进行控制。

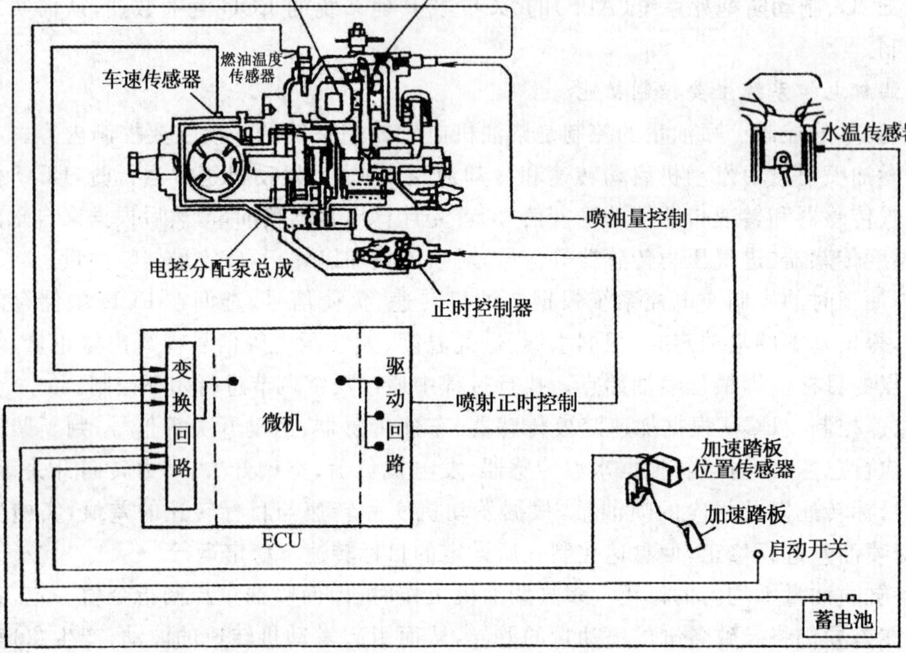

图 6-2　位置控制电子控制分配式喷油泵系统

电子控制分配式喷油泵的工作原理如图 6-3 所示。喷油量控制通过套筒执行元件进行控制，喷油时间通过正时控制阀进行控制。

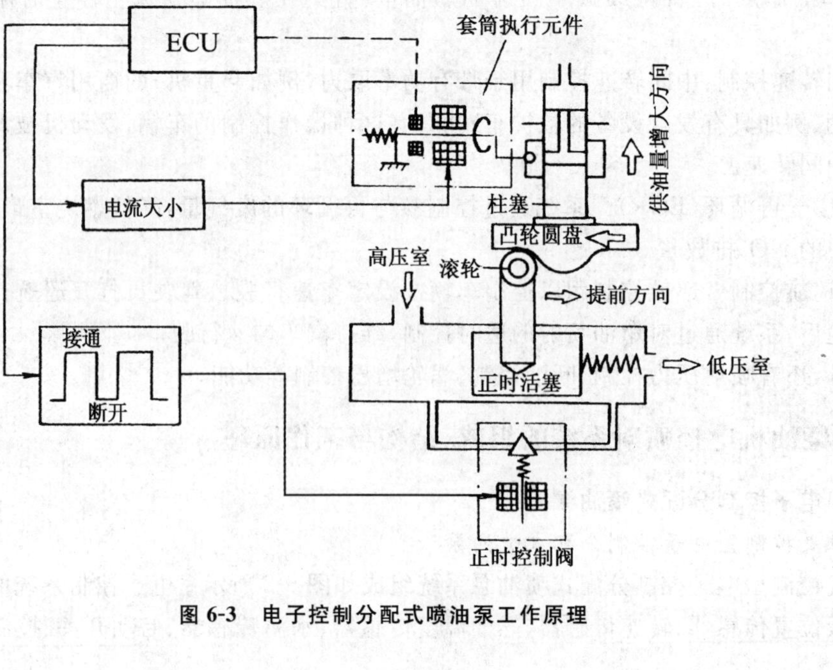

图 6-3　电子控制分配式喷油泵工作原理

(1)喷油量的控制　喷油量的控制由 ECU 控制电动调速器改变控制套筒的位置来实现的。电动调速器的构造如图 6-4 所示。由转子式电磁执行器和油量控制机构组成。控制喷油量的控制套筒执行元件和检测控制套筒位置的传感器为同轴整体的机构。ECU 通过脉宽调制信号(PWM)调节正时控制阀线圈的平均电流,使转子在 0°～60°范围内旋转。当转子旋转时,在转子轴的前端与轴心偏离的位置上装有滚珠,转子轴的旋转通过滚珠作用于套筒,使套筒沿柱塞轴向直线移动,柱塞的压缩有效行程发生变化,从而改变喷油量。在转子上端装有控制套筒位置传感器,用以向 ECU 反馈喷油量的变化情况。控制套筒位置传感器属电涡流式角度传感器。

(2)喷油提前角的控制　电子控制分配式喷油泵喷油提前角的控制由时间控制器控制。时间控制器的结构如图 6-5 所示。时间控制器由正时控制阀和正时活塞等组成。正时控制阀受 ECU 控制,通过控制连接正时活塞高压室和低压室的之间通路大小,以控制正时活塞高压室的油压,改变活塞回位弹簧的平衡位置,实现正时活塞的移动。而正时活塞位置变化时,通过传力销使圆筒形状的滚轮体旋转,带动滚轮架内的滚轮作用于凸轮盘,使凸轮盘升程发生变化,以控制柱塞的压送开始时间,即供油正时。

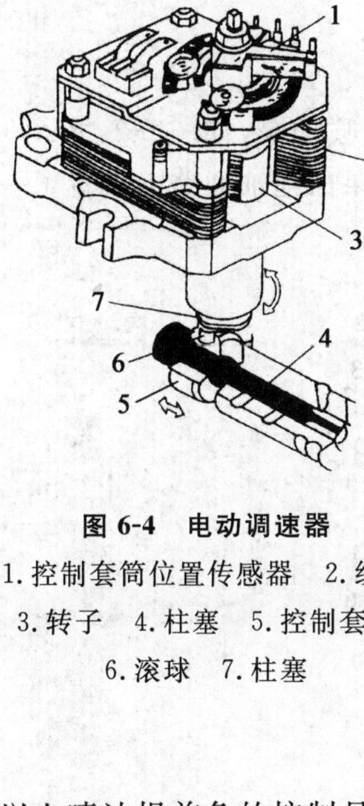

图 6-4　电动调速器

1. 控制套筒位置传感器　2. 线圈
3. 转子　4. 柱塞　5. 控制套筒
6. 滚球　7. 柱塞

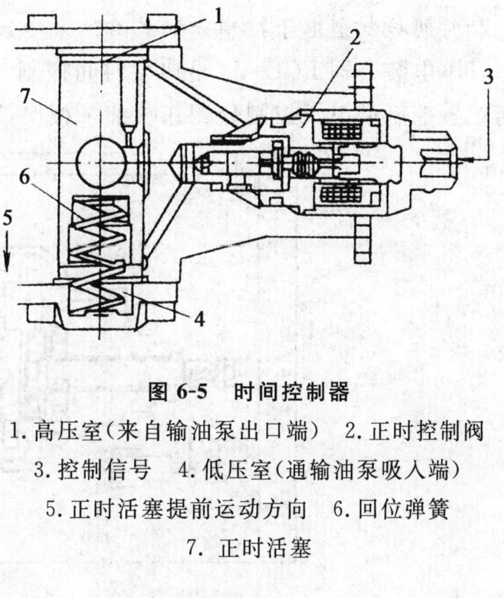

图 6-5　时间控制器

1. 高压室(来自输油泵出口端)　2. 正时控制阀
3. 控制信号　4. 低压室(通输油泵吸入端)
5. 正时活塞提前运动方向　6. 回位弹簧
7. 正时活塞

以上喷油提前角的控制是开环控制,柴油轿车发动机用电子控制 VE 型 COVEC-1 喷油泵及日本五十铃公司 4FBI 柴油机 I-TEC 电子控制系统均属上述类型的喷油泵。

如果利用溢油环位置传感器、定时器活塞位置传感器、喷油嘴针阀升程传感器、着火时间传感器进行控制,就构成了喷油量和喷油定时闭环控制,能进一步提高定时精度。日本电装公司 ECD-V1 就是这样的系统,其结构见图 6-6。该系统保留了 VE 分配泵上控制喷油量的溢油环(也称滑套),采用通过一个布置在泵上方的线性电磁铁操纵一根杠杆来控制溢油环位置的方式,实现对喷油量的控制,并以溢油环位置传感器(电感式传感器)作为反馈信号,实现闭环控制。喷油正时控制也保留了 VE 泵上原有的液压提前器,它用一个正时控制电磁阀来控制液压提前器活塞的高压室和低压室之间的压差。同时系统中还设置了供油提前器活塞位置传感器,形成喷油正时的闭环控制。

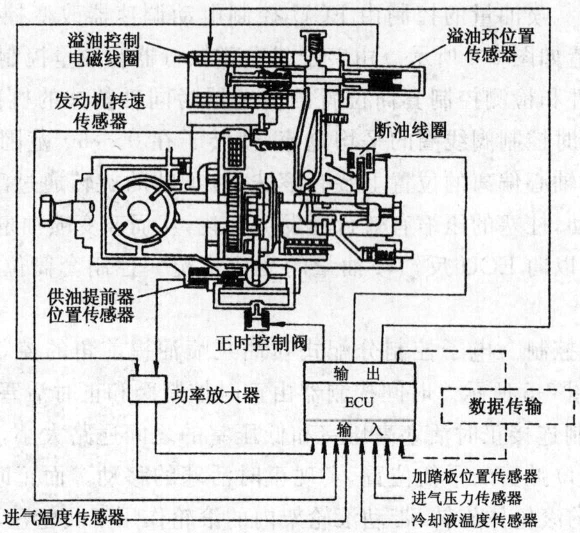

图 6-6 电装公司 ECD-V1 电控分泵系统

2. 时间控制型电子控制分配式喷油泵

日本电装公司 ECD-V3 是典型时间控制型电子控制分配式喷油泵，如图 6-7 所示。该系统与位置控制型电子控制分配式喷油泵相比，取消了溢油环，在泵的泄油通路上设置了一个电

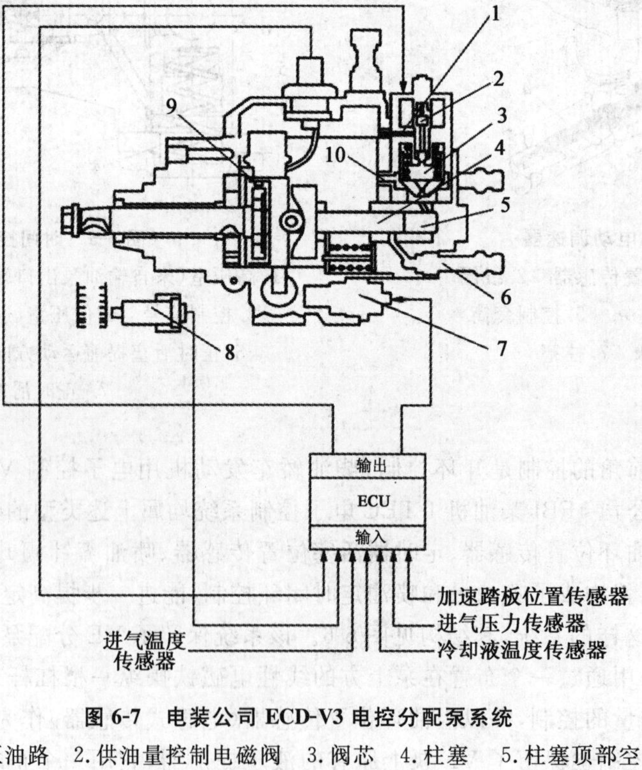

图 6-7 电装公司 ECD-V3 电控分配泵系统

1. 低压油路 2. 供油量控制电磁阀 3. 阀芯 4. 柱塞 5. 柱塞顶部空间
6. 出油阀 7. 供油正时控制电磁阀 8. 曲轴位置传感器
9. 泵角度传感器 10. 旁通油路

磁溢流阀。其油量控制原理如图 6-8 所示。在柱塞泵油阶段，当电磁溢流阀断电时，溢流阀打开，高压燃油立即卸压，停止喷油。喷油始点并不取决于电磁溢流阀关闭的时刻，而是取决于分配泵平面凸轮的行程始点，这与机械控制采用溢油环来改变喷油终点以控制油量方式一样。电磁溢流阀打开越晚，喷油量越多。平面凸轮行程始点也即是图 6-8 上泵角度信号上的无齿段终点信号。泵角度传感器装在滚轮环上，这样即使喷油正时有变化时，由于泵角度传感器随着滚轮环一起转动，泵油角度并不改变，泵油始点与无齿段终点相对位置也始终不会变。

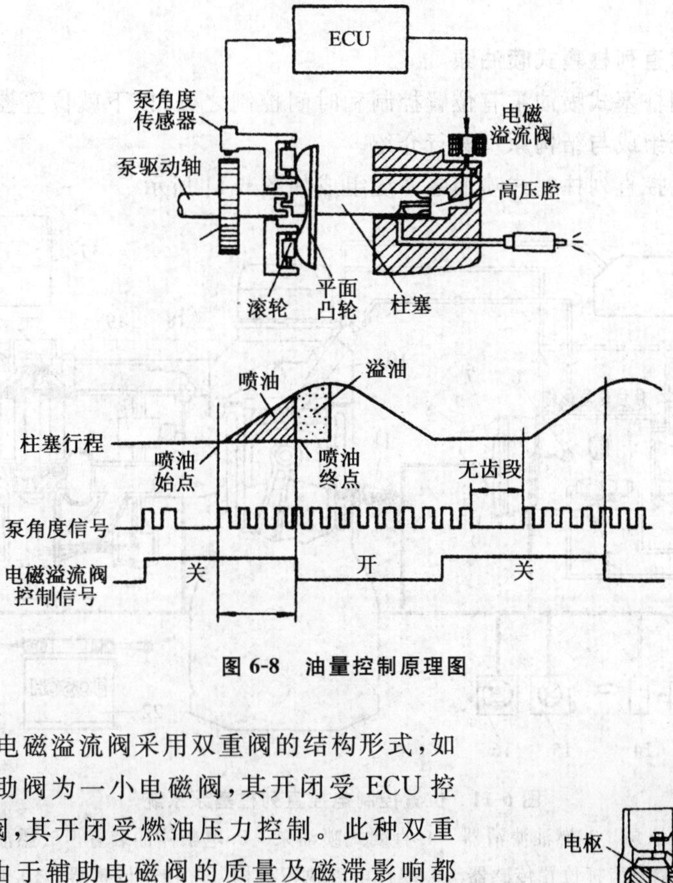

图 6-8　油量控制原理图

系统所用的电磁溢流阀采用双重阀的结构形式，如图 6-9 所示。辅助阀为一小电磁阀，其开闭受 ECU 控制；主阀为液压阀，其开闭受燃油压力控制。此种双重阀的控制方式，由于辅助电磁阀的质量及磁滞影响都很小，加上控制油腔的容积很小，故具有很高的响应速度。

喷油正时控制机构取消了提前器活塞位置传感器，反馈信号来自于曲轴角度传感器的曲轴位置信号和泵角度传感器的无齿段信号间的相位差。同时 ECD-V3 还在气缸内设置一个燃烧始点光电传感器，见图 6-10，它通过测定燃烧闪光产生的电信号，对喷油正时进行补偿调节。这样能消除柴油品质（十六烷值）、大气压力变化对柴油机性能的影响。

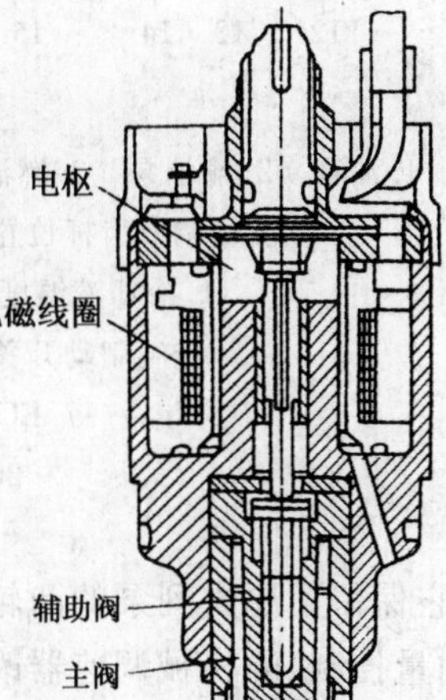

图 6-9　油量控制原理图

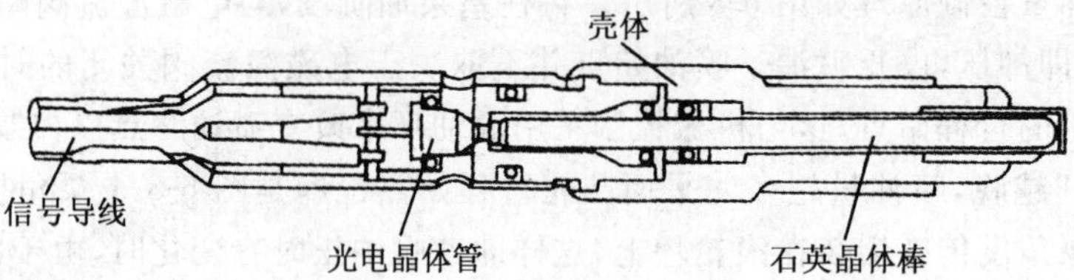

图 6-10 燃烧始点光电传感器

(二)电子控制直列柱塞式喷油泵

电子控制直列柱塞式喷油泵有位置控制和时间控制之分,以下就位置控制方式电控直列柱塞式喷油泵系统组成与结构原理进行介绍。

位置控制式电控直列柱塞式喷油泵系统组成如图 6-11 所示。

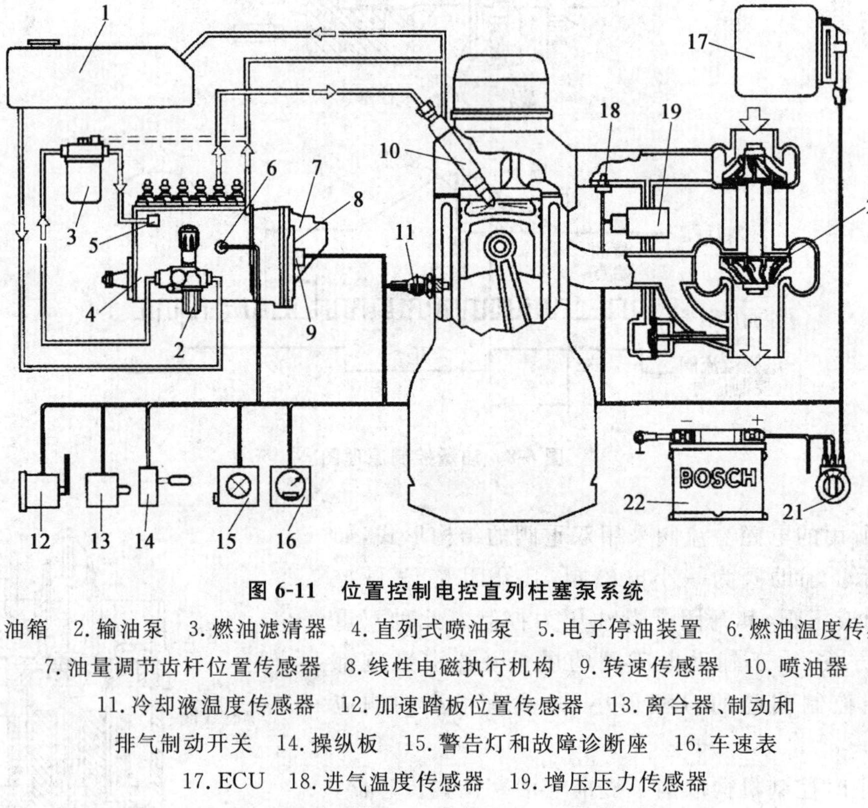

图 6-11 位置控制电控直列柱塞泵系统

1. 油箱 2. 输油泵 3. 燃油滤清器 4. 直列式喷油泵 5. 电子停油装置 6. 燃油温度传感器 7. 油量调节齿杆位置传感器 8. 线性电磁执行机构 9. 转速传感器 10. 喷油器 11. 冷却液温度传感器 12. 加速踏板位置传感器 13. 离合器、制动和排气制动开关 14. 操纵板 15. 警告灯和故障诊断座 16. 车速表 17. ECU 18. 进气温度传感器 19. 增压压力传感器 20. 涡轮增压器 21. 电门开关 22. 蓄电池

它保留了原直列泵的凸轮柱塞泵油、齿圈齿条控制供油量的结构,只是将原来控制齿条运动(油量控制)的机械调速器改为电子调速器,用滑套式电控供油正时调节机构代替原来的机械喷油提前器。电控系统的输入信号包括加速踏板位置传感器、N-TDC 传感器(转速-凸轮轴位置传感器)、水温传感器、启动开关、空调开关等,油量调节齿杆位置传感器作为反馈信号反馈给 ECU。ECU 对输入的控制信号和反馈信号进行分析处理,计算出相应的喷油量及喷油提前角控制参数值,分别送往电动调速器和供油正时调节器,使电动调速器和供油正时调节器

动作，从而精确控制喷油量和喷油提前角。

(1)喷油量的控制　喷油量是由 ECU 控制电控调速器的动作来实现的。电控调速器如图 6-12 所示。由线性电磁铁执行器、油量调节齿杆、回位弹簧等组成。油量调节齿杆位置传感器装于电控调整器壳体内。ECU 根据加速踏板位置传感器及发动机转速传感器等输入信号，分析计算输出控制指令，控制线性电磁铁衔铁推杆移动，从而驱动油量调节齿杆移动，从而实现喷油量的控制。

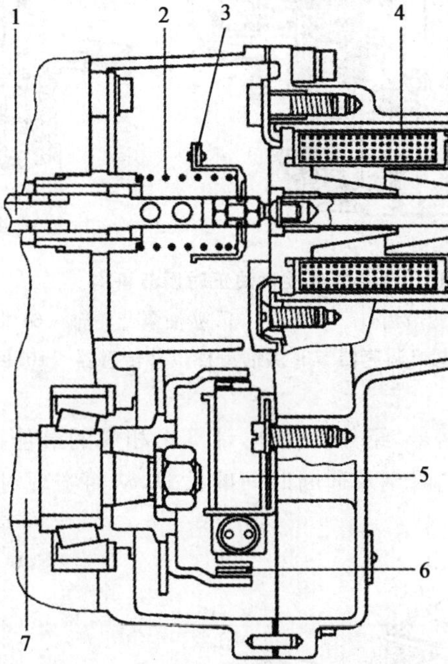

图 6-12　电控调速器结构

1. 油量调节齿杆　2. 回位弹簧　3. 弹簧挡圈　4. 电磁线圈
5. 转速传感器　6. 转速传感器脉冲轮　7. 喷油泵凸轮轴

(2)喷油提前角的控制　德国博士公司开发的 H 形电控直列泵采用滑套式电控供油正时调节机构，如图 6-13 所示。它由柱塞、滑套、油量调节齿杆、滑套调节轴、供油正时调节器等组成。柱塞上安装一个控制滑套，在旋转线性电磁执行器的控制下，滑套能沿柱塞工作面上下移动。ECU 根据柴油机不同工况的需要，通过控制供油正时器(旋转线性电磁执行器)，实现自动改变预行程和供油始点。

滑套上移，预行程增加，供油推迟；反之，预行程减小，供油提前。

(三)电控泵喷嘴

电控泵喷嘴系统继承了机械式泵喷嘴系统的若干特点，如凸轮轴直接驱动或通过摇臂驱动泵油柱塞(图 6-14)，或喷油泵的柱塞采用液压驱动(图 6-15)，柱塞偶件与喷油嘴偶件组合装在一个壳体里，柱塞泵油时产生的高压燃油立即进入喷油嘴，无高压油管，可消除长的高压油管中压力波和燃油压缩的影响，高压容积大大减少，液力系统响应快，能够进行快速高压喷射。电控泵喷嘴系统用高速电磁阀来控制喷油正时和喷油量，属于时间控制。

高速电磁阀受 ECU 控制，ECU 根据发动机转速传感器、加速踏板位置传感器、水温传感

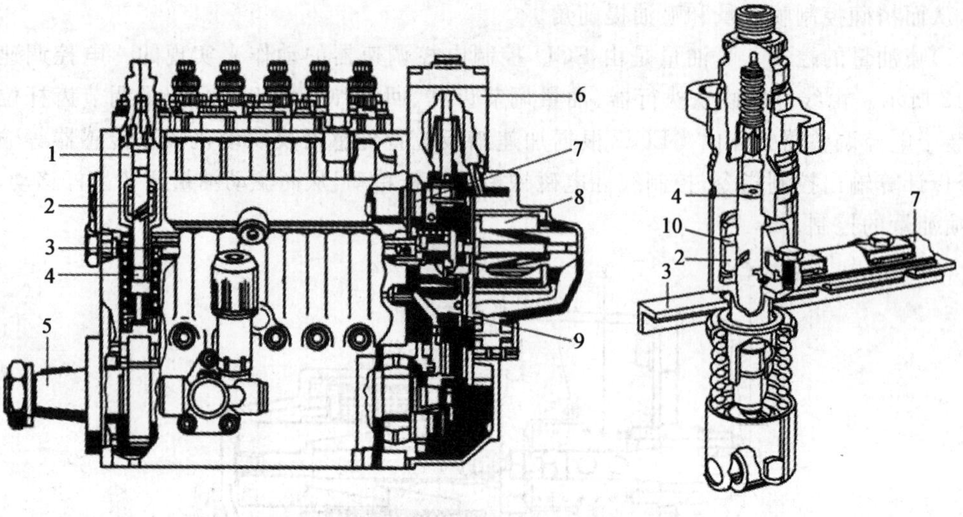

图 6-13 滑套式电控供油正时调节机构

1.柱塞套 2.滑套 3.油量调节齿杆 4.柱塞 5.喷油泵凸轮轴 6.供油正时调节器 7.滑套调节轴 8.电控调速器 9.供油齿杆位移传感器 10.回油孔

器、进气温度、压力传感器等输入信号，经分析处理，计算出相应的最佳控制参数值，控制高速电磁阀电磁线圈电流导通与关断的时刻及通断时间的长短，从而实现对喷油提前角及喷油量的实时控制。

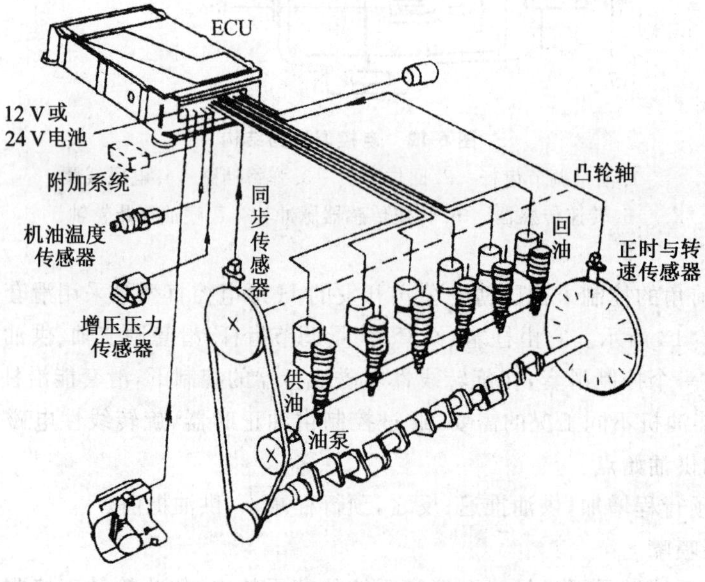

图 6-14 英国 Lucas 公司 EUI 系统组成

大众宝来 1.9 L TDI 发动机泵喷嘴安装布局如图 6-16 所示。泵喷嘴安装在发动机缸盖上，由凸轮轴上的喷射凸轮驱动摇臂，再由摇臂驱动油泵工作。

泵喷嘴结构见图 6-17，它包括驱动部分、压力产生部分、控制部分和喷嘴。驱动部分由喷

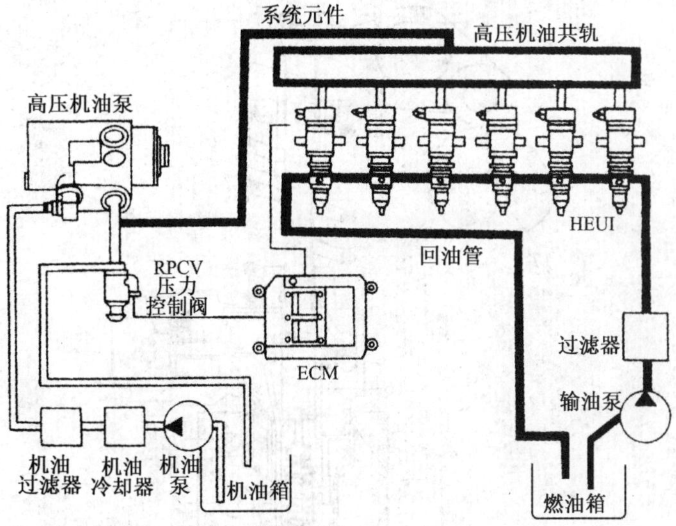

图 6-15　美国 Caterpillar 公司 HEUI 系统组成

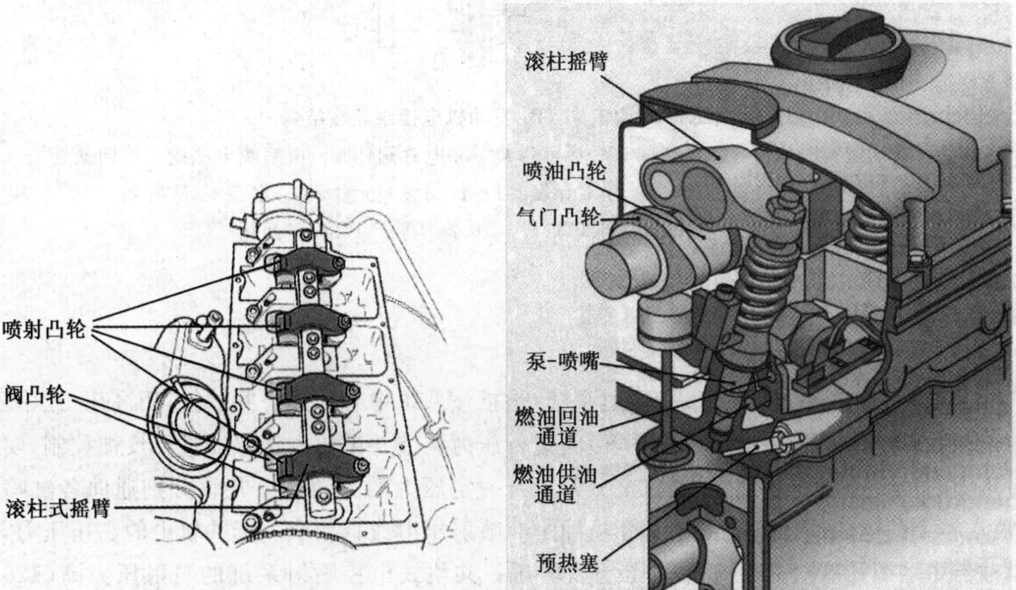

图 6-16　大众宝来 TDI 发动机泵喷嘴安装位置及驱动方式

射凸轮、滚柱式摇臂、球销和活塞弹簧等组成；压力产生部分包括泵活塞、收缩活塞以及由泵活塞、收缩活塞和泵体组成的高压腔；控制部分由喷嘴电磁阀、电磁阀针阀等组成；喷嘴由喷嘴针阀、针阀缓冲元件、喷嘴弹簧和喷油孔组成。

电磁阀的关闭和打开由 ECU 控制。电磁阀通电时刻决定喷油始点，断电时刻为喷油终止时刻，通电时间长短决定喷油量的多少。喷油过程分预喷射和主喷射两个阶段，预喷射阶段喷入燃烧室内少量的燃油，使燃烧室内的温度和压力上升，可以缩短着火延迟的时间，降低燃

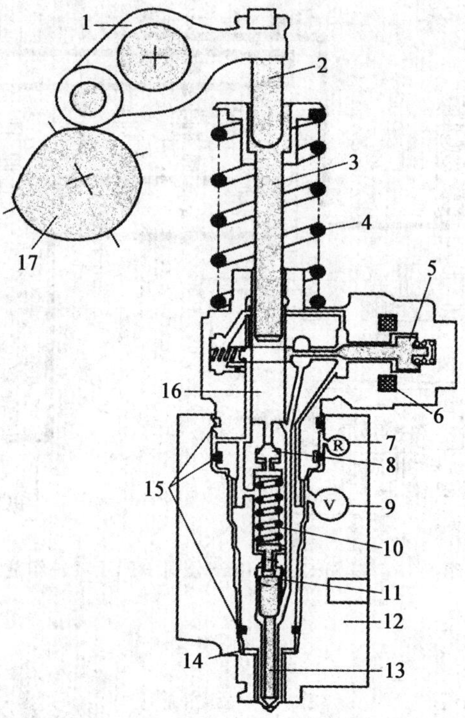

图 6-17　大众宝来 TDI 发动机电控泵喷嘴结构

1.滚柱式摇臂　2.球销　3.泵活塞　4.活塞弹簧　5.电磁阀针阀　6.喷嘴电磁阀　7.回油管　8.收缩活塞　9.供油管　10.喷嘴弹簧　11.针阀缓冲元件　12.缸盖　13.针阀　14.隔热密封垫　15.O形环　16.高压腔　17.喷射凸轮

烧噪声，减小氮氧化合物的排放。

（四）电控共轨式喷射系统

所谓电控共轨式（公共轨道式）喷射系统，是指该系统中有一条公共油管，用高压（或中压）输油泵向共轨（公共油道）中泵油，用电磁阀进行压力调节并由压力传感器进行反馈控制，实现喷射压力的恒定控制，与喷射过程完全分开。有一定压力的柴油经由共轨分别通向各缸喷油器，喷油器上的电磁阀控制喷油正时和喷油量。喷射压力或直接取决于共轨中的高压压力，或由喷油器中增压活塞对共轨来的油压予以增压。共轨式电控喷射系统的喷射压力高（120～160 MPa 甚至 200 MPa）且可实现喷油速率的柔性控制，以满足排放法规的要求。因此，共轨式电控喷射系统被认为是近年来世界上正在积极发展的一种喷射系统。

1.电控共轨式喷射系统的特点

（1）自由调节喷油压力　利用高压油泵上的调压阀或燃油计量阀调节供油压力，通过共轨压力传感器测量的共轨内燃油压力作为反馈信号，ECU 实施闭环控制，使共轨压力即喷射压力与目标值保持一致。

（2）自由调节喷油量　以发动机转速及加速踏板位置信息为基础，综合其他传感器信息和开关信号，由计算机计算出最佳喷油量，通过控制喷油器电磁阀的通、断电时刻直接控制喷油多少。

(3)自由调节喷油时间　根据发动机转速和负荷等参数,计算出最佳喷油时间,并控制电磁喷油器开启时刻,从而精确控制喷油时间。

(4)自由调节喷油率形状　根据发动机用途的需要及实际运转状况,设置并控制喷油率形状:预喷射(最小达1 mm^3/行程喷射量)、后喷射、多段喷射等,这是机械式燃油系无法实现的。

以上特点,保证了柴油机动力性、燃油经济性、可靠性和操作方便性的全面优化,NO_x和微粒排放、噪声明显降低,同时减轻质量、缩小尺寸、提高柴油机的紧凑性和维修性。

2.电控共轨式喷射系统组成

类似于汽油机电控燃油喷射系统,可将柴油机电控共轨式燃油喷射系统分为空气供给系统、燃油供给系统和电子控制系统三大部分。典型电控共轨式燃油喷射系统组成如图6-18所示。

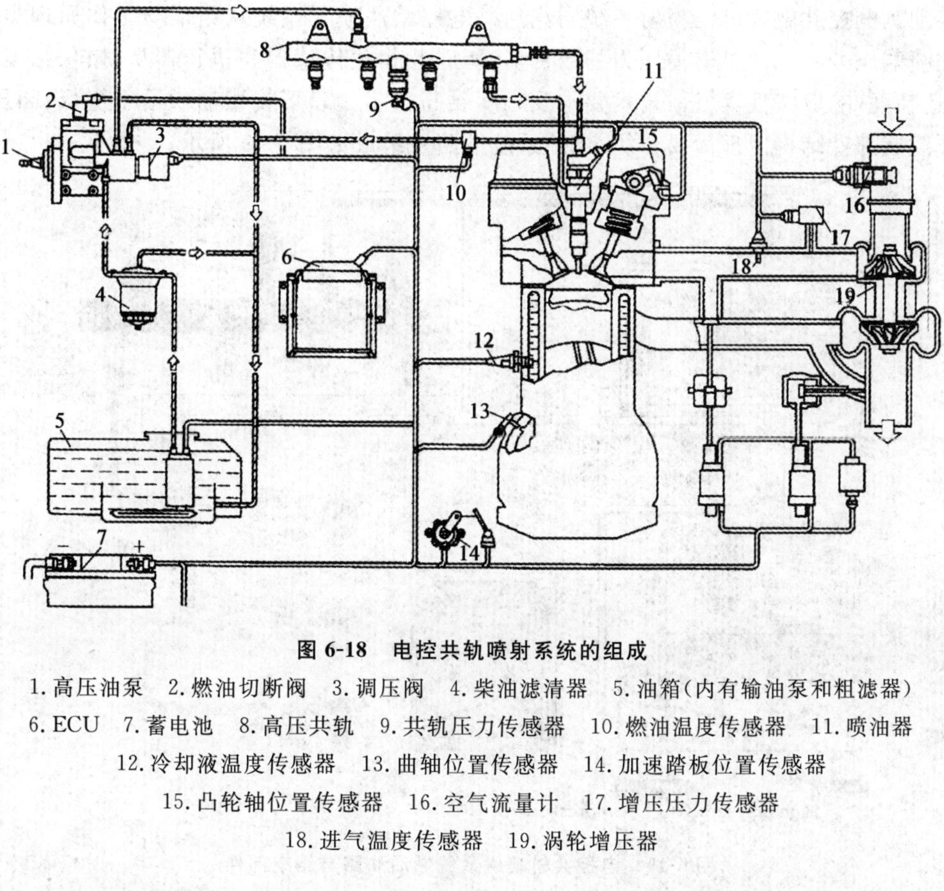

图6-18　电控共轨喷射系统的组成

1.高压油泵　2.燃油切断阀　3.调压阀　4.柴油滤清器　5.油箱(内有输油泵和粗滤器)　6.ECU　7.蓄电池　8.高压共轨　9.共轨压力传感器　10.燃油温度传感器　11.喷油器　12.冷却液温度传感器　13.曲轴位置传感器　14.加速踏板位置传感器　15.凸轮轴位置传感器　16.空气流量计　17.增压压力传感器　18.进气温度传感器　19.涡轮增压器

空气供给系统普遍采用增压中冷措施,以提高充气效率;燃油供给系统主要有低压输油泵、燃油滤清器、高压供油泵、共轨、电控喷油器等;电子控制系统由各种传感器、电子控制单元(ECU)和执行器组成。

低压燃油由输油泵从油箱中抽出后经柴油滤清器输送到高压油泵,高压油泵将燃油加压至高压,然后送入高压共轨内,高压共轨内的燃油经高压油管接至各缸喷油器,并在适当的时刻通过喷油器喷入气缸。

电控共轨式喷射系统喷射压力的产生和喷射控制是分别独立进行的。

共轨压力的控制采取闭环控制方式。供油泵产生高达 160 MPa 甚至 180 MPa 的超高压柴油送入共轨,装在共轨上的燃油压力传感器将信号输入 ECU,ECU 通过电磁阀调控供油泵的供油量实现共对共轨内的油压实现精确控制,使共轨内的供油压力与发动机转速无关,消除了位置控制方式因凸轮脉冲供油及高压油管压力波动所造成的二次喷射、间歇喷射以及喷油不均匀等现象。

电子控制系统根据传感器的信号,由 ECU 经比较、演算、查询 MAP 图,计算出最佳喷油时间和最合适的喷油量,并且计算出在什么时刻、在多长的时间范围内喷油,并据此向喷油器发出开启或关闭电磁阀的指令,从而精确控制柴油机的喷射过程。保证柴油机最佳的空燃比和燃料良好雾化,以及最佳的着火时间和最低的排放。

3. 电控共轨式喷射系统的主要部件及其结构

柴油机电控共轨式燃油喷射系统同汽油机电控燃油喷射系统从组成与工作原理类似,由于柴油喷射压力是汽油机燃油压力的数百倍,所以对相关传感器和执行器从材料、强度、耐久性、制造精度,响应特性等方面技术要求及难度要高得多。以下就燃油供给系统低、高压油路上主要组成部件结构原理简要介绍,燃油系统油路及组成如图 6-19 所示。

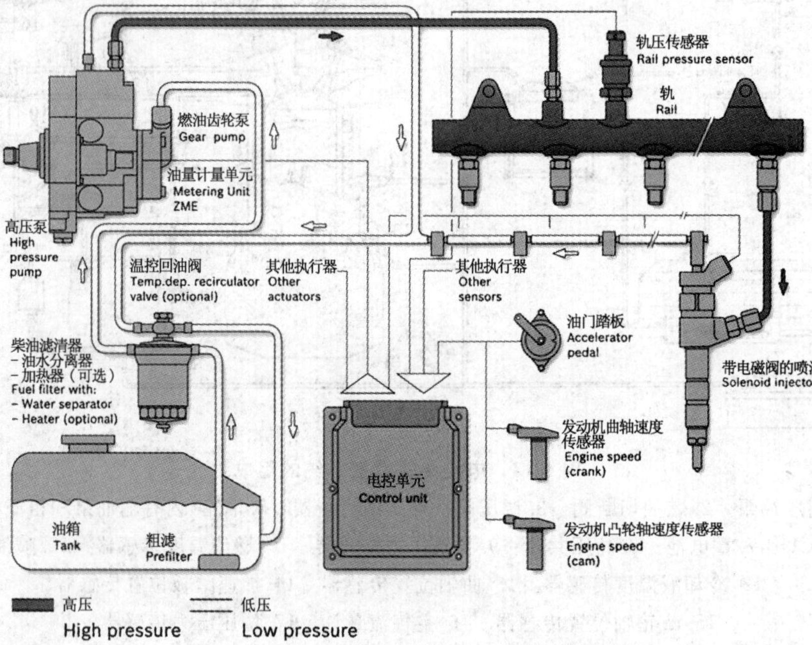

图 6-19 电控共轨喷射系统燃油油路与组成部件

(1)输油泵 输油泵的作用是向高压油泵提供充足的燃油。输油泵分电动输油泵和机械驱动的输油泵。机械输油泵常见的有齿轮式和叶片式,同高压油泵装配在一起,由高压油泵轴驱动。电动输油泵一般安装在油箱内。

(2)高压油泵 高压油泵的作用是向共轨持续提供符合系统压力要求的高压燃油。图 6-20 所示博士(BOSCH)公司开发的 CP1 型转子式高压油泵。高压燃油是由高压油泵内 3 个相互呈 120°径向布置的柱塞压缩而产生的。

高压泵的工作原理如图 6-21 所示。当供油油压超过进油阀的开启压力(0.5～1.5 bar)

时,燃油进入进油阀,当柱塞向泵轴中心运动时,燃油经进油阀进入柱塞压缩腔;当柱塞远离泵轴中心运动时,进油阀关闭,泵腔内建立起高压;当压力高于共轨内燃油压力时,出油阀打开,高压燃油在压力控制阀的控制下进入共轨管内。高压泵由 3 个经向排列的活塞泵油,凸轮轴每转一圈,每个活塞各有 3 次压送冲程。共轨内油压由压力控制阀调节。

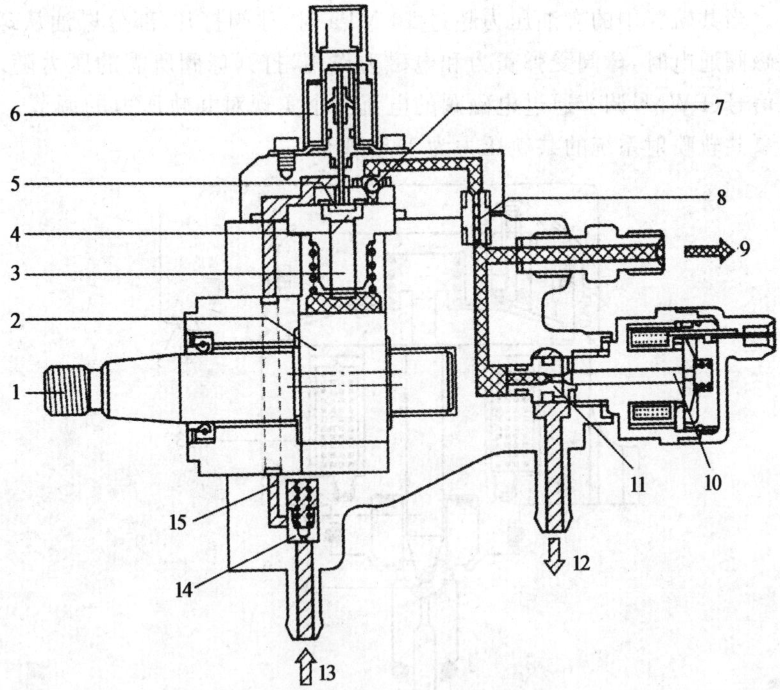

图 6-20　转子式高压油泵

1. 驱动轴　2. 凸轮　3. 带油泵柱塞的泵油元件(3 组)　4. 泵腔　5. 进油阀　6. 停油电磁阀　7. 出油阀　8. 密封件　9. 去共管的高压油管接头　10. 压力控制阀　11. 球阀　12. 回油口　13. 进油口　14. 带节流孔的安全阀　15. 通向泵油元件的低压油道

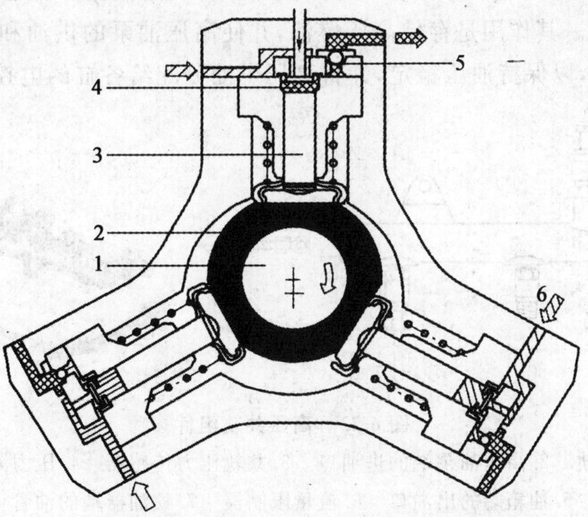

图 6-21　转子式高压油泵的工作原理

1. 驱动轴　2 偏心凸轮　3. 带油泵柱塞的泵油元件(3 组)　4. 进油阀　5. 出油阀　6. 进油口

(3)压力控制阀　压力控制阀的作用是根据发动机的负荷状况调整和保持共轨中燃油的压力。BOSCH 共轨系统压力控制阀安装在高压油泵上，其结构如图 6-22 所示。球阀的一侧是来自共轨燃油的压力，另一侧是受弹簧预紧力和电磁阀电磁力作用的衔铁。电磁阀产生的电磁力的大小与电磁阀线圈中的电流大小有关，当电磁阀无电流通过时，弹簧预紧力使球阀压在密封锥面上。当共轨腔中的燃油压力超过 10 MPa 时，球阀打开，部分燃油从球阀回流到低压回路。当电磁阀通电时，球阀受弹簧力和电磁力作用，打开球阀所需的压力随之增加，ECU 通过脉宽调制信号(PWM)调节通过电磁阀的电流大小实现对共轨压力的调节。采用 CP1 型转子式高压油泵共轨喷射系统的共轨压力为 135 MPa。

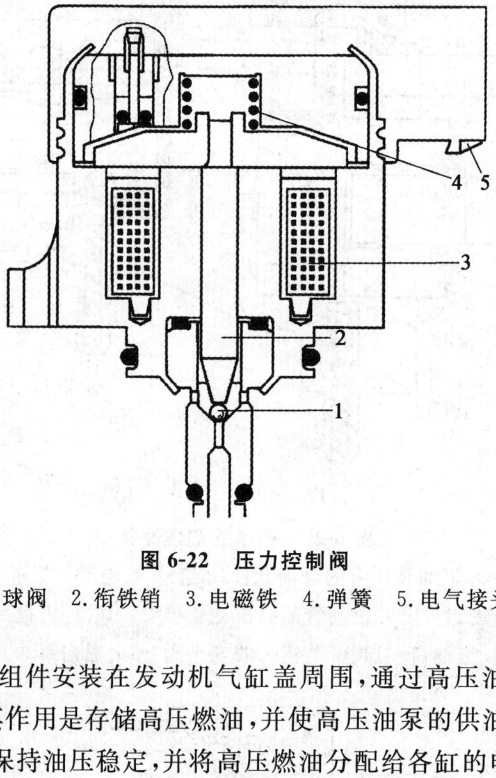

图 6-22　压力控制阀

1. 球阀　2. 衔铁销　3. 电磁铁　4. 弹簧　5. 电气接头

(4)共轨组件　共轨组件安装在发动机气缸盖周围，通过高压油管与高压油泵及各缸的喷油嘴连接(图 6-23)。其作用是存储高压燃油，并使高压油泵的供油和喷油嘴的喷油所产生的压力波动得到缓冲，以保持油压稳定，并将高压燃油分配给各缸的电控喷油器。

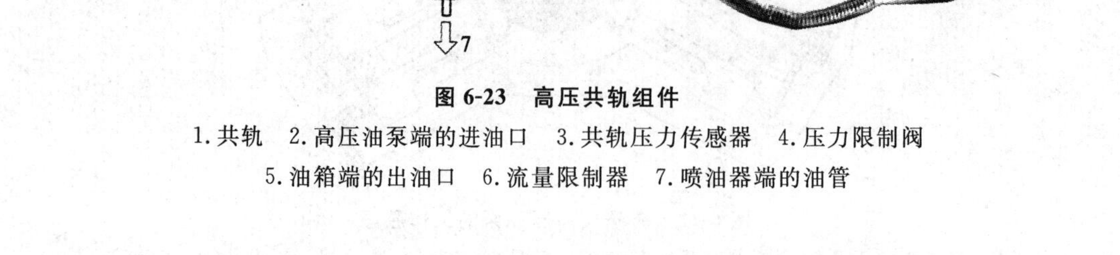

图 6-23　高压共轨组件

1. 共轨　2. 高压油泵端的进油口　3. 共轨压力传感器　4. 压力限制阀
5. 油箱端的出油口　6. 流量限制器　7. 喷油器端的油管

①高压蓄压器　内腔为柱形空腔，用来存贮高压燃油并抑制压力波动，它为所有汽缸所共有，因此称之为“共轨”。

②共轨压力传感器　共轨压力传感器安装在共轨上，其作用是及时、准确地测出高压共轨中燃油的压力，并转换成电压信号，实时提供给ECU。共轨压力传感器由传感元件膜片和放大电路组成(图6-24)。

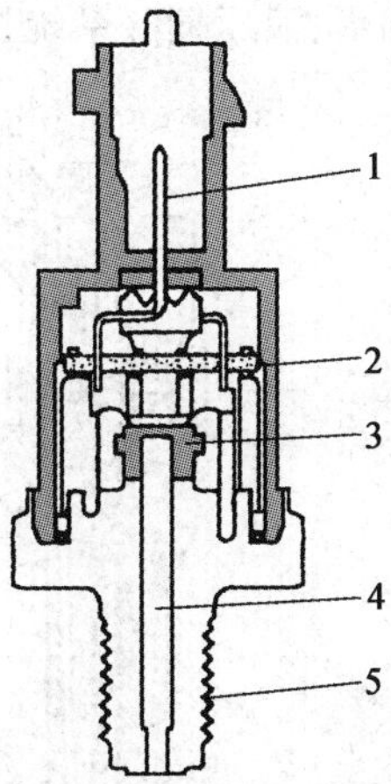

图6-24　共轨压力传感器

1.线束接头　2.放大电路　3.传感元件膜片　4.高压接头　5.固定螺纹

③压力限制阀　压力限制阀安装在共轨上，结构如图6-25所示。它主要由活塞、活塞阀门、阀门弹簧和阀体组成。其作用是限制共轨中的压力。

在压力超过最高限定值时，压力限制阀阀门开启泄压，泄放的柴油通过低压回油路返回油箱，以保证共轨系统中的最高压力不超过限定安全压力，防止系统内部零部件的损坏。共轨压力降低至一定水平之后阀门关闭。

④流量限制器　流量限制器结构如图6-26所示，主要由带节流孔和锥阀的活塞、弹簧、阀座组成。它安装在高压共轨的每个出油口上，与喷油器的高压油管连接。其作用是减小流向喷油器的高压燃油的压力波动，同时在喷油器高压油管中出现过大的流量或持续的泄漏(如喷油器针阀过度磨损、卡死、高压油管破裂等)，导致共轨中流出的燃油量超过最大设计流量时，自动将流向该喷油器的燃油管路关闭，起隔离保护作用。

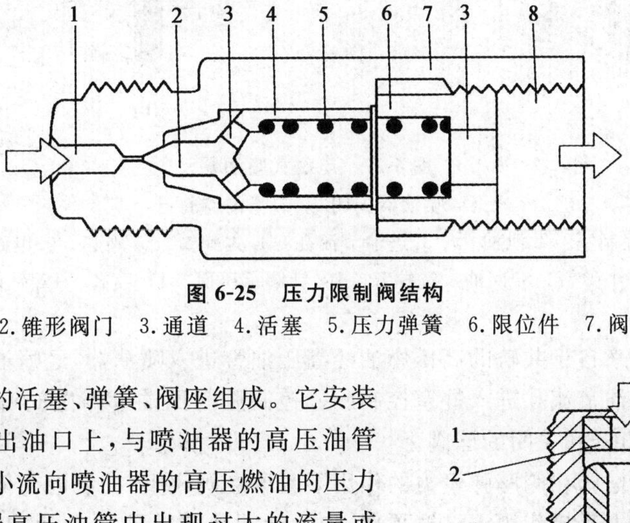

图6-25　压力限制阀结构

1.高压接头　2.锥形阀门　3.通道　4.活塞　5.压力弹簧　6.限位件　7.阀体　8.回油孔

(5)喷油器　电控喷油器是高压共轨系统中最关键也是最复杂的部件，也是设计和制造工艺难度最大的部件。柴油机高压共轨系统中所用的喷油器有电磁式和压电式两种。

①电磁式喷油器　电磁式喷油器是用高速电磁阀控制喷油器喷油的开始时刻和喷油过程。它由孔

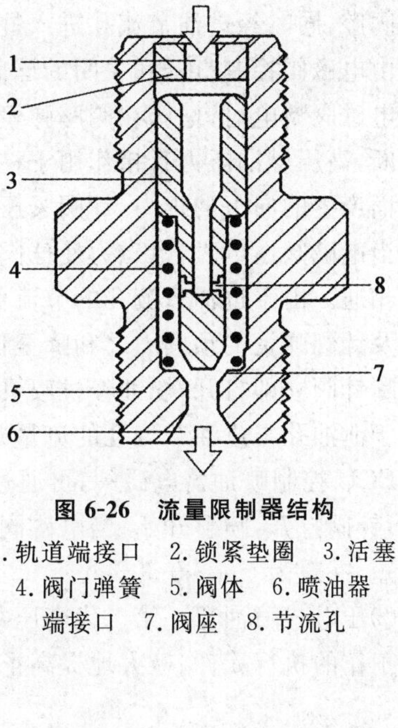

图6-26　流量限制器结构

1.轨道端接口　2.锁紧垫圈　3.活塞　4.阀门弹簧　5.阀体　6.喷油器端接口　7.阀座　8.节流孔

式喷油嘴、液压伺服系统、电磁阀组件构成,如图 6-27 所示。

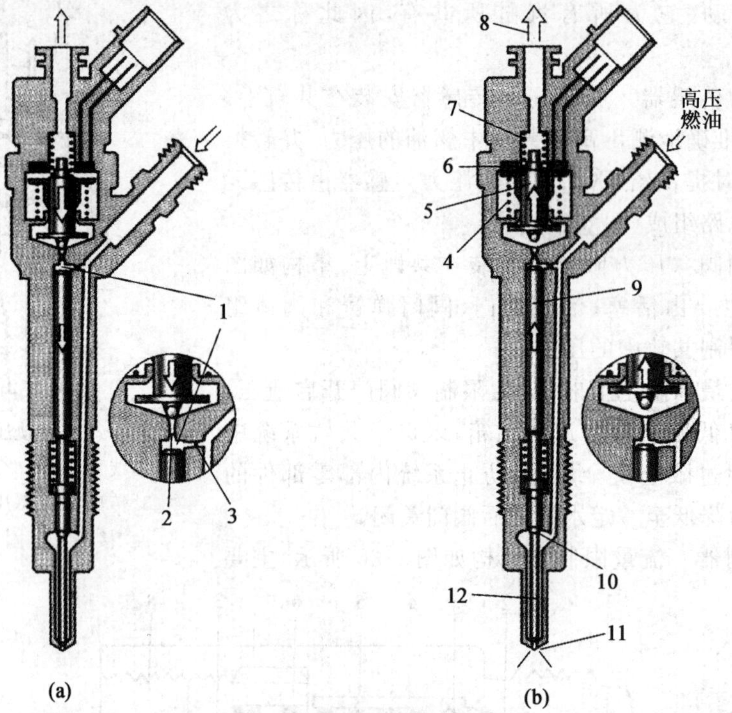

图 6-27 电磁式喷油器

(a)喷油器关闭 (b)喷油器打开

1.控制室 2.泄油孔 3.进油节流孔 4.大弹簧 5.阀芯 6.电磁阀 7.小弹簧 8.回油 9.柱塞 10.针阀承压面 11.喷孔 12.针阀

发动机工作时,来自于共轨的高压燃油经高压油管进入喷油器,经喷油嘴内部的进油槽流向针阀腔,同时经进油节流孔进入柱塞控制腔。控制腔与回油管路之间有一个泄油节流孔和一个由电磁阀控制打开和关闭的球阀。

电磁阀断电时,球阀在阀座弹簧力的作用下紧压在阀座上,控制腔与低压回油路之间通道被隔断,高压燃油压力直接作用于柱塞顶部,加上针阀弹簧的预紧力,大于高压燃油作用于针阀锥面产生的向上的推力,针阀紧压在针阀座上,针阀处于关闭状态。如图 6-27(a)所示。

当电磁阀通电时,电磁力使球阀离开阀座,打开泄油节流孔,使控制腔室经由泄油孔与回油管相通。由于进油节流孔的节流作用,控制室内的压力因泄油而下降,当作用在柱塞上方的压力及针阀弹簧的预紧力之和降至低于油压作用在喷油嘴针阀承压锥面上产生的向上推力,喷油嘴针阀立即打开,燃油经过喷孔喷入燃烧室。如图 6-27(b)所示。喷油器针阀升起速度取决于泄油孔与进油节流孔的流量差,针阀关闭的速度取决于进油节流孔的流量。

ECU 控制喷油器电磁阀,再通过液压伺服系统控制喷油器针阀打开和关闭。当电磁阀通电时,针阀打开,喷射开始;当电磁阀断电时,针阀落座,喷射结束。整个喷射控制的响应时间非常短,一般为 0.1～0.3 ms。

②压电式喷油器 第二代高压共轨系统开始采用压电式喷油器,以压电晶体作为控制喷油器工作的执行元件,极大地提高了响应速度,能够在极短的时间内完成更多次的切换,控制

精度高，能控制的最小供油量足够小，可将原来的一次喷射分为先导喷射、预喷射、主喷射、后喷射和次后喷射等过程。

先导喷射是为了在燃烧室内预先形成混合气，以达到防止柴油机工作粗暴和减少噪声的目的。

预喷射是在主喷射之前先向燃烧室内喷入少量燃油(1～2 mg)，燃烧后可使主喷时的缸内温度升高，从而缩短主喷射的点火延迟期，降低缸内压力上升速度，使燃烧更为高效和柔和，是降低燃烧噪声、减少 HC 和 CO 排放有效的途径。此外，预喷射还有助于改善柴油机的冷启动性能，降低冷态工况下白烟的排放，改善发动机低速扭矩等。

主喷射主要用于产生扭矩，其喷油量大小取决于发动机的工况要求。

后喷射非常靠近主喷射，喷射的燃油可在气缸内燃烧并产生扭矩，但其主要作用是燃掉燃烧室中残余的炭烟微粒，炭烟排放可因此进一步减少 20%～70%。

次后喷射一般在上止点后 200°曲轴转角范围内喷射，喷出的燃油不燃烧(即不产生扭矩)，但会被排气余热蒸发，主要用于为氧化催化器提供 HC，被氧化后发生放热反应以增加排气温度，亦可用于后处理系统中的再生反应，如微粒捕集器(DPF)和 NO_x 储存催化器(NSC)，提高废气处理装置的温度，提高废气处理的效率。

压电式喷油器按照其控制针阀的方式不同，可分为伺服驱动方式和直接驱动方式两种。图 6-28 所示为压电式直接驱动喷油器结构。

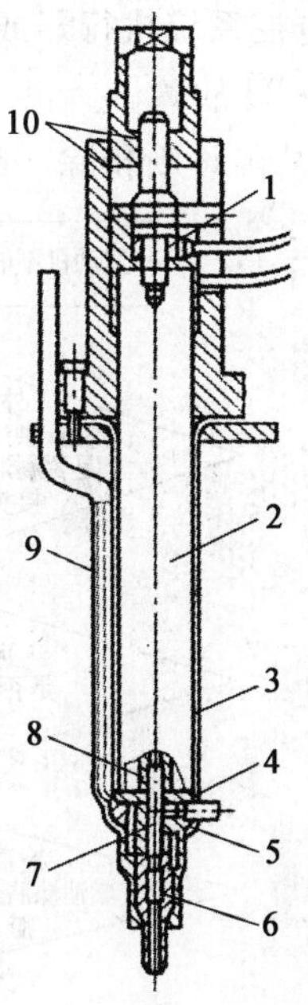

图 6-28　压电式直接驱动喷油器

1.石英测量垫片　2.压电执行器　3.外壳　4.密封垫　5.紧固螺套　6.针阀体　7.压杆　8.压帽　9.高压油管　10.差动螺纹

压电式直接驱动喷油器直接利用压电元件的膨胀和收缩来控制针阀的行程以实现喷油控制，针阀的动作速度更快，打开和关闭喷油器针阀时间不到 100 μs，且喷雾动量和精确性更高。ECU 给压电元件施加正向电压时，压电元件膨胀而使喷油器针阀关闭，喷油器不喷油；给压电元件施加反向电压时，压电元件收缩而使喷油器针阀开启，喷油器开始喷油。

四、高压共轨式柴油机常见故障诊断

1.柴油机不能启动或启动困难

(1)故障现象　曲轴能正常运转且有启动转速，但发动机长时间不能启动或尝试多次才能着火。

(2)故障原因

①油箱无油、燃油质量差、燃油含水较多，燃油滤清器堵塞。

②燃油管路接头密封性差、放气螺钉导致漏气、管路进空气，导致供油不畅或不供油。

③空气滤清器堵塞。

④汽缸密封性差，压缩压力不够；维修装配时配气正时不准；气门间隙过大过小。

⑤预热塞故障或电路故障。

⑥电控系统传感或其电路故障。如曲轴与凸轮轴位置传感器、冷却液温度传感器、共轨燃油压力传感器、加速踏板位置传感器、空气流量计等。

⑦电控系统执行器或其电路故障。如燃油计量阀、油压调节阀、喷油器、电动燃油泵等。

⑧ECU 故障。

(3)故障诊断排除　故障诊断流程参见图 6-29。

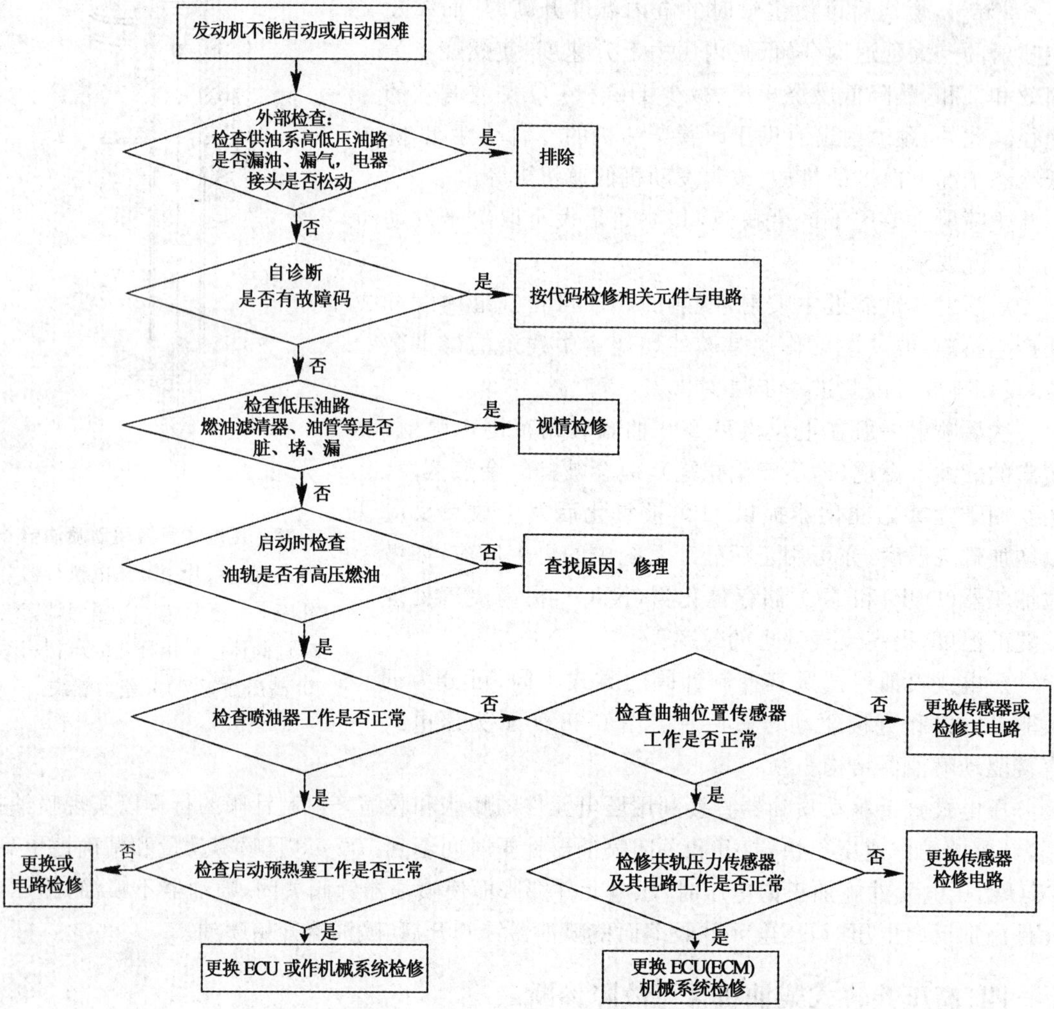

图 6-29　柴油机不能启动或启动困难故障诊断流程图

2. 柴油机功率不足

(1)故障现象　发动功率明显下降,车辆加速时有踩空油门的感觉,车速增加缓慢,爬坡能力差。

(2)故障原因

①空气滤清器堵塞;排气系统阻塞,排气背压过高。

②燃油滤清器堵塞或燃油计量阀滤网堵塞;燃油管路接头密封性差、管路进空气导致供油不畅。

③汽缸密封性差、缸垫漏气、压缩压力不够；维修装配时配气正时不准；气门间隙不符标准。

④废气涡轮增压器失效；中冷器工作不良。

⑤增压控制系统故障导致增压压力下降。

⑥EGR 系统工作不良。如 EGR 阀卡在开启位置，EGR 位置传感器信号错误等。

⑦电控系统传感或其电路故障。如曲轴与凸轮轴位置传感器、冷却液温度传感器、共轨燃油压力传感器、加速踏板位置传感器、空气流量计等故障，使系统供油量、供油正时不准，或进入跛行控制模式。

⑧电控系统执行器或其电路故障。如燃油计量阀、油压调节阀、喷油器、电动燃油泵等。

⑨ECU 故障。

(3)故障诊断排除　故障诊断流程参见图 6-30。

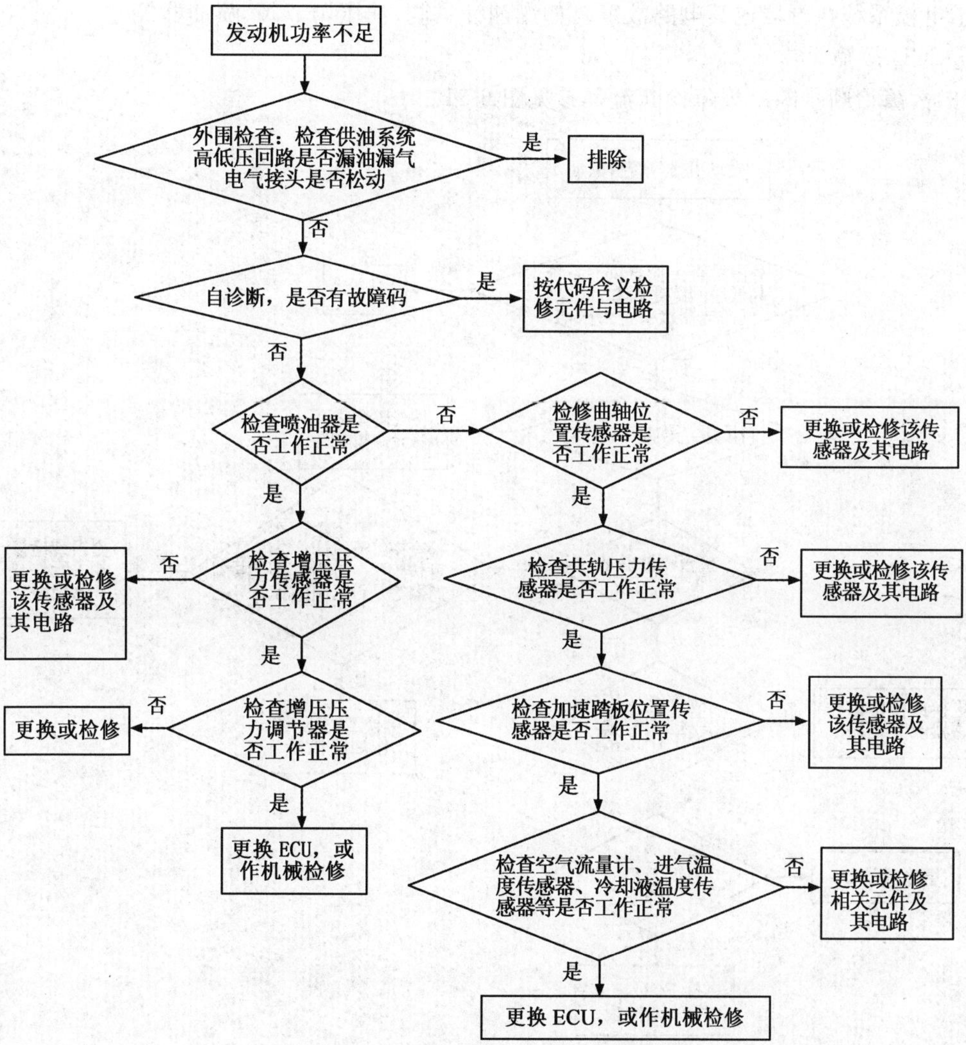

图 6-30　柴油机功率不足故障诊断流程图

3.柴油机冒黑烟

(1)故障现象 发动机排放的尾气有明显黑色碳烟,加速或上坡时更为突出,柴油机油耗过大。

(2)故障原因

①空气滤清器堵塞;排气系统阻塞,排气背压过高。

②增压器故障;中冷器工作不良,进入汽缸空气温度过高;进气系统漏气。

③汽缸密封性差、缸垫漏气、压缩压力下降。

④燃油质量差;喷油器机械故障导致雾化不良、滴漏。

⑤增压控制系统故障导致增压压力下降。

⑥电控系统传感或其电路故障。如冷却液温度传感器、共轨燃油压力传感器、加速踏板位置传感器、增压压力传感器、空气流量计等故障,使系统控制喷油过多。

⑦电控系统执行器或其电路故障。如燃油计量阀、油压调节阀、喷油器等

⑧ECU 故障。

(3)故障诊断排除 故障诊断流程参见图 6-31。

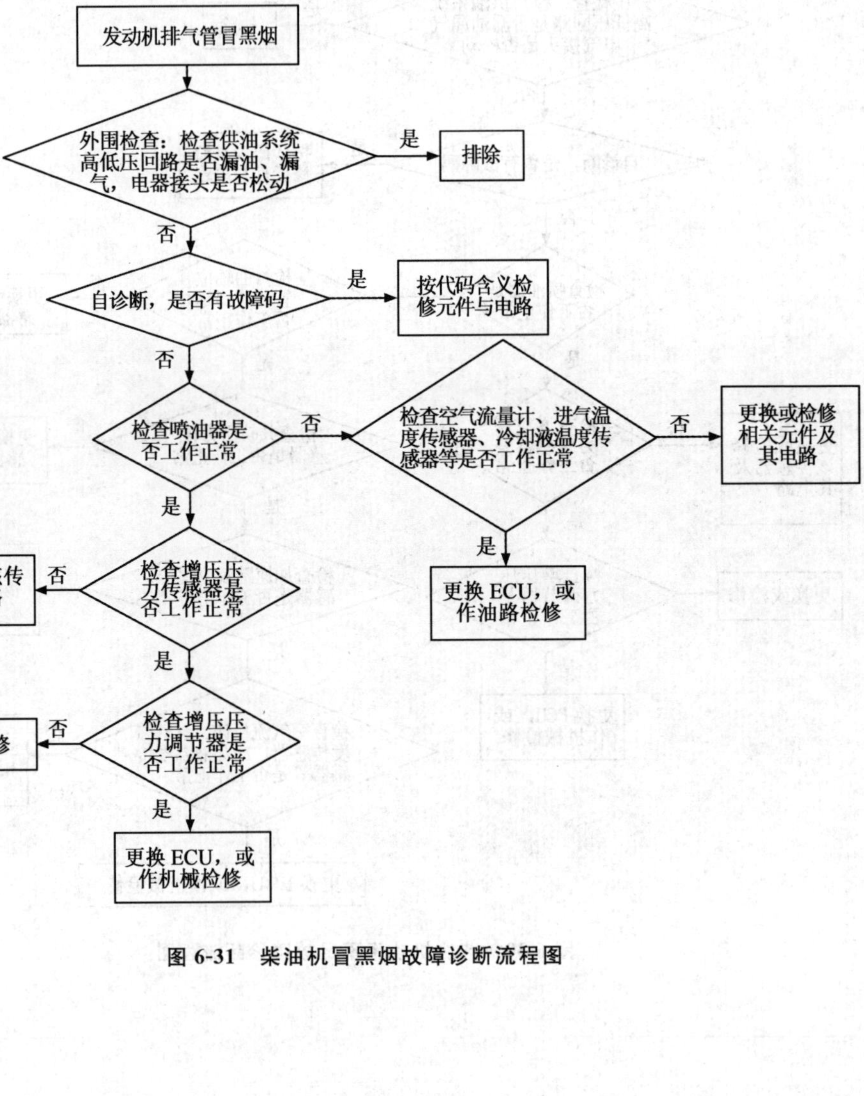

图 6-31 柴油机冒黑烟故障诊断流程图

『任务实施』 柴油机电控系统传感器与执行器的检测

1.任务描述

使用故障诊断仪读取电控柴油机故障码，针对故障码指示的电控系统传感器、执行器及其电路，进行全面检查和测试，找出故障点，排除故障(或提出技术解决方案)。

决策和实施，分工协作，完成从工具仪器准备、检测作业、场地整理整个完整过程，并完成操作作业单的填写。

2.安全事项

①启动车辆前须做好塞三角木、车内车外保护等防护措施。

②保持场地通风良好，严禁烟火。启动车辆前，先安装好尾气排放装置。

③启动发动机，须经指导教师检查同意。

④对电路操作应仔细小心，防止短路造成事故。

3.实施条件

(1)场地条件　场地整洁有序，场地面积、工位数量、照明与通风等符合作业要求和相关安全技术要求。

(2)工具与仪器设备　工具车(配备通用工具)，万用表、解码器、示波器、LED试灯。

(3)其他　压缩空气枪，对应车辆维修手册；车内外防护用品、三角木等。

4.操作指导

柴油机电控系统与汽油机电控系统很多传感器功用、结构和原理是相同，比如曲轴位置传感器、凸轮轴位置传感器、冷却液温度传感器、进气压力传感器、氧传感器、空气流量计等，前面已经介绍并训练的项目这里不再重复，这里就电控柴油机部分传感器和执行器检修进行介绍。

(1)电位计型加速踏板位置传感器检测(以双电位计式为例)　电位计型加速踏板位置传感器以分压电路原理工作，ECU供给传感器电路5 V电压。电子油门踏板通过转轴与传感器内部的滑动变阻器的电刷连接，加速踏板位置传感器的位置改变时，电刷与接地端的电压发生改变，ECU将该电压转变成加速踏板的位置信号。电位计型加速踏板位置传感器分双电位计式和单电位计加怠速开并式。双电位计式同时输出两组信号给ECM，可靠性高。长城GW2.8TC高压共轨柴油车双电位计式加速踏板位置传感器电路如图6-32所示。

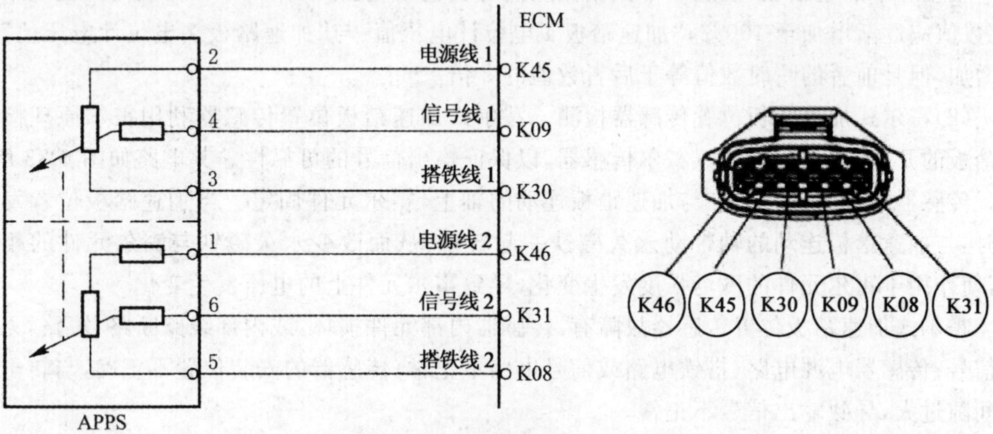

图6-32　双电位计式加速踏板位置传感器电路

如加速踏板位置传感器失效，ECU（或 ECM）检测到电子油门信号错误、油门插接件脱落、两路信号中有一路出现故障、两路信号不一致、油门开度与制动开关逻辑错误等，即将故障灯点亮，同时存储相应故障码，控制发动机维持跛行模式（Limp Home）运行，转速限制在 1 100 r/min 左右（视车型而异）。

①传感器供电电压检测

a. 关闭点火开关，拔下加速踏板位置传感器 APPS 传感器插头。

b. 点火开关 ON，测量线束侧插头 1#、2# 端子与搭铁之间电压值应为 5 V 电压，3#、5# 端子电压为 0 V。如电压值不符，说明控制电路或 ECM 有故障，应进一步检测。

②传感器电阻的检测

a. 关闭点火开关，拔下加速踏板位置传感器 APPS 传感器插头。

b. 用万用表在传感器线束插座上测量其电位器的总电阻[长城 GW2.8TC 汽车 1#、5# 端子之间电阻为(1.7 ±0.8) kΩ]。如有断路、短路或阻值不符合标准，说明传感器有故障。

c. 测量电位器滑动触点与搭铁端的电阻。不踩加速踏板时，长城 GW2.8TC 汽车 5#、6# 端子之间电阻为(1.2±0.4) kΩ，该电阻应能随油门的开启或关闭而平滑地变化，否则传感器有故障。

③传感器性能的检测

a. 打开启动开关，不要启动柴油机。

b. 让加速踏板处于不同开度，同时用电压表在传感器信号输出导线上测量其信号电压的变化，该电压值应随加速踏板开度的增大而增大，测量中不能拆开线束连接器，将不同开度下检测到的信号值与标准比较，如不相符，应更换传感器。

④数据流检测

用“X-431 故障诊断仪”读取发动机系统数据流，涉及加速踏板位置传感器的数据流有 3 个：“加速踏板 1 电位计电压值”、“加速踏板 2 电位计电压值”、“滤波前的加速踏板开度”。

以长城 GW2.8TC 汽车加速踏板位置传感器为例，接入诊断仪仪，点火开关“ON”（发动机“OFF”），读取发动机系统数据流。不踩动加速踏板时，“加速踏板 1 电位计电压值”应为 0.7 V左右，“加速踏板 2 电位计电压值”为 0.35 V 左右，“滤波前的加速踏板开度”应为 0%。

缓慢踩下加速踏板，上述 3 个数据流应同时变化，其变化规律如下：“滤波前的加速踏板开度”数值应逐渐增加至 100%；“加速踏板 1 电位计电压值”与“加速踏板 2 电位计电压值”应同时增加，但是前者的瞬时数值等于后者数值的 2 倍。

(2)霍尔式加速踏板位置传感器检测　霍尔式加速踏板位置传感器利用霍尔原理检测加速踏板的开度，通常也采用双霍尔传感器，以保证输出信号的可靠性。其电路如图 6-33 所示。

传感器永久磁铁安装在与加速踏板连动的轴上，霍尔元件固定。当加速踏板位置发生变化时，与加速踏板连动的轴带动永久磁铁一起转动，从而改变永久磁铁与霍尔元件的相对位置，使作用于霍尔元件的磁场强度发生变化，导致霍尔元件上的电压发生变化。

霍尔式加速踏板位置传感器故障有：传感器内部元件损坏，或内部线路断路、短路，无法产生信号；传感器电源电路、搭铁电路或信号电路不正常；传感器的安装位置不正确，与转子之间的间隙过大，导致输出信号不正常。

①传感器控制电路的检测

a. 关闭点火开关，拔下加速踏板位置传感器 APPS 传感器插头。

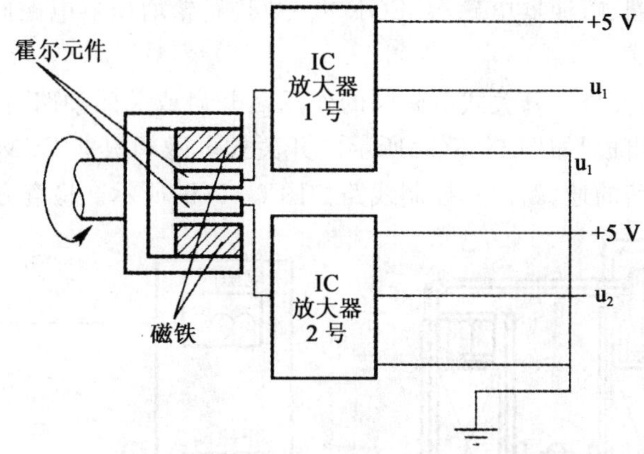

图 6-33　霍尔式加速踏板位置传感器电路

b. 打开启动开关，用数字万用表分别测量传感器线束连接器各端子。测量传感器电源端子，应为蓄电池电压 24 V(或 12 V 或 5 V 基准信号电压)。如电压与标准不符，说明有故障，应进一步检测电源线路；测量传感器搭铁电路，其与蓄电池负极间的电阻应为 0 Ω。如有异常应检修搭铁线路。

②传感器性能的检测　测量信号端子的电压，加速踏板在不同开度时，其输出电压应符合维修手册输出特性。如有异常，需更换传感器。

③数据流检测　同双电位计式传感器一样，用故障诊断仪读取加速踏板位置传感器数据流，结合传感器输出特性，检测信号是否正常。

(3)针阀式升程传感器信号检查　针阀升程传感器是电控分配泵式柴油柴油机系统中重要的传感器之一，与三缸喷油器合成一体。用于采集喷油始点信号、喷油持续时间信号，还可作为缸识别信号。以捷达 SDI 发动机为例，检修方法如下。

①使用数字万用表检测传感器电阻，应为 80～120 Ω。否则，更换带针阀升程传感器的第 3 缸喷油器。

②检查针阀式升程传感器与控制单元连接导线有无断路、短路与接触不良故障。测量传感器插头端子 1 与电控单元 J248 插口 109，端子 2 与插口 101，导线电阻不能大于 1.5 Ω。同时检测导线是否存在彼此短路、对地短路及对电源短路。若未发现故障，需更换电控单元 J248。

③针阀式升程传感器波形测试　启动发动机，用示波器或汽车数字万用表菜单中选择通用示波器，示波器黑表棒接地，红表棒接信号端子，屏幕上显示针阀式升程传感器的信号波形(图 6-34)。如不符合波形特征，应更换第 3 缸喷油器。

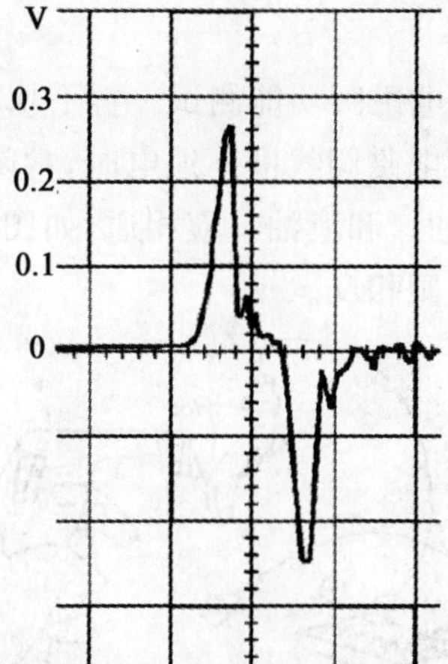

图 6-34　喷油器针阀升程传感器波形

(4)执行器电磁阀的检修　电控柴油机系统电磁式执行器，包括停油电磁阀、油量控制电磁阀、正时控制电磁阀、调压阀的电磁线圈、喷油器电磁阀、EGR 电磁阀、涡轮增压器电磁阀等。根据其控制方式，分为开关式和脉冲式。

①开关式电磁阀的检修　开关式电磁阀的作用是开启或关闭油路，由电磁线圈、衔铁、回位弹簧、阀芯和阀球等组成，如图 6-35(a)所示。开关式电磁阀根据 ECM 的指令信号使电磁阀开启或关闭，控制油路的通、断。其控制线路如图 6-35(b)所示。检查方法如下：

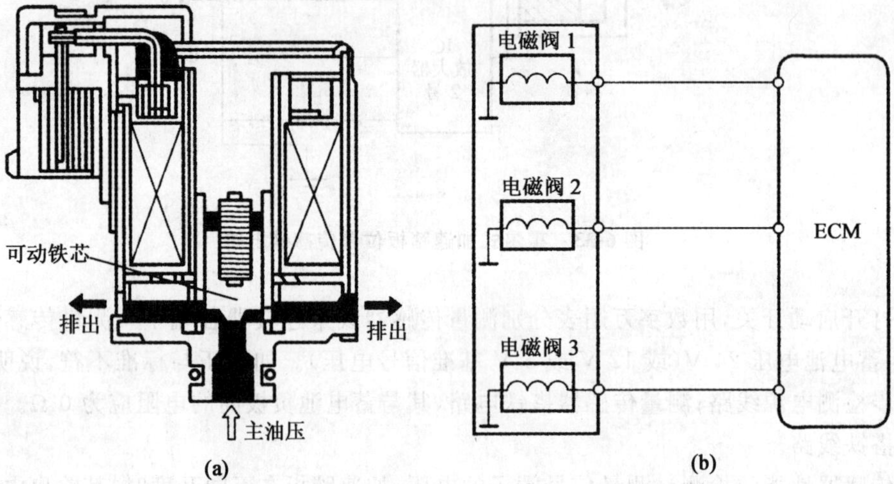

图 6-35　开关型电磁阀结构与控制电路示意图

(a)开关式电磁阀结构　(b)开关式电磁阀控制电路示意图

a. 使用万用表测量电磁线圈的电阻，电阻值标准参照故障机型维修手册。如果电磁阀线圈短路、断路或电阻值不符合技术标准值，应更换电磁阀。

b. 将 24 V(大型工程机械或重载车辆柴油机使用电源，3 缸以下小型和轿车用柴油机使用电源仍为 12 V)电源加到电磁线圈上，应听到电磁阀线圈工作的“咔哒”声，否则应更换电磁阀。

c. 电磁阀功能测试　拆下执行器的电磁阀，将压缩空气(约 0.50 MPa)吹入电磁阀进油口中。当电磁阀线圈不通电时，常闭式电磁阀进油口和泄油口应不通气，如图 6-36(a)所示；通电后，进油口和泄油口应相通，如图 6-36(b)所示。否则说明电磁阀损坏，应予以更换。常开式电磁阀则相反。

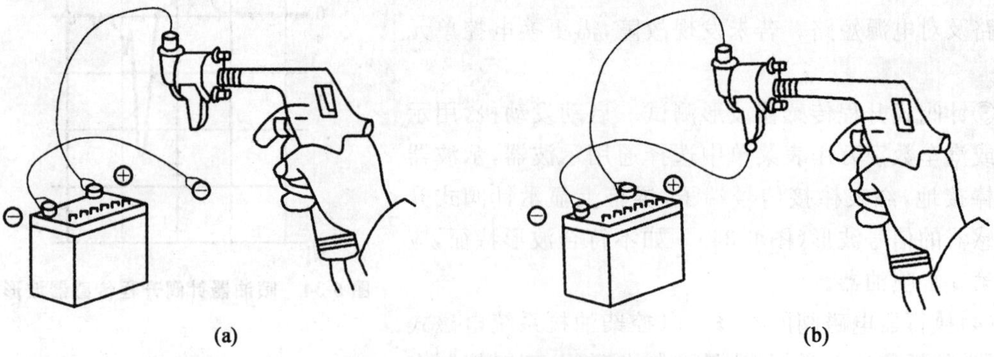

图 6-36　开关型电磁阀功能测试

②脉冲式电磁阀的检修　脉冲式电磁阀的结构与开关式电磁式相似，也是由电磁线圈、衔铁、阀芯或滑阀等组成。它通常用来调节油路中的油压。跟开关式电磁阀的不同之处在于控制它的电信号不是恒定不变的电压信号，而是固定频率的脉宽调制信号。ECM 通过改变脉冲信号的占空比，调节电磁线圈的平均电流，从而调节电磁线圈的电磁力，驱动阀芯移动对油路开度进行调节，实现油路压力的控制。脉冲式电磁阀一般检测方法如下。

a. 使用万用表测量电磁线圈的电阻，电阻检测值请参照故障机型维修手册标准。如果电磁阀线圈短路、断路或电阻值不符合技术标准值，则应更换电磁阀。

b. 检查电磁阀控制电路　测量电磁阀与 ECM 之间线路电阻，判断有无短路、断路或接触不良故障。

c. 电磁阀功能测试　拆下电磁阀，将 24 V(或 12 V)电源串联一个 8～10 W 的灯泡，与电磁阀线圈连接(不可直接与 24 V 电源连接，否则会烧毁电磁阀)。通电时，电磁阀阀芯向外伸出，断电时电磁阀芯向内缩入，如图 6-37(a)所示。如有异常，说明电磁阀损坏，应予以更换。如使用可调电源进行检测，随着电源输出电流的变化，更能体现阀芯动作的直观效果。如图 6-37(b)所示。

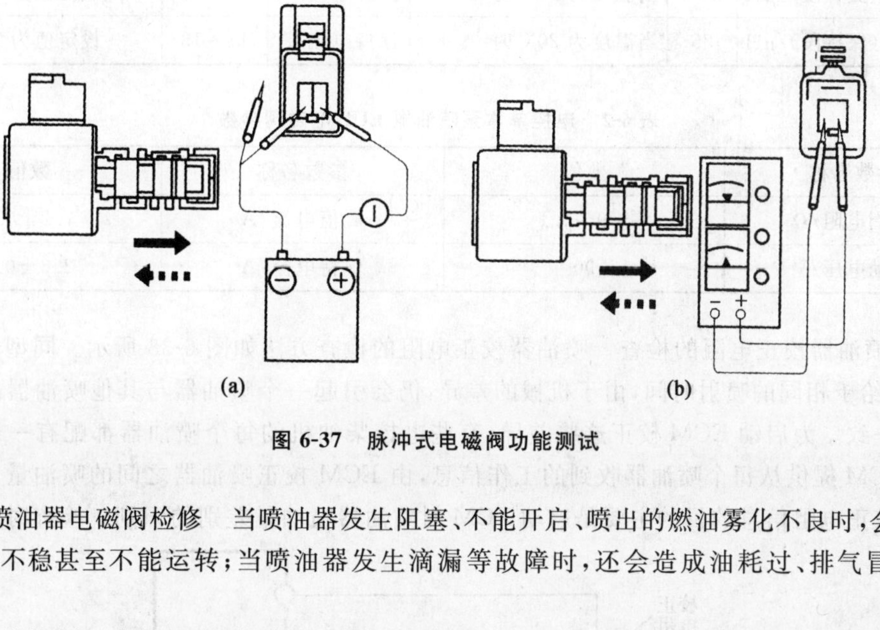

图 6-37　脉冲式电磁阀功能测试

(5)喷油器电磁阀检修　当喷油器发生阻塞、不能开启、喷出的燃油雾化不良时，会造成柴油机运转不稳甚至不能运转；当喷油器发生滴漏等故障时，还会造成油耗过、排气冒黑烟等现象。

喷油器控制电路的短路、断路故障也时有发生，并由此引发喷油器不能喷油或接续喷油，造成柴油机不能启动、运转不稳或排气严重冒黑烟等现象。喷油器内部断路、短路故障可以通过测量其电阻的方法进行判断，但阻塞、滴漏、喷出的燃油不能形成雾状等情况则需要在专门的喷油器清洗检测试验台上进行检测与修复。

每个喷油器电磁阀都有 2 个端子，每个端子与 ECM 的对应端子相连，每个喷油器有唯一的 IQA(injector quantity adjustment)码，以下以长城内燃机公司生产的 GW2. 8TC 型 Bosch 共轨系统 CRIN2 喷油器为例，表述喷油器电磁阀的检修方法：

①外线路检查　选择万用表的电阻挡，分别测量各喷油器电磁阀与 ECM 对应端子之间的电阻值，判断外线路是否存在短路及断路故障。

②电磁阀电阻值测量　关闭启动开关，分别拔下各喷油器电磁阀，测量各电磁阀侧 1 号与

2号端子间的电阻,正常情况下,两端子间的电阻值应在0.2～0.4 Ω(其他机型数值可查询维修手册标准)。

③电磁阀工作电流检查　柴油机工作时喷油器的峰值电流为18 A左右,保持电流为12 A左右(用Bosch KTS或其他诊断仪,并接钳式电流表,来检测喷油器的工作电流波形,十分方便)。

④电磁阀工作电压检查　用试灯(需串联300 Ω左右的电阻)连接喷油器电磁阀两个端子,正常情况下,启动时试灯应闪亮。

⑤用故障诊断仪检测数据流。如使用X-431型诊断仪可以读取“当前系统喷油量”“系统预设喷油量”“主喷修正量”3个参数的数据流。Bosch共轨系统CRIN2喷油器电器参数见表6-1。而电控单体泵采用脉宽调制驱动形式,其喷油器电磁阀相关参数见表6-2。

表6-1　Bosch共轨系统CRIN2喷油器电器参数

线圈电阻/Ω	0.23	当温度为20℃时,误差±5%	提升电压/V	48	提升开始时,温度为20℃
线圈电感(提升段)/μH	150	当温度为20℃时	提升电流/A	24～26	设定值为25 A
线圈电感(保持段)/μH	35	当温度为20℃时	保持电流/A	11～13	设定值为12 A

表6-2　电控单体泵喷油器EUP电磁阀参数

参数名称	数值	参数名称	数值
线圈电阻/Ω	3.9～4.1	峰值电流/A	7.2±0.1
驱动电压/V	90	保持电流/A	2.3±0.1

⑥喷油器校正电阻的检查　喷油器校正电阻的检查方法如图6-38所示。同型号的喷油器,如果给予相同的喷射时间,由于机械的差异,仍会引起一个喷油器与其他喷油器的喷油量不完全一致。为启动ECM校正这些差异,有些电控柴油机的每个喷油器都配有一个校正电阻,为ECM提供从每个喷油器收到的工作信息,由ECM校正喷油器之间的喷油量差异。提供这些校正电阻信息的目的主要是启动ECM对喷油器喷油量差别的识别。检查时采用数字

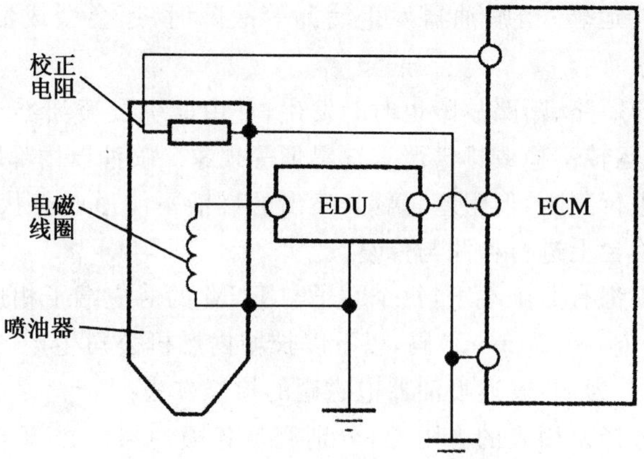

图6-38　喷油器校正电阻检查

万用表检测校正电阻的阻值，如果检测结果不在参照电阻值的变化范围(校正标准电阻值请查阅故障机型维修手册)，则应予以更换喷油器总成。更换喷油器时，ECM 自动进行正确的燃油校正，所以，不需要用有相同校正电路的喷油器来代替它。

5. 作业单

柴油机电控系统传感器与执行器的检测作业单

日期		工位(组)	
车型		发动机型号	

一、准备工作

项 目	情况记录
(1)工量具及仪器设备准备	
(2)维修手册准备	
(3)被测车辆安全防护	

二、操作过程

<table>
<tr><td colspan="2">项目</td><td>操作内容与检测结果记录</td></tr>
<tr><td colspan="2">故障现象</td><td></td></tr>
<tr><td colspan="2">读取故障码</td><td>故障码：
故障码含义：</td></tr>
<tr><td rowspan="3">检测作业</td><td>故障码 1</td><td></td></tr>
<tr><td>故障码 2</td><td></td></tr>
<tr><td></td><td></td></tr>
<tr><td colspan="2">故障诊断排除</td><td>检测结论：
维修技术解决方案：</td></tr>
</table>

三、维修结果确认

复习与思考

一、判断题

1. 高压共轨系统的喷油压力不受柴油机转速影响。(　　)
2. 高压共轨柴油机燃油喷射可实现多次喷射，如预喷射、主喷射、后喷射等。(　　)
3. 加速踏板位置传感器和曲轴位置传感器是电控柴油机喷油量控制的主控信号。(　　)
4. 压电式喷油器比电磁式喷油器响应速度更快。(　　)

二、选题题

1. 甲说有的电控柱塞泵属于位置控制系统，有的属于时间控制系统；乙说有的电控分配式喷油泵属于位置控制系统，有的也属于时间控制系统。你认为（　　）。

A. 甲正确　　B. 乙正确　　C. 甲乙都正确　　D. 甲乙都不正确

2. 讨论 Bosch 高压共轨喷油器的工作。甲认为电磁阀通电，喷油器进行喷射；乙认为电磁阀断电，喷油器进行喷射。你认为（　　）。

A. 甲正确　　B. 乙正确　　C. 甲乙都正确　　D. 甲乙都不正确

3. 讨论高压共轨柴油机冒黑烟故障。甲说可能是喷油器雾化不良；乙说进气系漏气也会导致排气冒黑烟。你认为（　　）。

A. 甲正确　　B. 乙正确　　C. 甲乙都正确　　D. 甲乙都不正确

三、简答题

1. 位置控制式柴油喷射系统有哪些优点和不足？

2. 高压共轨系统中，压力限制阀和流量限制阀的作用分别是什么？

3. 电控共轨式喷射系统有什么特点？

4. 柴油机电控系统有哪些传感器？其作用分别是什么？

5. 柴油机电控系统具有哪些控制功能？

附录　与汽车技术有关的常用英文缩写

AAS	air adjust screw (怠速)空气调节螺钉
ABV	air bypass valve 空气旁通阀
ABS	anti-lock brake system 制动防抱死系统
AC	alternating current 交流电
A/C	air conditioning 空调
ACC	activated carbon canister 活性炭罐
ACIS	acoustic control induction system 声控进气系统(进气谐振系统)
ACT	air charge temperature 进气温度
ACU	air conditioning idle-up vacuum switching valve 空调怠速提升真空开关阀
ACV	air control valve 空气控制阀
A/F	air fuel ratio 空燃比
AFS	air flow sensor 空气流量传感器
AFM	air flow meter 空气流量计
AIC	air injection control 空气喷射控制
AIS	air injection system 空气喷射系统
ALT	altitude switch 海拔开关
A/M	auto—manual 自动—手动
ASC	automatic stability control 自动稳定性控制
AT(A/T)	automatic transmission 自动变速器
ATS	air temperature sensor 空气温度传感器
B+	battery positive voltage 蓄电池正极
BPA	by pass air 旁通空气
BPS	barometric pressure sensor 大气压力传感器
BTDC	before top dead center 上止前点
CARB	California Air Resources Board 加州大气资源协会
CCS	cruise control system 巡航控制系统
CFI	central fuel injection 中央燃油喷射
CFI	continuous fuel injection 连续燃油喷射
CIS	continuous injection system (燃油)连续喷射系统
CIS	cylinder identification sensor 气缸识别传感器(判缸传感器)
CNG	compressed natural gas 压缩天然气
CNGV	compressed natural gas vehicles 压缩天然气汽车

CPS	camshaft position sensor 凸轮轴位置传感器
CPS	crankshaft position sensor 曲轴位置传感器
CPU	central processing unit 中央处理器
CTP	closed throttle position 节气门关闭位置
CTS	coolant temperature sensor 冷却液温度传感器
CYL	cylinder 气缸(传感器)
DC	direct current 直流电
DI	distributor ignition 分电器点火
DI	distributor less ignition system 无分电器点火系统
DIAGN	diagnostic 诊断
DLC	data link connector 数据线接口
DLI	distributor less ignition 无分电器点火
DTC	diagnostic trouble code 诊断故障码
ECA	electronic control advance 电子控制点火提前
ECCS	electronic concentrated engine control system 发动机集中控制系统(日产)
ECD	electronic control diesel engine 电子控制柴油机
ECM	engine control module 发动机控制模块(电脑)
ECT	electronic controlled transmission 电控变速器
ECT	engine coolant temperature 发动机冷却液温度
ECU	electronic control unit 电子控制单元(电脑)
EDS	electronic diesel system 柴油机电控系统
EEC	engine electronic control 发动机电子控制
EFI	electronic fuel injection 电控燃油喷射
EGI	electronic gasoline injection 电控汽油喷射
EGR	exhaust gas recirculation 废气再循环
EGS	exhaust gas sensor 废气传感器(氧传感器)
EH	electronic hydraulic transmission 电子液压变速器
EIS	electronic ignition system 电子点火系统
EPA	environment protection agency 环保机构
ER	engine running 发动机运转
ESA	electronic spark advance 电子点火提前
EST	electronic spark timing 电子点火正时
EUT	electronic controlled unit injection 电子控制燃油喷射系统
EVAP	evaporative emission control system 燃油蒸气排放控制装置
FLS	fuel level sensor 燃油液位传感器
FP	fuel pump 燃油泵
FTMP	fuel temperature 燃油温度
G, G_1, G_2, G^-, G^+	分电器中的曲轴角度信号

GEN	generator 发电机
GND	ground 接地,搭铁
HAAC	high altitude advance control 海拔提前角控制
HAC	high altitude compensator 海拔高度补偿器
HEI	high energy ignition 高能点火
HEUI	hydraulic electronically controlled unit injection 压电子控制燃油喷射系统
HFM	hot film air mass meter 热膜式空气质量流量计
HFPR	high fuel pump relay 高压燃油泵继电器
HIC	hot idle compensator 热怠速空气补偿阀
HO_2S	heated oxygen sensor 加热型氧传感器
HZ	hazard lamp 故障灯
IAA	idle air adjusting 怠速空气调整
IAB	intake air by pass control 进气旁通控制系统
IAC	intake air control 进气控制
IACV	intake air control valve 进气控制阀
IAR	intake air resonator 进气谐振器
IAT	intake air temperature 进气温度
IC	integrated circuit 集成电路
IC	ignition control 点火控制
ICM	ignition control module 点火控制电脑
IDL	idle 怠速
IDM	ignition diagnostic monitor 点火诊断监控器(传感器)
IDM	injector drive module 喷油器驱动模块
IGd	ignition detection 点火检测信号(点火缸序判别信号)
IGF	ignition feedback 点火反馈信号
IGN	ignition 点火
IGSW	ignition switch 点火开关
IGT	ignition timing 点火正时信号
IMV	intake manifold vacuum 进气歧管真空度
INJ	injector 喷油器
ISA	idle speed actuator 怠速执行器
ISC	idle speed control 怠速控制
ISCA	idle speed control actual 怠速控制执行器
ISCV	idle speed control valve 怠速控制阀
ISO	International Standards Organization 国际标准协会
KC	knock control 爆震控制

K—jetronic* 机械式连续喷射系统(波许公司)

KE—jetronic* 机电结合式连续喷射系统(波许公司)

KNK	knock sensor 爆震传感器
KOEO	key on,engine on 点火开关打开,发动机不启动
KS	knock sensor 爆震传感器
LED	light emitting diode 发光二极管
LH	line of heal 热线式空气流量计
LHO_2S	left heated oxygen sensor 左加热型氧传感器
MAF	mass air flow 空气质量流量
MAP	manifold absolute pressure 进气歧管绝对压力(传感器)
MAT	manifold air temperature 进气歧管空气温度
MCT	manifold charge temperature 进气歧管充气温度
MCU	microprocessor control unit 微机控制单元(电脑)
MFI	multiport fuel injection 多点燃油喷射
MFI	mechanical fuel injection 机械式燃油喷射
MIL	malfunction indicator lamp 故障指示灯
MISAR	microprocessed sensing and automatic regulation 迈塞系统(美 Delco Remy 公司的微型计算机程序控制自动化调节系统)
Mono	单点喷射系统
MPC	manifold pressure control 进气歧管压力控制
MPI	multi——point injection 多点喷射
MSR*	motorschleppmoment regelung 发动机阻力矩控制器
MT	manual transmission 手动变速器
N/C	neutral start switch/clutch switch 空挡启动开关/离合器开关
Ne	发动机转速信号
NPS	neutral/park switch 空挡/驻车开关
NSW	neutral start switch 空挡启动开关
NTC	negative temperature coefficient 负温度系数
O_2	oxygen sensor 氧传感器
OBD	on—board diagnostic 随车电脑诊断系统
OC	oxidation catalyst 氧化催化
O_2S	oxygen sensor 氧传感器
O_2SR	right oxygen sensor 右侧氧传感器
OX,OXS	oxygen sensor 氧传感器
PCV	positive crankcase ventilation 曲轴箱强制通风
PCV	pressure control valve 压力控制阀
PCV	purge control valve 炭罐控制阀
PFI	port fuel injection 进气口燃油喷射
PHO_2S	前加热型氧传感器
PIM	进气真空度信号

P/N	park/neutral 停车/空挡
PNP	park/neutral position 停车/空挡位置
PSW	节气门位置传感器全负荷信号
RAM	random access memory 随机存储器
RHO_2S	right heated oxygen sensor 右加热型氧传感器
ROM	read only memory 只读存储器
SABV	secondary air bypass valve 二次空气旁通阀
SAE	society of automotive engineers 汽车工程学会
SAMC	secondary air management control 二次空气控制系统
SEFI	sequential electronic fuel injection 顺序电子燃油喷射
SFI	sequential fuel injection 顺序燃油喷射
SHO_2S	secondary heated oxygen sensor 后加热型氧传感器
SPI	single point injection 单点喷射
SPD	speed 速度传感器
SSD	system self—diagnostics 系统自诊断
SST	special service tool 专用维修工具
ST	scan tool 扫描工具
STA	start 启动
STJ	cold start injector 冷启动喷油器
TAP	throttle angle position 节气门转角(开度)位置
TBI	throttle body fuel injection 节气门体燃油喷射
TC	turbo charger 涡轮增压器
TDC	top dead center 上止点
TDCL	Toyota diagnostic communication link 丰田诊断插座
THA	thermometer of air 空气温度传感器
THW	thermometer of water 水温传感器
TP	throttle position 节气门位置
TPI	tuned port injection 进气口喷射
TPS	throttle position sensor 节气门位置传感器
TWC	three way catalyst convertor 三元催化转化器
TRC	traction control system 驱动力控制(牵引控制)系统
VAF	vane air flow 叶片空气流量计
VAF	volume air flow 体积空气流量计
VANOS*	variable nockenwellen spreizung 可调式凸轮轴
VAT	vane air temperature 进气温度
VB*	verbrennung VB 泵
VC	节气门位置传感器或空气流量计电路电压
VCV	vacuum control valve 真空控制阀

VE*	verteilereinspritzpumpen VE 泵
VICS	variable Induction control servo 可变进气伺服控制
VIS	variable inlet system 可变进气系统
VS	空气流量信号
VSC	valve stability control 稳定性控制
VSS	vehicle speed sensor 车速传感器
VSV	vacuum solenoid valve 真空电磁阀
VTA	节气门开度信号
VTEC	variable valve timing and valve life electronic control system 可变气门配气相位和气门升程电子控制系统
WOT	wide open throttle 节气门全开
WTS	water temperature sensor 水温传感器

注:有*的为德语

参 考 文 献

[1] 刘越琪,等.发动机电控技术.北京:机械工业出版社,2002.
[2] 朱涛,等.汽车发动机电控技术.北京:化学工业出版社,2010.
[3] 解国林,等.汽车发动机电控系统结构检修.天津:天津科学技术出版社,2011.
[4] 冯崇毅,等.汽车电子控制技术.北京:人民交通出版社,2005.
[5] 徐家龙,等.柴油机电控喷油技术.北京:人民交通出版社,2004.
[6] 许炳照.柴油机电控系统检修.北京:国防工业出版社,2013.
[7] 扈凯令,等.电控柴油发动机原理与维修.北京:北京理工大学出版社,2011.
[8] 张蕾.汽车发动机电控系统原理与检修.北京:机械工业出版社,2015.
[9] 董继明.汽车电器检测与维修实训.北京:机械工业出版社,2013.
[10] 杨洪庆,明光星.汽油发动机电控系统检测与修复.北京:机械工业出版社,2014.